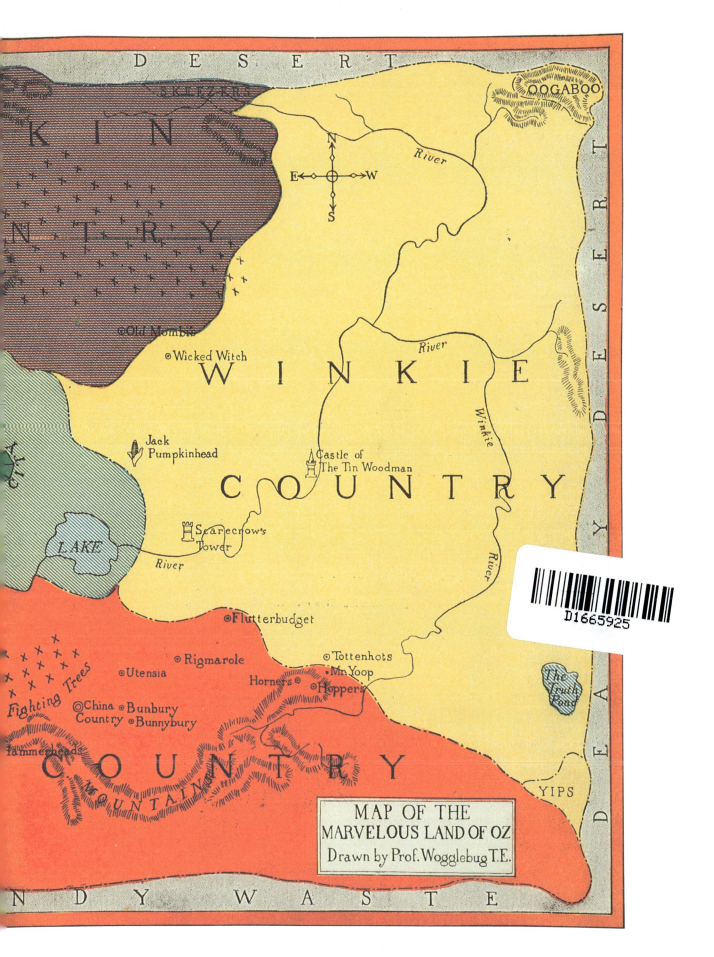

ALLES ÜBER DEN ZAUBERER VON OZ

L. Frank Baum (1856–1919), Plakat veröffentlicht von der
George M. Hill Company, 1900.
*Mit freundlicher Genehmigung der Alexander Mitchell Library
in Aberdeen, South Dakota.*

ALLES ÜBER DEN ZAUBERER VON OZ

L. FRANK BAUM

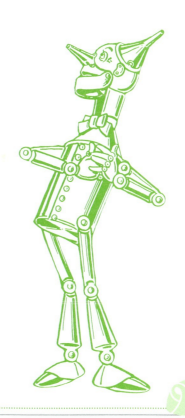

In der Übersetzung von
Alfred Könner

Mit den Illustrationen und zahlreichen Bildtafeln von
W. W. Denslow

Herausgegeben, eingeleitet und annotiert von
Michael Patrick Hearn

Übertragen und adaptiert von
Änne Troester

Europa Verlag
Hamburg · Wien

Originalausgabe:
»The Annotated Wizard of Oz«
© Michael Patrick Hearn 1973, 2000
Vorwort © Martin Gardner 2000

Deutsche Erstausgabe
© Europa Verlag GmbH Hamburg, März 2003
© der Übersetzung von Alfred Könner:
Michael Neugebauer, Verlagsgruppe
Nord-Süd Verlag AG, Gossau,
Zürich und Hamburg 1996
Innengestaltung der Originalausgabe: Sue Carlson
Umschlag- und Innengestaltung der deutschen Ausgabe:
Matrix Typographie & Gestaltung,
Christina Modi & Maren Orlowski, Hamburg
Druck & Bindung: Druckerei Ernst Uhl, Radolfzell
ISBN 3-203-75550-5

Informationen über unser Programm erhalten Sie beim
Europa Verlag, Neuer Wall 10, 20354 Hamburg
oder unter www.europaverlag.de

Für Cynthia, Colleen und Christopher

Danksagung

ANK gebührt allen, die auf die eine oder andere Weise zur ersten und zur vorliegenden Ausgabe von *Alles über den Zauberer von Os* beigetragen haben: Philadelphia Andrews, Josh und Betty Baum, Robert A. Baum, Robert A. Baum jr., Ruth S. Britton, Willard Carroll, Bruce und Gail Crockett, Gregory K. Dreicer, Joan Farnsworth, Doris Frohnsdorff, John Fricke, Matilda Jewell Gage, Michael Gessel, David L. Greene, Douglas G. Greene, James E. Haff, Margaret Hamilton, Peter E. Hanff, Edith und C. Warren Holister, David Kirschner, Nancy Tystad Koupal, Bernhard Larsen, Russell P. MacFall, Daniel P. Mannix, Ozma Baum Mantele, Patrick Maund, Dick Martin, Dorothy Curtiss Maryott, Natalie Mather, David Maxine, Fred M. Meyer, Brian Nielsen, Gita Dorothy Morena, Annrea Neill, Grace und Hank Niles, Jay Scarfone, Justin G. Schiller, Betsy Shirley, Lynne und Dan Smith, William Stillman, Mark Swartz, Raymond Terry Tatum, Brenda Baum Turner, Sally Roesch Wagner, Pauline und Robert Walker und Joseph Yranski. Für ihre großzügige Hilfe bei der Recherche und den Illustrationen für diese Bücher bedanke ich mich bei folgenden Institutionen: Special Collections der Syracuse University Library; Brandywine River Museum in Chadds Ford, Pennsylvania; Chicago Historical Society; Columbia University Libraries; Dakota Prairie Museum in Aberdeen, South Dakota; George Eastman House; Houghton Library der Harvard University; Albert R. Mann Library der Cornell University; Metro-Goldwyn-Mayer, Inc.; Geschichtliche Abteilung der Minneapolis Public Library; Alexander Mitchell Library in Aberdeen, South Dakota; Museum of the City of New York; Arents Tobacco Collection, Donnell Central Children's Room, Prints and Drawings Division und Billy Rose Theatre Collection der New York Public Library; William

Allan Neilson Library des Smith College; South Dakota State Historical Society; Time Inc.; United States Military Academy in West Point, New York; Library of Congress; Copyright Office. Ich bin ebenfalls allen bei W. W. Norton dankbar, die zu diesem wunderschönen Band beigetragen haben. Und wie immer bedanke ich mich ganz besonders bei Martin Gardner, der so freundlich war, ein neues Vorwort beizutragen. Auf ihn geht nicht nur die Ausgabe von 1973 zurück, sondern auch die vorliegende.

M. P. H.

Inhalt

Vorwort / *xi*

Einführung / *xiii*

Der Zauberer von Oz / *1*

Vorwort / *4*

I. Der Wirbelsturm / *10*

II. Die Landung / *28*

III. Dorothy rettet die Vogelscheuche / *51*

IV. Die Strasse durch den Wald / *69*

V. Die Rettung des blechernen Holzfällers / *81*

VI. Der feige Löwe / *100*

VII. Die Reise zu Oz / *113*

VIII. Das tödliche Mohnfeld / *126*

IX. Die Königin der Feldmäuse / *141*

X. Der Hüter der Tore / *153*

XI. Die wunderbare Smaragdenstadt / *167*

XII. Die Sache mit der bösen Hexe / *191*

XIII. Die Rettung des Holzfällers
und der Vogelscheuche / *217*

XIV. Die geflügelten Affen / *228*

XV. Die Entlarvung von Oz
dem Schrecklichen / *240*

XVI. Die Zauberkunst
des grossen Schwindlers / *261*

XVII. Wie der Ballon gestartet wurde / *270*

XVIII. Auf in den Süden! / *279*

XIX. Der Angriff der Kampfbäume / *289*

XX. Das niedliche Porzellanland / *298*

XXI. Der Löwe wird König der Tiere / *311*

XXII. Das Land der Quadlings / *318*

XXIII. Die gute Hexe erfüllt
Dorothys Wunsch / *327*

XXXIV. Wieder daheim! / *337*

Bibliographie / *339*

Vorwort

FAST jede große Nation besitzt ihr eigenes unsterbliches Werk der Kinderliteratur. In England sind es die *Alice*-Bücher von Lewis Carroll, in Deutschland die *Grimmschen Märchen* und in Frankreich die Geschichten von Perrault. Dänemark hat seinen Andersen. Der italienische Klassiker ist *Pinocchio*. Amerikas großes Märchen ist natürlich L. Frank Baums *Der Zauberer von Oz*.

Seit seiner ersten Veröffentlichung im Jahr 1900 wird der Zauberer von Kindern geliebt, aber mehr als ein halbes Jahrhundert mußte vergehen, bis Kritiker, Pädagogen und Bibliothekare seine Vorzüge erkannten. Vielleicht denken Sie, Judy Garland habe den Roman berühmt gemacht, aber es war genau andersherum: Baums Phantasie machte Judy berühmt. Heute existiert eine engagierte Oz-Gesellschaft, der *International Wizard of Oz Club,* mit seinen unterhaltsamen jährlichen Treffen, seiner schön gestalteten Veröffentlichung *The Baum Bugle* und seiner Unmenge von jungen Mitgliedern, die Oz genauso überschwenglich lieben, wie Kinder es immer getan haben.

1970 beschloß der Verleger Clarkson N. Potter, meiner *Annotated Alice* (auf deutsch: *Alles über Alice*,

L. Frank Baum, 1905.
Mit freundlicher Genehmigung von Fred M. Meyer.

erschienen im Europa Verlag) einen *Annotated Wizard of Oz* folgen zu lassen, und fragte an, ob ich Interesse hätte. Ich sagte sofort ab, denn ich dachte nicht, daß ich genug über Baum und *Oz* wüßte. Etwa ein Jahr später erhielt der Verlag ein unverlangtes Manuskript für einen *Annotated Wizard* zugesandt, geschrieben von einem gewissen Michael Patrick Hearn, damals Student englischer Literatur am Bard College. Potter schickte mir das Manuskript zur Beurteilung, und ich empfahl, es zur Veröffentlichung anzunehmen. Nachdem der Autor das Manuskript persönlich im Verlag abgegeben hatte, bekam ich einen Anruf von Potter, der mich fragte, ob ich denn wüßte, daß Michael erst zwanzig Jahre alt war.

Seit vielen Jahren arbeitet Hearn an einer großen Biographie von Baum. In dieser Zeit hat er Dickens' *Christmas Carol* und Twains *Huckleberry Finn* annotiert, eine Sammlung wissenschaftlicher Essays über Baum und eine Sammlung viktorianischer Märchen herausgegeben. Er ist Co-Autor einer Biographie von William Wallace Denslow, dem ursprünglichen Illustrator des *Zauberers*, und hat selbst ein entzückendes Märchen mit dem Titel *The Porcelain Cat* verfaßt.

Hearns Anmerkungen in dem wunderschönen Band, den Sie jetzt in den Händen halten, tragen ungeheuer viel zum Verständnis der Feinheiten und philosophischen Aspekte des Märchens bei. Gestärkt von *Alles über den Zauberer von Oz,* reisen wir nun selbst über eine gelbe Ziegelsteinstraße durch eine phantastische Welt zahlloser Wunder und überraschender Wendungen.

MARTIN GARDNER

Einführung

LS L. Frank Baum vor gut einhundert Jahren sein Buch *Der Zauberer von Oz* fertiggestellt hatte, wußte er, daß es etwas ganz Besonderes war. Aber selbst er hätte den unglaublichen Erfolg dieses amerikanischen Märchens nicht vorhersagen können. Das Buch sollte das Wesen der Kinderliteratur für immer verändern und gleichzeitig ein fester Bestandteil der amerikanischen Literatur werden. Die trügerisch einfache Geschichte von Dorothys Abenteuern im wunderbaren Land Oz begeistert seit ihrer Veröffentlichung im Jahr 1900 jung und alt. Sie spiegelte und veränderte das Wesen Amerikas und wurde Teil der amerikanischen Folklore. Als mit dem einhundertsten Todestag des Autors im Jahr 1956 das Urheberrecht erlosch, war das Buch fünf Millionen Mal verkauft worden. Niemand hat je zu schätzen gewagt, wie viele Exemplare seitdem über den Ladentisch gegangen sind. Die Verfilmung von Baums Geschichte aus dem Jahr 1939 ist wohl öfter und von mehr Menschen gesehen worden als irgendein anderer Film. In jedem Fall ist das Musical wahrscheinlich der meistzitierte Hollywoodfilm aller Zeiten, wobei die zitierten Sätze im Buch häufig gar nicht vorkommen. Jeder Amerikaner, auch wenn er weder das Buch gelesen noch den Film gesehen hat, kennt das kleine Mädchen aus Kansas und seine drei bemerkenswerten Begleiter, die Vogelscheuche, den Blechholzfäller und den feigen Löwen. Als im Jahr 1976 die »Children's Literature Association« ihre Mitglieder nach den wichtigsten amerikanischen Kinderbüchern der letzten zweihundert Jahre fragte, landete *Der Zauberer von Oz* spielend auf einem Platz unter den ersten zehn. Sein Ruhm beschränkt sich jedoch nicht allein auf das Land, in dem er geschrieben wurde. *Der Zauberer von Oz* ist wahrscheinlich das meistübersetzte amerikanische Kinderbuch überhaupt. Im Gegensatz zur weitverbreiteten Ansicht ist das Buch nicht nur auf Grund der berühmten Verfilmung so bekannt. Metro-Goldwyn-Mayer hatte die Rechte für die Verfilmung gekauft, *weil* der *Zauberer* bereits so beliebt war. Der Film spielte zunächst nicht einmal seine drei Millionen Dollar Produktionskosten ein, und erst die späteren Fernsehausstrahlungen machten den Film zu einem Renner.

Trotz seiner Beliebtheit war die Resonanz auf Baums Buch von Anfang an zwiespältig. Für die amerikanische Kultur war *Oz* gleichermaßen Lust und Last. Die Amerikaner übersehen nun einmal gern ihre eigenen Visionäre. Auch Herman Melvilles *Moby Dick* (1851) oder Mark Twains *Huckleberry Finn* (1883) wurden zunächst nicht als große Literatur verstanden. *Moby Dick* wurde von Lesern und Kritikern gleichermaßen abgelehnt, und über siebzig Jahre mußten vergehen, bis das Buch nicht nur als Abenteuergeschichte gelesen, sondern auch als Grundpfeiler der amerikanischen Literatur anerkannt wurde. *Huckleberry Finn* wurde bald nach seiner Veröffentlichung aus den Bibliotheken seines Heimatlandes verbannt. Zuerst nannte man den Roman Müll, der nur für die Slums gut genug sei. Heute wird kritisiert, der Roman sei rassistisch.

Karikatur von Frank L. Baum von W.W. Denslow, *Father Goose, His Book*, 1899.
Mit freundlicher Genehmigung von Michael Gessel.

Auch die Reise über die gelbe Ziegelsteinstraße war in den vergangenen einhundert Jahren eine lange und steinige. Baums Buch wurde, wie wir noch sehen sollen, hart angegriffen. Gleichzeitig war kein anderes Kinderbuch des zwanzigsten Jahrhunderts so populär wie *Der Zauberer von Oz*. Als 1903 die erste Bobbs-Merrill-Ausgabe herauskam, lobte zum Beispiel ein Kritiker: »Mr. Baums neuestes entzückendes Stückchen Nonsens ist unterhaltsam für die Kleinen und noch unterhaltsamer für ihre Eltern. Es ist keine geringe Kunst, ein Kinderbuch zu schreiben, das nicht albern ist, und Mr. Baum hat mit dieser Gabe beinahe eine Monopolstellung inne.« Fast sechzig Jahre später, als die ersten Taschenbuchausgaben der *Oz*-Reihe herauskamen, schrieb ein anderer Kritiker vom »Genie seines amerikanischen Verfassers« und fügte hinzu: »Frank Baum hatte eine Phantasie, einen tiefsinnigen Humor, einen Sinn für Charakterisierung und eine erzählerische Disziplin, die bei Autoren phantastischer Literatur selten sind.«[1] Das erste Buch der langen *Oz*-Reihe ist heute eines der meistverkauften Bücher des zwanzigsten Jahrhunderts und erfreut sich bei den Kindern einer Beliebtheit wie am ersten Tag. Schriftsteller wie Ray Bradbury, Angela Carter, Arthur

---

[1] Besprechungen in *The Bookseller, Newsdealer and Stationer*, 15. November 1903, und *The Times Literary Supplement* (London), 4. März 1969.

C. Clarke, Philip K. Dick, F. Scott Fitzgerald, Shirley Jackson, Ken Kesey, Salman Rushdie, James Thurber, William Styron, John Updike, Gore Vidal und Eudora Welty haben schon immer ihre Zuneigung zu *Oz* zum Ausdruck gebracht, aber erst im letzten Viertel des vergangenen Jahrhunderts wurden Baum und *Oz* zum Thema ernsthafter literarischer und akademischer Untersuchungen.[2] Obwohl sich Erzieher und Bibliothekare zum Teil noch ein wenig dagegen sträuben, gilt *Der Zauberer von Oz* als Klassiker nicht nur der Kinderliteratur.

Trotz der Popularität und des wachsenden akademischen Interesses an den *Oz*-Büchern ist ihr Autor nicht sehr bekannt, obwohl Baum ein außerordentlich interessantes Leben führte. Neben dem Schreiben von Kinderbüchern verfolgte er viele andere Interessen, von der Herausgabe einer Zeitung im amerikanischen Westen bis zur Produktion von musikalischen Revuen und Filmen. Seine Bedeutung muß sich zwar aus seinem Werk ergeben, nicht aus seinem Leben, aber Baum war als Mensch beinahe ebenso faszinierend wie das, was er geschrieben hat.

Lyman Frank Baum kam am 15. Mai 1856 in Chittenango zur Welt, einer kleinen Stadt im Staat New York.[3] Sein Vater Benjamin Ward Baum war beinahe so vielseitig wie sein Sohn später. Als der Junge geboren wurde, baute er in Chittenango gerade eine Faßfabrik auf, aber nur ein paar Jahre später hatte er ein Vermögen in der noch jungen Ölindustrie von Pennsylvania verdient, zog mit seiner Familie nach Syracuse im Staat New York und erbaute dort für seine Frau Cynthia Stanton Baum einen Landsitz, dem sie den Namen Rose Lawn gab. Viele Jahre

---

2 Das Vorurteil, *Der Zauberer von Oz* sei schlecht geschrieben und keiner ernsthaften kritischen Beschäftigung würdig, setzt sich in neueren Studien fort, zum Beispiel in Humphrey Carpenter und Mari Pritchards *The Oxford Companion to Children's Literature* (Oxford: Oxford University Press, 1984), Gillian Averys *Behold the Child* (London: Bodley Head, 1994), Perry Nodelmans *Touchstones: Reflections on the Best in Children's Literature*, Vol. 1 (West Lafayette, Ind.: Purdue University, 1985), Peter Hunts *Children's Literature: An Illustrated History* (New York: Oxford University Press, 1995) und Anita Sylvies *Children's Books and Their Creators* (Boston: Houghton Mifflin, 1995). Der britische Kinderbuchautor und Kritiker John Rowe Townsend schreibt zu diesem Thema in *Writing for Children* (London: Penguin Books, 1974): »Ich möchte betonen, daß L. Frank Baum von amerikanischen Kinderliteratur-Experten in erschreckendem Maße unterschätzt wird. Ich frage mich, ob das etwas mit Snobismus zu tun hat... Für einen Außenstehenden ist es doch so, daß das unverhüllt Amerikanische der Oz-Bücher sie um so origineller und attraktiver macht.« (S. 109)

3 Baum war nach seinem Onkel Lyman Spalding Baum benannt, aber er mochte den Namen »Lyman« nie. Von seiner Familie und seinen Freunden wurde er immer nur »Frank« genannt. Beruflich nutzte er verschiedene Namen: »Louis F. Baum«, Schauspieler und Theaterautor, »L. F. Baum«, Herausgeber, und »L. Frank Baum«, Kinderbuchautor.

später erinnerte sich Baum in der Kindergeschichte *Dot and Tot of Merryland* an den Ort seiner Kindheit:

> Das Haus lag im hellen Licht der Sonne und sah im Gegensatz zu dem strengeren Stadthaus ein wenig kurios aus. Auf allen Seiten hatte es Seitenflügel, Giebel und Verandas. Vor dem Haus lag ein riesiger seidiggrüner Rasen mit versprengten Büschen und vielen bunten Blumenbeeten. Schmale weiße Kieselwege führten auf verschlungenen Pfaden an jeden Ort des Anwesens. Von oben sah es aus wie eine Landkarte.

Kadett L. Frank Baum, 1868.
Mit freundlicher Genehmigung von Ozma Baum Mantele.

Hier verlebte Baum mit seinen Geschwistern eine behütete Kindheit. Er konnte sich auf dem großen Anwesen die Zeit vertreiben, wie es ihm gefiel, sich in eines der vielen Zimmer zurückziehen, um zu lesen, oder draußen im Garten seinen Tagträumen nachhängen.

Er galt als sensibles und phantasievolles, etwas kränkelndes Kind. Seine Eltern, die vier ihrer neun Kinder verloren hatten, liebten ihn abgöttisch und schlugen ihm keinen Wunsch ab. Wie viele Sprößlinge wohlhabender Eltern jener Zeit wurden er und seine Geschwister zunächst zu Hause von englischen Privatlehrern unterrichtet. Die beiden ältesten Kinder, Harriet und Marie Louise, besuchten anschließend ein Pensionat. Franks älterer Bruder Benjamin William wurde darauf vorbereitet, seinem Vater ins Geschäft nachzufolgen. Frank war der zweitälteste Sohn und stand seinem jüngeren Bruder Harry Clay näher, der seine Begeisterung für die Literatur und seine Vorliebe für Wortspiele teilte. Aus Angst, der Junge könnte ein hoffnungsloser Tagträumer werden, schickten die Baums Frank auf die am Hudson River gelegene Peekskill Military School. Er konnte sich aber nicht recht an die spartanische, oft rauhe militärische Welt gewöhnen und blieb dort nur zwei Jahre. Danach besuchte er zusammen mit Harry die Syracuse Classical School. Es gibt allerdings keine Aufzeichnungen darüber, daß er dort einen Abschluß machte, und er ging auch nicht weiter auf ein College. Seine Schulzeit kann nicht besonders glücklich gewesen sein, denn Baums Geschichten reflektieren eine Abneigung gegen Lehrer und das Militär.

Das Interesse des jungen Frank galt zunächst dem Journalismus. Amateurjournalismus war damals sehr in Mode, und Kinderzeitschriften waren voller Anzeigen für preiswerte Druckerpressen. Frank überredete seinen Vater, ihm eine solche zu kaufen, und zusammen mit Bruder Harry produzierte er damit eine kurzlebige vierseitige Literaturzeitschrift mit dem Titel *Rose Lawn Home Journal*. Der größte Teil des Inhalts war von seinem fünfzehnjährigen Herausgeber selbst verfaßt. Zusammen mit Thomas G. Alvord jr., einem Schulkameraden, entwarf er auch *The Engineer*, laut Eigenwerbung »eine erstklassige monatliche Amateurzeitung mit Gedichten, Literatur, Neuigkeiten aus der Philatelie, Vermischtes etc.«, aber da keine Ausgaben erhalten geblieben sind, war das vielleicht mehr Wunsch als Wirklichkeit. Eine kurze Zeit lang gab Frank noch eine weitere Amateurzeitschrift heraus, *The Stamp Collector*, die sich mit einer anderen Kindermode der Zeit befaßte, dem Briefmarkensammeln. Im Jahr 1873 verfaßte er auch sein erstes Buch, eine Broschüre mit dem Titel *Baum's Complete Stamp Dealers Directory*.

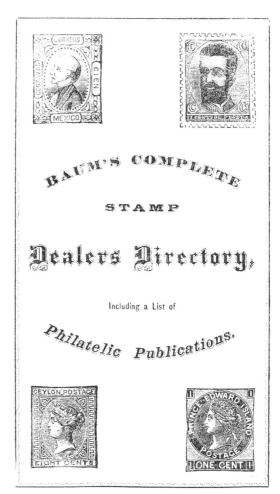

Umschlag von *Baum's Complete Stamp Dealers Directory*, 1873.
Mit freundlicher Genehmigung von Robert A. Baum jr.

Aber bald wurde es Zeit, die Spielsachen beiseite zu legen und Geld zu verdienen. Frank lernte ein Jahr lang im Textilgroßhandel seines Schwagers, Neal, Baum & Company. Während sich sein Bruder Benjamin um die Öl- und Immobiliengeschäfte der Familie kümmerte, kehrte Frank aufs Land zurück und baute eine Geflügelzucht auf, B. W. Baum & Sons. Schnell machte er daraus eines der größten Unternehmen seiner Art im Staat New York. Frank Baum war unglaublich aktiv. Er war Mitbegründer des Geflügelzüchterverbands des Bundesstaates und diente dort als sein erster gewählter Geschäftsführer, hauptverantwortlich für die erfolgreichen Geflügelausstellungen des Vereins. Der junge Mann gewann im ganzen Land

 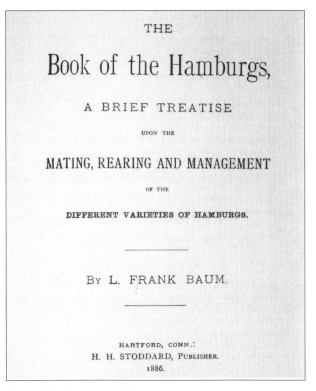

Frontispiz und Titelseite von *The Book of the Hamburgs*, 1886.
Mit freundlicher Genehmigung der Rice Poultry Collection, Albert R. Mann Library, Cornell University.

Preise für sein Geflügel und wurde rasch in den Exekutivausschuß des nationalen Geflügelzüchterverbands gewählt. Er beaufsichtigte auch die Veröffentlichung der kunstvoll gestalteten Postwurfsendungen von B. W. Baum & Sons, schrieb eine monatliche Geflügelzüchterkolumne für den *New York Farmer and Dairyman* und gab einige Nummern einer Zeitschrift namens *The Poultry Record* heraus. Seine Spezialität waren Hamburger. Er wurde einer der führenden Experten des Landes für diese Rasse, und daher beauftragte ihn die Zeitschrift *Poultry World* mit einem längeren wissenschaftlichen Artikel zu diesem Thema. Dieser wurde zur Grundlage von Baums erstem richtigen Buch, *The Book of Hamburgs*, veröffentlicht 1886 von H. H. Stoddard in Connecticut.

Bereits 1881 hatte Baum allerdings der Hühnerzucht den Rücken gekehrt. Er hatte sich in das Theater verliebt. Sein Onkel Adam Clarke Baum war einer der treibenden Kräfte in den Amateurtheatern von Syracuse, und zweifellos stand sein Neffe dort in einigen Stücken auf der Bühne. Als Baums Tante Catherine Gray nach Syracuse zurückkehrte, um Sprechtechnik zu unterrichten, wurde Baum einer ihrer Vorzeigeschüler. Bald zog er nach New York, um Schauspielunterricht zu nehmen, und wurde unter dem Namen George Brooks jugendlicher Liebhaber bei einer zweitklassigen Repertoirebühne, die durch das Bergbaugebiet von Pennsylvania zog. Er war so überzeugt von seinen darstellerischen Fähigkeiten, daß er seinen Vater drängte, ihm in Richburg im Staat New York ein eigenes Theater zu bauen. Die Baums profitierten gerade von einem Ölboom, und so konnte der Vater das Projekt finanzieren. Das Theater sollte nicht nur Baums eigenen Auftritten eine Bühne bereiten, sondern auch Aufführungsort für selbstgeschriebene Stücke werden. Aber er hatte Pech: Baum's Opera House, am 29. Dezember 1881 eröffnet, fiel bereits am 8. März 1882 einem Brand zum Opfer.

Unverdrossen arbeitete Baum jedoch weiter an seiner Theaterkarriere. Drei Stücke hatte er bereits geschrieben, und an seinem sechsundzwanzigsten Geburtstag am 15. Mai 1882 feierte er zusammen mit seinem Onkel John Wesley Baum als Impresario in Syracuse die Premiere von *The Maid of Arran*. Unter dem Namen »Louis F. Baum« hatte er nicht nur das Stück sowie Text und Musik sämtlicher Lieder geschrieben, sondern auch die männliche Hauptrolle übernommen. Seine Tante Kate spielte zwei Rollen und seine Cousine Genevieve Roberts eine weitere. Das Stück war ein typisches Melodram der Zeit, basierend auf William Blacks erfolgreichem schottischen Roman aus dem Jahr 1877,

»Louis F. Baum« in *The Maid of Arran*, 1882.
Mit freundlicher Genehmigung von Matilda Jewell Gage.

A Princess of Thule. Zunächst hatte neben *The Maid of Arran* noch Baums Komödie *Matches* (»Streichhölzer«) auf dem Programm gestanden, aber nachdem in Richburg an der gleichen Stelle, an der Baum's Opera House niedergebrannt war, ein Feuer ausbrach, wurde die Komödie lieber wieder abgesetzt. *The Maid of Arran* war so erfolgreich, daß Baum damit auf eine Tournee ging, die ihn bis nach Kanada und Kansas führte. Außerdem spielte er eine einträgliche Woche lang in New York City. Baum schrieb über die Jahre noch viele Theaterstücke, von denen die meisten jedoch

Maud Gages Hochzeitphoto; 1882.
Mit freundlicher Genehmigung von Robert A. Baum Jr.

Matilda Joslyn Gage.
Mit freundlicher Genehmigung von Ozma Baum Mantele.

nie auf eine Bühne gelangten. Nur einmal konnte er an den schönen Erfolg, den er mit *The Maid of Arran* gehabt hatte, anknüpfen: im Jahr 1902 mit der musikalischen Revue *The Wizard of Oz*.

Soweit war es aber noch nicht. Zunächst heiratete Baum während einer kurzen Pause im Spielplan am 9. November 1882 die zwanzigjährige Maud Gage. Maud war die Wohnungsgenossin von Baums Cousine Josie an der Cornell-Universität gewesen, und Baum hatte sie anläßlich eines Besuches bei der Baum-Familie in Syracuse auf einer Feier kennengelernt. Als seine Tante die beiden einander bei diesem Anlaß vorstellte, sagte sie, sie wüßte, daß er sie einfach lieben würde. »Betrachten Sie sich als geliebt, Miss Gage«, sagte Baum galant zu der jungen Frau.[4] Am Ende des Abends hatte er sich tatsächlich in sie verliebt. Mauds Mutter war jedoch gegen die Verbindung. Sie war die prominente Frauenrechtlerin Matilda Joslyn Gage, beteiligt an der Ausarbeitung der *Woman's Bill of Rights* und zusammen mit Elizabeth Cady Stanton und Susan B. Anthony Herausgeberin der ersten drei Bände der *History of Women Suffrage (Die Geschichte des Frauenwahlrechts*, 1881–1886). Sie hatte gerade erst ihre beiden älteren Töchter Helen Leslie und Julia verheiratet und wollte nicht, daß Maud die Universität verließ, um einen Schauspieler zu ehelichen. Aber Maud Gage war ebenso selbstbewußt wie ihre Mutter und drohte damit, durchzubrennen, wenn sie ihre

4 Zitiert in »›Wizard of Oz‹ Author Enigma to His Wife«, *Examiner*, San Francisco, 5. November 1939.

Einwilligung nicht gäbe. Gage gab nach. Trotz dieser anfänglichen Schwierigkeiten entwickelte sich zwischen Baum und seiner Schwiegermutter mit der Zeit eine tiefe gegenseitige Bewunderung, denn sie teilten viele liberale Ideen. Das hielt ihn allerdings nicht davon ab, als Schriftsteller die Frauenbewegung satirisch zu karikieren, insbesondere in der Figur der Generalin Jinjur und ihrer Armee der Aufständischen in dem Kapitel *Im Reich des Zauberers Oz*.

Nach der Hochzeit reiste Maud zunächst mit ihrem Ehemann durch das Land, aber als sie zum ersten Mal schwanger wurde, verließ er das Theater, kehrte nach Syracuse zurück und stieg in das Ölgeschäft seiner Familie ein. Er und sein Onkel Adam Clarke Baum gründeten Baum's Castorine Company, um ein Achsenfett zu vertreiben, das Baums Bruder erfunden hatte und das heute noch hergestellt wird. Sie machten ein beachtliches Geschäft. Doch dann siedelten Mauds Schwestern und ihr Bruder in das Dakota Territory um. Maud litt sehr unter der Trennung. Auf einer Vertreterreise für seine Firma im Westen der Vereinigten Staaten besuchte Baum den Bruder seiner Frau, Thomas Clarkson Gage, und ihre Schwester Helen Leslie Gage in Aberdeen im Dakota Territory, um sich dort nach geschäftlichen Möglichkeiten umzuschen. In der Zwischenzeit hatte er sich mit Fotografie beschäftigt. Die in Aberdeen erscheinende *Daily News* berichtete im Juni 1888:

Aberdeen, South Dakota, in der Dämmerung, fotografiert von L. Frank Baum, 1888.
Mit freundlicher Genehmigung von Matilda Jewell Gage.

»Baum's Bazaar«, fotografiert von L. Frank Baum, 1888.
Mit freundlicher Genehmigung von Matilda Jewell Gage.

L. Frank Baum aus Syracuse, New York, der die Familie seiner Frau besuchte, erholte sich von den Anstrengungen seines Geschäfts mit dem faszinierenden Zeitvertreib der Amateurfotografie. Mr. Baum beherrscht diese Kunst und fertigte während seines Aufenthaltes in der Stadt eine Reihe von ausgezeichneten Fotografien der Landschaft und der Wolkenformationen von Dakota an. Ein Bild von der herrlichen Dämmerung Dakotas wird, wenn es fertiggestellt ist, als Beispiel für anspruchsvolle Fotografie von besonderem Interesse sein.

Die Fotografie war ein Hobby, das Baum sein ganzes Leben lang beibehalten sollte. Er fertigte seine eigenen Negative und Abzüge an, wobei ihm später seine Söhne halfen. Die kahle, baumlose Landschaft von North und South Dakota faszinierte ihn, und *Der Zauberer von Oz*, auch wenn der Schauplatz eigentlich Kansas sein soll, beginnt mit einer Erinnerung an Baums frühe Tage in der Prärie.

Am 1. Oktober 1888 eröffnete Baum in Aberdeen einen Gemischtwarenladen, Baum's Bazaar. Aberdeen hatte zwar den Höhepunkt seiner Entwicklung bereits überschritten, und als 1889 eine Dürre die Ernte ruinierte, begann eine wirtschaftliche Depression, aber die Baums erwarteten nicht, daß die Krise lange andauern würde. Sie nahmen aktiv am sozialen Leben der Stadt teil und besuchten

Karten-Turnieren und Tanzveranstaltungen. Frank spielte auf Laienbühnen und war außerdem Geschäftsführer der örtlichen Baseballmannschaft, die 1889 die Territorialmeisterschaft gewann. Aber die Wirtschaft erholte sich nicht, und Baum's Bazaar mußte am Neujahrstag 1890 seine Pforten schließen.

Gleichzeitig ergab sich jedoch eine neue geschäftliche Möglichkeit für Baum. Der ehemalige Syracuser John H. Drake versuchte damals gerade, eine der neun Aberdeener Zeitungen, die Wochenzeitung *Dakota Pioneer,* zu verkaufen. Baum übernahm sie, benannte sie um in *Aberdeen Saturday Pioneer* und veröffentlichte bereits am 25. Januar 1890 die erste Ausgabe mit dem Namen »L. F. Baum, Herausgeber« im Impressum. Der größte Teil des Inhalts stammte von Platten eines »Materndienstes«, vorgefertigt von einer der Nachrichtenagenturen – eine Kolumne des Humoristen Bill Nye mit Illustrationen von Walt McDougall beispielsweise, nationale Nachrichten oder Artikeln über Mode. Der Glanzpunkt der Zeitung war die Kolumne »Unsere Hauswirtin« mit Kommentaren einer fiktiven Mrs. Bilkins zu den Tagesereignissen. Die Bewohner von Aberdeen lasen sie eifrig jede Woche, um zu sehen, wer wohl dieses Mal durch den Kakao gezogen würde. Baum füllte die Kolumne einerseits mit örtlichem Klatsch und Tratsch, kommentierte aber auch die Moden und Ambitionen seiner Zeit. Er diskutierte die Möglichkeiten von Flugmaschinen, pferdelosen Wagen oder elektrische Erfindungen. Eine seiner besten Kolumnen ist eine Parodie auf Edward Bellamys futuristischen Bestseller *Looking Backward* (auf deutsch unter dem Titel *Ein Rückblick aus dem Jahre 2000* erschienen), der mit seiner Veröffentlichung im Jahr 1888 eine ganze Generation von Amerikanern beeinflußt hatte. In seiner Parodie schreibt Baum, daß in ferner Zukunft unter anderem auch *Baums Stündliche Zeitung* gelesen würde, eine Chronik, die alles, was auf der Welt geschieht, genau in dem Augenblick aufzeichnet, in dem es geschieht, genau wie später »Glindas Great Book of Records« in der *Oz*-Reihe.

Baum schrieb die meisten der Leitartikel, und die Themen waren vielfältig, von Religion über Tagespolitik bis hin zu wirtschaftlichen Problemen. Er und Maud beschäftigten sich zu der Zeit mit der Theosophie und anderen okkulten Wissenschaften, und Baum kritisierte die etablierten Kirchen scharf. Seine Meinung zur Frauenemanzipation spiegeln die Argumente seiner Schwiegermutter, einer gelegentlichen Gastautorin des *Saturday Pioneer*, und seine Leitartikel drängten die Leser, für ein gleiches Wahlrecht für alle in South Dakota zu stimmen. Baum berichtete über die neuesten Aktivitäten der Frauenrechtlerinnen und kommentierte die Artikel seiner Schwiegermutter in anderen Publikationen.

Viele von Baums Beiträgen behandeln die schwierige Situation in den Weiten der Prärie von North und South Dakota. Stets hoffte man, daß die nächste Ernte besser würde, aber der Wohlstand kehrte nicht zurück. Das Jahr 1890 wurde so katastrophal für die Bauern, daß Saatgut aus benachbarten Staaten eingeführt werden mußte. Zum Zeitpunkt der großen Landwirtschaftsausstellung von South Dakota schienen sich die Zustände kurzfristig ein wenig gebessert zu haben. Baum bekam den Auftrag, das offizielle Programm der Ausstellung zu produzieren, und gründete *The Western Investor*, ein Finanzmagazin, das aber nach wenigen Ausgaben einging. Zusätzlich zu den wirtschaftlichen Problemen ging die Angst vor einem neuen Indianeraufstand um; das Aufkommen der indianischen *Ghost Dancers* ließ Erinnerungen an das New-Ulm-Massaker von 1862 wach werden. Die Ghost Dancers waren zwar eine religiöse Bewegung, aber sie riefen auch die Geister der toten Krieger an, aufzuerstehen und die weißen Siedler aus der Prärie zu vertreiben. Da die Regierung ihre Zuwendungen eingeschränkt hatte, litten die Lakota Hunger, und viele verließen die Reservate. Als Sitting Bull, der bei Little Bighorn an der vernichtenden Niederlage von General Custer und der Siebten Infanterie beteiligt gewesen war, sich der Ghost-Dancer-Bewegung anschloß, wurde er von der Armee ermordet. Dann schlachtete Custers ehemaliges Regiment bei Wounded Knee Häuptling Big Foot und seine Leute ab. Baum argumentierte in seinen Leitartikeln, die völlige Ausrottung der Indianer sei der einzige Weg, um Racheakte zu verhindern und den Frieden zu sichern. Diese Art von Intoleranz und Rassismus war für ihn und seine Zeitung allerdings nicht typisch.

Das neue Jahr verlief aus verschiedenen Gründen desaströs. Die Zahl der Abonnenten des *Saturday Pioneer* ging immer weiter zurück, und die Einnahmen durch Anzeigen sanken drastisch. Im Februar 1891 mußte sich Baum mehrerer Operationen unterziehen, um sich einen Tumor unter der Zunge entfernen zu lassen. Viele Menschen verließen South Dakota, und auch Baum fand, es sei an der Zeit, weiterzuziehen. Im April 1891 gab er den *Aberdeen Saturday Pioneer* an Drake zurück und nahm eine Stellung bei der Chicagoer *Evening Post* an. 1893 sollte in Chicago die Weltausstellung eröffnet werden, die auch Baum gespannt erwartete, aber er war bei der *Post* so unglücklich, daß er bereits nach einem Monat kündigte und als Handlungsreisender bei Pitkin & Brooks begann, einem Chicagoer Großhändler für Porzellan und Glas.

Die Baums hatten mittlerweile vier Söhne, Frank Joslyn, Robert Stanton, Harry Neal und Kenneth Gage. Da Frank so viel unterwegs war, mußte Maud die Kinder mehr oder weniger alleine großziehen. Sie, nicht Baum, war für die Disziplin zuständig, und sie zögerte nicht, ihre Haarbürste zur Hand zu nehmen, wenn sich die Jungs nicht benahmen. Von ihrer Mutter hatte Maud das Temperament geerbt: Sie explodierte schnell, aber sie verzieh auch schnell. Rob beschreibt die Erziehungsmethoden seiner Mutter folgendermaßen:

Aus einer kindischen, verrückten Laune heraus nahm ich einmal unsere Katze mit in den ersten Stock und warf sie aus dem Fenster. Zum Glück blieb

Einführung

Maud Gage und ihre vier Söhne, Robert, Harry, Kenneth und Frank, 1900.
Mit freundlicher Genehmigung von Ozma Baum Mantele.

das Tier unverletzt, aber meine Mutter hatte mich gesehen und beschloß, mir eine Lektion zu erteilen. Sie packte mich, hielt mich zum Fenster hinaus und tat so, als wollte sie mich fallen lassen. Ich war überzeugt, sie würde es wirklich tun, und schrie so laut, daß die Nachbarn herauskamen und erschrocken sahen, wie meine Mutter mich aus dem Fenster hielt. Ich muß wohl nicht erwähnen, daß ich danach von der Idee kuriert war, Katzen aus dem Fenster zu werfen. Allerdings warf ich später einmal eine in ein Faß. Natürlich wurde ich von meiner Mutter prompt hinterhergeworfen, um zu sehen, wie mir das wohl gefiel.[5]

Sein Vater war zu so etwas unfähig. Als Ken einmal unartig gewesen war und Maud darauf bestand, daß Frank ihn züchtigte, tat er das nur zögernd. Der Junge weinte sich in den Schlaf, und sein Vater war so verstört, daß er sein Abendessen nicht herunterbrachte, wieder nach oben ging und seinen Sohn aufweckte. »Kenneth«, sagte er, »ich entschuldige mich dafür, daß ich dich geschlagen habe, und ich

---

[5] Robert Stanton Baum, »The Autobiography of Robert Stanton Baum, Part One«, *The Baum Bugle*, Frühjahr 1970, S. 17.

L. Frank Baum zu Hause mit seinen vier Söhnen Robert, Frank, Kenneth und Harry.
Mit freundlicher Genehmigung von Matilda Jewell Gage.

werde nie wieder eines von euch Kindern schlagen.« Er hielt sich an sein Versprechen.[6]

Maud hatte eine praktische Ader, und oft übernahm sie die Aufsicht über die Finanzen der Familie, wenn wieder einmal einer von Baums Plänen fehlgeschlagen war. Irgendwie fand sie in den ersten harten Jahren in Chicago sogar noch die Zeit, Stickstunden zu geben, um ein wenig Geld hinzuzuverdienen. Trotz ihrer unterschiedlichen Temperamente liebten Frank und Maud einander sehr. »Er sagte mehrmals, daß ich die einzige sei, die er je geliebt hat«, erzählte sie ihrer Familie von der Nacht, in der er starb. »Er wollte nicht sterben. Er wollte mich nicht verlassen, und er sagte, er sei ohne mich nie glücklich gewesen. Es war besser, daß er zuerst ging, wenn es denn schon sein mußte, denn ich bezweifle, daß er ohne mich zurechtgekommen wäre.« Es war genauso schwer für sie wie für ihn. »Es ist schrecklich traurig«, schrieb sie einmal, »und ich bin so einsam und allein. Fast siebenunddreißig Jahre lang waren wir einander alles. Wir waren so glücklich. Jetzt bin ich allein und muß mich der Welt allein stellen.«[7] Als Ausdruck seiner tiefen Liebe zu ihr widmete er sein wichtigstes Buch den *Zauberer von Oz,* »meiner guten Freundin und Gefährtin, meiner Frau«.

6 Harry Neal Baum, »My Father Was ›the Wizard of Oz‹«, *The Baum Bugle*, Herbst 1985, S. 9.

Baum war ein Familienmensch, aber seine Arbeit bei Pitkin & Brooks führte ihn oft wochenlang auf Reisen. Maud hatte zwar ein Mädchen für den Haushalt aber das war nicht genug, und so verbrachte ihre Mutter einen Teil des Jahres bei den Baums, um ihrer Tochter zu helfen. Baum war froh um jeden Tag, den er zusammen mit seiner Familie zu Hause verbringen konnte. Ihre liebste Zeit war die Familienstunde. Die jüngeren der Söhne lernten gerade ihre ersten Reime und hatten viele Fragen zu diesem und jenem, was in den Kinderreimen erwähnt wurde. Baum kleidete seine Erklärungen in kleine Geschichten. Er erfand zum Beispiel ein Kinder-Schlaraffenland mit Namen »Phunniland«, wo Bonbons in Büschen wuchsen und in den Flüssen Milch und Sahne floß, wo es Limonade regnete und wo der Donner klang wie ein Chor aus Wagners *Tannhäuser*. Eines Abends hörte seine Schwiegermutter ihn zufällig und drängte ihn, diese Geschichten aufzuschreiben und zu veröffentlichen. Sie meinte, sie könnten so erfolgreich werden wie *Alice im Wunderland*. Baum folgte ihrem weisen Rat, und am 17. Juni 1896 meldete er den Titelschutz für zwei Sammlungen von Kindergeschichten an: *Tales from Mother Goose* und *Adventures in Phun[n]iland*.

Der »Wond'rous Wise Man«, Illustration von Maxfield Parrish in *Mother Goose in Prose*, 1897. *Privatbesitz.*

Wie so viele Debütautoren schickte er seine Manuskripte an verschiedene große Verlage an der Ostküste, aber keiner war an den Märchen interessiert. Er gab sie allerdings auch einem kleinen renommierten Verlag namens Way & Williams in Chicago. Der Verleger Chauncey L. Williams war einer der interessantesten Figuren der Stadt. In seinem Haus, einem der ersten, das Frank Lloyd Wright entworfen hatte, trafen sich viele Schriftsteller aus dem mittleren Westen, wie zum Beispiel Hamlin Garland, George Barr McCutcheon, Kate Chopin und William Allen White, ebenso Künstler wie John T. McCutcheon und Will H. Bradley. Der Verlag veröffentlichte zwar nur wenige Kinderbücher, aber Williams hatte gerade geplant, Maxfield Parrish, einen jungen aufstrebenden Künstler aus Philadelphia, damit zu beauftragen, eine neue Ausgabe alter Kinderreime zu illustrieren, als er Baums Geschichten las. Er beschloß, statt der alten Gedichte diese zu veröffentlichen, und versprach, danach die »Phunniland«-Geschichten zu verlegen. *Mother Goose in Prose* (1897) wurde nicht nur Baums erstes Kinderbuch, es war auch das er-

---

7 Brief an Helen Leslie und Leslie Gage, 16. Mai 1919, zitiert von Sally Roesch Wagner, »Dorothy Gage und Dorothy Gale«, *The Baum Bugle*, Herbst 1984, S. 5–6.

ste Buch, das je von Parrish illustriert wurde. Baum war auf seine Arbeit sehr stolz, wie die Widmung in dem Exemplar seiner Schwester Marie Louise Brewster belegt:

> In meiner Jugend träumte ich davon, einen Roman zu schreiben, der mich berühmt machen würde. Jetzt, da ich langsam alt werde, ist mein erstes Buch erschienen. Abgesehen von meiner offensichtlichen Unfähigkeit, etwas Großes zu erreichen, habe ich gelernt, den Ruhm als ein Irrlicht zu betrachten, das, einmal eingefangen, den Besitz nicht lohnt. Ein Kind zu erfreuen ist jedoch eine wunderbare Sache, die einem das Herz erwärmt und einen ganz besonderen Lohn bringt. Ich hoffe, mein Buch wird auf diese Art erfolgreich sein – daß die Kinder es mögen werden. Du und ich, wir sind von gleichem Charakter und haben den gleichen Literaturgeschmack, und ich weiß, daß Du auf diese einfachen Geschichten nicht herabsehen, sondern mich verstehen und mir Deine ganze Zuneigung schenken wirst.

Die Reaktion der Öffentlichkeit war jedoch nicht so, wie sie sich Baum erhofft hatte. Jahre später schrieb er in einem Brief an Frank K. Reilly vom 16. Dezember 1916, »das Buch ist eigentlich nichts für Kinder. Die Erwachsenen sind allerdings ganz verrückt nach den wunderschönen Illustrationen«.[8] Es war zwar ein prächtiger Band, aber er kam zu spät, um vom Weihnachtsgeschäft zu profitieren. Einige unglückliche wirtschaftliche Entscheidungen zwangen Williams kurz darauf Anfang 1898 zur Aufgabe seines Geschäfts. Er verkaufte den Verlag an Herbert S. Stone, der *Mother Goose in Prose* nicht wieder auflegte.

Auch wenn sein erster Versuch als Autor nicht übermäßig erfolgreich war, beschloß Baum, des Lebens aus dem Koffer überdrüssig, von nun an in Chicago sein Geld zu verdienen, und er hatte dazu auch schon eine Idee. Auf seinen Reisen von Stadt zu Stadt hatte er den Bedarf nach einem praktischen Ratgeber für Schaufensterdekorationen bemerkt, und so gründete er 1897 zusammen mit Williams als Verleger *The Show Window*, eine Zeitschrift für Schaufensterdekorateure. Die Branche gründete auf Betreiben Baums einen nationalen Verband der Schaufensterdekorateure und

---

8 Baum und Parrish sollten später einmal fast bei einem weiteren Projekt zusammenarbeiten. 1915 fragte der Produzent Walter Wanger bei Reilly & Britton an, ob Baum das Libretto für eine Produktion von *Schneewittchen* schreiben würde, für die Parrish bereits Kostüme, Bühne und Ausstattung entwarf. Baum war von dem Vorschlag begeistert, und Reilly & Britton boten an, eine darauf basierende Romanfassung zu veröffentlichen, geschrieben von Baum und illustriert von Parrish. Der Erste Weltkrieg machte dem Unternehmen ein Ende.

nahm seine Zeitschrift als offizielles Mitteilungsblatt an. Auf der ersten jährlichen Mitgliederversammlung wurde Baum zum Vorsitzenden gewählt. Baum betrachtete die Zeitschrift auch als Kunstmagazin und füllte ihre Seiten mit Fotografien der wichtigsten Kaufhäuser des Landes. Viele davon muß er selbst aufgenommen haben. Er steuerte den größten Teil der Beiträge und sogar einige der Anzeigentexte bei. Zwei Jahre später sammelte und erweiterte er verschiedene seiner Artikel und veröffentlichte sie als *The Art of Decorating Dry Goods Windows and Interiors* (Die Kunst, Schaufenster und Inneneinrichtung von Textilgeschäften zu dekorieren, 1900), eine reich illustrierte Abhandlung, die nur an Abonnenten verkauft wurde.

1898 wurden Baum und Williams Mitglieder des Chicagoer Presseklubs, und hier trafen sie sich mit vielen Schriftstellern und Künstlern Chicagos. Unter ihnen war auch William Wallace Denslow. Er war im Jahr 1856 in Philadelphia geboren worden, und damit waren er und Baum zwar gleich alt, aber in ihrer Art und ihrem Herkommen sehr verschieden. Denslow war ein Bohemien und jahrelang auf der Suche nach Arbeit im ganzen Land herumgereist. Abgesehen von ein paar Semestern an der Cooper Union und der National Academy of Design in New York war »Den« Autodidakt. Seine erste Stellung war die eines Laufburschen bei *Hearth and*

William Wallace Denslow, 1900.
Privatbesitz.

Home und beim *American Agriculturist*. Für diese Zeitschriften fertigte er auch seine frühesten Illustrationen an. Später zeichnete er Landkarten, Theaterposter und Anzeigen und entwarf Kostüme. Er war außerdem einer der vielen Künstler, die zu den Illustrationen von Mark Twains *A Tramp Abroad* (1880; *Ein Bummel durch Europa*) beitrugen. Seine Arbeit für Tageszeitungen führte ihn zum Chicagoer *Herald*. Dort wurde er wegen Trunksucht gefeuert und zog weiter nach Westen, zunächst nach Denver und dann nach San Francisco, wo er für William Randolph Hearst arbeitete. Doch als der Zeitungsverleger sich weigerte, ihm 1893 eine Reise zur Weltausstellung in Chicago zu bezahlen, fuhr Denslow auf eigene Rechnung hin und ließ sich wieder vom *Herald* einstellen. Während der neunziger Jahre wurde Denslow mit seinen Anzeigen für Rand McNally und andere Verleger international bekannt. Er entwarf Buchumschläge und zeichnete Illustrationen für die Montgomery-Ward-Versandhauskataloge. Er war der erste Künstler, den Elbert Hubbard, der Förderer des *Arts and Crafts Movement* in den USA, nach East Aurora im Staat New York einlud, um dort für den Verlag Roycroft Press zu arbeiten. Dort entwarf Denslow zum Beispiel eine Ausgabe von Coleridges *Der alte Seefahrer* (1899), aber auch auch Exlibris und Bildergeschichten. Denslow war also ein sehr vielseitiger Künstler, aber Kinderbücher hatte er noch nicht illustriert. Trotzdem dachte Baum an diesen Mann, der in Chicago besser bekannt war als er, als er für ein neues Projekt einen Illustrator suchte.

Zur Erholung von seiner Schaufensterzeitschrift hatte Baum sich eine handbetriebene Druckerpresse und einige Schriftsätze besorgt, um eine limitierte Ausgabe einer Sammlung von Gedichten zu produzieren. *By the Candelabra's Glare* (1989) bezeichnet er als »einen seiner größten Schätze – ein Buch, das ich aus dem Kopf ohne Manuskript gesetzt und mit eigenen Händen gedruckt und gebunden habe«.[9] Im Vorwort brüstete er sich: »Ohne fremde Hilfe habe ich das Buch gesetzt, die Presse bedient und die Bindung hergestellt. Daher ist das Buch, wie es hier vorliegt, in der Tat ›ganz und gar mein‹.« Ganz ohne Hilfe von anderen war das Buch allerdings nicht entstanden. Als Freunde von seinem Plan hörten, schenkten sie ihm Papier, Druckerschwärze und Bindematerialen. Williams gab ihm die Vorsatzblätter, und verschiedene Künstler, unter ihnen Denslow, fertigten Illustrationen an. Alles unentgeltlich. Die einzige Investition des Autors war seine Arbeitszeit. Er schenkte jedem Beteiligten ein Exemplar der limitierten Auflage von neunundneunzig Exemplaren.

Kaum war das Buch fertig, hatte Baum schon ein weiteres Projekt mit Denslow im Kopf. *By the Candelabra's Glare* schloß mit einer kleinen Auswahl von Kinderge-

---

9 In einem Brief an Isidore Widmark, 19. April 1903, Special Collections, Butler Library, Columbia University Libraries.

Humboldt Boulevard 68, Chicago. Hier wurde *Der Zauberer von Oz* geschrieben.
Mit freundlicher Genehmigung von Fred M. Meyer.

dichten, die er jetzt zu einem eigenen Bilderbuch erweitern wollte. Jahrelang hatte Baum auf seinen Vertreterreisen Gedichte auf alte Briefumschläge und Papierschnipsel gekritzelt und so genügend Material gesammelt, um ein Buch zu füllen. Autor und Illustrator begannen bald ernsthaft mit den Vorbereitungen und trafen sich zu diesem Zweck oft abends in Baums Haus am Humboldt Boulevard Nummer 68. »Ich weiß noch, daß ›Den‹, wie wir ihn nannten, eine auffallend rote Weste besaß, auf die er sehr stolz war«, erinnert sich Harry Baum in *American Book Collector* (Dezember 1962). »Immer, wenn er zu uns nach Hause kam, beschwerte er sich über die Wärme, um eine Ausrede zu haben, die Jacke auszuziehen und den Abend damit zu verbringen, seine wunderschöne rote Weste zu zeigen. Innerhalb der Familie machten wir unsere Witze darüber, aber Denslow war in dieser Hinsicht sehr eitel, und wir waren alle bemüht, während seiner Besuche nichts zu sagen.« Die Weste war kaum das Auffallendste an dem exzentrischen Künstler. Er trug einen dichten Walroß-Schnauzbart, und (wie Elbert Hubbards Sohn in einem Brief vom 11. August 1958 schreibt) »er war ein recht schroffer Kerl«. Wenn er nicht gerade seine Maiskolbenpfeife rauchte, kaute er Tabak. Ein anderer Zeitgenosse, Felix Shay, schreibt in seinem Buch *Elbert Hubbard of East Aurora* (1926), daß Denslow »eine Nebelhornstimme hatte wie der zweite Maat in einem Sturm«, einen schrägen Humor und daß er »immer grundlos brummelte, immer nörgelte, immer kritisch war und dann in schallendes Gelächter ausbrach, wenn er den gewünschten Effekt erzielt hatte« (S. 149). Der Charakter seiner jungen Frau Ann Waters war das genaue Gegenteil davon. Sie war eine herzliche Gastgeberin und gute Köchin – einer der Gründe dafür, daß Denslow in seinem Atelier im Fine Arts Building immer viel Besuch hatte. Waters war die Tochter von Martha Holden, einer Chicagoer Journalistin, die auf Grund ihrer wunderschönen bernsteinfarbenen Augen unter dem Pseudonym Amber schrieb. Ann war ebenfalls eine begabte Autorin, und Baum nahm ihr zu Ehren ein Gedicht über »die kleine Annie Waters« in sein neues Kinderbuch auf.

Die George M. Hill Company in Chicago, Verlag von *Der Zauberer von Oz*. *Privatbesitz.*

Zunächst hatten Baum und Denslow geplant, ihr Buch, das mit seinen farbigen Illustrationen gegenüber anderen Kinderbüchern der Zeit etwas radikal Neues darstellte, selbst zu verlegen. Sie dachten, es würde wohl kaum ein Verlag genug Geld investieren, um die Abbildungen genau nach ihren Vorstellungen drucken zu lassen. Daher suchten sie zunächst nur nach einem Drucker. Da Denslow vor kurzem eine Arbeit für die George M. Hill Company gemacht hatte, stellte er Hill das Projekt vor, um zu sehen, ob die Firma Muster-Blindbände für sie herstellen könnte. Aber Hill wollte noch mehr tun und bot den beiden an, das Buch zu verlegen, wenn sie die Herstellungskosten der Farbabbildungen übernähmen. Um Kosten für den Satz des Textes zu sparen, stellte Denslow einen Freund, Ralph Fletcher Seymor an, der zusammen mit Charles J. Costello die Gedichte mit der Hand schrieb, so daß die Seiten nun wie einzelne kleine Kunstdrucke aussahen. Da es sozusagen ein Nachfolger des *Mother Goose*-Sammelbandes war, teilweise inspiriert von Palmer Cox' *The Brownies, Their Book* (1887), nannten sie das Buch *Father Goose, His Book* (1887). Unter der Führung des Herstellungsleiters Frank K. Reilly und des geschäfts-

Werbeplakat der George M. Hill Company für die Bücher von L. Frank Baum, 1901.
Mit freundlicher Genehmigung der Chicago Historical Society.

»Father Goose« Bildergeschichte, gezeichnet von W. W. Denslow, *The World*, New York, 21. Januar 1900.
Mit freundlicher Genehmigung der Michael Gessel Collection.

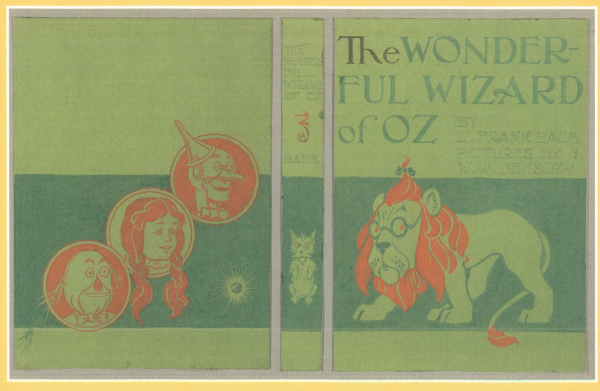

W. W. Denslows Aquarell für den Einband von *The Wonderful Wizard of Oz*, 1900.
Mit freundlicher Genehmigung der C. Warren Hollister Collection; Photo mit freundlicher Genehmigung des Brandywine River Museum.

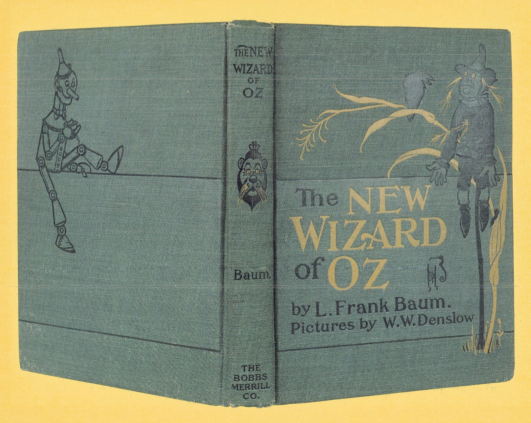

Einband von *The New Wizard of Oz* (Indianapolis: Bobbs-Merrill, 1903). *Privatbesitz.*

Werbeplakat der George M. Hill Company für *The Wonderful Wizard of Oz*, 1900. *Privatbesitz.*

Werbeplakat der George M. Hill Company für *The Wonderful Wizard of Oz*, 1900. *Privatbesitz; Photo mit freundlicher Genehmigung des Brandywine River Museum.*

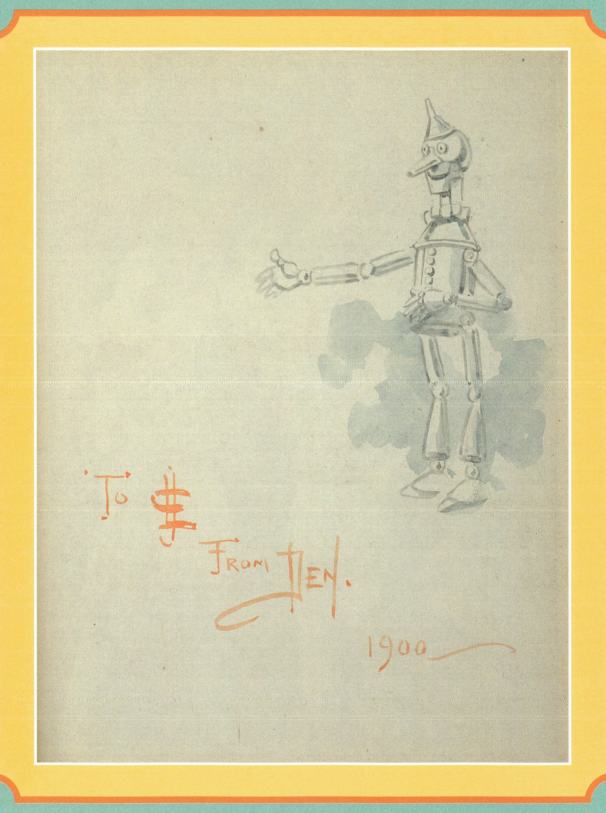

Aquarell des Blechholzfällers von W. W. Denslow in einem Exemplar von *The Wonderful Wizard of Oz*, das dem Künstler J. C. Leyendecker geschenkt wurde, 1900. *Privatbesitz*.

Werbeplakat für die Revue *The Wizard of Oz*, 1902.
Mit freundlicher Genehmigung der Library of Congress.

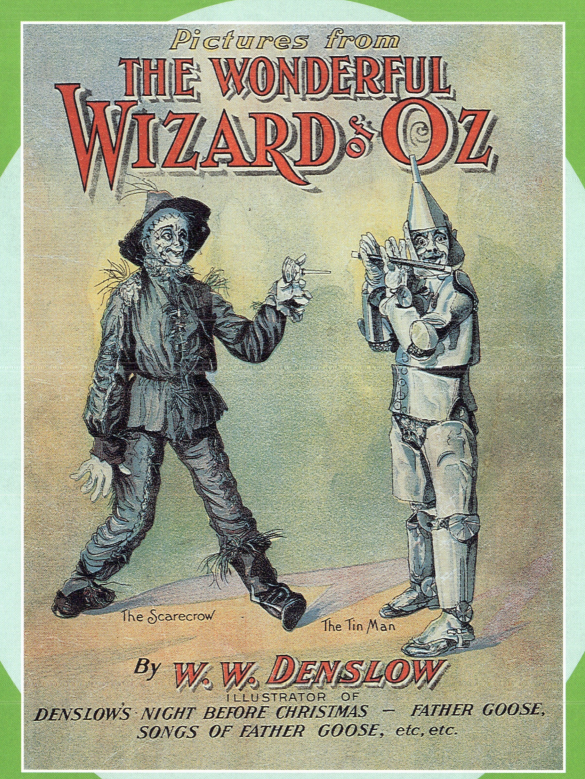

Einband von *The Wonderful Wizard of Oz* von Thomas H. Russell
(Chicago: George W. Ogilvie, 1902).
*Mit freundlicher Genehmigung der Jay Scarfone/
William Stillman Collection.*

Romola Remus als Dorothy,
Frank Burns als Vogelscheuche,
George E. Wilson als Blechholzfäller,
Joseph Schrode als feiger Löwe und
Burns Wantling als hungriger Tiger
in *The Fairylogue and Radio-Plays*,
1908.
*Mit freundlicher Genehmigung
von Justin G. Schiller.*

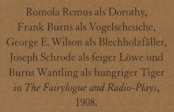

Die erste Landkarte von Oz,
entworfen von L. Frank Baum für
The Fairylogue and Radio-Plays, 1908.
*Mit freundlicher Genehmigung
von Justin G. Schiller.*

Die königliche Fahne
von Oz, veröffentlicht
zusammen mit
Glinda of Oz, 1920.
Privatbesitz.

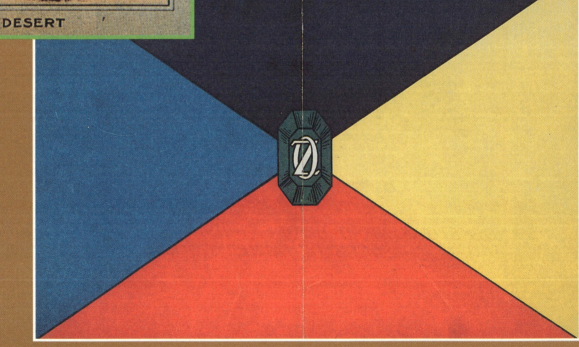

führenden Verkaufsleiters Sumner C. Britton stellte Hill schließlich einen Band her, wie ihn die Bücherwelt bis dahin noch nicht gesehen hatte.

Die erste Auflage von 5700 Exemplaren war sofort vergriffen, und auch weitere Auflagen wurden schnell verkauft. Zur großen Überraschung von Baum, Denslow und Hill wurde *Father Goose* das erfolgreichste Bilderbuch des Jahres 1900. Rezensenten verglichen Baum mit Lewis Carroll und Edward Lear. Mark Twain, William Dean Howells und Elbert Hubbard lobten *Father Goose*. Ein Dutzend Nachahmungen überfluteten den Markt, und Hill selbst produzierte noch im selben Jahr *The Songs of Father Goose*, eine Auswahl aus dem Originalband in Schwarzweiß mit Vertonungen von Alberta N. Hall (später Burton). Auf der Welle des Erfolgs schickte Baum sein »Phunniland«-Manuskript an R. H. Russell in New York, und, möglicherweise um eine Verwechslung mit F. Oppers *Frolics in Phunniland* zu vermeiden, das Russell in jenem Jahr ebenfalls verlegte, wurde Baums Buch, entzückend illustriert von Frank Ver Beck, umbenannt in *A New Wonderland* (1900). Ebenfalls im gleichen Jahr veröffentlichte Hill noch zwei weitere Bücher mit Baums Gedichten, *The Army Alphabet* und *The Navy Alphabet*, illustriert von

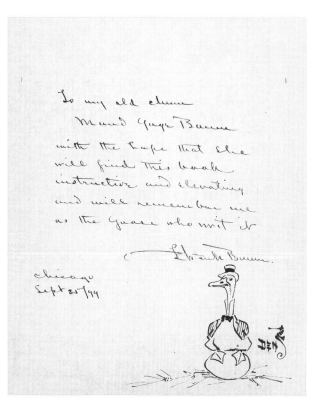

Widmung in Maud Gage Baums Exemplar von *Father Goose, His Book*, unterschrieben von L. Frank Baum und W. W. Denslow, 1899.
Privatbesitz.

Harry Kennedy und handgeschrieben von Charles Costello. *Father Goose* hatte aus Baum mit dreiundvierzig Jahren über Nacht einen der begehrtesten amerikanischen Kinderbuchautoren seiner Zeit gemacht, und er begann, sich mit weiteren Texten für Kinder zu beschäftigen.

Zunächst ermöglichte der unerwartete Erfolg von *Father Goose* jedoch den Baums jetzt einen Luxus, der ihnen früher versagt geblieben war. Da sie sich im Sommer gern in Macatawa Park am Ufer des Michigansees aufhielten, kaufte Baum mit den Einkünften aus *Father Goose* ein hübsches Sommerhäuschen dort und nannte es »Sign of the Goose«. Das Gänse-Thema zog sich durch das ganze Haus. Baums Arzt hatte ihm geraten, sich körperlich zu betätigen; daraufhin

Das Sommerhaus in Macatawa Park, Michigan.
Mit freundlicher Genehmigung von Fred M. Meyer.

L. Frank Baum beim Lesen auf der Veranda seines Sommerhauses in Macatawa Park.
Mit freundlicher Genehmigung von Matilda Jewell Gage.

Einführung

Innenansicht des Sommerhauses in Macatawa Park.
Privatbesitz.

wurde Baum zum Hobbytischler, der alle Eichenmöbel für sein Sommerhaus selbst herstellte. Die Lederpolster waren mit Messingnägeln beschlagen, deren Köpfe die Form von Gänsen hatten. Baums Freund und Chauncey Williams Schwager, Harrison H. Rountree, Geschäftsführer der Turner Brass Works in Chicago, hatte sie zur Verfügung gestellt. Eine Standuhr und eine kleine Büchervitrine waren mit weiteren Figuren aus Baums Büchern dekoriert. Er zimmerte auch einen großen Schaukelstuhl, dessen Seiten weiße Emaille-Gänse darstellen. Baum gab ein Buntglasfenster mit einer großen Gans vor grünem Hintergrund für das Wohnzimmer in Auftrag, und er selbst schmückte die Wände mit einem schablonierten Fries mit grünen Gänsen. Ein selbstgemachtes, buntbemaltes Schild mit der Silhouette der Gans von Denslows Buchumschlag und dem Namen des Sommerhauses hängte Baum deutlich sichtbar auf der Veranda auf, und vorbeigehende Spaziergänger bemerkten oft, daß hier der berühmte »Father Goose« lebe. Es war ein Ort, an dem man sich zum Kartenspielen und zu anderen Festivitäten versammelte. Baum schrieb später ein unterhaltsames Buch über sein Sommerhaus und dessen Besucher mit dem Titel *Tamawaca Folk* (1907) und verlegte es privat unter dem Pseudonym John Estes Cook. In diesem Haus erzählte Baum dem *Grand Rapids Herald* (18. August 1907), warum er lieber für Kinder schrieb als für Erwachsene:

Porträts von W. W. Denslow und L. Frank Baum, gezeichnet von Ike Morgan, 1899.
Privatbesitz.

Märchengeschichten für Kinder zu schreiben, sie zu unterhalten, rastlose, kranke Kinder abzulenken und sie an Regentagen davon abzuhalten, Unsinn anzustellen, das scheint mir wichtiger zu sein als Romane für Erwachsene zu schreiben. Wenige der populären Romane überstehen auch nur ein Jahr, da sie auf spezifische psychologische Bedürfnisse ihrer Zeit reagieren. Dagegen ist ein Kinderbuch immer das gleiche, da Kinder immer die gleichen Leute mit den gleichen Bedürfnissen sind, die es zu befriedigen gilt.

Trotz dieser Überzeugung versuchte sich Baum auch an einer Erwachsenenversion des *Father Goose*-Buches, mit dem wenig erfolgreichen *Father Goose's Year Book* (1907), illustriert von Walter J. Enright. Zu diesem Zeitpunkt war die *Father Goose*-Hysterie allerdings lange vorbei.

Baum war zwar zunächst recht zufrieden mit *Father Goose*, aber er wollte noch viel ehrgeizigere Pläne verwirklichen. Als *Father Goose* veröffentlicht wurde, arbeiteten er und Denslow bereits intensiv an einem anderen Buch, einem »modernisierten« Märchen. »Ich saß auf der Kommode in der Eingangshalle und erzählte den Kindern gerade eine Geschichte«, erklärte er seinen Verlegern Jahre später von seiner Entstehung, »da kam es plötzlich und nahm von mir Besitz. Ich schickte die Kinder fort, nahm ein Blatt Papier, das auf der Kommode herumlag, und begann zu schreiben. Es schrieb sich wie von selbst. Als ich kein normales Papier mehr finden konnte, nahm ich, was herumlag, sogar einen Stapel alter Briefumschläge.«[10] In einem Brief an Sumner C. Britton am 23. Januar 1916 beschreibt Baum, wie seine Arbeit an Kinderbüchern generell vonstatten ging:

> Diese Geschichten erfordern große Konzentration. Einzelne Figuren sind eine Frage des spontanen Einfalls, aber für die Entwicklung der Geschichte benötige ich sehr viel Zeit. Während ich daran arbeite, lebe ich tagtäglich damit und schreibe die verschiedenen Ideen, die mir einfallen, auf herumliegende Zettel. So stelle ich mein Material zusammen. Das neue *Oz*-Buch befindet sich gerade in diesem Stadium. Ich habe alles zusammen – die meiste Arbeit ist getan... Aber bis es in Druck geht, ist es noch ein langer Weg. Ich muß es umschreiben, die Ereignisse in eine bestimmte Abfolge bringen, die Figuren ausarbeiten etc.

Irgendwann im Jahr 1899, entweder im Spätsommer oder im Frühherbst, hatte Baum mit Denslow einen Vertrag für ihr nächstes Kinderbuch mit dem vorläufigen Titel »Die Stadt von Oz« aufgesetzt. Wie bei *Father Goose, His Book* einigten sich Baum und Denslow darauf, die Kosten für die Abbildungen gleichermaßen zu teilen. Sie kamen ebenfalls überein, daß Baum das Urheberrecht an dem Text bekommen sollte, Denslow das an den Illustrationen. Der Vertrag enthielt außerdem eine ungewöhnliche Vereinbarung: Wenn innerhalb der ersten zwei Jahre weniger als 10 000 Exemplare des Buches verkauft würden, »kann der Vertrag von Baum oder von Denslow für null und nichtig erklärt werden. In diesem Falle gehen die alleinigen Rechte für den Text an Baum und die alleinigen Rechte für die Illustrationen an Denslow und können unabhängig voneinander genutzt werden.«[11] Baum verpflichtete sich, Denslow bis zum 1. November das Manuskript zur Verfügung zu stellen, und die Illustrationen sollten spätestens zum 1. Mai 1900 fertig sein. Sollten die beiden bis zum 1. September 1900 keinen Verleger finden, könnte der Vertrag entweder für nichtig erklärt oder abgeändert werden.

Baum war schneller als erwartet. Sein Manuskript von etwa 40 000 Wörtern wurde am 9. Oktober 1899 fertig. Baum wußte, daß es etwas ganz Besonderes war. Er nahm ein Blatt Papier, notierte darauf, »mit diesem Stift schrieb ich das Manuskript von ›Die Smaragdenstadt‹« und datierte es. Dann klebte er den Beistiftstum-

---

10 Zitiert von Jeanne O. Potter, »The Man Who Invented Oz«, *Los Angeles Times Sunday Magazine*, 13. August 1939, S. 12.

11 Zitiert in David L. Greene und Peter E. Hanff, »Baum and Denslow: Their Books, Part One«, *The Baum Bugle*, Frühjahr 1975, S. 10. Weitere Informationen zur Verfügung gestellt von Robert A. Baum.

mel auf das Blatt, rahmte ihn und hängte das Ganze über seinen Schreibtisch. Baum war zwar Linkshänder, aber er hatte eine elegante Schrift, die so gut lesbar war, daß Drucker direkt nach seinem Manuskript aus Zetteln und Papierschnipseln setzen konnten. Auch Denslow arbeitete schnell, und so dachten Baum und Denslow möglicherweise, sie könnten das Buch bereits 1899 veröffentlichen, ein Datum, das Denslow auf die illustrierte Impressumsseite gesetzt hatte. Diese Hoffnung erfüllte sich nicht. Trotz des großen Erfolgs von *Father Goose* war Hill zunächst skeptisch. Seine Zweifel an Baums »modernisiertem« Märchen wurden aber ausgeräumt, als zusätzlich zu zwei Gutachtern auch noch zwei Kinder und eine Kindergärtnerin die Geschichte gelesen und für gut befunden hatten. Am 16. November unterschrieben Baum, Denslow und Hill einen Vertrag für »The Emerald City«. Baum und Denslow würden Hill bis zum 1. März 1900 die vollständigen Druckplatten und die Prägeplatten für den Einband zur Verfügung stellen. Anscheinend gaben sie das Manuskript früher als erwartet ab, denn das Chicagoer *Journal* berichtete schon am 19. Januar 1900, daß Hill es im April oder bald darauf veröffentlichen wollte. Hills Vertrag mit Baum und Denslow trug dem Verleger auf, »das besagte Buch zu drucken, zu veröffentlichen und zu vertreiben undalles zu unternehmen, was im Zusammenhang mit Verkauf und Vertrieb seiner Bücher üblich ist, und ebenso alle Kosten der Verbreitung, der Werbung und anderer Arbeiten zu tragen, die sich aus der Plazierung des besagten Buches auf dem Markt ergeben, und … mit allen in der Branche bekannten Methoden den Verkauf des besagten Buches voranzutreiben«. Die Gewinnbeteiligung wurde bei einem Ladenpreis von 1,50 Dollar auf neun Cent für jeden von beiden festgesetzt. Hill bot an, am 15. Januar 1900 einen Vorschuß von 1000 Dollar zu zahlen, der von Baum und Denslow geteilt werden sollte. Als Gegenleistung dafür sicherte sich Hill »vom Zeitpunkt des Vertragsabschlusses an für fünf Jahre das exklusive Recht an jedem Buch oder literarischen Werk, das sie zusammen produzieren, schreiben oder illustrieren«. Zum festgesetzten Datum zahlte Hill an Baum und Denslow je 500 Dollar.[12] Dennoch wurde die Klausel später in allseitigem Einverständnis gestrichen. Eine andere Klausel verblieb, wurde aber von Hill nie erfüllt: Die Firma hatte zugesagt, »die Veröffentlichung des besagten Buches in England zu betreiben und zu diesem Zweck den Eintrag des Titels bei Stationer's Hall vorzunehmen«. Die Firma organisierte allerdings den Vertrieb in Kanada durch George J. McLeod in Toronto.

Der Titel des Buches lag jedoch noch lange nicht fest. In einem Vertrag, mit dem er die Rechte an seinen neueren literarischen Werken an Maud abtrat, stellte Baum folgende Liste auf: *Mother Goose in Prose; Father Goose, His Book;* »The King of

---

12 Siehe C. Warren Hollister, »An Unknown Baum-Denslow Collection«, *The Baum Bugle*, Frühjahr 1964, S. 14.

Phunniland« (veröffentlicht unter dem Titel *A New Wonderland*) sowie: »From Kansas to Fairyland«. Denslow und Ann Waters bezeugten die Vereinbarung am 17. November, und Maud zahlte ihrem Mann 1000 Dollar er für die Rechte. »From Kansas to Fairyland« hielt aber auch nicht lange. Der Syracuser *Sunday Herald* nennt bereits am 19. November einen anderen Titel, »The Great City of Oz«, und am 2. Januar 1900 schrieb Maud an Helen Leslie, daß das Buch »›The Great Oz‹ oder so ähnlich« heißen sollte. James J. O'Donnell Bennett nennt in seiner Kolumne im Chicagoer *Journal* vom 19. Januar den Titel »The Fairyland of Oz«, und auch Hill kündigte am 1. Februar in *The Bookseller, Newsdealer and Stationer* eine Veröffentlichung unter diesem Titel an. Als Denslow die illustrierte Titelseite erstellte, kürzte er den Titel zu »The Land of Oz« ab. Diesen Titel vermerkte er auch am 15. Januar in seinem Geschäftsbuch. Baum ließ ihn am 18. Januar registrieren. Das Buch hieß immer noch so, als Baum am 26. Januar das Urheberrecht auf *A New Wonderland* anmeldete, und am folgenden Tag erwähnt Bennett diesen Titel in seiner Kolumne. Aber er war einfach nicht phantasievoll genug. Einige Tage später klebte Denslow dann einen Papierzettel mit Baums neuem Titel für das Buch auf seine Zeichnung für die Titelseite. Es ging in den Druck als *The Wonderful Wizard of Oz*.

Baum datierte seine Einleitung »April 1900«, und das offizielle Veröffentlichungsdatum sollte der 15. Mai werden, Baums vierundvierzigster Geburtstag. Am 8. April schrieb er seinem Bruder Harry über den Wendepunkt in seiner Karriere:

> Der finanzielle Erfolg meiner Bücher ist noch offen und wird erst nach der kommenden Herbstsaison feststehen. *Father Goose* ist erst seit drei Monaten auf dem Markt, und obwohl es sehr gut angekommen ist und sich gut verkauft, können wir nicht sagen, wie seine Zukunft aussehen wird… Ich bin dankbar für seinen Erfolg und froh über das Geld. Verleger fragen jetzt nach meinen Arbeiten, die mich früher verschmäht haben. Harper Bros. hat sogar einen Mann hergeschickt, der versuchte, einen Vertrag für ein Buch für nächstes Jahr abzuschließen, und Scribner's bietet einen Bargeldvorschuß für ein Manuskript an. Appletons, Lothrops und Century haben nach einem Buch gefragt – egal, was es sei. Das macht mich stolz, ganz besonders, da meine Arbeit in *Father Goose* nicht gut war und ich weiß, daß ich es besser kann. Aber ich werde bis nächsten Januar keine Verträge mit irgend jemandem abschließen. Wenn mein Buch dieses Jahr erfolgreich ist, kann ich dann die Bedingungen diktieren und meine Verleger aussuchen. Wenn nicht, werde ich versuchen, den Fehler zu finden und bessere Arbeiten abzuliefern.
>
> Eine Dame am Ort, Mrs. Alberta Hall, hat entzückende Lieder zu den *Father Goose*-Gedichten geschrieben. Das Ergebnis ist *The Songs of Father Goose*. Es

befindet sich jetzt in der Produktion und ist für den 1. Juni angekündigt. *The Army Alphabet*, wunderschön illustriert von Harry Kennedy, wird am 15. Mai herauskommen. Dieses Buch sollte großen Anklang finden. *The Navy Alphabet*, ebenfalls von Kennedy illustriert, erscheint am 1. August. Ich habe die Andrucke für die Illustrationen bekommen, die Frank Ver Beck für mein ›Phunniland‹-Buch gemacht hat, das am 1. Juli bei R. H. Russell's in New York erscheint. Die Arbeit ist herrlich. Er hat auch Kiplings neues Buch mit Tiergeschichten illustriert. Von allen amerikanischen Künstlern wurde seine Arbeit für die Sammlung ausgewählt.[13] Der Titel dieses Buches wird *A New Wonderland* lauten. Und dann ist da noch das andere Buch, das Beste, was ich je geschrieben habe, wie man mir sagt, *The Wonderful Wizard of Oz*. Es ist gerade im Druck und wird kurz nach dem 1. Mai fertig sein. Denslow hat es ausgiebig illustriert, und die Bilder werden in bunten Farben leuchten. Mr. Hill, der Verleger, erwartet den Verkauf von mindestens einer Viertelmillion Exemplaren. Wenn er recht hat, wird das Buch allein meine Probleme lösen. Aber die unberechenbare Öffentlichkeit hat noch nicht gesprochen. Ich brauche nur einen Erfolg dieses Jahr, um meine Position zu sichern, und drei dieser Bücher scheinen für den Zuspruch des Publikums bereit zu sein. Aber wer weiß so etwas schon! Unterdessen arbeite ich weiter und verdiene ein Gehalt, um meine Familie zu ernähren. Ich halte mich an dieser Sicherheit fest, bis das endgültige Urteil gesprochen ist.[14]

Hill zeigte in der April-Ausgabe von *Bookseller and Latest Literature* an, daß *The Wonderful Wizard of Oz* etwa im Juni erhältlich sein würde. Das erste Exemplar, das Baum in den Händen hielt, bestand aus dem Buchblock, noch ohne Einband. Er schenkte es am 17. Mai seiner Schwester Mary Louise Brewster, als er und Maud sie in Syracuse besuchten. »Dieser ›Blindband‹«, schrieb er auf das Vorsatzblatt, »besteht aus den Aushängebögen, die direkt von der Druckerpresse kommen und so schnell wie möglich mit der Hand gebunden wurden. Es ist wirklich das allererste Exemplar.« In das erste gebundene Exemplar schrieb er: »Dieses, das erste Exemplar von *The Wonderful Wizard of Oz*, das die Hände des Verlegers verließ, gehört meinem lieben Bruder Harry C. Baum, vom Autor. 28. Mai 1900.«[15] Am 20. Juni schenkte Baum seiner Mutter und seiner Schwester Marie Louise weitere Exemplare. *The*

---

13 Baum muß Ver Becks Bilder für verschiedene in *The Ladies' Home Journal* veröffentlichte Geschichten meinen, denn die Sammlung der Erzählungen in Buchform unter dem Titel *Just So Stories* (1902; *Genau-so-Geschichten*) war von Kipling selbst illustriert.

14 Zitiert von Frank Joslyn Baum und Russell P. MacFall, *To Please a Child* (Chicago: Reilly & Lee, 1961), S. 118–119.

Bookseller schrieb im Juni: »Obwohl das Buch erst seit vierzehn Tagen lieferbar ist, wurden bereits über 5000 Exemplare bestellt. Eine zweite Auflage von 5000 Exemplaren befindet sich im Druck.« Die Veröffentlichung war zwar auf den August verschoben worden, und das offizielle Copyright-Datum ist auch der August (auch wenn die Library of Congress die erforderlichen zwei Pflichtexemplare erst am 12. Dezember 1900 erhielt[16]), aber laut einem Bericht des *Bookseller* konnten Händler auf der Chicagoer Buchmesse, die vom 5. bis zum 20. Juli im Palmer House Hotel stattfand, bereits einen ersten Blick auf das neue Buch werfen. Hill wurde mit Bestellungen bestürmt, die er nicht vor September erfüllen konnte. Im Oktober verkündete der Verlag, die erste Auflage von 10 000 Exemplaren sei innerhalb von zwei Wochen vergriffen gewesen, und da die zweite Auflage von 15 000 ebenfalls beinahe verkauft sei, würde bald eine dritte von 10 000 Exemplaren gedruckt werden. Weitere 30 000 wurden angeblich im November hergestellt, und die letzte Hill-Ausgabe von 25 000 war im Januar 1901 fertig. *The Wonderful Wizard of Oz* war das meistverkaufte Kinderbuch der Weihnachtssaison von 1900, und die Nachfrage hielt auch im neuen Jahr an. Nach Hills Angaben hatte der Verlag insgesamt knapp 90 000 Exemplare gedruckt.[17]

Urheberrechtsantrag für *The Wonderful Wizard of Oz* und *The Navy Alphabet*, 28. Juli 1900.
Mit freundlicher Genehmigung der Library of Congress.

15 Siehe Dick Martin, »The First Edition of the Wonderful Wizard of Oz«, *The American Book Collector*, Dezember 1962, S. 27. Justin G. Schiller fand sogar noch ein älteres Exemplar mit der Widmung »Richard Adlai Watson von seinem Paten R. J. Street, 23. Mai 1900«. In seinem Katalog *Chapbook Miscellany* (Sommer 1970) vermutete Schiller, daß Street irgendwie mit der Produktion des Buches zu tun hatte und daher wenige Tage bevor Baum die Gelegenheit hatte, seinem Bruder ein Exemplar zu schenken, dieses Exemplar in die Hand bekommen hatte.

16 Das zuständige Büro verzeichnete nur den Erhalt eines Exemplars, obwohl Baum darauf bestand, er habe persönlich entsprechend der Vorschriften im September zwei Exemplare verschickt. Möglicherweise ging das zweite Exemplar in der Post verloren. Das jetzt in der Library of Congress befindliche Exemplar ist ein drittes, das der Verleger geschickt hatte. Es handelt sich hierbei um die zweite Auflage mit dem korrigierten Text. Das Urheberrecht war bis 1903 nicht offiziell registriert, als Bobbs-Merrill zwei Exemplare von *The New Wizard of Oz* einsandte.

17 Greene und Hanff schätzen allerdings anhand von Denslows Geschäftsbüchern und Hills Konkursunterlagen, daß es nicht mehr als 35 000 Exemplare gewesen sein können. Siehe »Baum and Denslow: Their Books, Part Two«, *The Baum Bugle*, Herbst 1975, S. 14.

Es war ein wunderschöner Band. Weil Baum und Denslow sie bezahlten, sparten die Verleger keine Kosten beim Druck der Abbildungen. Mit 24 Farbtafeln und über 100 Illustrationen im Text in verschiedenen Farben ist es eines der am aufwendigen illustrierten Kinderbücher des zwanzigsten Jahrhunderts. Der schmucke Einband war hellgrün mit dunkelgrünen und roten Prägungen, der Schutzumschlag hellgrün mit smaragdgrünen Prägungen. Der Kolophon gab folgende Produktionsdaten an:

Das Porträt von L. Frank Baum der Illinois Engraving Company in Chicago auf den Druckplatten für *The Wonderful Wizard of Oz*, 1900. *Mit freundlicher Genehmigung der Library of Congress.*

Hier endet *The Wonderful Wizard of Oz*, geschrieben von L. Frank Baum und illustriert von William Wallace Denslow. Die Druckplatten wurden hergestellt von der Illinois Engraving Company, das Papier bezogen von der Dwight Bros. Paper Company. Messrs. A. R. Barnes & Company druckten das Buch für den Verlag, die George M. Hill Company. Fertiggestellt am fünfzehnten Mai des Jahres Neunzehnhundert.

Als das *Life*-Magazin in seiner Weihnachtsausgabe von 1953 eine Auswahl der originalen Denslow-Illustrationen abdruckte, ergänzte Art Director Charles Tudor in einem kurzen Brief, daß für die Farbtafeln vier Druckplatten erforderlich gewesen seien: eine Zinkradierung oder »Schwarzplatte«, die in Dunkelblau gedruckt wurde, und drei verschiedene Holzschnitte, jeweils einen für Rot, Gelb und Hellblau. Arthur Bernhard, zum Zeitpunkt der Produktion des Buches Druckerlehrling bei der Illinois Engraving Company, gibt an, die Textillustrationen seien mit Zinkradierungen oder Zinkplatten reproduziert, die Farbabstufungen mit Hilfe des Benday-Prozesses hergestellt worden, der 1879 von Benjamin Day aus New York patentiert worden war. Obwohl verschiedene Bucheinbände existieren, hat Hill den Textteil wohl de facto nur einmal nachdrucken lassen. Die zweite Auflage enthält kleinere Korrekturen im Text und in den Illustrationen. Verschiedene Exemplare in unterschiedlicher Kombination dieser beiden Elemente haben bis heute überlebt. Alle weiteren Auflagen des Buches, einschließlich der folgenden von Bobbs-Merrill und von M. A. Donohue, benutzten bis in die zwanziger Jahre hinein die gleichen Druckplatten, bis sie abgenutzt waren und das Buch neu gesetzt wurde.

Was Baum genau von Denslows Beitrag zu dem Buch hielt, ist nicht bekannt. Es ist möglich, daß Baum von den Illustrationen für *The Wonderful Wizard of Oz* nicht ganz so begeistert war wie von den Illustrationen zu dem ein Jahr später veröffentlichten Buch *Dot and Tot of Merryland*, die er im Vorwort lobt. Seine Frau meint in einem Brief vom 4. Mai 1940, der sich jetzt in der Lilly Library der Indiana University befindet: »Mir hat Mr. Denslows Dorothy nie richtig gefallen. Sie ist arg schlicht und so gar nicht kindlich.« In seinem eigenen Exemplar von *A New Wonderland* notierte Baum: »Die Illustrationen [von Frank Ver Beck] gefallen mir besser als die in meinen bisherigen Büchern.«[18] Möglicherweise ärgerte er sich auch über die unverhältnismäßig große Aufmerksamkeit, die Kritiker den Illustrationen von *Father Goose* gewidmet hatten. Er bevorzugte komische Illustrationen solchen, die elegant oder nur schmückend waren. Als *Queen Zixi of Ix* in Vorbereitung war, schrieb er dem Verleger: »Wenn [Frederick Richardson] dazu angeleitet werden könnte, die Bilder recht humorvoll zu gestalten – das kann an den Rand der Karikatur gehen –, dann wäre das allgemein von Vorteil.«[19] Bei anderer Gelegenheit schrieb er Reilly & Britton am 11. September 1915 zu John R. Neills Zeichnungen: »Was wir brauchen, sind *komischere* Bilder.« Er hatte sogar kurz überlegt, Neill gegen Winsor McCay auszutauschen, der die Sonntags-Bildergeschichten »Little Nemo in Slumberland« und »Dreams of the Rarebit Fiend« zeichnete, oder auch gegen einen anderen Cartoonisten. Das Karikaturhafte ging bei Walt McDougalls Zeichnungen für die Bildergeschichte »Queer Visitors from the Marvelous Land of Oz« sehr weit. Sie sind grob, Witze sind überholt, und es fehlt ihnen die Schönheit und das Geistreiche, das Denslow, Neill und die meisten anderen Künstler zu Baums Märchen beitrugen. Baum mußte am 25. Oktober 1915 seinen Verlegern gegenüber eingestehen, daß »vielleicht kein Autor mit seinem Illustrator zufrieden ist. Ich sehe meine Figuren und Begebenheiten so anders als der Künstler, daß ich sein Talent nicht richtig würdigen kann«. So war er vielleicht nicht restlos begeistert von Denslows Arbeit, aber wenn seine Leser glücklich waren, dann war auch Baum zufrieden. Etwas gereizt vermerkte er in einem Brief vom 15. September 1915: »Ich habe immer viele Komplimente zu Denslows Illustrationen meiner Bücher bekommen, von Kindern und Erwachsenen.«

Die Reaktion der Kritiker auf die Geschichte und die Illustrationen war im großen und ganzen positiv. Natürlich verglichen einige Rezensenten den *Zauberer von Oz* mit *Alice im Wunderland*. Lewis Carrolls Tod 1898 hatte ein ganzes Genre be-

---

18 Zitiert von Dick Martin in »Bibliographia Baumania: *A New Wonderland*«, The Baum Bugle, Frühjahr 1967, S. 19.

19 Brief an W. W. Ellsworth, 9. September 1904, L. Frank Baum Manuscripts, Butler Library, Comlumbia University Libraries.

gründet, und die Verlage überfluten den Markt mit Imitationen der berühmten englischen Geschichte. *The Bookseller and Latest Literature* vom Juli meinte, das neue Baum-Denslow-Werk sei »geschrieben mit dem wilden Übermaß an Phantasie, das auch jenen Kinderklassiker *Alice im Wunderland* kennzeichnet«. *The Dial* (1. Dezember 1990) monierte in seiner Kritik von *A New Wonderland*, daß Carroll »einen wirklich eigenen Stil besitzt, der hier vollkommen fehlt, obwohl er in einem oder zwei Kapiteln von Baums anderem Buch, *The Wonderful Wizard of Oz*, zu finden ist«. Baum muß sich geschmeichelt gefühlt haben, daß seine erste längere Kindergeschichte mit dem berühmten modernen Märchen von Carroll verglichen wurde, auch wenn die Ähnlichkeiten nur äußerlich sind und sich damals niemand an einer detaillierten Untersuchung der beiden Werke versuchte.

Die Rezensenten konnten sich nicht entscheiden, ob Baum oder Denslow die größere Anerkennung für das Buch verdiente. *The Dial* fand es »bemerkenswert illustriert von W. W. Denslow, der die Originalität besitzt, die seinem Mitstreiter fehlt«. Obwohl sich die Chicagoer *Evening Post* vom 21. September 1900 beschwerte, daß Denslow nicht wüßte, wie man ein »kindliches« Kind zeichne, wurde ihm doch zugestanden, es wäre eher dem Illustrator als dem Autor zuzuschreiben, wenn das Buch ein Erfolg würde. In einer anderen Besprechung stand, während »Mr. Baum uns eine intelligente und originelle Geschichte gegeben hat, die es verdient, gut aufgenommen zu werden«, seien »die Illustrationen ungewöhnlich und lassen uns an ein umgestürztes Tintenfaß denken«. Die Oktober-Ausgabe des *Kindergarten Magazine* faßte eher die Meinung der Leserschaft in Worte:

> So unglaublich die seltsamen Gefährten des kleinen Mädchens auch sind, die magische Feder des Schriftstellers und der Pinsel des Illustrators lassen sie sehr real erscheinen. Jedes Kind wird eine warme Ecke in seinem Herzen finden für die nachdenkliche Vogelscheuche, den lieben blechernen Holzfäller und den furchtlosen feigen Löwen. Wunderbarer Humor und philosophische Einsichten finden sich auf jeder Seite. Der Zeichner, dessen fruchtbare Erfindungsgabe die Phantasie des Autors unterstützt, ist W. W. Denslow, der auch *Father Goose* illustriert hat.

Viele Kritiker stellten den *Zauberer von Oz* weit über die üblichen Kinderbücher. »Die Kleinen werden ganz wild danach sein«, sagte *The Bookseller and Latest Literature* voraus, »und die Älteren werden es ihnen mit Freude vorlesen, da es ein angenehmes Zwischenspiel in der ernsthaften Literatur darstellen wird.« Selbst *The Dial* mußte eingestehen, daß Baums Buch »aus den unzähligen Jugendbuchveröffentlichungen heraussticht; für anspruchsvollere Leser einfach unwiderstehlich«. Die *Book News* vom Oktober zitierte eine Zeitung aus Philadelphia mit den Wor-

EINFÜHRUNG

L. Frank Baum auf seiner hinteren Veranda, 1899.
Mit freundlicher Genehmigung von Fred M. Meyer.

ten: »Es fehlt nicht an Philosophie und Satire, die den Erwachsenen unterhalten und das Kind veranlassen wird, neue und gesunde Gedanken zu fassen. Gleichzeitig kann man nicht beanstanden, daß es etwa zu gescheit wäre, und man kann ihm billigerweise auch nicht vorwerfen, es würde die Vorwitzigkeit ungebührlich ermutigen.« Das *Minneapolis Journal* (18. November 1900) verkündete, daß das Buch schlicht »die beste Kindergeschichte des Jahrhunderts« sei. Die *New York Times* am 8. September enthält wohl die intelligenteste und weitsichtigste zeitgenössische Analyse von *Der Zauberer von Oz*:

> Es ist unmöglich, sich einen größeren Kontrast vorzustellen als den zwischen den klassischen Kinderbüchern des 16. Jahrhunderts und den modernen Kinderbüchern, für die *The Wonderful Wizard of Oz* typisch ist. Die für die alten Geschichten charakteristische Roheit, welche die Kinder unserer Vorfahren ergötzen und unterhalten sollte, würde für das moderne Kind Grund genug sein, wütend und energisch zu schreien und den anstößigen Band abzulehnen, wenn nicht gar aus dem Fenster zu werfen. Die Zeit, in der für die Kinder alles gut genug war, ist lange vorbei. Die Bücher, die heute für unsere

Kinder geschrieben werden, basieren auf der Tatsache, daß die Kleinen zukünftige Bürger und die Hoffnung unseres Landes sind und daher des Besten würdig, nicht des Schlechtesten, das die Kunst zu bieten hat. [Die Illustratorin] Kate Greenaway hat die alten ABC-Bücher für immer vertrieben. *The Wonderful Wizard of Oz* erkennt klar, daß die Jugend, genau wie die Älteren, die Neuheit liebt. Sie erfreut sich an der Farbenpracht und an dem Neuen, das den Platz der alt-bekannten, hehren Märchen von Andersen und den Grimms eingenommen hat.

Weder die Äsopischen noch andere Fabeln, noch Geschichten wie die von den drei Bären werden je völlig verschwinden, aber es ist ein willkommener Raum entstanden für Geschichten wie *Father Goose, His Book,* für *The Songs of Father Goose* und jetzt *The Wonderful Wizard of Oz,* die alle aus den Händen von Baum und Denslow stammen.

Die letztgenannte Geschichte ist auf geniale Weise aus ganz alltäglichen Dingen gewoben. Es ist natürlich eine phantastische Geschichte, aber sie wird den jungen Lesern sicher genausogut gefallen wie den ganz Kleinen, denen sie von ihren Müttern oder wem auch immer vorgelesen wird. Kinder scheinen eine angeborene Liebe für Geschichten zu haben, und eine der bekanntesten Bitten der Kinder ist es doch, eine Geschichte erzählt zu bekommen.

Die Illustrationen und farbigen Abbildungen wetteifern mit der Erzählung selbst. Das Resultat ist dem durchschnittlichen Kinderbuch weit überlegen, so hoch das gegenwärtige Niveau auch ist. Das kleine Mädchen Dorothy und ihre seltsamen Gefährten, die viele Abenteuer und oftmals große Gefahren überstehen, erleben Dinge, die in manchem an die alten englischen Märchen eines Andrew Lang oder Joseph Jacobs erinnern. Einen Unterschied gibt es jedoch... Die Geschichte hat Humor und ist immer wieder voller Lebensweisheiten, die den kindlichen Verstand anregen und gleichzeitig ein Betätigungsfeld für zukünftige Studenten und Psychologieprofessoren sein wird. »The Wonderful Wizard« enthält verschiedene neue Elemente der Märchenwelt, und am Ende ist der Zauberer doch nur ein herrlicher Scharlatan. Eine mit Stroh ausgestopfte Vogelscheuche, ein Blechholzfäller und ein feiger Löwe wirken auf den ersten Blick nicht wie sehr heldenhafte Helden, aber hier nehmen sie etwas von der Lebendigkeit und Unmittelbarkeit an, wie wir dies bereits in der Geschichte von den drei Bären, die zum Klassiker geworden ist, so großartig demonstriert bekommen haben.

Das Buch hat einen durchwegs hellen und fröhlichen Ton; der Tod und irgendwelche Grausamkeiten kommennicht vor. Es enthält jedoch genügend aufregende Abenteuer, um ihm Würze zu verleihen, und es sollte nicht mit rechten Dingen zugehen, wenn ein normales Kind nicht Gefallen an dieser Geschichte fände.

Die Besprechung gibt jedoch nur eine Ahnung davon, warum *Der Zauberer von Oz* die Herzen und die Phantasie der Kinder um die Jahrhundertwende so sehr ansprach. Es gab sonst nichts, was ihm auch nur ähnlich war. Baum und Denslow hatten wirklich Alices Klage »wozu ist ein Buch ohne Bilder oder Unterhaltungen nütze?« erhört. Der *Zauberer* gehört zu Denslows besten Arbeiten. Wie die *Book News* bemerkte, »konnte Mr. Denslow seinem Ruf für Originalität gerecht werden, den er mit seinen früheren Illustrationen erworben hatte. Aber die Bilder sind nicht nur originell, sie sind auch lebendig und voller Humor«. Denslow verband die Klarheit japanischer Zeichnungen mit der dekorativen Eleganz und der Kontrolliertheit des Jugendstils. Sein kräftiger Strich und die kompakten Farbflächen mußten nach den übertriebenen skizzenhaften Schwarzweiß-Zeichnungen, welche die Kinderbücher der Zeit verunstalteten, eine Erleichterung gewesen sein. In »Children's Books for Children« (*Brush and Pencil*, September 1903) versuchte der Kunstkritiker J. M. Bowles zu erklären, auf welche Weise Denslows Arbeit ein Kind ansprach:

> Dens Kästen, seine Kreisflächen und Vignetten, seine klar aufgebauten Seiten mit ihren prächtigen Farben, auf denen sich vielleicht eine winzige Figur oder ein Ding in einer Ecke befindet, sind Köder, um die Aufmerksamkeit meines Blickes zu gewinnen. Mit anderen Worten, mein Freund W. W. Denslow ist ein Impressionist für Kleine. Er läßt alles weg außer dem Fundamentalen und Essentiellen. Er verbannt alles aus seinen Büchern, außer dem, was in unserer Welt der Tatsachen existiert.

Abgesehen von der Originalität seines Stils, war Denslows Einsatz von Farbe wirklich einzigartig. Wenige Kinderbücher der Zeit nutzten auf diese Weise die Möglichkeiten der Kolorierung. Es gab natürlich Bilderbücher, insbesondere die eleganten von Edmund Evans in England gedruckten Werke und die grellen lithographierten Sammlungen von Kindergeschichten für die ganz Kleinen. Ein Farbtafelteil war jedoch bei einem Kinderbuch selten, und es gab kein anderes Buch, in dem sich das Farbschema je nach dem Ort, der in der Geschichte beschrieben wurde, änderte.

Die umfangreichen farbigen Abbildungen revolutionierten die Gestaltung amerikanischer Kinderbücher. Nie wieder sollten sie blaß und langweilig sein. Baum und Denslow hatten bewiesen, daß sich Innovation verkaufte, und Baum sollte auch für seine späteren Märchen immer wieder neue und ungewöhnliche Möglichkeiten des Einsatzes von Farbe ausprobieren.

Baum wußte ebensogut wie Denslow, was Kinder mögen. Seine Dialoge klingen ganz anders als die gestelzte Sprache, die in den meisten anderen Kinderbücher seiner Zeit gesprochen wird. Baum definiert Figuren durch Aktion und Reaktion und nicht durch lange Beschreibung. Er haßte das übermäßig Didaktische, und daher sind seine Geschichten im allgemeinen frei von der überladenen Sentimentalität und dem moralischen Zeigefinger, die die heute vergessene, damals jedoch hochangesehene Kinderliteratur des 19. Jahrhunderts kennzeichnete. Wie andere Bücher, die heute noch gelesen werden, beschreiben Baums Werke das Leben von Kindern aus anderen Zeiten und an anderen Orten und laufen nicht aktuellen Moden und Trends hinterher. Louisa May Alcotts *Betty und ihre Schwestern* oder Mark Twains *Die Abenteuer von Tom Sawyer* interessieren junge Leser von heute, gerade *weil* sie altmodisch sind. Um die Jahrhundertwende gab es nur sehr wenige Märchen von amerikanischen Schriftstellern. Die Geschichten von Nathaniel Hawthorne, Howard Pyle und Frank Stockton standen noch ganz unter dem Einfluß des viktorianischen Märchens und bezogen sich weniger auf amerikanische Örtlichkeiten oder Gepflogenheiten. Amerikanische Kinder mußten sich englischen Autoren wie George MacDonald, Lewis Carroll, John Ruskin, Charles Kingsley, Oscar Wilde und E. Nesbitt zuwenden, um phantasievolle Literatur zu lesen. Die Kinderbuchindustrie der Vereinigten Staaten war immer noch geprägt von der kleingeistigen, bigotten Moral der Sonntagsschulen. Selten bekamen die Kleinen etwas »nur zum Vergnügen« zum Lesen. Baum glaubte jedoch daran, daß es das gottgegebene Recht von amerikanischen Jungen und Mädchen war, in ihren Büchern Erfüllung zu finden.

Auch für andere ärgerliche Details der Kinderliteratur seiner Zeit hatte Baum keine Verwendung. Die Brutalität, die in den Grimmschen Märchen und in Andersens Geschichten so normal war, hatte ihn als Jungen verstört, und er versuchte seine Bücher davon freizuhalten. Romanzen zwischen Prinzen und Prinzessinnen hielt er für ermüdend, daher hatten Liebe und Ehe keinen bedeutenden Platz in seinen Geschichten. Auch mied er langatmige beschreibende Passagen, die Erwachsene schön finden, aber junge Leser langweilen. Hans Christian Andersen, schrieb Baum in »Modern Fairy Tales« (*The Advance*, 19. August 1909), »hatte nicht nur eine wunderbare Phantasie, er war auch ein Dichter und umrahmte seine Geschichten mit einigen der schönsten beschreibenden Passagen, die wir in der Literatur kennen. Als Kind überspringt man diese Passagen – jedenfalls habe ich das als Kind getan.« In der Tradition von Noah Webster bediente sich Baum im allgemeinen eines soliden, schnörkellosen amerikanischen Prosastils. Mit schlichten Details konnte er Atmosphäre und physische Gegebenheiten eines Ortes lebendig beschreiben, ob sie nun real waren oder nur in der Phantasie existierten. Die ersten Absätze von *Der Zauberer von Oz* zeigen diese einzigartige Fähigkeit, mit geringsten Mitteln eine konkrete Realität zu erschaffen. Selten verschwendete Baum auch nur ein Wort.

Baum wollte zuallererst eine fesselnde Geschichte erzählen. Er kritisierte zwar Carrolls Bücher, weil sie »unzusammenhängend und nicht stringent« seien, aber er bewunderte Alice, weil sie »jeden Augenblick etwas *tut*, was dabei auch noch interessant und wunderbar ist, so daß ein Kind ihr mit gebannter Aufmerksamkeit und Entzücken folgt«. Gebannte Aufmerksamkeit und Entzücken waren genau das, was Baum mit seinen Märchen anstrebte. Er war nicht am Schreiben um des Schreibens willen interessiert. Er wollte verstanden werden, und daher suchte er Klarheit im Ausdruck. Das Schreiben schien ihm so leicht von der Hand zu gehen, daß er selten etwas redigierte, obwohl manche Passagen ein wenig Verfeinerung nötig gehabt hätten. Baum schrieb für Kinder, und er nahm sie immer ernst. Er schrieb auch, um das Kind in ihm selbst zu erfreuen, an das er sich so gut erinnerte. Daß er primär unterhalten wollte, bedeutet nicht, daß er nicht hier und da eine kleine Lektion einfügte. Im Vorwort zu *Baum's American Fairy Tales* erklärte Baum, welches Ziel er verfolgte, wenn er »moderne Geschichten über moderne Märchengestalten« schrieb. »Sie haben kein hehres Ziel, sondern sie sollen erfreuen und unterhalten. Ich denke jedoch, die sorgfältigeren unter meinen Lesern werden hinter jeder phantastischen Idee und jedem komischen Ereignis eine nützliche Lektion entdecken.« *Der Zauberer von Oz* entspricht dieser Beschreibung genau. Vielleicht meinte es Baum ironisch, als er in das Exemplar, das er dem Musikverleger Isadore Witmark schenkte (es befindet sich heute in der Butler Library der Columbia University), schrieb, dies sei seine »wahrste Geschichte«. Mag sein oder auch nicht. Viele betrachten es jedenfalls als sein tiefsinnigstes Werk.

Baum hatte nicht im Sinn, daß seine Geschichte eine übergeordnete Moral enthalten sollte, wie die Äsopischen Fabeln oder Perraults Märchen. Er entwarf eine eigene Mythologie, innerhalb deren viele Wahrheiten ausgedrückt werden konnten. Seine Figuren und Situationen können sicher symbolisch betrachtet werden, aber diese Symbole können gleichzeitig für vieles stehen. Dorothys drei Gefährten repräsentieren beispielsweise nicht nur Mut, Intelligenz und Mitgefühl, sondern auch die drei Bereiche der Natur: Tierwelt, Pflanzenwelt und der Welt der Mineralien. Ein weiteres Beispiel: Baum kontrastiert das graue Kansas mit dem bunten Oz. Soll das heißen, daß die wirkliche Welt viel weniger spannend ist als die Landschaften unserer Phantasie? Trifft nicht eher zu, was W. H. Auden über George MacDonalds Geschichten schrieb: »Wenn man in einem Märchen nach Symbolen sucht, zerstört man es?«[20]

---

20 »Nachwort« zu MacDonalds *The Light Princess* (New York: Farrar, Straus & Giroux, 1967), auf deutsch erschienen als *Das Märchen von der Lichtprinzessin* oder *Die Lachprinzessin*.

Es kann nicht genug betont werden, wie bewußt Baum daranging, ein »modernisiertes« Märchen zu entwickeln. Schriftsteller wie Washington Irving und Nathaniel Hawthorne waren natürlich schon früher bestrebt gewesen, eine genuin amerikanische Mythologie zu entwerfen, aber Baum hatte kein Interesse an der Tradierung einheimischer Legenden wie Irving oder an Metaphysischem wie Hawthorne. Er beschäftigte sich mit den Interessen und Wünschen der Kinder seiner Zeit. Er griff nicht wie etwa Hawthorne auf die Antike zurück; er verspürte kein Bedürfnis, Grimms Märchen zu imitieren. In seiner Einleitung zu *Baum's American Fairy Tales* erklärt er, daß seine Geschichten »den Stempel unserer Zeit tragen und moderne Märchengestalten zeigen«. Er war ein progressiv denkender Mensch, kein Romantiker. Er richtete seinen Blick nach vorn und suchte nach neuen Formen. Wie Edward Wagenknecht in *Utopia Americana* betont, lehrte Baum Kinder, »in der Welt um sich herum nach dem Wunderbaren zu suchen, zu erkennen, daß selbst Dampf und Maschinen in etwas Märchenhaftes verwandelt werden können, wenn wir nur genug Kraft und Phantasie haben, ihren Wert zu erkennen und sie für unsere Zwecke zu nutzen« (S. 29).

Baums Versuch, ein »amerikanisches« Märchen zu entwickeln, glückte nur teilweise. Seine Hexen und Zauberer, magischen Schuhe und verzauberten Kappen bevölkern zwar die gleiche Welt wie seine Vogelscheuchen, Patchwork-Mädchen und verzauberten Pfannen, aber sie stammen aus Europa. Nicht alle Märchen in *American Fairy Tales* sind amerikanisch oder auch nur Märchen. Einige sind dazu noch recht schlecht. Manche von Baums Erzählungen, wie zum Beispiel *Queen Zixi of Ix*, sind ganz und gar altmodische Geschichten. Es sind Es-war-einmal-Geschichten, nicht die Hier-und-jetzt-Erzählungen der *Oz*-Reihe. Nur, wenn die Kinder nach »mehr über Oz, Mr. Baum« riefen, gab er diese anderen Welten auf und kehrte zurück in sein berühmtestes und beliebtestes Märchenland.

Erstaunlicherweise nahmen die Erwachsenen den *Zauberer von Oz* genauso bereitwillig an wie die Kinder. Kinderbücher mögen für junge Leser geschrieben sein, aber ihre Eltern sind diejenigen, die sie kaufen, und die waren von dem neuen Märchen fasziniert. An diesem Kinderbuch war nichts Kindisches. Text und Illustrationen entsprachen in ihrer Kultiviertheit dem Geschmack der Jahrhundertwende. Die Erzählung steckte voller Witz und subtiler Anspielungen, die von vielen jungen Lesern erst entdeckt wurden, als sie selbst erwachsen waren.

Wie MacFall in *To Please a Child* bemerkt, waren die populären amerikanischen Bücher zu dieser Zeit vor allem eskapistischer Natur. Die Erwachsenen lasen Anthony Hopes' *The Prisoner of Zenda* (1894), Edwin Caskodens *When Knighthood Was in Flower* (1898) und George Barr McCutcheons *Graustark* (1901). Letztgenanntes war der erste amerikanische Bestseller des zwanzigsten Jahrhunderts und inspirierte beinahe dreißig Jahre lang unzählige Abenteuerromane, die in fiktiven europäischen Königreichen spielten. Der amerikanische Westen galt offiziell als besiedelt, die Nation erstreckte sich von einer Küste zur anderen, und jetzt, da das amerikanische Imperium als Resultat des Spanisch-Amerikanischen Krieges von 1898 bis nach Hawaii, Puerto Rico und zu den Philippinen reichte, wollten die Leute etwas über fremde Länder erfahren oder Phantasiegeschichten lesen, und genau das bot Baum seinen Lesern. Wenn die großen sich auf den Weg nach mittelalterlichen Gefilden und erfundenen europäischen Fürstentümern machten, warum sollten die Kleinen nicht von einem neuen Märchenland lesen?

Trotz des Erfolgs von *Der Zauberer von Oz* waren die Baums immer noch ziemlich knapp bei Kasse, als die Weihnachtszeit nahte. Da die erste Gewinnbeteiligung erst im Januar ausgezahlt werden würde, bestand Maud darauf, daß Frank den Verleger um einen Vorschuß bitten solle, um die Weihnachtseinkäufe tätigen zu können. Widerwillig tat er, was man ihm aufgetragen hatte. Hill ließ einen Angestellten einen

Titelseite einer Werbebroschüre der George M. Hill Company für L. Frank Baums Bücher, 1901. *Privatbesitz.*

Scheck ausstellen. Ohne ihn anzusehen, steckte Baum ihn in die Tasche und kehrte nach Hause zurück. Maud stand gerade in der Küche und bügelte ein Hemd, als sie ihn fragte, ob er das Geld habe. Er gab ihr den Scheck. Maud erwartete vielleicht 100 Dollar. Als sie den Scheck ansah, stand dort ein Betrag von 3432,64 Dollar. Sie war so überrascht, daß sie das Bügeleisen vergaß und Franks Hemd verbrannte. Später bat Baum Hill, ihm den eingelösten Scheck zu geben, damit er ihn als Andenken im Haus aufhängen konnte.[21] Es gab guten Grund, die Festtage jenes Jahres

---

21 Siehe »Frank Baum's Manager Tells How Check for $13 700 Awakened Author to Real Merit of His First Published Work«, *Daily Union*, Rock Island (Ill.), 8. November 1908; und Harry Neal Baum, »My Father Was ›The Wizard of Oz‹«, *The Baum Bugle,* Herbst 1985, S. 10. Die Geschichte wurde oft erzählt – nur die Höhe des Schecks variiert dabei. Maud Baum sagte am 22. September 1939 bei einem Auftritt in Robert L. Ripleys NBC-Radioprogramm *Believe It Or Not*, es seien 13 000 Dollar gewesen. Aber laut dem Geschäftsbuch, das Denslow führte, der eine gleich hohe Zahlung wie Baum bekam, war der Betrag 3432,64 Dollar.

zu feiern, und die Denslows luden die Baums und andere Freunde am Neujahrsabend ins Rector's ein, damals eines der vornehmsten Restaurants in Chicago. Ihr Tisch war mit einem wunderschönen Tafelaufsatz dekoriert, auf dem, von Rosen umringt, eine kleine Figur des Blechholzfällers stand. So stießen die Gäste auf das neue Jahrhundert an.[22]

Baum hatte noch viele Geschichten zu erzählen, und sein neuer Wohlstand ermöglichte ihm die Unabhängigkeit und den Luxus, für verschiedene Verleger mit unterschiedlichen Arten von Büchern zu experimentieren. Er galt noch nicht als reiner Jugendbuchautor, und die Bandbreite der Projekte war außergewöhnlich. Für Kinder schrieb er ein Jahr nach dem *Zauberer von Oz* ein »elektrisches Märchen« mit dem Titel *The Master Key*, die bereits erwähnte Sammlung kurzer zeitgenössischer Märchen (*American Fairy Tales*) und ein weiteres Buch ähnlich dem *Zauberer*: *Dot and Tot of Merryland*. Mit keinem konnte er den phänomenalen Erfolg seines Bestsellers wiederholen. Nicht einmal die hinreißenden Bilder in *Dot and Tot of Merryland* konnten das Buch vor seinem mäßigen Erfolg bewahren.

Denslow hatte seinerseits mit dem *Zauberer* den Zenit seiner Bekanntheit als Illustrator erreicht und wurde im gleichen Atemzug mit Walter Crane, Kate Greenaway, Randolph Caldecott und Maurice Boutet de Monvel genannt. Wenn die Leser der Frauenmagazine fragten, was sie ihren Kindern geben sollten, empfahlen die Herausgeber oft entweder *Father Goose* oder einfach irgend etwas mit Illustrationen von Denslow. Für McClure, Phillips & Co. in New York produzierte er eine kunstvolle Ausgabe alter Kinderlieder mit dem mutigen Titel *Denslow's Mother Goose*. Er zeichnete eine wöchentliche Bildergeschichte mit dem Titel »Billy Bounce« für das McClure-Zeitungssyndikat. Einen Sommer arbeitete er außerdem in East Aurora im Staat New York für Elbert Hubbards Roycroft Press, bevor er in New York City ein eigenes Atelier eröffnete. Trotzdem fand Denslow auch noch die Zeit, einige seiner besten Illustrationen zu *Dot and Tot of Merryland* beizusteuern.

Dieses Buch war die letzte Zusammenarbeit von Baum und Denslow. Was den Bruch endgültig ausgelöst hatte, ist nicht bekannt, aber wahrscheinlich waren mehrere Faktoren ausschlaggebend. Der erste war rein praktischer Natur: Baum brauchte Denslow genausowenig, wie Denslow Baum brauchte. Beide hatten sich nun so weit in der Kinderbuchbranche etabliert, daß sie auch allein Erfolg haben konnten, ohne ihren Gewinn dann mit dem anderen teilen zu müssen. *Dot and Tot of Merryland* war nicht der umwerfende Erfolg wie ihre ersten gemeinsamen Bücher gewesen; Baums *The Master Key* bekam hingegen so hervorragende Kritiken, daß Baum in das Exemplar, das er seinem Sohn Robert schenkte, schrieb:

---

22 Gesellschaftskolumne im Chicagoer *Journal*, 2. Januar 1901.

»Jetzt tut es mir leid, daß ich es nicht anders beendet und für eine Fortsetzung offen gelassen habe.« Die Verkaufszahlen waren zwar enttäuschend, aber im August 1903 führte *St. Nicholas* es trotzdem als eines der beliebtesten Bücher seiner jungen Leser. *Denslow's Mother Goose* verkaufte innerhalb von zwei Monaten 40 000 Exemplare. Weder Schriftsteller noch Illustrator war jetzt noch auf den anderen angewiesen.

Viele Jahre nach dem Ende der erfolgreichen Zusammenarbeit erklärte Maud Baum schlicht, »Denslow war alles zu Kopf gestiegen, daher der Wechsel«.[23] Schon seit der überwältigenden Reaktion auf *Father Goose, His Book* hatte eine beträchtliche Rivalität zwischen Baum und Denslow bestanden. Wem war der Erfolg in größerem Maße zu verdanken gewesen? Baum fand seine eigene Arbeit nicht gut, und er schätzte Denslows Beitrag höher ein, aber die Einstellung seines Partners gefiel ihm trotzdem nicht. Denslow mag damals bekannter gewesen sein als Baum, aber es gab eigentlich keinen Grund dafür, daß er auf dem ersten Einbandentwurf für *Father Goose* (der heute in der Abteilung für Drucke und Graphiken der New York Public Library liegt), »Illustrationen von W. W. Denslow« wesentlich größer als den Namen des Autors schreibt. Zu Dingen wie diesen kam, daß Denslow bereits 1900 zwei *Father Goose*-Bildergeschichten für die New Yorker *World* gezeichnet hatte, ohne Baum als Mitautor des Buches zu erwähnen, auf dessen Grundlage sie basierten. Mit einer gewissen Bitterkeit schrieb Baum am 10. August 1910 seinen Verlegern, daß er aus seinen »unglücklichen Erfahrungen mit Denslow gelernt habe. Wenn es irgendwie geht, werde ich keinem Künstler mehr erlauben, ein Recht an den Abbildungen meiner Figuren zu erlangen«. Die wachsende Feindseligkeit erreichte 1901 während einer Auseinandersetzung über die geplante musikalische Revue *The Wizard of Oz* ihren Höhepunkt. Als Librettist und Komponist des Stückes waren Baum und Paul Tietjens der Ansicht, daß Denslow als Kostümbildner nur einen kleineren Anteil der Einnahmen verdiente. Denslow jedoch verlangte als Mitbesitzer des Urheberrechts des Buches, auf dem das Stück basierte, den gleichen Anteil wie die anderen beiden. Um einen Gerichtsprozeß zu vermeiden und zu verhindern, daß das Stück womöglich gar nicht aufgeführt wurde, erreichten Baum und Tietjens schließlich eine Einigung mit Denslow. Es blieb jedoch das Gefühl zurück, er habe sie ausgenutzt.

Trotz ihres gemeinsamen Vertrags mit Hill gingen Baum und Denslow bereits Ende 1901 vornehmlich getrennte Wege. Baum übergab am Weihnachtstag dem Verleger das Manuskript seines neuen Buches, *The Life and Adventures of Santa Claus (Das abenteuerliche Leben des Weihnachtsmanns)*, aber in den Voranzeigen für das Buch wird Denslow als Illustrator nicht erwähnt. Der kurz darauf folgende

---

23 Brief an Jack Snow, 21. Juni 1943.

Konkurs der George M. Hill Company erleichterte es dann Autor und Illustrator, ihre Zusammenarbeit endgültig zu beenden.

Hill mußte im März 1902, nur einige Wochen nachdem er den Bau eines neuen Geschäftshauses und die Erweiterung der Firma angekündigt hatte, Zahlungsunfähigkeit anmelden. Nicht einmal der gute Ruf der Baum-Denslow-Reihe konnte die Gläubiger besänftigen. Der vom Gericht bestellte Konkursverwalter Robert O. Law ordnete den Verkauf des Geschäfts an. Am 29. März annoncierte *Publishers Weekly* »eine moderne Buchbinderei... mehrere hundert Sätze Druckplatten... Kinderbücher... sowie nichtgebundene und gerade in Produktion befindliche Bücher«. Hill versuchte zwar noch, die Zügel wieder in die Hand zu nehmen, aber die Verhandlungen über die Gründung der George W. Ogilvie Company zur Verwaltung der Konkursmasse waren bereits am 8. Mai abgeschlossen. Eine andere Firma kaufte Hills Herstellungsanlagen und verkaufte sie dann umgehend wieder an die neugegründete Hill Bindery Company, der George Hill als Geschäftsführer vorstand. Frank K. Reilly und Sumner C. Britton gründeten hastig die Madison Book Company, die Hills technische Bücher übernahm und als alleiniger Vertreiber des Programms von George W. Ogilvie für den Westen der USA fungierte. Eine weitere neue Firma, Cupples & Leon Co. in New York, wurde alleiniger Vertreiber für den Osten. Ogilvie, der Bruder des New Yorker Verlegers J. S. Ogilvie, warb noch im August 1902 damit, daß die Baum-Denslow-Titel von seiner Firma herausgebracht würden. Das war jedoch nie der Fall.

Baum und Denslow wollten eigentlich, daß der *Zauberer* rechtzeitig zur Premiere der musikalischen Revue *The Wizard of Oz* im Juni 1902 wieder aufgelegt würde. Aber die Schulden und andere Probleme, die Ogilvie von Hill quasi geerbt hatte, verhinderten dies. Auch Baum wurde in Hills finanzielle Probleme verwickelt. Ein Streitpunkt war aus den großen Vorschüssen von Hill an Baum entstanden, um die Denslow nie gebeten hatte. Hills Nachfolger Ogilvie meinte, da Baum und Denslow schließlich Partner im Sinne einer Gesellschaft seien, müßte der Verlag Denslow seine Gewinnbeteiligung nicht auszahlen, bis Baum seine Schulden an den Verlag zurückgezahlt hätte. Denslow sah sich schließlich genötigt, Ogilvie zu verklagen, und die Stimmung zwischen Illustrator und Verleger wurde so schlecht, daß Ogilvies Vertrieb sich sogar weigerte, Denslow Exemplare seiner eigenen Bücher zu verkaufen, und ihm empfahl, er solle sie sich in einem der großen Kaufhäuser besorgen. Das Gericht entschied schließlich in Denslows Sinn. *The Bookseller and Latest Literature* berichtete im August, daß »in der Baum-Denslow-Angelegenheit das Gericht dem Antrag von Mr. Denslow stattgab und festsetzte, daß Autor und Illustrator keine Gesellschaft seien. Zahlungen an den einen haben keinen Einfluß auf die Gewinnbeteiligungen, die beiden zustanden. Während die Entscheidung des Gerichts über die strittige Angelegenheit anhängig war, blieb eine große Geldsumme gebunden.« Ogilvie mußte Denslow bezahlen und verklagte umgehend Baum auf Zahlung der Summe, die Baum noch Hill schuldete. Anscheinend wurde dieser Fall jedoch außergerichtlich geklärt.

Baum und Denslow verklagten außerdem zusätzlich gemeinsam Ogilvie, um die Druckplatten für ihre Bücher zu bekommen, denn Bobbs-Merrill (bis 1903 Bowen-Merrill) in Indianapolis hatte inzwischen *The Master Key* herausgebracht und war sehr daran interessiert, mehr von Baum ins Programm zu nehmen. Der Verlag hatte bereits *The Life and Adventures of Santa Claus* von Hill übernommen und rechtzeitig zu den Feiertagen auf den Markt gebracht. Aber Hills Probleme setzten sich auch im neuen Jahr fort: Im Mai 1903 zog sich einer von Ogilvies Geldgebern zurück. Ogilvie wollte unbedingt Nutzen aus dem ziehen, was noch in seinem Besitz war, und so stellte die Firma eilig den Band *Pictures from The Wonderful Wizard of Oz* zusammen. Das Büchlein bestand aus ungenutzten Farbandruckbogen, auf deren Rückseite eine *Oz*-Geschichte von Thomas Russell gedruckt war. Der Name »Baum« oder das Wort »Oz« kam nicht vor, und Dorothy war nur »das kleine Mädchen«. Obwohl Denslows Name auf dem Einband und auf der Titelseite stand, hatte er wahrscheinlich nichts mit der Veröffentlichung zu tun, mit der insbesondere aus der erfolgreichen musikalischen Revue Kapital geschlagen werden sollte. Der Einband zeigte eine Lithographie von Fred A. Stone und David C. Montgomery in ihren Rollen als Vogelscheuche und Blechholzfäller. Es ist gut möglich, daß das Heft sogar im Theater verkauft wurde, als das Stück gespielt wurde.

Schließlich erhielten Baum und Denslow doch noch die Nutzungsrechte für die Druckplatten und gaben sie an Bobbs-Merrill weiter. Um zu verhindern, daß die Kindergeschichte mit der Revue verwechselt wurde, gab der Verlag dem Buch einen neuen Titel: *The New Wizard of Oz*.[24] Denslow entwarf einen neuen Einband, ein neues Titelblatt sowie Vorsatzblätter für die Neuausgabe. Allgemein wurde die

---

24 Fast sofort strichen die Verleger das Wort »New« zwar wieder von Einband und Buchrücken, beließen es aber auf der Titelseite und in den Kolumnentiteln. *The New Wizard of Oz* blieb der offizielle Titel aller Bobbs-Merrill-Ausgaben, auch nachdem der Verlag 1944 Denslows Illustrationen gegen die von Evelyn Copelman ausgetauscht und das ganze Buch neu gestaltet und gesetzt hatte. Im Jahr 1921 hatte David L. Chambers bereits einmal überlegt, *The Wizard of Oz* zu modernisieren, indem er Johnny Gruelle, den Erfinder von Raggedy Ann, bat, neue Illustrationen für die Geschichte anzufertigen. Gruelle hatte schon fast mit der Arbeit begonnen, als Chambers bemerkte, daß der Vertrag von Bobbs-Merrill mit Baum und Denslow gemeinsam geschlossen war. Er sah keinen Weg, die ursprünglichen Illustrationen wegzulassen, ohne die Rechte an dem Buch zu verlieren. In den dreißiger Jahren versuchte Edward Wagenknecht, Chambers von neuen Illustrationen durch den englischen Künstler Arthur Rackham zu überzeugen, aber Chambers meinte schließlich, daß die Öffentlichkeit nie einen anderen Illustrator für die Geschichte akzeptieren würde als Denslow. Das MGM-Musical von 1939 mit seinen Darstellungen der Figuren und der Landschaft löste die enge Verbindung zwischen Text und ursprünglichen Illustrationen, aber es dauerte noch bis 1944, bis Bobbs-Merrill die junge Künstlerin Evelyn Copelman für eine Neu-

Produktion des Buches jedoch verbilligt. Bobbs-Merrill reduzierte die vierundzwanzig farbigen Abbildungen auf sechzehn, und das vormals komplexe Farbschema der Textillustrationen wurde auf zwei Varianten, ein helles Rot-Orange und ein Grün, reduziert. Bobbs-Merrill schickte Exemplare an die British Library in London, die Advocate's Library in Edinburgh und die Bodleian Library in Oxford, um sich die britischen Rechte zu sichern. Hodder & Stoughton veröffentlichten den *Zauberer* 1906 in England. Baum war allerdings nicht zufrieden damit, wie Bobbs-Merrill seine Bücher verkaufte. Sein neues Buch, eine Fortsetzung des *Zauberers*, Reilly und Britton an. Deren Madison Book Company wurde zu einer neuen Firma namens Reilly & Britton Company umgewandelt und veröffentlichte 1904 *The Marvelous Land of Oz* (*Im Reich des Zauberers Oz*).

Denslow hatte unterdessen ganz andere Sorgen. Kurz nachdem er nach New York umgezogen war, zerbrach seine Ehe. Ann Waters hatte sich in den jungen Künstler Lawrence Mazzanovich verliebt. Sie heirateten in Paris und bekamen ein Kind. Am Heiligabend des Jahres 1904 heiratete Denslow selbst wieder, eine angeblich reiche Witwe namens Frances Dolittle. Er illustrierte weiter Kinderbücher, insbesondere *Denslow's Night Before Christmas* (1902) und »Denslow's Picture Book Series« in achtzehn Bänden (1903–1904). Mit der Gewinnbeteiligung aus der *Wizard of Oz*-Revue kaufte er sich eine Insel in der Nähe der Bermudas und krönte sich selbst zum König, Denslow I. von Denslow Island. Sein Bootsmann, ein Einheimischer, wurde zum Admiral der Flotte und sein japanischer Koch zum Premierminister ernannt. Aus seinem Kinderbuch *The Pearl and the Pumpkin* (1904), das er zusammen mit dem Komponisten Paul West verfaßt hatte, machte er eine musikalische Revue, aber sie war lange nicht so erfolgreich wie *The Wizard of Oz*. Denslow begann zu trinken, seine dritte Frau ließ sich von ihm scheiden, und er hatte Mühe, Aufträge zu bekommen. Eine kurze Zeit wohnte er in Buffalo, wo er Werbeheftchen entwarf, aber in seinen letzten Jahren lebte er wieder in New York City und arbeitete für eine zweitklassige Kunstagentur. Er zeichnete Titelblätter für Noten und Illustrationen für *John Martin's Magazine*. Seine Zukunft schien sich aufzuhellen, als er ein Titelblatt an das *Life*-Magazin verkaufte. Glücklich über den Auftrag, ging er aus, um zu feiern, betrank sich und bekam eine Lungenentzündung.[25]

ausgabe von *The Wizard of Oz* beauftragte. Obwohl auf der Titelseite stand, ihre Illustrationen seien »Bearbeitungen der berühmten Bilder von W.W. Denslow«, benutzte Copelman vielmehr die Ideen des Judy-Garland-Films als Richtlinie für ihre Figuren. 1947 erarbeitete sie auch eine neue Fassung von *The Magical Monarch of Mo*. Siehe William Stillmans »The Lost Illustrator of Oz (and Mo)«, *The Baum Bugle*, Winter 1996.

25 Laut einem Brief vom 11. Mai 1968 an David L. Greene von Maurice Kursh, der Denslow in seinen letzten Jahren kannte.

W. W. Denslow starb am 27. Mai 1915. In all den Jahren hatte Baum wenig über seinen früheren Mitstreiter gehört. Als Denslow starb, erzählte man Baum fälschlicherweise, der Künstler habe Selbstmord begangen.

Obwohl er 1902 sowohl seinen Illustrator als auch seinen Verlag verloren hatte, erlebte Baum im gleichen Jahr den größten Erfolg seiner Karriere, die musikalische Revue *The Wizard of Oz*. Wer als erster die Idee zu diesem Stück hatte, ist nicht bekannt. Laut Paul Tietjens' Tagebuch hatte er, Tietjens, Baum wochenlang bedrängt, darüber nachzudenken, aber der Autor hatte gezögert, die Geschichte zu bearbeiten, da Denslow mit ihm die Rechte teilte und die beiden sich nicht mehr gut verstanden. Baum und Tietjens arbeiteten gerade an einer komischen Oper, *The Octopus or The Title Trust*, die sie aber nicht verkaufen konnten, und daher gab Baum Tietjens' und Denslows Drängen schließlich nach und schrieb ein auf dem *Zauberer* basierendes Libretto für eine Revue. Denslow übergab es Fred A. Hamlin, dem kaufmännischen Leiter des Chicago Grand Opera House. Da dessen Familie ihr Geld zufälligerweise mit einem Wundermittel namens »Wizard Oil« verdient hatte, fand Hamlin das Stück sofort sympathisch, und er sagte zu, die Revue im folgenden Sommer zu produzieren.

Baums Stück war eine Operette in fünf Akten, die sich eng an das Buch hielt. Aber als Hamlin sie Julian Mitchell schickte, dem Regisseur der musikalischen Revuen von Weber & Fields und später der berühmten »Ziegfeld Follies«, schrieb der quer über die Titelseite des Manuskripts die Worte »No Good« und schickte es zurück. Daraufhin sandte Hamlin ihm das Buch, das Mitchell besonders wegen der Figuren der Vogelscheuche und des blechernen Holzfällers so faszinierte, daß er zustimmte, die Inszenierung zu übernehmen, wenn das Libretto komplett umgeschrieben würde. Er selbst entwarf ein Szenario, das Baum bei seine Überarbeitung anleiten sollte. Baums Version dieser Vorgänge klingt ein wenig anders (*Record-Herald*, Chicago, 10. Juni 1902):

> Nachdem Julian Mitchell das Manuskript gesehen hatte, drängte er mich, es wegen der phantastischen szenischen Effekte und der absurden Situationen, die in der Geschichte angelegt sind, zu einer modernen Ausstattungsrevue umzuarbeiten. Das erreichte ich erst nach harter Arbeit, denn dafür war es nötig, die Geschichte zu verändern. Als ich das Buch schrieb, hatte ich meiner Phantasie alle Freiheiten erlaubt. Ein großer Teil der Geschichte ist unmöglich auf die Bühne mit ihren beschränkten Möglichkeiten zu bringen. Ich suchte also die geeignetsten Stellen heraus und füllte die Lücken, indem ich

Titelseite einer Broschüre für die musikalische Revue *The Wizard of Oz*, 1902. Die Zeichnung stellt einen »Inland Gnome« dar, entworfen von W. W. Denslow im Jahr 1894 für *The Inland Printer*.
Mit freundlicher Genehmigung der Billy Rose Theatre Collection, The New York Public Library for the Performing Arts, Astor, Lenox and Tilden Foundations.

neue Figuren und Nebenhandlungen einführte, um die Geschichten von Dorothy und ihren einzigartigen Gefährten genauer herauszustellen. Die Haupthandlung des Buches blieb erhalten, und seine Leser werden keine Schwierigkeiten haben, die bekannten Figuren zu erkennen, wie sie sich auf die Suche nach der Smaragdenstadt und dem wunderbaren Zauberer begeben.

In Wirklichkeit war Baums Zusammenarbeit mit Mitchell und seinen Libretto-Schreiberlingen sehr schwierig, und Hamlin teilte Baum schließlich mit, das Stück würde entweder so auf die Bühne gebracht, wie Mitchell es wollte, oder gar nicht. »Man sagte mir«, erklärte Baum, »was in einem *Buch* lustig ist, ginge am durchschnittlichen Publikum einfach vorbei, das an ein rechtes Trommelfeuer von Witzen gewöhnt sei – oder von dem, was als Witz gilt. Ich sicherte mir also die Mitarbeit zweier Experten, ausgesucht auf Vorschlag von Hamlin, die meine prosaischen Zeilen nun mit einer Vielzahl an ›Lachern‹ pfefferten.« Das Stück wurde immer wieder umgeschrieben, und etliche Nummern wurden hinausgeworfen und durch neue ersetzt. »Die ursprüngliche Geschichte wurde praktisch ignoriert«, schrieb Baum der Chicagoer *Tribune* (26. Juni 1904), »der Dialog wiedergekäut, Situationen umgestaltet, mein Zauberer aus Nebraska in einen Iren verwandelt und verschiedene andere Figuren gezwungen, sich an die Vorgaben des neuen Konzepts anzupassen.« Aus Toto dem Hündchen wurde eine Kuh namens Imogene. Weitere neue Figuren waren zum

Beispiel der Dichterfürst Sir Dashemoff Daily (eine Hosenrolle), eine Kellnerin aus Kansas namens Tryxie Tryfle, die verrückte Lady Cynthia Cynch und Pastoria, ein Lokführer aus Topeka in Kansas und ehemaliger König der Smaragdenstadt. Bei der Premiere war nur noch wenig von Baums ursprünglicher Fassung übrig.

Das Stück war eine Nummern-Show, die Lieder und ausgefallene Tänze, komische Einlagen und spektakuläre Bühneneffekte aneinanderreihte. Trotzdem – oder vielleicht gerade deswegen – schrieb *The Wizard of Oz* am Premierenabend, dem 16. Juni 1902, in Hamlins Great Opera House Theatergeschichte. Mitchells Kenntnis des Zuschauergeschmacks machte aus *The Wizard of Oz* die erfolgreichste Revue ihrer Zeit, und ihr Einfluß blieb über das ganze folgende Jahrzehnt sichtbar. Schnell war ein Engagement in New York gesichert. *The Wizard of Oz* war im Januar 1903 das erste Stück in William Randolph Hearsts neuerbautem Majestic Theatre am Columbus Circle. In dieser Zeit waren vielleicht nur noch die Revuen *Florodora* und *Die lustige Witwe* am Broadway erfolgreicher als *The Wizard of Oz*. Niemand freute sich mehr über diesen Erfolg als der Autor selbst, wie er am 29. Juni 1902 dem Chicagoer *Sunday Record-Herald* erzählte:

> Nur wenige können die Gefühle eines Schriftstellers verstehen, der zum ersten Mal sieht, wie seine Schöpfungen auf der Bühne verkörpert werden. Die Vogelscheuche, der blecherne Holzfäller und der feige Löwe waren meine Geisteskinder und existierten weder in Realität noch in Fiktion, bis ich sie auf die Seiten meines Buches setzte. Aber sie mit Feder und Tinte zu beschreiben ist etwas ganz anderes, als sie tatsächlich leben zu sehen. Als die Vogelscheuche bei der Premiere zum Leben erwachte, empfand ich eine seltsame Mischung aus Staunen und Ehrfurcht. Die Erscheinung des blechernen Holzfällers ließ mich nach Luft ringen, und als plötzlich das wunderbare Mohnfeld mit seinen menschlichen Blumen erblühte – realer als meine kühnsten Träume es sich je ausdenken konnten –, da hatte ich einen dicken Kloß im Hals, und eine Welle der Dankbarkeit überkam mich, daß ich diesen Anblick erleben durfte. Ich kann mich dieser Gefühle nicht schämen. Für mich waren sie so natürlich, wie die Figuren real waren. Vielleicht machen alle Autoren ähnliche Erfahrungen, und wenn ja, dann können wenigstens sie meine Gefühle nachempfinden.

Der Erfolg der Revue war größtenteils Mitchells Regie und den Leistungen der Schauspieler zuzuschreiben. Das Libretto war nicht mehr als ein Gebrauchswerk und erscheint heute altmodisch und leblos. Die Musik war mittelmäßig und hat das Stück nicht überlebt. Glanzstück der Revue waren die ehemaligen Vaudeville-Darsteller Montgomery und Stone als blecherner Holzfäller und Vogelscheuche. Über

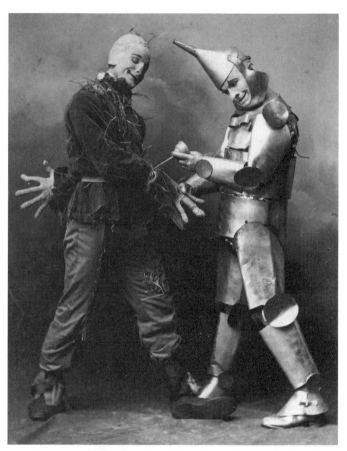

Fred A. Stone als Vogelscheuche und David C. Montgomery als
Blechholzfäller in der Revue *The Wizard of Oz*, 1902.
*Mit freundlicher Genehmigung der Billy Rose Theatre Collection,
The New York Public Library for the Performing Arts, Astor,
Lenox and Tilden Foundations.*

Nacht machte The Wizard of Oz Stars aus ihnen, und sie feierten später in vielen Broadway-Produktionen Erfolge. Anna Laughlin war eine reizende Dorothy, und Bessie Wynn und Lotta Faust sangen einige sehr erfolgreiche Lieder. Ebenfalls populär wurden die Kuh Imogene (gespielt von Fred Stones Bruder Edwin) und der feige Löwe (gespielt vom englischen Pantomime-Star Arthur Hill). Mitchell gab dem Auge mehr als dem Ohr, angefangen mit einem aufregenden Wirbelsturm bis zu Heerscharen von marschierenden Tänzerinnen und verschiedenen Showeinlagen. Die spektakulärste Szene war das tödliche Mohnfeld. Baum hatte den Chor als Blumen verkleidet, und Mitchell zerstörte sie auf der Bühne mit einem Schneesturm. »Ich mußte wirklich staunen«, erinnerte sich Baum in der Chicagoer *Tribune* an seine erste Reaktion auf die Show (26. Juni 1904). »Ich hatte zwar gegen verschiedene Änderungen protestiert, die mir nicht gefielen, aber Mr. Mitchell hörte auf den Applaus des großen Publikums und hatte für meine Beschwerden kein Ohr… Die Leute bekommen, was ihnen gefällt, und nicht, was dem Autor zu gefallen beliebt, und ich denke, einer der Gründe, warum Julian Mitchell als großer Produzent gilt, ist, daß er versucht, der Masse der Theaterbesucher treu zu dienen – und das üblicherweise mit Erfolg.« Unter den Zuschauern, die sich gern an die Show erinnerten, waren der Theaterautor Eugene O'Neill, der Dichter Vachel Lindsay und der Essayist E. B. White.

Mitchells Arbeit war jedoch noch nicht beendet. Er fügte ständig Lieder und Witze hinzu und warf andere hinaus, und so war die Show auf ihren Tourneen jahrelang erfolgreich. Er gründete sogar eine zweite Truppe, die parallel zur Originalproduktion auf Tournee ging. Selbst nachdem Montgomery und Stone die Show verlassen hatten, blieben Häuser im ganzen Land ausverkauft. Nachdem die Revue abgespielt war, inszenierten Hamlin und Mitchell mit einigen der *Oz*-Darsteller Victor Herberts berühmtes Stück *Babes in Toyland*. Es war eine der vielen musikalischen Komödien, die erfolglos versuchten, die Magie von Baums Show zu wiederholen. Keine lief wie *The Wizard of Oz* acht Jahre lang.

Baum hatte seine Liebe zum Theater nie verloren, und der Erfolg der Revue gab ihm das Selbstbewußtsein, es mit weiteren Produktionen zu versuchen, aber er konnte trotz des Rufes der *Wizard of Oz*-Revue und trotz all der Zeit, die er auf diese Projekte verwendete, keinen Produzenten mehr dazu bewegen, eines seiner Stücke auf die Bühne zu bringen. Die Fortsetzung von *The Wizard of Oz* schrieb Baum von vornherein in der Absicht, daraus eine musikalische Revue zu machen. Ursprünglich mit dem Titel »The Further Adventures of the Scarecrow and Tin Woodman« versehen, war die Geschichte auf die Möglichkeiten von Montgomery und Stone zugeschnitten. Baum widmete sie sogar den beiden Schauspielern, und Bilder von ihnen in ihren Kostümen zierten

Anna Laughlin als Dorothy in der Revue
The Wizard of Oz, 1902.
*Mit freundlicher Genehmigung der Billy Rose
Theatre Collection, The New York Public
Library for the Performing Arts, Astor,
Lenox and Tilden Foundations.*

die Vorsatzblätter. Reilly & Britton veröffentlichten das Buch unter dem Titel *The Marvelous Land of Oz*, mit Illustrationen von John R. Neill, einem jungen Zeitungsgraphiker aus Philadelphia, den die Verleger ausgesucht hatten. Das Buch war ebenso erfolgreich wie *The Wizard of Oz* und bildete den Auftakt für die lange Reihe von *Oz*-Fortsetzungen. Baum adaptierte es als *The Woggle-Bug* für die Bühne, mit eigenen Texten und Musik von Frederick Chapin. Montgomery und Stone konnte er nicht, wie zunächst geplant, engagieren, und das Stück wurde eine der größten Pleiten des Sommers 1905. Schon die Bezeichnung »kiddies' show« schreckte die Erwachsenen ab. Obwohl die Musik gelobt wurde, waren Libretto und schauspielerische Leistung oberflächlich. Baum hatte zwar der *Tribune* (26. Juni 1904) versprochen, »sollte ich es noch einmal mit einer Revue versuchen oder eines meiner anderen Bücher für das Theater adaptieren, werde ich von der Lektion profitieren, die

Die Wirbelsturmszene in der Broadway-Produktion der Revue *The Wizard of Oz*, 1903.
*Mit freundlicher Genehmigung der Billy Rose Theatre Collection, The New York Public Library
for the Performing Arts, Astor, Lenox and Tilden Foundations.*

mich Mr. Mitchell gelehrt hat, und persönliche Vorlieben den Bedürfnissen derer unterordnen, von denen ich mir wünsche, daß sie die Eintrittskarten kaufen«. Aber er brachte es einfach nicht fertig, sein Märchen den Erwartungen eines anspruchsvollen Theaterpublikums anzupassen.

Baum und sein Verleger hatten das Stück ebenso wie das Kinderbuch, auf dem es basierte, aggressiv beworben. Zusammen mit dem Cartoonisten Walt McDougall entwarf Baum eine Bildergeschichte für Sonntagsbeilagen mit dem Titel »Queer Visitors from the Marvelous Land of Oz« (Seltsame Besucher aus dem Wunderbaren Land Oz), das der in Philadelphia erscheinende *North American* zwischen November 1904 und Februar 1905 in mehreren Städten im ganzen Land veröffentlichte, wenige Monate vor der geplanten Premiere des Stückes. Die frühen Episoden der Bildergeschichte enthielten einen Woggle-Bug-Wettbewerb, der das Publikum mit der exzentrischsten Figur aus Buch und Stück bekannt machen sollte. Baum und Tietjens schrieben zusammen das Lied »What Did the Woggle-Bug Say?«, um für den Wettbewerb zu werben. Baum veröffentlichte zusätzlich ein buntes, großformatiges Bilderbuch, *The Woggle-Bug Book*, illustriert von Ike Morgan. Es war wahrscheinlich die schlechteste Kindergeschichte, die Baum je geschrieben hatte, und keine dieser Maßnahmen halfen dem Stück – es hielt sich nicht einmal einen Monat.

Einführung　　　　　　　　　　　　　　　　　　　　　　　　　　　lxiii

Der Schneesturm in der Broadway-Produktion der *Wizard of Oz*-Revue, 1903.
*Mit freundlicher Genehmigung der Billy Rose Theatre Collection, The New York Public Library
for the Performing Arts, Astor, Lenox and Tilden Foundations.*

Figuren aus der *Wizard of Oz*-Revue von 1902, gezeichnet von W. W. Denslow.
Privatbesitz.

Zeichnung von Fred Stone als Vogelscheuche in der *Wizard of Oz*-Revue von 1902, gezeichnet von W.W. Denslow, erschienen im *Saturday Journal*, Lewiston (Maine), 21. Februar 1903.
Mit freundlicher Genehmigung der Library of Congress.

Karikatur von William Randolph Hearst als »The Wizard of Ooze« von W. A. Rogers in *Harper's Weekly*, Oktober 1906.
Mit freundlicher Genehmigung von Michael Gessel.

Daß Baum ohne Denslow eine Fortsetzung von *The Wizard of Oz* veröffentlicht hatte, nahm Denslow zum Anlaß, Baums Figuren ebenfalls eigenständig zu benutzen. Er hatte schließlich das gleiche Recht an den Figuren wie Baum, und Baum hatte auch nie vorgehabt, Denslow etwa mit Illustrationen zu *The Marvelous Land of Oz* zu beauftragen. Statt dessen veröffentlichte der Illustrator jetzt ein eigenes Kinderbuch mit dem Titel *Denslow's Scarecrow and the Tin-Man* (1904). Die Geschichte nahm allerdings nicht direkt auf das vorangegangene Märchen Bezug, sondern war eine Geschichte über die Bühnenfiguren, die eines Tages vom Theater weglaufen. Denslow widmete es »dem kleinen Freddie Stone«. Es wurde als Einzelband und als Teil einer Werkausgabe seiner Bilderbücher veröffentlicht. Denslow zeichnete auch eine Bildergeschichte für die Sonntagsbeilagen mit, »Denslow's Scarecrow and the Tin-Man«, die allerdings keine so weite Verbreitung fand wie Baums Bildergeschichte »Queer Visitors from the Marvelous Land of Oz«. Genauso wie Baum Denslow bei seinen neuen *Oz*-Projekten nicht erwähnte, erwähnte Denslow Baum nicht als Mitschöpfer seiner Figuren.

Nun, auch der Mißerfolg von *The Woggle-Bug* konnte nichts daran ändern: Die *Wizard of Oz*-Revue hatte ihren Autor reich und berühmt gemacht. Seine Kinderbücher verkauften sich weiterhin gut, und Baum mehrte sein Einkommen zusätzlich, indem er Unterhaltungsliteratur für Erwachsene und Jugendliche schrieb. Seine unter dem Pseudonym Edith Van Dyne verfaßte »Aunt-Jane's-Nieces«-Reihe wurde beinahe so beliebt wie die *Oz*-Bücher. Die Baums besaßen jetzt ein Haus in Chicago und das Sommerhaus in Macatawa in Michigan und verbrachten die Wintermonate im luxuriösen Hotel del Coronado in Kali-

Einführung

John R. Neill.
*Mit freundlicher Genehmigung der Erbens
von John R. Neill.*

Karikatur von W. W. Denslows Dorothy und Toto von John R. Neill
in *The Road to Oz*, 1909.
Privatbesitz.

Fred Mace als der Woggle-Bug in
The Woggle Bug, 1905.
*Mit freundlicher Genehmigung der
Billy Rose Theatre Collection,
The New York Public Library
for the Performing Arts, Astor, Lenox
and Tilden Foundations.*

fornien, wo Baum einige seiner *Oz*-Bücher schrieb. Im Jahr 1906 befanden sich gleich mehrere Manuskripte in den Händen seiner Verleger, und Baum und seine Frau konnten es sich leisten, eine sechsmonatige Reise durch Ägypten und Europa anzutreten. Natürlich schrieb Baum auch während dieser Zeit, um seine vertraglichen Verpflichtungen zu erfüllen. *Publishers Weekly* berichtete am 6. Januar 1906, daß Baum eine neue Reihe von Märchen vorbereitete. Diese wurden nie veröffentlicht, aber einige der Ideen fanden wahrscheinlich ihren Weg in andere Geschichten. In Ägypten sammelte Baum Material, aus dem *The Last Egyptian* wurde, ein Erwachsenenroman, den er 1908 anonym veröffentlichte. Die Baums besichtigten, so viel sie konnten, vom Ausbruch des Vesuv bis zum Louvre. Dennoch war es eher Mauds Reise als Franks, und eifrig erkletterte sie die Cheopspyramide und besuchte einen ägyptischen Harem. Im darauffolgenden Jahr sollte Baum ihre Briefe, die sie nach Hause schrieb, zusammenstellen und, illustriert mit eigenen Fotografien, unter dem Titel *In Other Lands Than Ours* herausgeben.

L. Frank und Maud Baum in Ägypten, 1906.
Mit freundlicher Genehmigung von Robert A. Baum jr.

Bei seinem Besuch in Paris interessierte sich Baum insbesondere für die noch junge Filmindustrie. Fasziniert von einer neuen Technik der Filmkolorierung, kaufte Baum dem Erfinder Michel Radio das Recht ab, diese Methode in den USA zu nutzen. Sein Sohn Frank J. Baum hielt zur gleichen Zeit Diavorträge über seine Erlebnisse auf den Philippinen und in anderen Teilen Asiens, und Baum kam auf die Idee, etwas Ähnliches über das Land Oz zu tun. Wieder zu Hause, schrieb Baum einen »fairylogue« einen fiktiven Reisebericht aus dem Märchenland. Das sensationell Neue an diesem Bericht, abgesehen von den von E. Pollack handkolorierten Dias nach Baums Kinderbüchern, war die Reihe von kurzen »Radio«-Stücken, Trickfilmen, die in den Studios des heute weitgehend vergessenen Filmpioniers Colonel William Nicholas Selig in Chicago hergestellt und in Paris von Duval Frères handkoloriert wurde.

EINFÜHRUNG lxvii

L. Frank Baum inmitten der Figuren seiner Produktion *The Fairylogue and Radio-Plays,* 1908.
Mit freundlicher Genehmigung von Robert A. Baum jr.

Baums *Fairylogue and Radio-Plays* war zwar im wesentlichen eine Werbekampagne für Reilly & Brittons *Oz*-Bücher und ein weiteres von John R. Neill illustriertes Märchen, *John Dough and the Cherub* (1906). Trotzdem hatte Baum mit Hilfe von Bankdarlehen und reichen Freunden die Produktionskosten selbst übernommen und von der Herstellung der Dias über die Herstellung der Filme bis hin zu Schuhen, Perücken und Pappmaché-Requisiten alles aus eigener Tasche finanziert; damit war *The Fairylogue and Radio-Plays* die erste *Oz*-Produktion, über die Baum die vollständige künstlerische Kontrolle besaß. Baum war von der ersten Idee bis zur Ausführung an der Produktion beteiligt. Während die Dias wechselten und die Filme rollten, hielt Baum seinen Vortrag über das Land Oz, und dazu spielte ein kleines Orchester eine von Nathaniel D. Mann eigens komponierte Musik. Die Filme waren produktionstechnisch auf dem neuesten Stand.

In einem Interview mit dem New Yorker *Herald* vom 26. September 1909 beschrieb Baum, wie einige der visuellen Effekte funktionierten:

> Einer der einfachsten dieser Tricks kommt in der Einleitung meiner Märchengeschichte zur Anwendung, wenn meine Figuren aus den Seiten eines *Oz*-Buches heraustreten und zu den Darstellern meiner kleinen Geschichten werden. Die Feen schlagen das Buch auf. Auf der ersten Seite sieht man ein Schwarzweiß-Bild der kleinen Dorothy. ... Ich winke ihr zu. Sie tritt aus den Buchseiten heraus, wird eingefärbt mit den Farben des Lebens und läuft herum. Dann schlagen die Feen das Buch zu und wieder auf, bis der Blechholzfäller, die Vogelscheuche und alle anderen aus dem Buch herausgetreten sind und in Farbe zum Leben erwachen...
>
> Wie wird das gemacht? Nun, für die Figuren wurden genau nach ihren Umrissen Schablonen gezeichnet. Jede Figur stand dann in ihrer Schablone im Buch und wurde in Schwarzweiß fotografiert. Auf ein Signal hin tritt die Figur dann nach vorne, und da die Schablone, in der die Figur stand, einen weißen Hintergrund hat, ist kein Loch zu sehen. Gleichzeitig schließen die Feen das Buch. Dann wird die Kamera angehalten, die neue Figur wird in ihrer Schablone positioniert, bis alles bereit ist, die Arrangeure treten zurück, die Kamera läuft wieder, die Feen schlagen das Buch auf, und eine neue Figur erwacht zum Leben. ... Bei diesen besonderen Einstellungen mußten die Figuren handkoloriert werden, da es zu schwierig war, im gleichen Film von Schwarzweiß auf Farbe zu wechseln. Auch dabei war große Genialität vonnöten. Man kann sich ja vorstellen, daß die Kolorierung, wenn die Figuren von einem Dreiviertel-Inch (etwa zwei Zentimetern) auf acht Fuß (etwa 2,5 m) vergrößert werden, außerordentlich fein geschehen muß, sonst erscheinen auf der Leinwand riesige Farbflecken. Die Filme mußten also unter einem starken Vergrößerungsglas koloriert werden, und viele Versuche wurden gemacht, bevor wir befriedigende Resultate erhielten.

Die kurzen Filme nutzten elementare Techniken, die bereits von George Méliès, Edwin S. Porter und anderen frühen Leinwandmagiern entwickelt worden waren. Einige der Tricks waren wirklich aufwendig, Doppelbelichtungen etwa, andere wiederum recht simple, wie zum Beispiel der Stoptrick für den fliegenden Gump aus *Im Reich des Zauberers Oz*:

> Zuerst schleppen sie zwei Sofas herein und stellen sie mit den Sitzflächen zueinander. Sie binden die Sofas mit einer langen Wäscheleine zusammen und

setzen einen ausgestopften Gump- bzw. Hirschkopf an das eine Ende und an das andere Ende einen Besen, der den Schwanz darstellen soll. Dann gehen sie von der Bühne und holen ein paar große Palmwedel als Flügel. Wenn alle Figuren in dieser seltsamen Flugmaschine sitzen und beginnen, mit den Palmwedelflügeln zu flattern, hebt sie sich in die Luft und fliegt mit ihnen davon.

Der Effekt ist verblüffend, aber leicht erklärt. Wenn die Figuren die Bühne verlassen, wird die Kamera gestoppt. Dann kommen Arbeiter auf die Bühne und befestigen unsichtbare Drähte an der Sofa-Flugmaschine. Diese Drähte führen hinauf in den Schnürboden. Wenn alles vorbereitet ist, verlassen die Arbeiter die Bühne, die Kamera beginnt wieder zu laufen, die Figuren kommen mit ihren Palmwedeln zurück und klettern auf das Sofa. Im nächsten Augenblick ziehen die unsichtbaren Drähte sie in die Luft und der Effekt ist erreicht.

Regelrechte Zauberei war filmtechnisch komplizierter, wie eine weitere Szene aus *Im Reich des Zauberers Oz*, in der ein Junge in ein Mädchen verwandelt wird, belegt:

Er schmilzt vor Ihren Augen, wird dünner und dünner, bis er beinahe verschwunden ist. Aus dem Dunst erscheint dann ein kleines Mädchen, zuerst nur schemenhaft, aber dann immer deutlicher, bis es am Ende in Fleisch und Blut vor Ihnen steht. Wie erreicht man diesen Effekt? Es ist eine Frage der Belichtungszeit. Sehen Sie, das bewegte Bild eines Films entsteht aus sehr kurz belichteten Einzelaufnahmen. Wenn die Belichtungszeit verlängert wird – das heißt, wenn die Kamera langsamer läuft –, wird der Film überbelichtet und das, was abgebildet werden soll, immer schemenhafter. Wenn wir also den Jungen verschwinden lassen wollen, verringern wir einfach die Kamerageschwindigkeit, bis sie schließlich stehenbleibt... Dann nehmen wir den Jungen weg und stellen das Mädchen genau an die Stelle, an der zuvor der Junge gestanden hat. Nachdem alle aus dem Bild gegangen sind, lassen wir die Kamera wieder ganz langsam anfangen und erhöhen einfach Schritt für Schritt ihre Geschwindigkeit. Wir müssen nur darauf achten, daß sich die erste langsame Aufnahme des Mädchens mit der letzten langsamen Aufnahme des Jungen überschneidet. Das Mädchen erscheint also auf dem Film immer klarer, bis die Kamera wieder normal läuft. Wenn von diesem Positiv das Negativ gezogen und auf die Leinwand projiziert wird, haben wir natürlich vorher die Pause, in welcher der Austausch stattgefunden hat, herausgeschnitten... Wie im richtigen Leben trügt der Schein auch hier – eine Kamera kann ein geschickter Blender sein.

Viel komplexer als diese Szenen war die folgende aus *Ozma of Oz*:

> Die kleine Dorothy wird gezeigt, wie sie, in einem Hühnerstall sitzend, auf hoher See in einem Sturm mit unbeschreiblicher Heftigkeit hin und her geworfen wird. Als ich den Filmherstellern diesen Effekt vorschlug, lachten sie mich aus... Zuerst filmte ich einen Sturm auf See. Dann ging ich in das riesige Glasstudio... Auf der Bühne dekorierte ich mit schwarzem Tuch einen Raum. Mittendrin sitzt die kleine Dorothy in ihrem Hühnerstall. Der Hühnerstall steht auf Kufen, und die wiederum stehen auf einer Reihe von Walzen. An ihnen sind unsichtbare Drähte angebracht. Alles ist unter dem schwarzen Tuch unsichtbar, abgesehen von dem Hühnerstall und dem Kind. Nach diesen Vorbereitungen projiziere ich auf eine Leinwand etwas abseits die Aufnahmen der See. Den Hühnerstall lassen wir dann mit Hilfe der beschriebenen mechanischen Konstruktion dem Wogen der Wellen folgen. Das nehmen wir mit einer Kamera auf.
>
> Nachdem der Film entwickelt worden ist, zeigt er klar und deutlich das Mädchen in dem Hühnerstall, aber die schwarze Umgebung macht den Film überall sonst transparent. Wir legen den Film mit dem Hühnerstall über den mit den Aufnahmen von der See und kombinieren beide zu einem Positivfilm. Das Ergebnis ist, daß das Kind auf der See zu schwimmen scheint, da die Aufnahmen von der See durch die transparenten Stellen des Films durchscheinen, während das Mädchen in seinem Hühnerstall auf der Oberfläche gezeigt wird. Es war natürlich sehr schwierig, den Hühnerstall mit den Bewegungen der Wellen zu synchronisieren, und mehrere Versuche waren nötig, bis wir mit dem Ergebnis zufrieden waren.

The Fairylogue and Radio-Plays bestand aus zwei Teilen. »The Land of Oz« kombinierte Dias und Filme unter der Regie von Francis Boggs nach Vorlagen aus *The Wizard of Oz, The Marvelous Land of Oz* und *Ozma of Oz*. Der zweite Teil bestand aus »John Dough and the Cherub« unter der Regie von Otis Turner und einer Einführung in Baums neuestes Oz-Buch *Dorothy and the Wizard in Oz* (1908; *Dorothy und der Zauberer in Oz*). Während einer kurzen Pause gab es Gelegenheit für die Kinder, sich Bücher von Baum signieren zu lassen.

The Fairylogue and Radio-Plays feierte am 24. September 1908 Premiere in Grand Rapids und spielte zunächst in kleinen Theatern im mittleren Westen und im Osten der Vereinigten Staaten, bevor es zu den Feiertagen nach New York kam. In seinem weißen Gehrock mit seidenbesetztem Revers und der weißen wollenen Broadcloth-Hose begeisterte Baum die Kinder. In den Zeitungen wurde sein Aussehen mit dem von Amerikas bekanntestem Humoristen, Mark Twain, verglichen. Die *St. Paul*

Einführung

Eine Szene aus dem Selig-Stummfilm *The Wonderful Wizard of Oz*, 1910.
Mit freundlicher Genehmigung des George Eastman House.

News meinte, Baum wirke, ähnlich wie Eugene Field und James M. Barrie, trotz seines dicken Schnurrbarts wie ein »ewiger kleiner Junge«. Baum war in der Tat »ein Original«, wie ihn die Lyrikerin Eunice Tietjens, die Ehefrau des Komponisten Paul Tietjens, in ihrer Autobiographie *The World at My Shoulder* (1938) bezeichnet. »Er war groß und schlaksig, voller Phantasie und Energie, die ständig mit ihm durchzugehen drohte... Da seine Phantasie immer arbeitete, erkannte er oft gar nicht mehr den Unterschied zwischen dem, was er getan, und dem, was er sich ausgedacht hatte. Alles, was er sagte, mußte man mit großer Vorsicht genießen. Aber es war ein Genuß, ihn um sich zu haben.« Seine sorglose Unbekümmertheit muß die Show wirklich sehr unterhaltsam gemacht haben. »Mr. Baum erweist sich als geübter öffentlicher Redner – eine Begabung, die unter Schriftstellern ungewöhnlich ist«, berichtete im Oktober ein Reporter in der Chicagoer *Tribune*. »Seine Aussprache ist klar und prägnant, und er versteht es einfach glänzend, eine große Zuhörerschaft über zwei Stunden bei Laune zu halten.« Die meisten Kritiker fanden *The Fairylogue and Radio-Plays* wirklich originell und für Eltern und Kinder gleichermaßen unterhaltsam.

Baum erwies sich allerdings auch in Finanzdingen als »ewiger kleiner Junge«. Der *Fairylogue* war eine ungeheuer aufwendige Produktion, und allein die Kosten für den Transport des großen schweren Projektors und der Leinwand und die Gagen für Vorführer (Baums Sohn Frank J. Baum) und Orchester fraßen einen großen Teil der Eintrittsgelder auf. Der Kartenverkauf lief oft schlecht. Kurz vor Weihnachten sah sich Baum gezwungen, das Engagement im Hudson Theatre in New York zu beenden. Er sagte Selig, er wolle im neuen Jahr neu beginnen, aber das war Wunschdenken. Um dem Studio einen Teil seiner Schulden zurückzuzahlen, räumte Baum Selig die Filmrechte an mehreren seiner Bücher ein, und Selig produzierte schließlich vier hübsche kleine Kurzfilme, *The Wonderful Wizard of Oz*, *Dorothy and the Scarecrow in Oz*, *The Land of Oz* und *John Dough and the Cherub*, alle im Jahr 1910. Baum war überzeugt, den anderen Teil seiner Schulden mit den Einnahmen aus den Theaterstücken bezahlen zu können, an denen er zu der Zeit arbeitete. Charles Dillingham hatte Interesse an einer musikalischen Revue nach *Ozma of Oz* gezeigt, und die Shuberts beauftragten ihn mit einer weiteren Revue, die aus den alten Stücken *The Woggle-Bug* und *Queen Zixi of Ix* zusammengestückelt werden sollte. Baum und Edith Odgen Harrison, die Frau des Bürgermeisters von Chicago, planten sogar die Einrichtung eines Kindertheaters, das in der Nähe der New Yorker Carnegie Hall erbaut und mit einer Operette namens *Prince Silverwings* eröffnet werden sollte, die Baum nach einem von Harrisons Kinderbüchern aus dem Jahr 1903 geschrieben hatte. Das Theater wurde nie gebaut und das Stück nie inszeniert. Noch 1915 versuchten die beiden erfolglos, das Stück mit Musik von Dr. Hugo Felix als Bühnenstück oder in Zusammenarbeit mit der Essanay Film Manufacturing Company als Film zu produzieren.

All diese Projekte scheiterten jedoch, und Baums finanzielle Lage wurde immer prekärer. Am 3. Juni 1911 meldete er im District Court von Los Angeles Zahlungsunfähigkeit an. Sein alter Freund Harrison Rountree wurde zum Treuhänder bestellt. Laut einem Artikel des New Yorker *Morning Telegraph* vom 5. Juni (»L. Frank Baum nach eigenen Aussagen ›am Ende‹«) gab Baum als einzige Habe ein paar Kleidungsstücke, eine gebrauchte Schreibmaschine und ein Nachschlagewerk an. In weiser Voraussicht hatte er nämlich bereits sein gesamtes Vermögen einschließlich der Rechte an seinen Kinderbüchern an seine Frau übertragen. Er übertrug Rountree die Rechte am *Zauberer von Oz* und an den anderen Büchern der Bobbs-Merrill-Reihe, damit seine Einkünfte daraus gegen seine Schulden aufgerechnet werden konnten, unter der Bedingung, daß die Rechte wieder an die Baums zurückgehen würden, sobald alle Gläubiger bezahlt wären. L. Frank Baum sah nie wieder einen Groschen aus den *Zauberer von Oz*-Verkäufen. Erst 1932 erhielt seine Frau wieder alle Rechte an dem berühmten Kinderbuch zurück.

Bereits vor der Bankrotterklärung hatten die Baums 1910 aus finanziellen Gründen ihr Sommerhaus in Michigan verkauft. Sie verbrachten auch nicht mehr die Winter im Hotel, sondern waren ganz nach Hollywood gezogen, damals noch eine ruhige kleine Vorstadt von Los Angeles. Das Klima in Südkalifornien hatte

Baum schon immer mehr zugesagt als das in Chicago. Mit Geld, das Maud von ihrer Mutter geerbt hatte, und einem Kredit eines vermögenden Freundes bauten die Baums an der Kreuzung der Cherokee und Yucca Street eine hübsche Villa und nannten sie Ozcot. Die lange Laufzeit der *Wizard of Oz*-Revue ging zu Ende, und die Übertragung der Bobbs-Merrill-Rechte löste Baums finanzielle Probleme nicht vollständig, aber die *Oz*-Bücher verkauften sich gut, und Baum war sicher, daß er bald schuldenfrei sein würde, und wandte sich neuen literarischen Projekten zu. Nach sechs Büchern der *Oz*-Reihe fand er, er habe jetzt genug über Amerikas beliebtestes Märchenland geschrieben. *The Emerald City of Oz* (1910; *Dorothy in der Smaragdenstadt*) schließt mit einem Brief von Dorothy, in dem sie erklärt, daß es keine weiteren Geschichten geben würde, da Oz von nun an durch eine »Unsichtbarkeitsbarriere« vom Rest der Welt abgetrennt sei, um es vor allem Unbill von außen zu schützen. Baum hatte andere Geschichten zu erzählen und schrieb zwei ausgezeichnete Märchen, *Sea Fairies* (1911) und *Sky Island* (1912), illustriert von John R. Neill. Die Leser aber waren nur an Oz interessiert. Baum benutzte in *Sky Island* sogar einige *Oz*-Figuren, aber die Kinder ließen sich nicht täuschen. Schon aus finanziellen Gründen mußte er zur Smaragdenstadt zurückkehren und brachte 1913 sechs kleine »Wizard-Stories« und *The Patchwork Girl of Oz* heraus. In der Ein-

L. Frank Baum beim Geschichtenerzählen in Coronado, Kalifornien, 1908.
Mit freundlicher Genehmigung von Fred M. Meyer.

Ozcot in Hollywood, Kalifornien, 1911.
Mit freundlicher Genehmigung von Fred M. Meyer.

Die Bibliothek in Ozcot, 1911.
Mit freundlicher Genehmigung von Fred M. Meyer.

EINFÜHRUNG

L. Frank Baum bei der Gartenarbeit in Ozcot, 1911.
Mit freundlicher Genehmigung von Fred M. Meyer.

leitung zu dem neuen *Oz*-Buch erklärte Baum, er habe Dorothy schließlich »per Funk« erreicht und könne nun alle Nachrichten aus dem Märchenland aufzeichnen, sowie sie ihn erreichten. Er sollte von nun an ein *Oz*-Buch pro Jahr schreiben.

Die Rückkehr nach Oz löste jedoch nicht alle seine Probleme. Wegen des Ausbruchs des Ersten Weltkriegs und der veränderten wirtschaftlichen Bedingungen zu Hause verkauften sich die späteren Titel nicht so gut wie die früheren. Reilly & Britton vermuteten, daß der Rückgang hauptsächlich einer Flut billiger Baum-Bücher zuzuschreiben war, die sich jetzt auf dem Markt befanden. Ohne den Autor zu konsultieren, hatten Rountree und Bobbs-Merrill nämlich die Druckplatten für *The Wizard of Oz* und die der anderen Bücher an M. A. Donohue in Chicago weitergegeben, einen großen Lizenzverlag. Dort erscheinen die Bücher nun zu einem stark reduzierten Preis, oft nicht mehr als ein Sechstel dessen, was Reilly & Britton für ihre Ausgaben verlangten. Baum konkurrierte jetzt also quasi mit sich selbst.

Werbeposter für die Revue *The Tik-Tok Man of Oz*, 1913. *Mit freundlicher Genehmigung der Theatre and Music Collection, Museum of the City of New York.*

Seine finanziellen Umstände schienen sich zu bessern, als Oliver Morosco zustimmte, Anfang 1913 eine auf *Ozma of Oz* basierende musikalische Revue auf die Bühne zu bringen. Morosco war das Wunderkind des Theaters an der Westküste. Mit *Peg o' My Heart* hatte er großen Erfolg gehabt und später den Dauerbrenner *Abie's Irish Rose* produziert. Bei der Produktion von *The Tik-Tok Man of Oz* am Majestic Theatre in Los Angeles sparte er keine Kosten. Premiere war am 31. März 1913. Es war eine wunderbare Inszenierung mit einer ausgezeichneten Besetzung, angeführt von Frank und James Morton als Shaggy-Man und Tik-Tok und Fred Woodward als Maulesel Hank. Es gab fabelhafte Bühneneffekte, Louis F. Gottschalk hatte eine entzückende Musik beigetragen, und Baums Libretto und Liedtexte waren seinen früheren Versuchen weit überlegen. Aber obwohl es in Kalifornien aufgenommen wurde, war *The Tik-Tok Man of Oz* auf Tournee nicht erfolgreich. Als das Stück in Chicago ankam, verglichen es die Kritiker, die sich noch gut an die Revue von 1902 erinnerten, Figur für Figur und Szene für Szene mit *The Wizard of Oz* und fanden es schlechter. Die Produktion war zu teuer, um ein weiteres Risiko einzugehen, und Morosco nahm sie von der Bühne, solange sie noch schwarze Zahlen schrieb. Sie erreichte den Broadway nie. Baum schlug noch schnell etwas Profit aus dem Projekt, indem er seine nächste Oz-Geschichte *Tik-Tok of Oz* teilweise aus dem Stück entwickelte. Das Buch widmete er dem Komponisten Gottschalk.

Wenn das Theater schon keine finanzielle Entlastung brachte, so würden es vielleicht Verfilmungen schaffen. Die Filmindustrie wuchs und wuchs in Baums unmittelbarer Nachbarschaft und jeder schien dabei ein Vermögen zu verdienen. Kurz nachdem die Revue geschlossen wurde traf sich Baum mit Mitgliedern des Los Angeles Athletic Club, um die Möglichkeit der Gründung einer Filmgesellschaft zu erörtern. Bereits im Dezember 1913 hatte sich Baum an der Gründung des »Lofty and Exalted Order of Uplifters« beteiligt, eines privaten Zirkels innerhalb des Athletic

Club. Dieser Kreis war es, der ihm jetzt die »Oz Film Manufacturing Company« finanzierte. Baum wurde zum Präsidenten gewählt, Gottschalk zum Vizepräsidenten, Clarence R. Rundel zum Geschäftsführer, und Harry M. Haldeman übernahm die Buchhaltung. In Colegrove, einem Stadtteil von Los Angeles, erbauten sie eines der bestausgerüsteten Studios der Branche und begannen sofort mit der Arbeit an ihrer ersten Produktion, *The Patchwork Girl of Oz*. Baum hatte die Kindergeschichte ursprünglich als Theaterstück bearbeitet; jetzt überarbeitete er sie rasch zu einem Filmdrehbuch. Schon nach einem Monat war dieser erste Spielfilm fertig, aber es erwies sich als schwieriger, einen Film zu vertreiben, als ihn zu drehen. Darüber hinaus wurde Baums Firma in einen Rechtsstreit verwickelt, als Thomas A. Edisons »American Motion Pictures Patent Company« in einer großangelegten Kampagne ihn und andere unabhängige Produzenten auf Patentrechtverletzung verklagte. Die »Oz Film Manufacturing Company« erreichte eine außergerichtliche Einigung. Insgesamt produzierte Baum die Filme *The Patchwork Girl of Oz, The Magic Cloak of Oz* (basierend auf *Queen Zixi of Ix*), *His Majesty, the Scarecrow of Oz*, der unter dem Titel *The New Wizard of Oz* auf die Leinwand kam, *The Last Egyptian, The Gray Nun of Belgium* (ein Erster-Weltkrieg-Stoff), geschrieben von Frank J. Baum, eine kurze Slapstick-Komödie mit dem Titel *Pies and Poetry* und vier Kurzfilme, die als die »Violet's-Dream«-Serie aufgeführt wurden. Baum nutzte seine Filmarbeit, um 1915

Eine Szene aus dem Stummfilm *His Majesty, the Scarecrow of Oz* von der
Oz Film Manufacturing Company, 1914.
Privatbesitz.

Oliver Hardy als Blechholzfäller, Dorothy Dwan als Dorothy und Larry Semon als Vogelscheuche in dem Chadwick-Stummfilm *The Wizard of Oz* von 1925. *Privatbesitz.*

mit *The Scarecrow of Oz* einen der ersten nach einem Filmdrehbuch (*His Majesty, the Scarecrow of Oz*) entstandenen Romane zu schreiben. Seine Filme waren große, verschwenderisch ausgestattete Produktionen, jede mit eigens komponierter Musik von Gottschalk. Sie waren den üblichen Streifen der Zeit weit überlegen, aber sie galten als »Kinderfilme«, und das Publikum wollte lieber Stars wie Charlie Chaplin und Theda Bara und Filme wie D. W. Griffiths *Die Geburt einer Nation* sehen. Schließlich brachte Paramount *The Patchwork Girl of Oz* in die Kinos, aber der Film tat sich so schwer an den Kinokassen, daß Paramount seine Option auf die anderen Filme zurückgab. Alliance brachte *The Last Egyptian* und *The New Wizard of Oz* auf die Leinwand, aber niemand interessierte sich für die anderen Filme. Manche weigerten sich, überhaupt einen Film aus dem *Oz*-Studio zu übernehmen, und so änderte man den Namen in »Dramatic Features«, aber es war zu spät. Die Firma mußte aufgeben und verkaufte das Studio an Universal.

Baum hatte große Hoffnungen in die Verfilmung seiner Geschichten gesetzt, aber es dauerte bis 1925, sechs Jahre nach seinem Tod, bis ein weiterer *Wizard of Oz*-Film Premiere hatte. Leider hatte er ein schreckliches Drehbuch, das weit von dem Märchen abwich, teilweise verfaßt vom Sohn des Autors, Frank J. Baum. Larry Semon, einer von Hollywoods beliebtesten Komikern der Zeit, übernahm die Hauptrolle, aber tauchte nur relativ kurz im Kostüm der Vogelscheuche auf.

Seine Frau Dorothy Dwan gab Dorothy als junge Dame, und Oliver Hardy war (einige Jahre bevor er sich mit Stan Laurel zusammentat) der blecherne Holzfäller. Es war ein langweiliges Gemisch aus Verfolgungsjagden und Slapstick-Szenen, dem der Geist von Baums Buch gänzlich abging. Der Film wurde kein Erfolg.

Hollywood wartete bis 1939, um einen neuen Versuch zu unternehmen, und dieses Mal schuf es einen Klassiker. Das berühmte MGM-Musical nimmt sich zwar beträchtliche Freiheiten gegenüber dem Buch heraus, aber es bleibt dem Geist von Baums Märchen treu. Die Besetzung ist nahezu ideal. Ray Bolger ist die Vogelscheuche, Jack Haley der Blechholzfäller, Bert Lahr der feige Löwe, Billie Burke Glinda, Margaret Hamilton die böse Hexe, Frank Morgan der Zauberer, und Judy Garland ist Dorothy. Die visuellen Effekte beeindrucken noch heute, und einer der wunderbaren Songs von E.Y. Harburg und Harold Arlen, »Over the Rainbow«, gewann einen Oscar. Herbert Stothart gewann darüber hinaus einen Oscar für die beste Filmmusik, und Garland erhielt eine kleine Sonderstatue für die beste Leistung einer jugendlichen Darstellerin. *The Wizard of Oz* spielte zunächst keinen Gewinn ein, aber seit der Film ab 1956 alljährlich im Fernsehen ausgestrahlt wird, ist er zu einer nationalen Institution geworden. Sechzig Jahre später ist er immer noch der Einstieg für die meisten Kinder in Baums Land von Oz.[26]

Nach dem Scheitern der Oz Film Manufacturing Company fand sich Baum damit ab, als der »königliche Historiker von Oz« sein jährliches *Oz*-Buch zu schreiben. Der Druck des Filmgeschäfts hatte seine Gesundheit angegriffen, und die finanziel-

---

[26] Nicht alle Bühnen- und Leinwandversionen waren so erfreulich. Ted Eshbaugh produzierte 1933 einen Technicolor-Kurzfilm, basierend auf dem *Zauberer von Oz*, aber vertragliche Probleme verhinderten den Verleih. Es existieren zwei schreckliche Zeichentrick-Fortsetzungen in Spielfilmlänge: *Return to Oz* (Videocraft), ausgestrahlt von NBC am 9. Februar 1964, basierend auf der kurzlebigen Rankin/Bass-Zeichentrickserie *Tales of the Wizard of Oz*, und *Journey Back to Oz* (Filmation) mit den Stimmen von Margaret Hamilton als Tante Em und von Judy Garlands Tochter Liza Minelli als Dorothy. Dieser Film kam 1974 in die Kinos. 1967 zeigte NBC für kurze Zeit eine wöchentliche Serie, *Off to See the Wizard*, mit Zeichentricksequenzen von Chuck Jones, die vom MGM-Musical inspiriert waren. Hyperion Entertainment brachte 1995 eine amusante Zeichentrickserie mit dem Titel *The Oz Kids* auf Video heraus, angelehnt an die *Tiny-Tunes-Serie* von Warner Brothers. Innerhalb ihrer NBC-Fernsehsendung *The Shirley Temple Show* produzierte Shirley Temple eine großartige Bearbeitung von *The Land of Oz* (18. September 1960). Es gibt eine fürchterliche Infantilen-Version in Spielfilmlänge, die im Herbst 1969 unter dem Titel *The Wonderful Land of Oz* von der Cinetron Corporation produziert wurde, und außerdem einen modernen Rockfilm, basierend auf dem ersten Buch, produziert 1976 in Australien mit dem schlichten Titel *Oz*, in anderen Ländern herausgebracht unter dem Titel *20th Century Oz*.

Die Geschichte kehrte schließlich zum Broadway zurück, als am 5. Januar 1975 *The Wiz* im Maje-

len Einschränkungen des Ersten Weltkriegs schadeten den Verkaufszahlen seiner Bücher. Die Baums lebten dennoch in angenehmen, wenn auch bescheidenen Verhältnissen in Ozcot. Baums größte Freude war sein Garten, in den er sich zurückzog, um an seinen Geschichten zu arbeiten oder die vielen Briefe zu beantworten, die er von seinen jungen Bewunderern bekam. Seine Chrysanthemen und Dahlien gewannen Preise bei den örtlichen Blumenausstellungen. Er baute außerdem einen riesigen, runden Vogelkäfig mit einer sprudelnden Quelle und vielen unterschiedlichen Singvögeln. »Mein Vater schrieb all seine Bücher mit der Hand auf einem Klemmbrett auf einfaches weißes Schreibmaschinenpapier«, berichtet sein Sohn Harry Neal Baum in *The American Book Collector* (Dezember 1962). »Oftmals schrieb er in seinem geliebten Garten. Wenn immer ihm ein Einfall kam, machte er es sich auf seinem Gartenstuhl gemütlich, schlug die Beine übereinander, legte das Klemmbrett aufs Knie und begann, die Zigarre im Mund, zu schreiben. Das ist das Bild, das ich von ihm im Kopf habe, an das ich mich am deutlichsten erinnere. Wenn er eine Szene oder ein Abenteuer beendet hatte, stand er auf und arbeitete ein wenig im Garten. Zwei oder drei Stunden beschäftigte er sich manchmal so, bevor er wieder ans Schreiben ging, aber es konnten auch zwei oder drei Tage oder eine Woche vergehen, bis ihm die Idee, die er brauchte, einfiel. ›Meine Figuren wollen nicht so, wie ich will‹, erklärte er dann.« Baum redigierte seine Texte kaum. Die

stic Theatre Premiere feierte. *The Wiz*, mit seinem von Regisseur Geoffrey Holder entworfenen üppigen Bühnenbild und Kostümen, mit seiner flotten Musik von Charlie Smalls und mit Stephanie Mills als Dorothy, führte zu einer Wiederbelebung der musikalischen Revue auf der amerikanischen Bühne. Die Modernisierung des Kinderbuches war riskant, aber eine clevere Werbekampagne im Fernsehen verhinderte, daß das Musical schon nach dem Premierenabend schließen mußte. Es wurde ein Hit und gewann den Tony Award für das beste Musical des Jahres. Sidney Lumets Universal-Verfilmung von 1978 kann die Stimmung der Broadway-Show allerdings nicht einfangen. Immerhin: Diana Ross als schüchterne vierundzwanzigjährige Kindergärtnerin Dorothy ist, wenngleich eine Fehlbesetzung, doch anrührend. Michael Jackson ist die Vogelscheuche, Richard Pryor der Zauberer und Lena Horne Glinda. Leider war *The Wiz* Lumets erstes Musical, und so verlieren sich Geschichte, Musik und Darstellung in verwirrenden Musiknummern. Seit 1956 liegen die Filmrechte an Baums übrigen dreizehn *Oz*-Büchern bei Disney, aber jahrelang stellte das Studio wenig damit an. Es gab zwar Pläne für ein Technicolor-Musical mit dem vorläufigen Titel *The Rainbow Road to Oz*. Zwei Nummern des geplanten Films wurden am 11. September 1957 in der Show zum vierten Jahrestag der Eröffnung von Disneyland aufgeführt, aber erst 1985 kehrte Disney mit *Return to Oz* tatsächlich nach Oz zurück. Diese teure, effektlastige Bearbeitung von *The Marvelous Land of Oz* und *Ozma of Oz* ist die erste und einzige große Regiearbeit des Oscarpreisträgers und Cutters Walter Murch. Obwohl die Produktion durchaus Meriten hat, insbesondere Fairuza Balk als Dorothy, fehlt es dem Film doch an Humor. Unglücklicherweise wurde *Return to Oz* außerdem in einer Zeit herausgebracht, in der das Studio maßgeblich umstrukturiert, und daher von den neuen Managern als einer der Fehltritte der früheren Geschäftsleitung behandelt wurde. Außerdem hatte die Öffentlichkeit ein weiteres phantastisches Musical wie den Judy-Garland-Film erwartet. *Return to Oz* scheiterte an der Kinokasse.

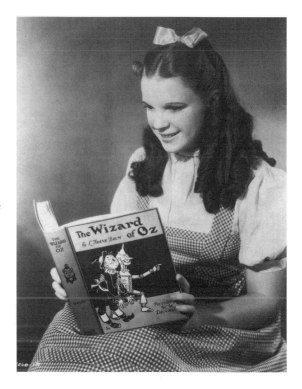

Judy Garland als Dorothy
im MGM-Film
The Wizard of Oz, 1939.
*Mit freundlicher Genehmigung von
Metro-Goldwyn-Mayer, Inc.*

Bert Lahr als feiger Löwe, Jack Haley als Blechholzfäller, Ray Bolger als Vogelscheuche
und Margaret Hamilton als böse Westhexe im MGM-Film *The Wizard of Oz*, 1939.
Mit freundlicher Genehmigung von Metro-Goldwyn-Mayer, Inc.

Judy Garland als Dorothy, zusammen mit Frank Morgan, Charley Grapewin, Ray Bolger,
Jack Haley, Bert Lahr und Clara Blandick im MGM-Film *The Wizard of Oz*, 1939.
Mit freundlicher Genehmigung von Metro-Goldwyn-Mayer, Inc.

Jack Haley, Ray Bolger, Judy Garland,
Frank Morgan und Bert Lahr im MGM-Film
The Wizard of Oz, 1939.
*Mit freundlicher Genehmigung von
Metro-Goldwyn-Mayer, Inc.*

Einführung · lxxxiii

Hinton Battle als Vogelscheuche, Stephanie Mills als Dorothy, Ted Ross als feiger Löwe und Tiger Haynes als Blechholzfäller in dem Broadway-Musical *The Wiz*, 1975.
Foto von Martha Swope. © *Time Inc.*

Fairuza Balk als Dorothy in dem Walt-Disney-Film *Return to Oz*, 1985.
© *Disney Enterprises, Inc.*

wenigen handgeschriebenen Manuskripte, die erhalten sind, sind erstaunlich sauber. »Wenn ein Manuskript fertig war, tippte Vater es selbst ab, mit zwei Fingern jeder Hand, wobei er sehr schnell war. Beim Abschreiben nahm er die Änderungen oder Korrekturen vor, die ihm notwendig erschienen.«

Dr. Edwin P. Ryland, ein methodistischer Geistlicher und enger Freund Baums, erinnerte sich viele Jahre später an den freundlichen Bewohner von Ozcot: »Er war ein sehr gut aussehender Mann, bescheiden und reserviert. Er lernte gern Menschen kennen, ging unter Leute, unterhielt sich gern. Er war ein guter Zuhörer und fühlte sich wohl in Gesellschaft, und er hatte Humor. Wenn er nicht angefangen hätte, Kinderbücher zu schreiben, wäre er vielleicht ein guter Sachbuch-Autor geworden, denn er hatte ein großes Interesse an technischen Dingen.«[27] Seine besten Freunde waren die Geschäftsmänner, die den »Uplifters«-Zirkel bildeten, denen er *The Scarecrow of Oz* gewidmet hatte. Er hatte großen Spaß daran, zusammen mit dem Komponisten Gottschalk kleine Sketche für ihren alljährlichen Ausflug zu schreiben. Oft bewirtete er auch einen oder mehrere seiner jugendlichen Bewunderer in Ozcot mit Limonade.

L. Frank Baum, 1915.
Privatbesitz.

Obwohl das in seinen Geschichten nicht durchscheint, war Baum in den letzten Jahren seines Lebens nahezu pausenlos von Schmerzen geplagt. Er hatte Angina-Pectoris-Anfälle, und 1918 mußte er sich im Krankenhaus die Gallenblase entfernen lassen. Komplikationen einer Blinddarmentzündung schwächten ihn zusätzlich. Das Rauchen, seine Ernährungsgewohnheiten und die Baumsche Vorliebe für Quacksalber trugen ein übriges zu seinen Leiden bei. Nach seinem Krankenhausaufenthalt ließen die Schmerzen nicht nach, und er griff schließlich zu Morphium. »Ich möchte Ihnen zu Ihrer Sicherheit mitteilen«, schrieb er am 14. Februar 1918 an seine Verleger, »daß ich das zweite Oz-Buch – nach *The Tin Woodman of Oz* – beendet habe. Somit haben Sie Manuskripte für 1919 und für 1920.« Es handelte sich

---

27 Zitiert in Jeanne O. Potter, »The Man Who Invented Oz«, S. 12.

hier um *The Magic of Oz* und *Glinda of Oz*. »Ich habe auch bereits Stoff für ein weiteres Buch, damit, falls mir etwas zustoßen sollte, bis einschließlich 1921 Baum-Bücher veröffentlicht werden können. Die beiden Geschichten, die ich hier im Safe verwahre, halte ich für so gut wie alles, was ich bisher geschrieben habe, abgesehen vielleicht von *Sky Island*, das wahrscheinlich einmal als mein bestes Werk gelten wird.« Worauf er sich hier bezog, waren seine »Animal Fairy Tales«, die noch nicht in Buchform erschienen waren. Reilly & Britton (später Reilly & Lee) veröffentlichten dieses Buch jedoch nie.

Trotz seiner nachlassenden Gesundheit tat Baum sein Bestes, optimistisch zu bleiben, und versuchte sogar noch, seinen Sohn Frank aufzumuntern, der nun in Frankreich kämpfte. »Sei nicht niedergeschlagen, mein Junge«, schrieb er ihm am 2. September 1918, »denn ich habe lange genug gelebt, um zu wissen, daß keine Widrigkeit im Leben sehr lange anhält. Wenn die Jahre vorbeigehen und wir auf etwas zurückblicken, das uns zu der Zeit unglaublich niederschmetternd und ungerecht erschien, erkennen wir auf einmal, daß trotz allem Gott immer an unserer Seite war. So, wie es gekommen ist, stellt es sich als die bei weitem bessere Lösung für uns dar, und das, was wir damals für das Beste für uns gehalten haben, wäre in Wirklichkeit schrecklich nachteilig gewesen.«[28] Am Morgen des 6. Mai 1919 starb L. Frank Baum, Maud an seiner Seite, nur neun Tage vor seinem vierundsechzigsten Geburtstag.

Ruth Plumly Thompson, umringt von Oz-Figuren.
Mit freundlicher Genehmigung von Dorothy Curtiss Marryot.

Die Kinder ließen die *Oz*-Bücher nicht mit ihrem Schöpfer sterben. Nach dem Ende des Ersten Weltkrieges verkauften sie sich besser als je zuvor, und Reilly & Lee konnten sich nicht leisten, eine so lukrative Reihe fallenzulassen. William F. Lee si-

---

28 Zitiert in Baum and MacFall, *To Please a Child*, S. 272.

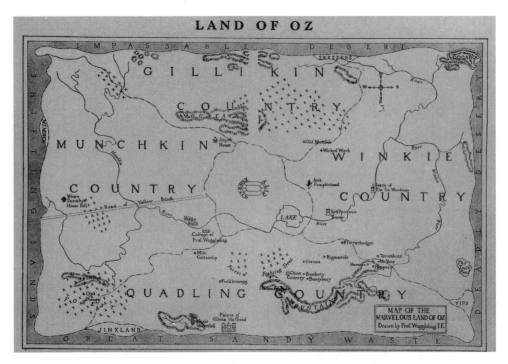

Landkarte von Oz, entworfen 1914 von L. Frank Baum für die
Vorsatzblätter von *Tik-Tok of Oz*.
Privatbesitz.

cherte sich Maud Baums Erlaubnis, die Reihe von Ruth Plumly Thompson fortführen zu lassen, der jungen Herausgeberin der sönntäglichen Kinderseite des in Philadelphia erscheinenden *Public Ledger*. Sie war mit den *Oz*-Büchern aufgewachsen und machte sich sofort an die erste ihrer neunzehn Fortsetzungen, *The Royal Book of Oz* (1921). Obwohl Baums Name auf Einband und Titelseite stand, benutzte Thompson keine der Notizen, die Baum hinterließ, wie in der Einführung angedeutet. *The Royal Book of Oz* war ganz allein ihre Erfindung. Thompson hielt sich nicht sklavisch an Baums Vorlagen, sondern baute auf seinen Geschichten auf. Sie erlaubte sich ab und zu Freiheiten, aber sie hatte Respekt vor seiner Schöpfung. »In ihren frühen Büchern«, bemerkte Edward Eager in »A Father's Minority Report« (*The Horn Book*, März 1948), »zeigt sie ein großes Talent für Wortspiele und echten Nonsens, und was ihr an eigenem Stil mangelt, macht sie wett durch einen Schwung, der die Leser einfach mitreißt.« Die Reihe verkaufte sich weiter gut, und Thompson hatte fast genauso viele kleine Bewunderer wie Baum.

Als sich Thompson 1939 als »königliche Geschichtsschreiberin von Oz« zur Ruhe setzte, führte John R. Neill, der, bis auf das erste, alle *Oz*-Bücher illustriert hatte, die Reihe mit drei Titeln fort. Obwohl er ein ausgezeichneter Illustrator war, hatte Neill Probleme, seine Ideen zu einer zusammenhängenden Erzählung

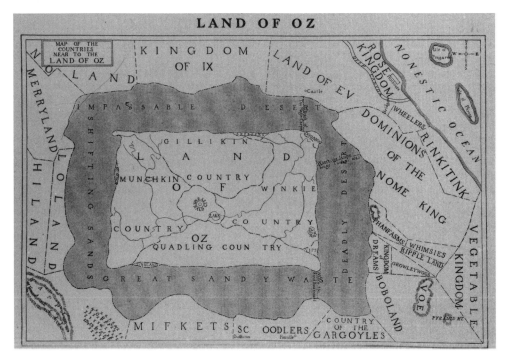

Landkarte von Oz und den umliegenden Ländern, entworfen 1914 von L. Frank Baum
für die Vorsatzblätter von *Tik-Tok of Oz*.
Privatbesitz.

zu fügen. Sein Nachfolger war Jack Snow, ein Science-fiction-Autor, der zwei Collagen aus Baums Märchen zusammenstellte, *The Magical Mimics in Oz* (1946) und *The Shaggy Man of Oz* (1949), und ein Nachschlagewerk herausbrachte, *Who's Who in Oz* (1954). Die letzten zwei der insgesamt vierzig Bücher der *Oz*-Reihe, Rachel Cosgroves *The Hidden Valley of Oz* (1951) und Eloise Jarvis McGraw und Lauren McGraw Wagners *Merry Go Round in Oz* (1963), sind zwar gute Abenteuergeschichten, aber sie steuern der Saga nichts wesentlich Neues bei. Als Baums Urheberrecht erlosch, erschienen zahllose weitere *Oz*-Geschichten, die meisten von zweifelhafter literarischer Qualität. Die seltsamste dieser unautorisierten Veröffentlichungen ist Frank J. Baums *The Laughing Dragon of Oz* (1934). Baum jr. hatte die Geschichte mit dem ursprünglichen Titel »Rosine in Oz« bereits um etwa 1930 verfaßt. Als Reilly & Lee das eingesandte Manuskript ungeöffnet zurückschickten, ließ Baums Sohn das Wort »Oz« auf seinen Namen als Warenzeichen eintragen und veröffentlichte eine gekürzte Version seiner Geschichte mit Illustrationen von Milt Youngren bei Whitman als eines der sogenannten »Big Little Books«. Reilly & Lee drohten mit einem Prozeß, und Whitman zog *The Laughing Dragon of Oz* und eine andere Geschichte mit dem Titel »The Enchanted Princess of Oz« zurück, die sich bereits in Produktion befand. Daraufhin verklagte Frank J. Baum

Reilly & Lee wegen Verstoßes gegen das Warenzeichen-Gesetz. Der Fall stellte Sohn gegen Mutter, und als das Gericht für Maud Baum entschied, führten Reilly & Lee die *Oz*-Reihe wie gehabt weiter.[29]

Obwohl die *Oz*-Bücher die führenden Kinderbücher ihrer Zeit waren und in vielen Zeitungen besprochen wurden, findet man über sie nur wenige Artikel in den Magazinen der Zeit. In »Some Forgotten Children's Books« (*South Dakota Library Bulletin*, April-Juni 1948) faßte Carol Ryrie Brink die Vorbehalte von Bibliothekaren gegen *Der Zauberer von Oz* zusammen, die mit ein Grund für die Mißachtung gewesen sein mögen: »*The Wizard of Oz* war zu beliebt bei Kindern. Es standen nie vorzeigbare Exemplare in den Regalen, weil die Bücher von begierigen Händen zerlesen wurden. *The Wizard of Oz* hatte einen schlechten Ruf, weil daraus eine musikalische Komödie und ein Film gemacht worden war, und weil minderwertige Fortsetzungen gefolgt waren, in der Mehrzahl geschrieben von schlechten Autoren, welche die ursprüngliche Idee des Autors nur noch einmal breittraten.« Wenn die wichtigsten Zeitschriften in ihren Weihnachtsausgaben Kinderbücher empfahlen, tauchten Baums Titel in der Regel nicht auf. Das lag unter anderem daran, daß viele dieser Zeitschriften zu Buchverlagen gehörten und dazu da waren, Verlagsinteressen zu fördern, indem sie ihre eigenen Autoren besprochen oder vorabdruckten. Das gleiche traf auf die Fachpresse zu. Scribner's besaß *The Book Buyer*, Macmillan *Book Reviews* und Bobbs-Merrill *The Reader*. Baum konnte zwar eines seiner Kinderbücher als Fortsetzungsgeschichte im *St. Nicholas* unterbringen, einem wichtigen Magazin, aber, wie er am 9. Februar 1912 Reilly & Britton berichtete, gab ihm W. W. Ellsworth, der Geschäftsführer der Firma, die das Magazin besaß, zu verstehen, »daß sie nichts im *St. Nicholas* veröffentlichen werden, für das sie nicht auch die Buchrechte besitzen«. Auf den Listen mit »empfehlenswerter Lektüre« der Magazine wurden also im allgemeinen nur verlagseigene Publikationen erwähnt oder die ihrer Werbekunden. Mit seinen Bobbs-Merrill-Titeln konnte Baum davon profitieren, aber die George M. Hill Company beispielsweise beschäftigte sich hauptsächlich mit der Herstellung von Büchern, nicht mit der Verkaufsförderung. Es war ein kleinerer Verlag mit einer kleinen Liste von Neuerscheinungen, der nicht viel in die

---

29 In letzter Zeit hat sich ein interessantes literarisches Sub-Genre von Erwachsenenromanen entwickelt, die sich auf die Oz-Mythologie beziehen: March Laumers *The Green Dolphin of Oz* (Belleair, Calif.: Vanitas Press, 1978), Philip José Farmers *A Barnstormer in Oz* (New York: Berkley Books, 1982), Geoff Rymans *Was* (New York: Alfred A. Knopf, 1992), Gregory Maguires *Wicked: The Life and Times of the Wicked Witch of the West* (Scanton, Pa.: Harper Collins, 1995) und Martin Gardners *The Visitors from Oz* (New York: St. Martin's Press, 1998).

Werbung investierte. *Father Goose, His Book* war aufgrund seiner Originalität ein Überraschungserfolg gewesen und von den Kritikern trotz bescheidener finanzieller Unterstützung des Verlegers gut aufgenommen worden. Hill war der Ansicht, daß die anderen Bücher einschließlich *Der Zauberer von Oz* nicht viel Werbung benötigten. »Als die Hill Company *Father Goose* und *The Wizard of Oz* veröffentlichte«, schrieb Frank Reilly am Neujahrstag 1914 an Baum, »konnten sich Mr. Britton und der Autor die beste Art von Werbung, nämlich kostenlose Öffentlichkeit durch Zeitungsartikel, leicht sichern, weil es etwas vollkommen Neues war. Ein neues *Oz*-Buch ist jetzt jedoch nichts Neues mehr. Die Einkäufer lesen solche Bücher gar nicht erst. Für sie ist das alljährliche Baum-Buch nur einer von Tausenden von Titeln.« Ähnlich sah das die Presse.

Baum hatte seine Verleger selbst ausgewählt, daher war das Fehlen von Rezensionen zumindest teilweise seine eigene Schuld. Reilly & Britton (bzw. Reilly & Lee), der kleine Chicagoer Verlag, bei dem die meisten von Baums Büchern erschienen, hatte sich auf Baum-Bücher, Teenager-Romane und die Lyrik von Edgar A. Guest spezialisiert. Baums Ruf wäre vielleicht gestärkt worden, wenn seine Bücher Seite an Seite mit renommierteren Autoren im Programm einer der großen Verlage der Ostküste erschienen wären. Baum interessierte sich allerdings wenig für die offizielle Kritik seiner Bücher. Solange sie sich verkauften und den Kindern gefielen, war er zufrieden. Mehrere führende Verlage hatten Baum zwar um Manuskripte gebeten, aber Baum blieb der kleineren Firma treu. Hier hatte er eine bessere Kontrolle über die Herstellung und die Reklame für seine Bücher als bei einem der größeren Verlage. Reilly und Britton waren außerdem nicht nur Geschäftspartner, sondern auch enge persönliche Freunde, und so genoß der Autor Privilegien, die ihm wahrscheinlich kein anderes Haus zugestanden hätte. Es bestand zum Beispiel eine besondere Vereinbarung, nach der Baum ein monatliches Gehalt bekam, das mit seiner Gewinnbeteiligung verrechnet wurde. Er vertraute darauf, daß sich die Firma mit der gleichen Hingabe seinem Werk verpflichtet fühlte wie er selbst. Die dort verlegten Bücher mögen von den Bibliothekarinnen verabscheut worden sein, aber sie landeten dennoch in den Bestsellerlisten.

In neuerer Zeit sind zahllose kritische Auseinandersetzungen mit Baum und seinem Werk erschienen. Sie beschäftigen sich nicht immer ausschließlich mit dem *Zauberer von Oz,* und viele beziehen sich mehr auf den Film als auf das Buch. Eine der nachhaltigsten von ihnen ist Henry M. Littlefields »The Wizard of Oz: Parable on Populism« (*American Quarterly*, Frühjahr 1964). Littlefield behauptet darin, Baum stelle in den ersten *Oz*-Büchern seine eigene Zeit allegorisch dar. Obwohl Littlefield einige wichtige Punkte anspricht, sucht er oft angestrengt nach einer Symbolik, die der Text nicht hergibt. Littlefield argumentiert zum Beispiel, die silbernen Schuhe und die Straße mit den gelben Ziegelsteinen seien ein Verweis auf die berühmte »Kreuz aus Gold«-Rede des Reformpolitikers und Präsidentschaftskandidaten Williams Jennings Bryan, mit der er sich für die unbeschränkte Prägung von Silbergeld aussprach. Aber sind die Straßen von Oz wirklich mit Gold gepflastert? Weil Bryan auf dem Parteikongreß die Nominierung als Präsidentschaftskandidat der demokratischen Partei in Omaha annahm, ließ Baum laut Littlefield den Zauberer auch aus dieser Stadt stammen. Baum war jedoch ein wesentlich phantasievollerer Schriftsteller. Mittlerweile liegt der Bekanntheitsgrad dieser Theorie weit über ihrem kritischen Wert. Sie wurde von Akademikern mit einer Intensität zusammengefaßt, abgeschrieben und diskutiert, daß selbst Professor Woggle-Bug erröten würde. Littlefield gab später zu, daß seine Interpretation aus der Aufgabe entstanden war, Schülern amerikanische Geschichte nahezubringen. Littlefields Schüler hatten die meisten dieser Metaphern vorgeschlagen.[30] Es ist bezeichnend, daß keine zeitgenössische Besprechung diese Parallelen bemerkte. Am 29. September 1900 schreibt der Bostoner *Beacon* zwar teilweise scherzhaft, daß »unter der liebenswürdigen Einfachheit der Kindergeschichte eine satirische Allegorie auf die moderne Geschichte steckt. Die Vogelscheuche trägt eine russische Jacke, der grimmige blecherne Holzfäller zeigt eine erstaunliche Ähnlichkeit mit Kaiser Wilhelm II., der feige Löwe mit seinem roten Bart und der roten Schwanzspitze erinnert sofort an Großbritannien, und die fliegenden Affen tragen eine Militärmütze in den Farben Spaniens.« Es findet sich aber kein Wort über den Populismus.

Eine der seltsamsten Analysen ist Osmond Beckwiths »The Oddness of Oz« (*Kulchur*, Herbst 1961). Diese psychoanalytische Interpretation von *Der Zauberer von Oz* deutet unter anderem an, die Westhexe sei Dorothys böse Mutterfigur und müsse daher umgebracht werden und das Fehlen von Herz, Verstand und Mut sei ein Ausdruck von Baums Kastrationskomplex. Diese oberflächliche Freudianische Interpretation ist eher komisch als aufschlußreich. Andere psychoanalytischen Deutungen beschäftigen sich in der Mehrheit mit dem Film von 1939.

Einen interessanten Ansatz bietet »The Art of Being« von Marc Edmund Jones, veröffentlicht 1964 von der Sabian Assembly, einer Gesellschaft, die sich mit den okkulten Wissenschaften beschäftigt. Den Lehren dieser Organisation zufolge ist jede Tat eine moralische Tat, und Jones argumentiert, daß jedes Kapitel von Baums Buch eine besondere Tugend repräsentiert, die sich ein Kind auf dem Weg zum Erwachsenwerden aneignen muß. Obwohl es insgesamt nicht überzeugt, hat Jones' Argument doch im Lichte von Baums Beschäftigung mit dem Okkulten eine ge-

---

30 Die beste Diskussion dieses Phänomens ist Michael Gessels »Tale of a Parable«, *The Baum Bugle*, Frühjahr 1992. Siehe auch Littlefields Verteidigung, »The Wizard of Allegory«, S. 24–25. Außerdem: David B. Parkers »The Rise and Fall of *The Wonderful Wizard of Oz* as ›Parable on Populism‹«, *Journal of the Georgia Association of Historians*, 1994, S. 49–63.

wisse Berechtigung. Baum hatte durch seine Schwiegermutter Matilda Joslyn Gage, die 1885 der Rochester Theosophical Society beigetreten war, Kontakt zur Theosophie bekommen. Gage hielt sich über die neuesten Bücher zu dem Thema ständig auf dem laufenden; sie hatte die Zeitschriften der Gesellschaft abonniert und gab sie der Familie zum Lesen. In Aberdeen hielten die Baums in ihrem Haus spiritistische Sitzungen ab und hatten Besuch von Hellsehern. Als sie nach Chicago zogen, war ihr erstes Haus angeblich von Geistern bewohnt, und im Jahr 1892 traten die Baums der Ramayana Theosophical Society bei.[31]

Ein Interesse am Okkulten war unter liberalen Intellektuellen der Zeit nichts Ungewöhnliches. Baum schreibt in einem Artikel über die besonderen Fähigkeiten eines Hellsehers im *Aberdeen Saturday Pioneer* vom 5. April 1890 folgendes:

> Wissenschaftler haben die Welt gelehrt, daß kein Teil der Welt, wie unendlich klein er auch sein mag, unbewohnt ist. Jedes Stück Holz, jeder Tropfen Flüssigkeit, jedes Sandkorn und jeder Stein hat zahllose Einwohner, Kreaturen, die ihren Ursprung von einem gemeinsamen Schöpfer ableiten und ihm daher auch unbewußt ihre Treue erweisen. Die Kreaturen der Atmosphäre sind weniger bekannt, da sie für die allgemeine Menschheit nicht sichtbar sind. Kein Beobachter der Natur kann sich jedoch vorstellen, daß der Schöpfer, der alle anderen Teile des Universums bevölkert hat, vergessen haben soll, auch der Atmosphäre ihren Anteil an lebendigen Kreaturen zu geben. Diese unsichtbaren und phantomhaften Wesen sind bekannt als Elementarwesen und spielen eine wichtige Rolle im Leben der Menschen. Sie sind see-

---

31 In seiner Weihnachten 1970 im *The Baum Bugle* veröffentlichten Autobiographie berichtete Robert Baum von einer besonderen übersinnlichen Begebenheit in ihrem ersten Haus in Chicago:

> Als mein Bruder Kenneth noch ein Baby war, hatte Vater für ihn einen kleinen Stuhl in den Türrahmen gehängt, der an Federn hing. Indem sie an einer Schnur zog, konnte Mutter ihn auf und ab wippen lassen, um das Baby zu beruhigen, während sie nähte oder las. Eines Abends, als der Kleine besonders unruhig war und Mutter es leid war, an der Schnur zu ziehen, rief sie aus: »Wenn es wirklich Geister gibt, sollen sie das Baby für mich wiegen.« So, wie meine Mutter mir die Geschichte erzählte, bewegte sich der Stuhl daraufhin eine beachtliche Zeit lang auf und ab, ohne daß ihn jemand berührte (S. 18).

In einer unveröffentlichten Passage der gleichen Autobiographie beschäftigt Robert Baum sich mit der Faszination, die das Okkulte auf seine Großmutter, Baums Schwiegermutter, ausübte:

> Sie hatte sich auch mit der Kunst des Handlesens beschäftigt, und ich weiß noch, daß sie uns einmal bat, unsere Hände auf ein Tintenkissen zu legen und dann auf ein Blatt Papier zu drücken, damit sie die Linien unserer Hände studieren konnte, wann es ihr paßte. Sie interessierte sich auch für Astronomie und nahm uns Kinder nachts mit nach draußen, um uns die verschiedenen Sterne und Sternbilder zu zeigen.

lenlos und unsterblich; sie besitzen eine oft außerordentliche Intelligenz und sind manchmal auch außergewöhnlich dumm. Manche sind der Menschheit freundlich zugetan, aber die Mehrheit von ihnen ist böswillig und will uns in Richtung des Bösen beeinflussen. Der legendäre »Schutzgeist«, den jeder Mensch besitzt, ist nicht mehr und nicht weniger als ein Elementarwesen, und derjenige hat Glück, der durch ihn zum Guten beeinflußt und nicht zum Bösen angestiftet wird.

H. P. Blavatsky, Gründerin der Theosophischen Gesellschaft, beschreibt diese »Elementarwesen« in *Isis Unveiled* (Bd. 1, 1878, S. xxix) als »Kreaturen, die in den vier Reichen von Erde, Luft, Feuer und Wasser entstanden sind. Die Kabbalisten nannten sie Gnome, Sylphen, Salamander und Undinen.« Man könne sie auch als »Kräfte der Natur« bezeichnen. Blavatsky erklärt, »unter der allgemeinen Bezeichnung Feen und Elfen erscheinen diese Geister der Elemente in Mythen und Fabeln, in den Bräuchen und der Dichtung aller Nationen, heute oder in früherer Zeit. Sie haben unzählige Namen: Dschinn, Waldschrat, Erdwichtel, Satyr, Faun, Elf, Fee, Zwerg, Gnom, Troll, Norn, Nisse, Kobold, Heinzelmännchen, Klabautermann, Undine, Nixe, Feuergeist, weiße Frau, Poltergeist und viele mehr. Sie wurden überall auf dem Globus und zu jeder Zeit gesehen, gefürchtet und gesegnet, verbannt und angerufen.«

Natürlich geht dieser Glaube auf sehr alte Lehren zurück. Die Idee, daß alle Dinge aus den vier Bausteinen der Natur entstanden sind, den Elementen Erde, Luft, Feuer und Wasser, stammt aus aristotelischer Zeit. Paracelsus, der Schweizer Alchimist und Arzt, teilte die Geisterwesen in vier Kategorien ein: Sylphen (Luft), Nymphen oder Undinen (Wasser), Gnome (Erde) und Salamander (Feuer). Das entspricht der antiken Vorstellung von den vier Aggregatzuständen – fest, flüssig und gasförmig sowie der Energie. Die Rosenkreuzer und andere übernahmen Paracelsus' System; und in der Literatur läßt sich über Alexander Popes *The Rape of the Lock* (1712), Friedrich de la Motte Fouqués *Undine* (1811) und Sir Walter Scotts *The Monastery* (1820) weiter verfolgen. Ein Blick auf Baums Märchen zeigt, daß er über jede der Paracelsischen Klassifikationen von Geistern geschrieben hat. Seine Sylphen heißen »geflügelte Feen« (Lulea in *Queen Zixi of Ix* und Lurline in *The Tin Woodman of Oz*), die Undinen sind Seejungfrauen (Queen Aquareine in *The Sea Fairies* und die Wassernixen in *The Scarecrow of Oz*), die Gnome sind die Nomen (in *The Life and Adventures of Santa Claus* und *Ozma of Oz*), und die Salamander sind die energetischen Feen (der Dämon der Elektrizität in *The Master Key* und die Lovely Lady of Light in *Tik-Tok of Oz*). Bei der Ausgestaltung seiner eigenen Welt übernahm Baum ganz selbstverständlich Figuren aus dieser traditionellen Kosmographie.

Die Theosophie spielte nicht nur in Baums Leben eine große Rolle; sie spiegelt sich auch in seinem Werk. Ein wichtiges Ziel der Theosophie war es, alte religiöse Vorstellungen mit neuen wissenschaftlichen Erkenntnissen und Theorien in Einklang zu bringen. »Das einzige, was sich über das Unerklärbare im Leben sagen läßt«, schrieb Baum bereits 1890 im *Saturday Pioneer* (22. Februar), »ist, daß es ein Geheimnis der Natur ist und für uns unwissende Sterbliche ein Buch mit sieben Siegeln. Und doch stehen wir staunend da und wünschten uns, wir würden das Rätsel lösen.« Wissenschaft und Magie haben also das gleiche Ziel – in die Geheimnisse der Natur einzudringen. Es ist daher nicht überraschend, daß Baum in *The Patchwork Girl of Oz* (1913) Oz als ein Märchenland beschreibt, in dem »die Magie eine Wissenschaft ist« (S. 140).

In einem anderen Artikel zum Thema Theosophie, im *Saturday Pioneer* vom 25. Januar 1890, beschreibt Baum seine eigene Zeit als eine »Ära des Unglaubens«, aber er betont, daß er damit nicht »den Atheismus des vergangenen Jahrhunderts [meint]. Unsere Zeit ist von der Sehnsucht erfüllt, die Geheimnisse der Natur zu ergründen. Es ist ein Streben nach Wissen, das früher als verboten galt.« Dichter wie Arthur Rimbaud und William Butler Yeats suchten (auf unterschiedliche Weise) einen neuen Mystizismus in einer Welt, die auf Thomas Huxleys »Agnostizismus« zusteuerte. Im Gegensatz dazu suchen die Theosophen laut Baum »nach der Wahrheit« und »akzeptieren durchaus die Existenz eines Gottes – nicht notwendigerweise eines persönlichen Gottes«. Die wachsende Verbreitung der Theosophie und des Spiritualismus im allgemeinen war eine direkte Reaktion auf die wachsende Macht einer Wissenschaft, die sich von der Religion abgetrennt hatte. In Central New York befand sich die Hochburg der neuen religiösen Aktivisten, und ihre radikalen Ideen beeinflußten Baum und seine Arbeit nachhaltig.

Ob es ein eher schriftstellerisches Interesse war oder ob Baum das alles tatsächlich glaubte, läßt sich nicht sagen. Frank J. Baum bestätigte zwar, daß sein Vater an der Theosophie interessiert war, aber er meinte, daß er nicht all ihre Lehren akzeptierte.[32] Baum glaubte an die Unsterblichkeit der Seele und an Reinkarnation. Er war überzeugt, daß er und seine Frau in vielen vergangenen Leben zusammengewesen waren und daß sie auch in einem zukünftigen zusammensein würden, aber lehnte die hinduistische Vorstellung ab, daß Seelen von Menschen in Tiere wanderten und umgekehrt. Wie die Theosophen war auch Baum davon überzeugt, daß der Mensch auf Erden nur eine Stufe der Entwicklung des Bewußtseins bis hin zum Endstadium der Erleuchtung sei. Baum glaubte an Karma, die Vorstellung, daß das, was man in seinem Leben an Gutem und Bösem tut, in zukünftigen Reinkarnationen als Belohnung oder Strafe zurückkehrt. Baum konnte sich einen rächen-

---

32 In einem Brief an Martin Gardner, 21. November 1955.

den Gott nicht vorstellen. Er widersetzte sich der Idee, es gäbe so etwas wie ein nie wiedergutzumachendes Böses. Er hatte wenig übrig für die Lehren von Höllenfeuer und Verdammnis seiner methodistischen Vorfahren. Die Idee eines Teufels konnte er nicht akzeptieren, was ihn davon abhielt, sich irgendeiner Form des Christentums anzuschließen. Seine Mutter war eine gläubige, konservative Christin – diese Form des Glaubens lehnte er schon früh im Leben ab.[33] Gute Taten waren ihm wichtiger als gute Absichten.

Im *Saturday Pioneer* (18. Oktober 1890) attackiert er die offiziellen Kirchen hart. »Erst wenn Priester ihre Fehlbarkeit zugeben«, verlangt er, »wenn sie Aberglaube, Intoleranz und Bigotterie abschaffen, wenn sie das wahre Verhältnis zwischen Gott und Christus und der Menschheit herstellen, wenn sie Gerechtigkeit nach Maßgabe der Natur, der Liebe und der Gnade des Allerhöchsten sprechen, wenn sie den Gedanken eines strafenden und rächenden Gottes ablegen, wenn sie Vernunft und Religion in Einklang bringen können und sich nicht davor fürchten, daß Menschen für sich selbst denken, erst dann, und nur dann, wird die Kirche ihre alte Macht wiedererlangen und in der Lage sein, alle Menschen vor ihre Kanzeln zu bringen.« Überzeugt davon, daß alle Religionen von einem gemeinsamen Schöpfer inspiriert seien, konnte Baum auch die kleinlichen Rivalitäten zwischen den einzelnen Religionsgemeinschaften nicht akzeptieren. Die wenigen Verweise auf Religion in seinen Büchern (insbesondere in *American Fairy Tales*) sind wenig schmeichelhaft. »Er war bestimmt kein frommer Mensch, im landläufigen Sinn«, erinnerte sich sein Freund Dr. Ryland. »Das heißt, er war nicht konfessionell gebunden. Wenn er in

---

33 In einem Brief an Jack Snow vom 7. Juni 1943 berichtet Baums Neffe Henry B. Brewster:

> Mr. Baum erzählte immer ganz ernsthaft phantastische Geschichten, ohne die Miene zu verziehen, als würde er sie wirklich selbst glauben… Seine Mutter war sehr religiös, und sie meinte, daß sie ihre Bibel gut kennen würde. Frank Baum hatte besonderen Spaß daran, sie aufzuziehen, und ich erinnere mich daran, daß er nicht nur einmal so tat, als würde er aus der Bibel zitieren, mit der er gar nicht vertraut war. Seine Mutter sagte zum Beispiel einmal: »Frank, das hast du dir nur ausgedacht«, und darauf antwortete er: »Tja, Mutter, wie du weißt, sagt Paulus in seinem Brief an die Epheser: ›Alle Menschen sind Lügner.‹« Daraufhin meinte seine Mutter: »Frank, das stimmt doch gar nicht, ich kann mich jedenfalls nicht an diese Stelle erinnern.« Und egal, wie oft sie schon hereingelegt worden war, sah sie dann in ihrer Bibel nach, ob sie nicht vielleicht doch unrecht hatte. Frank Baum war ein ungeheuer phantasiebegabter Mann. Er liebte es, Märchen zu erzählen oder, wie Sie vielleicht sagen würden, harmlose Lügen.

Seine Mutter konnte das Zitat in der Bibel natürlich nicht finden, da Baum wahrscheinlich lediglich auf den Ausspruch des Epimenides anspielte: »Alle Kreter lügen.« Ein ähnlicher Witz kommt im *Saturday Pioneer* vor (20. Dezember 1890): Als Antwort auf den Pfarrer der St. Mark's Episcopal Church, der gesagt hatte, es gäbe keine übersinnlichen Phänomene, schlägt Baum vor, der Kirchenmann solle im 5. Kap. der Apostelgeschichte die Verse 38, 39 nachsehen. Natürlich hat diese Passage nichts mit der Aussage des Rektors zu tun.

Hollywood überhaupt in die Kirche ging, dann in meine, aber er war kein Gemeindemitglied. Er hatte ein eigenes Evangelium, und das predigte er in seinen Büchern, obwohl man die sicherlich auch nicht gerade religiös nennen kann. Aber er hatte eine Art von Religion und lebte und schrieb danach. Ich habe ihn einmal gefragt, wie er auf die Idee zu seinem ersten *Oz*-Buch gekommen war. ›Reine Inspiration‹, antwortete er. ›Es ist mir einfach so aus heiterem Himmel eingefallen. Ich glaube, manchmal muß der Große Autor unbedingt eine Botschaft übermitteln, und er muß das Instrument nehmen, das ihm gerade zur Verfügung steht. Ich war zufällig dieses Instrument, und ich glaube, daß ich den magischen Schlüssel bekommen habe, um die Tür zu Menschenliebe und Verständnis zu öffnen, zu Glück, Frieden und Freude. Deswegen glaube ich, daß in den *Oz*-Büchern nie etwas anderes vorkommen sollte als Zufriedenheit und Glück, keine Andeutung von Tragödie und grausamen Dingen. Die Bücher sollten die Welt so reflektieren, wie sie den Augen und der Phantasie eines Kindes erscheint.‹ Aber weiter ist sein religiöses Bekenntnis mir gegenüber nie gegangen.«

Das Oz seines ersten Buches unterscheidet sich deutlich von der Welt der späteren Fortsetzungen. Baums Konzept des Märchenlandes entwickelte sich im Verlauf der Serie immer weiter. Man könnte diese Welt, wie es Dr. Edward Wagenknecht als erster tat, als eine amerikanische Utopie beschreiben.[34] S. J. Sackett untersucht in »The Utopia of Oz« (*The Georgia Review*, Herbst 1960) die ökonomischen, sozialen und kulturellen Gegebenheiten von Oz und stellt fest, daß sich die Gesellschaft und sogar die Landschaft verwandelt, nachdem der Zauberer Oz verlassen hat und der Thron an seine rechtmäßige Besitzerin Prinzessin Ozma zurückgegangen ist.[35] Die gesamte Flora und Fauna jedes Königreiches von Oz nimmt jetzt die Lieblingsfarbe dieser Region an. Die große Wüste, die das Land umschließt, besitzt jetzt die geheimnisvolle Macht, jeden Reisenden zu zerstören, der sie zu betreten droht. In *The Emerald City of Oz* beschreibt Baum den utopischen Charakter des von Ozma regierten Märchenlandes am ausführlichsten:

> Die Oziter kennen keine Krankheiten, und so stirbt nie jemand, außer er hat einen Unfall, der ihn am Weiterleben hindert. Das kommt jedoch höchst selten vor. In Oz gibt es keine Armen, denn Geld ist unbekannt, und jedweder Besitz gehört der Herrscherin. Die Bewohner sind ihre Kinder, und sie sorgt

---

34 In *Utopia Americana* (Seattle: University of Washington Book Store, 1929).

35 Die zweite Silbe des Namens »Ozma« könnte von *Ma*ud stammen, Baums Ehefrau. Als er seine musikalische Revue von 1913, *The Tik-Tok Man of Oz* bearbeitete, änderte Baum den Namen der Rosenprinzessin »Ozma« zu »Ozga«. Die zweite Silbe dieses Namens könnte von Mauds Mädchennamen Gage herleiten.

für sie. Jeder bekommt von seinem Nachbarn bereitwillig das, was er braucht, und das ist gerade so viel, wie man sich vernünftigerweise wünschen würde. Einige bestellen die Äcker und ernten große Mengen an Getreide, die gerecht unter der Bevölkerung verteilt werden, so daß alle genug haben. Es gibt viele Schneider und Schuhmacher, die für alle genügend Kleider und Schuhe herstellen. Es gibt auch Juweliere, deren Schmuck die Menschen erfreut und für jeden umsonst ist, der danach fragt. Jeder Mann und jede Frau, egal, was er oder sie nun zum Wohle der Gemeinschaft herstellt, wird von den Nachbarn mit Essen und Kleidung und einem Haus ausgestattet, mit Möbeln, Schmuck und Spielen. Wenn ein Lieferant einmal zuwenig haben sollte, wird etwas aus dem großen Lagerhaus der Regentin entnommen, das später, wenn es wieder mehr gibt, mit dem Überschuß aufgefüllt wird.

Alle arbeiten die Hälfte der Zeit und vergnügen sich die andere Hälfte der Zeit. Die Menschen tun beides gleich gern, denn es ist schön, eine Beschäftigung zu haben. Es gibt keine grausamen Aufseher, die sie kontrollieren, und niemanden, der sie rügt oder schimpft. Ein jeder ist stolz darauf, alles für seine Freunde und Nachbarn tun zu können, was in seiner Macht steht, und ein jeder freut sich, wenn sie die Dinge annehmen, die er herstellt.
(Kapitel 3)

Weise fügt Baum jedoch noch hinzu: »Ich nehme nicht an, daß eine solche Vereinbarung bei uns praktisch wäre, aber Dorothy versichert mir, daß es bei den Menschen von Oz wunderbar funktioniert.« Ozma wacht über die Einhaltung einiger weniger wichtigen Gesetze, wie jenes in *The Patchwork Girl of Oz*, welches das Pflücken von sechsblättrigen Kleeblättern verbietet, aber es gibt kein wichtigeres Gesetz als jenes, das der Blechholzfäller in *The Tin Woodman of Oz* verkündet: »Benehmt euch!«. Natürlich gibt es wilde Völker, die weit weg von der Smaragdenstadt in den rauhen und unerforschten Gebieten von Oz versteckt leben, und es gibt selbstsüchtige, unzufriedene Zauberer und Hexen, die versuchen, Ozmas glückliches Königreich zu erobern, aber im allgemeinen ist Oz ein freundliches Land, wo das Gute belohnt und das Böse vergeben wird. Unter der gütigen Regentschaft von Ozma wird das vereinigte Land »Das Land der Liebe«. Ozma ist wie eine gütige Mutter. Nach dem Regime des Zauberers, unter dem Tod und Steuern unausweichlich sind und das eine Art dunkles Zeitalter in der Geschichte von Oz darstellt, bedeutet Ozmas Regentschaft die Rückkehr eines goldenen Zeitalters. Parallelen zwischen der sozialen Struktur von Oz und solchen, die in zeitgenössischen utopischen Romanen beschrieben werden, wie in Edward Bellamys *Looking Backward* (1888; *Eine Rückkehr aus dem Jahre 2000*) und William Morris' *News From Nowhere* (1891; *Kunde von Nirgendwo*), bestehen zwar, aber die scheinbar »sozialistische« Struktur von Baums Märchenland ist nur äußerlich. Oz ist eher eine Form von wohlwollendem Despotismus als ein marxistisches System oder ein Wohlfahrtsstaat.

Der heimliche Verdacht, Oz sei ein »sozialistischer« Staat, erklärt jedoch vielleicht teilweise die Vorurteile gegen Baum und sein Werk. In »The Red Wizard of Oz« (*New Masses*, 4. Oktober 1938) scherzt Stewart Robb, der Grund, warum es in den Regalen der New York Public Library, abgesehen von *The Wizard of Oz*, keine weiteren *Oz*-Bücher gäbe, sei politisch, da die scheinbar anarchistische Struktur von Oz einem marxistischen Traum nahekäme. Als der *Daily Worker* am 18. August 1939 das Judy-Garland-Musical »von Herzen« als »außergewöhnlichen Film« empfahl, waren Konservative sicher entsetzt. Obwohl er »bedauerte, daß das MGM-Musical die Chance vergab, Diktatoren satirisch zu kritisieren«, und zugeben mußte, daß »kein gesellschaftskritischer Ansatz vorhanden ist«, nannte Howard Rushmore den Film »eines der teuersten (und auch eines der schönsten) Beispiele für eine Filmphantasie, die es je in Amerika gegeben hat«. Nach dem Zweiten Weltkrieg definierte *Collier's* in einem Leitartikel mit dem Titel »45 Years of ›The Wizard‹« die patriotische Botschaft des Buches folgendermaßen: »Glaube nicht an den bösen Wolf... laß dich nicht beeindrucken von Leuten, die große Reden schwingen... geh den Dingen selbst auf den Grund... mach dich nicht abhängig von Gerüchten und Propaganda.« Der Leitartikel stellt fest, es sei diese Philosophie gewesen, die es Amerika ermöglicht habe, die Achsenmächte zu besiegen. »Halten wir einfach fest an dieser realistischen, forschenden, skeptischen und furchtlosen Geisteshaltung«, schließt der Autor. »Es ist ein unbezahlbares nationales Gut.«

Während der McCarthy-Ära, in der sogar die Legende von Robin Hood als marxistisches Traktat betrachtet wurde, geriet auch Baums sanfte Utopie ins Kreuzfeuer. Ray Ulveling, Leiter der Detroit Public Library, erwähnte im April 1957 so nebenbei, daß seine Bibliotheken die *Oz*-Serie nicht in den offenen Magazinen hielten. Ulveling meinte, die Geschichten hätten »keinen Wert«, da sie »Negativismus« förderten (was immer das sein mochte) und junge Menschen verführten, eine feige Lebenseinstellung zu akzeptieren. »Die Baum-Reihe ist weder erbaulich noch erhebend«, stellte er fest. »In der Qualität sind sie kein Vergleich mit den Geschichten der Grimms oder denen von Andersen.«[36] Er meinte, die Leser bevorzugten Do-it-

---

36 Zitiert von Neil Hunter in »Librarian Raps ›Oz‹ Books«, *State Journal*, Lansing (Michigan), 4. April 1957. Ulveling sagte später, er sei falsch zitiert worden: *Der Zauberer von Oz* habe sich seit seiner Veröffentlichung in der Detroit Public Library befunden, jedoch weder in der Kinderabteilung der Hauptbibliothek noch in den Stadtteilbibliotheken, sondern im geschlossenen Magazin. »Vor über dreißig Jahren«, erklärte er in einem Brief an den Herausgeber des *ALA Bulletin* (Oktober 1957), »wurde die Entscheidung gefällt, daß die Bibliothek jetzt, da es so viele bessere Kinderbücher gibt als damals, als *Der Zauberer von Oz* veröffentlicht worden war, die alten Exemplare einfach nicht ersetzen würde. Drei Exemplare wurden archiviert und sind jederzeit für die

yourself-Bücher, Detektivgeschichten, Märchen und anderen Formen der populären Literatur. Die Presse interpretierte das als eine »Verbannung« von Baum. Seine Kollegen verteidigten Ulveling jedoch und bestanden darauf, seit 1920 gebe es einen neuen Ansatz in der Kinderliteratur und *Der Zauberer von Oz* entspreche dem nicht mehr. Im Februar 1959 verteilte das Innenministerium des Bundesstaates Florida eine Liste von »Büchern, die nicht von normalen Bibliotheken zirkuliert werden«. Es waren Reihen, die angeblich »schlecht geschrieben waren und dem Leben nicht gerecht wurden: sensationslüstern, dümmlich-sentimental und daher ungesund für die Kinder«. Der Staat Florida wies die Bibliotheken an, diese Bücher sollten »nicht angekauft werden, nicht als Schenkung angenommen, nicht bearbeitet, und nicht zirkuliert«. L. Frank Baums Name stand als erster auf dieser Liste. Bis 1966 blieb *Der Zauberer von Oz* aus den Kinderbuchabteilungen der öffentlichen Bibliotheken von Washington, D.C., verbannt, und selbst danach befand es sich nicht in den städtischen Schulbüchereien. »Ja, ich weiß, den Kindern gefällt es«, sagte die Leiterin der Washingtoner Schulbüchereien, Olive C. DeBruler, dem *Library Journal* (15. November 1966), »aber es gibt so viel phantastische Literatur von besserer Qualität.« Der *Zauberer* sei zu sentimental und die Vermenschlichung des feigen Löwen zu schlecht gelungen. Maxine LaBounty, Koordinatorin der Kinderbuchabteilungen der öffentlichen Bibliotheken von Washington, D.C., fügte hinzu, daß Baums Art von Phantasie »nicht die Raffinesse oder die hohe Qualität zum Beispiel von *Alice im Wunderland* besitzt«. Die Presse protestierte gegen diese Zensur, aber noch im April 1961 veröffentlichte der *Villager* in Westwood-Brentwood, Kalifornien, einen Artikel, in dem Baum kommunistische Tendenzen vorgeworfen wurden.37 Trotzig verleihen einige Bibliotheken die *Oz*-Bücher noch heute nicht.

Oft sagen Bibliothekare und Kritiker, *Der Zauberer von Oz* sei schlecht geschrieben. Das ist jedoch eher eine Frage der persönlichen Vorlieben als ernsthafte literarische

jungen Leser verfügbar. Das ist keine Verbannung, das ist Auswahl.« Aber ein Buch, das nicht zirkuliert, ist so gut wie verbannt. »Tja, wie Humpty Dumpty sagt, Worte haben immer die Bedeutung, die wir ihnen geben«, meint Martin Gardner zu diesem Thema in »A Child's Garden of Bewilderment« (*Saturday Review*, 17. Juli 1965). »Mir persönlich fällt es leichter, an die Vogelscheuche zu glauben als an Mr. Ulveling«, schreibt Ray Bradbury in »Two Baumy Promenades Along the Yellow Brick Road« (*Los Angeles Times Book Review*, 9. Oktober 1977). »Es gibt verschiedene Formen der Bücherverbrennung. Eine davon ist, so zu tun, als existierten die Bücher nicht.«

37 In »Baum's Other Villains« (*The Baum Bugle*, Frühjahr 1970) meint C. Warren Hollister, eine Passage aus *The Magic of Oz* (1919) könnte Baums Reaktion auf die Russische Revolution von 1917 gewesen sein. Hollister interpretiert die Rede des Königs der Nomen an die Tiere des Waldes von

Kritik. Viele Menschen bewundern Baums Arbeit. Er war kein Stilist in der Tradition eines Hans Christian Andersen, eines Robert Louis Stevenson, Kenneth Grahame oder James M. Barrie. Er war nicht interessiert an Worten um der Worte willen, an Bonmots, obskuren Metaphern oder literarischen Anspielungen, die einem gebildeten, intellektuellen Leser schmeicheln. Kommunikation war Baums dringlichstes Anliegen. Er schrieb schlicht und effektiv. Er wollte eine gute Geschichte erzählen und mied im allgemeinen alles, was von der Handlung ablenkte. Sein Stil ist auf erfrischende Weise frei von der Sentimentalität und dem Klassenbewußtsein, die so viele Kinderbücher des 19. Jahrhunderts beeinträchtigen. Wie bei allen großen Werken phantastischer Literatur sind Stil und Atmosphäre des *Zauberers von Oz* zeitlos. Es liest sich heute so gut wie zu der Zeit, als es geschrieben wurde.

The Wizard of Oz ist klar strukturiert. Symmetrie spielt eine große Rolle. Das erste und das letzte Kapitel spielen jeweils in Kansas. Zwei gute Hexen freunden sich mit Dorothy an: Die gute Nordhexe gibt ihr in Kapitel 2 die silbernen Schuhe, die gute Südhexe erklärt ihr im vorletzten Kapitel deren Geheimnis. Im ersten Teil der Geschichte bekommt Dorothy die silbernen Schuhe der einen, im zweiten Teil die goldene Kappe der anderen bösen Hexe. Genau im Zentrum des Buches liegt die Enttarnung von Oz, dem Schrecklichen. Er enttäuscht Dorothy zweimal: zum ersten Mal, nachdem sie die böse Osthexe getötet hat und er ihr als riesiger Kopf erscheint, und zum zweiten Mal, nachdem sie die böse Westhexe zerstört hat und er in seinem Ballon davonschwebt. Weit entfernt davon, nur nachgeschoben zu sein, spiegelt die zweite Hälfte des Buches die erste. Intelligenz, Mitgefühl und Heldenhaftigkeit, welche die Figuren auf dem Weg zur Smaragdenstadt in sich selbst entdecken, müssen sich auf dem Weg nach Süden bewähren, nachdem sie die äußerlichen Symbole Verstand, Herz und Mut erhalten haben. Im zweiten Teil werden ganz bewußt Dialoge aus dem ersten wiederholt. Dorothys Unterhaltung mit der guten Südhexe zum Beispiel erinnert an diejenige mit der guten Nordhexe. Und in diesen Rahmen stellt Baum einige der denkwürdigsten Gestalten der gesamten Kinderliteratur.

Ein weiterer irrationaler Kritikpunkt an den *Oz*-Büchern ist, daß es sich um eine Reihe handelt. Das Argument lautet, daß Kinder, wenn sie einmal dem Werk eines Autors verfallen sind, alles andere ablehnen werden. Bibliothekare haben jedoch schon immer einen Unterschied zwischen Reihen im allgemeinen und *akzeptablen*

Gugu als Baums Versuch, zu zeigen, wie unschuldige Kreaturen mit effektiv eingesetzter marxistischer Dialektik zu einem Krieg hingerissen werden können. Baum habe damit George Orwells *Farm der Tiere* um siebenundzwanzig Jahre vorweggenommen. Wenn das stimmen sollte, muß Baum tatsächlich schnell gearbeitet haben, denn er hatte das Manuskript für *The Magic of Oz* bereits vor dem Februar 1918 fertiggestellt, als er für eine Operation an der Gallenblase ins Krankenhaus mußte.

Reihen gemacht. Zur gleichen Zeit, als sie die *Oz*-Bücher verbannten, kauften sie bereitwillig die Peter-Rabbit-Bücher, die Doctor-Dolittle-Bücher, die Mary-Poppins-Bücher, die Narnia-Bücher, die Borgmännchen-Bücher und die Bianca-Bücher. Wer kann ernsthaft behaupten, daß die Blitz-Bücher oder die Reihe über das kleine Haus in der Prärie besser geschrieben sind als die Oz-Bücher? Natürlich können Märchen nicht jedem gefallen, denn, wie E. M. Forster einmal schrieb: »Wenn die Phantasie ins Spiel kommt, müssen wir uns ein bißchen mehr anstrengen.«[38] Wenn amerikanische Bibliothekare literarische Märchen ankauften, tendierten sie zu britischen Autoren. Das amerikanische Kinderbuchestablishment war schon immer sehr anglophil. Die amerikanische Bibiotheksgesellschaft benannte ihren jährlich vergebenen Preis für den herausragenden Beitrag zur amerikanischen Kinderliteratur nach dem englischen Verleger John Newbery und den Preis für das beste Bilderbuch nach dem englischen Illustrator Randolph Caldecott. *The Horn Book* und andere Kinderliteratur-Magazine widmeten unwichtigeren amerikanischen Autoren wie Laura E. Richards und Susan Coolidge ausgiebige Artikel und Bibliographien, während sie Baum und die *Oz*-Bücher kaum erwähnten.

Während die Bibliothekare ihre Kämpfe gegen die *Oz*-Bücher ausfochten, kamen prominente Autoren und Wissenschaftler zu Baums Verteidigung. Dr. Edward Wagenknecht wurde zum Pionier der Oz-Forschung, als er 1929 das Buch *Utopia Americana* veröffentlichte. Seinen Enthusiasmus teilte C. Beecher Hogan, Professor für Englische Literatur an der Yale University, der die erste wichtige Sammlung von Baums Büchern anlegte, die sich jetzt in der Beinecke Library in Yale befindet. Carol Ryrie Brink, die für *Kleines Mädchen, großes Abenteuer* die Newbery Medal erhalten hatte, wagte es, am 4. Oktober 1947 in der Höhle des Löwen, nämlich bei einem Empfang für die Jugend- und Schulbibliothekare der Upper Midwest Regional Library Conference in Pierre im Staat South Dakota, zu verkünden, daß »*The Wizard of Oz* eines der wenigen wirklich großen amerikanischen Kinderbücher ist. Es erzählt in einfachem, direktem Stil eine gute Geschichte. Es besitzt Humor, Phantasiereichtum und, was am wichtigsten ist, Wahrheit und Integrität in der Darstellung der menschlichen Natur.« Fast zehn Jahre später zeichnete 1956 Roland Baughman als Kurator verantwortlich für eine monumentale Ausstellung zu Ehren des hundertsten Geburtstages von L. Frank Baum an der Columbia University. Im darauffolgenden Jahr veröffentlichten Martin Gardner und der mit dem Pulitzer-Preis ausgezeichnete Historiker Russel B. Nye bei einem Universitätsverlag die erste kritische Ausgabe des *Zauberers* unter dem Titel *The Wizard of Oz and Who He Was*. Viel zum *Oz*-Revival trug der im gleichen Jahr vom damals dreizehnjährigen Justin G. Schiller gegründeten International Wizard of

---

38 In *Aspects of the Novel* (New York: Harcourt, Brace & World, 1927), S. 109.

Oz Club, Inc., bei. Seine dreimal im Jahr erscheinende Publikation *The Baum Bugle* ist immer noch das wichtigste Medium für die *Oz*-Forschung. Dort erschien zum Beispiel 1961 das erste längere biographische Essay über L. Frank Baum unter dem Titel *To Please a Child*, geschrieben von Frank Joslyn Baum und Russell P. MacFall. Die erste Ausgabe des *Annotated Wizard of Oz* war ebenfalls ein Schritt in die Richtung, *Oz* als Thema für ernsthafte Studien zu legitimieren. Heute werden Baum und *Oz* an Universitäten in den USA und auf der ganzen Welt behandelt. Diejenigen, die mit dem *Zauberer von Oz* im Fernsehen aufwuchsen, sehen heute in Baum ein amerikanisches Original. Kaum ein Jahr vergeht, in dem nicht ein Magazin, sei es wissenschaftlich oder journalistisch, einen ernsthaften Beitrag über *Oz* veröffentlicht. Eine Auswahl von Aufsätzen erschien 1983 in der

John Ritter als L. Frank Baum in *The Dreamer of Oz*, 1990. *Mit freundlicher Genehmigung von David Kirschner.*

Schocken-Critical-Heritage-Ausgabe von *The Wizard of Oz*. Neue Ausgaben der *Oz*-Bücher erscheinen ständig. Verschiedene Dokumentarfilme haben Baums Leben und Werk porträtiert, und am 10. Dezember 1990 war Baum das Thema eines NBC Movie of the Week mit dem Titel *The Dreamer of Oz*, mit John Ritter in der Rolle des L. Frank Baum. Die *Oz*-Bücher können jetzt sogar in den Bibliotheken gefunden werden, die sie einst verschmähten. Um das hundertjährige Bestehen des Buches und ihr eigenes zweihundertjähriges Jubiläum zu feiern richtete die amerikanische Library of Congress, die größte Einrichtung ihrer Art weltweit, im Jahr 2000 eine Ausstellung zu Ehren von L. Frank Baum und *The Wizard of Oz* aus.

Der Zauber von Oz hat sich weit über die Grenzen der Vereinigten Staaten hinaus verbreitet. Baum und seine Verleger waren recht unbekümmert an die internationale Verbreitung des Buches herangegangen. Die George M. Hill Company und Bobbs-Merrill verkauften wahllos ein paar der frühen Titel nach England, um, wie erwähnt, ihr britisches Copyright zu wahren, und in Kanada vertrieben Reilly & Britton fast ihr gesamtes Programm über die Copp Clark Company. Obwohl die *St. Paul Pioneer Press* bereits am 11. Oktober 1908 berichtete, daß es Ausgaben der *Oz*-Bücher in Deutschland, Frankreich, Italien und sogar in Japan gebe, war die erste autorisierte Übersetzung von *The Wizard of Oz* eine ins Französische und erschien erst 1932. Die meisten Übersetzungen, die seitdem erschienen sind, waren das Ergebnis des internationalen Erfolgs des MGM-Films von 1939. Heute ist der *Zauberer* in fast alle Sprachen der Welt übersetzt und steht in einer Reihe mit *Alice im Wunderland, Peter Pan* und *Der Wind in den Weiden*. *The Wizard of Oz* wurde in der ehemaligen Sowjetunion so populär, daß der Übersetzer Alexander Wolkow eine lange Reihe von eigenen Fortsetzungen schrieb, die auf seiner Bearbeitung von Baums Buch basierten. Auch alle originalen *Oz*-Bücher sind mittlerweile ins Russische übersetzt worden. Niemand weiß, wie viele Exemplare von *Der Zauberer von Oz* verkauft oder wie viele Ausgaben insgesamt herausgebracht wurden.

Diese Ausgabe zum hundertjährigen Jubiläum soll eine Einführung in Baums umfangreiches Werk sein. Sie wurde zusammengestellt mit jener Anmerkung zu »Margery Daw« in *Mother Goose's Melody* (1791) im Hinterkopf: »Es ist die schäbige und skandalöse Praxis von Autoren, Dinge mit Anmerkungen zu versehen, die gar keine Aufmerksamkeit verdienen.« (Empfindliche Leser sollten sich vielleicht auch von Robert Benchleys amüsantem Aufsatz »Shakespeare Explained« fernhalten.) Die Bibliographie am Ende des Bandes ist die bislang umfassendste Baum-Bibliographie überhaupt und soll die Fülle ebenso wie die Bandbreite der Arbeiten des Autors veranschaulichen ebenso wie den großen Umfang des Materials, das der Annotator zu berücksichtigen hatte. Denslows Illustrationen erscheinen hier vollständig und sind ergänzt durch eine Auswahl anderer Zeichnungen, die Denslow von den berühmten Figuren aus Oz anfertigte. Einige davon werden hier zum ersten Mal veröffentlicht.

Alles über den Zauberer von Oz ist für Erwachsene gedacht. Er soll die engagierten *Oz*-Enthusiasten erfreuen. Diejenigen, die Oz nur durch Judy Garland kennen, werden von Baums Erzählung vielleicht angenehm überrascht sein. Für diejenigen, die seit langem in einem selbstauferlegten Exil außerhalb Baums Reich leben, ist es vielleicht ein schönes Wiedersehen. Die Kinder brauchen das alles nicht. Sie haben den Zauber schon immer erkannt.

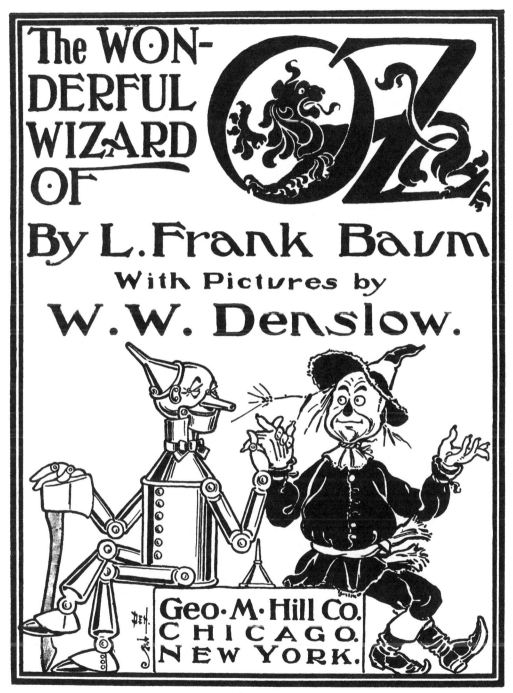

Diese hübsche Zeichnung des Blechholzfällers erschien auf der Impressumsseite der ersten Ausgabe. Obwohl auf der ursprünglichen Zeichnung »Copyright 1899 by L. Frank Baum and W. W. Denslow« steht, findet sich in den Büros des Copyright Office in Washington, D. C., kein Nachweis, daß Baum, Denslow oder die George M. Hill Company vor 1900 versucht haben, das Copyright zu beantragen. Möglicherweise war geplant, das Buch vor Ende 1899 zu veröffentlichen. Obwohl sich die Produktion bis in das folgende Jahr hinzog, war Denslow wohl nie dazu gekommen, das Datum zu ändern. Der Eintrag des Copyrights wurde mit jedem Schritt mehr verpfuscht. Der Copyright-Vermerk erschien auf Seite 6 des veröffentlichten Bandes, nicht auf der Rückseite des Titelblattes, wie es gesetzlich vorgeschrieben war. Der Verlag versuchte hastig, den Fehler dadurch zu korrigieren, indem er einen neuen Copyright-Vermerk auf die leeren Rückseiten der Titelblätter kleben ließ. Daher tragen die meisten Exemplare der Hill-Ausgabe zwei Copyright-Vermerke. In der zweiten Auflage wurde der Vermerk an der richtigen Stelle gedruckt. Das Gesetz verlangte auch, daß zwei Exemplare des Buches zum Zeitpunkt der Veröffentlichung an das Copyright Office geschickt und von dort an die Library of Congress weitergegeben würden. Dort traf jedoch 1900 nur ein Exemplar ein. Erst 1903 schickte Baum ein zweites Exemplar hinterher. Rein formal könnte man argumentieren, daß *Der Zauberer von Oz* nie die rechtlichen Voraussetzungen für das Copyright erfüllt hatte. Sein Status wurde jedoch glücklicherweise nie rechtlich angefochten.

Vorwort[1]

Volkssagen, Legenden, Mythen und Märchen[2] haben die Kindheit durch die Jahrhunderte begleitet, denn jedes gesunde Kind[3] hat eine heilsame und instinktive Liebe zu phantastischen Geschichten, ob sie nun wunderbar oder augenscheinlich unwirklich sind. Die geflügelten Feen der Brüder Grimm und von Andersen[4] haben kindliche Herzen glücklicher als alle anderen menschlichen Erfindungen gemacht. Doch das Märchen aus alten Zeiten, das Generationen bewahrten, kann heute als »historisch« in der Bücherei[5] der Kinder eingestuft werden, denn es ist die Zeit für eine Reihe von neueren »Wundergeschichten«[6] gekommen, in denen es den klischeehaften Geist,[7] den Zwerg und die Fee nicht mehr gibt,[8] ebensowenig wie die schreckliche und grausige Begebenheit, die von ihren Autoren erfunden wurde, um die Aufmerksamkeit auf die furchteinflößende Moral[9] in jeder Geschichte zu lenken. Moderne Erziehung[10] ist moralisch. Deshalb sucht das Kind von heute nur die Unterhaltung in den Wundergeschichten und entzieht sich fröhlich dem unangenehmen Ereignis. Das vor Augen, wurde die Geschichte vom wunderbaren Zauberer Oz ausschließlich zum Vergnügen der Kinder von heute geschrieben. Sie will ein modernisiertes Märchen sein, in dem das Wunder und das Vergnügen erhalten und der Kummer und die Albträume ausgespart[11] sind.

L. Frank Baum.

Chicago, April 1900

1. *Vorwort*. Dieser Aufruf zur Befreiung der amerikanischen Kinderliteratur spiegelt zeitgenössische Ideen, die unter anderem aus Diskussionen anläßlich der World Columbian Exposition von 1893 in Chicago erwachsen waren. Schriftsteller forderten eine neue, genuin amerikanische Literatur, eine, die ihre Wurzeln im vitalen Westen der Vereinigten Staaten haben sollte, nicht im ausgelaugten alten Osten. Zur Jahrhundertwende berichtet Baum mit einigem Stolz: »Der Westen als literarisches Zentrum wächst schnell. Sieben Zehntel der guten Bücher von heute werden im Westen geschrieben, im Westen veröffentlicht und im Westen gelesen« (*Post-Standard*, Syracuse, 1. Juni 1900). Fast ein Jahrzehnt zuvor hatte der Romanautor Stanley Waterloo in seinem Artikel »Who Reads a Chicago Book« (*The Dial*, 1. Oktober 1892) bereits festgestellt: »Es gibt eine Chicago-Literatur und eine vom Westen geprägte Literatur. Noch ist sie nicht sehr verbreitet, aber sie ist standhaft und unabhängig. […] Der weitläufige Westen hat Raum für großes Leben, große Themen und einen eigenen Charakter. Diejenigen, die Wälder gerodet und Eisenbahnlinien und Städte gebaut haben, hatten ihre Hoffnungen, ihre Ziele, ihr Gewissen, ihre Leidenschaften, ihre Verlockungen und ihre Liebe, und das alles ist es wert, erzählt zu werden. Es ist eine neue Geschichte, und die Erzählung hat gerade erst begonnen. Sie folgt keinen vorgeprägten Mustern.« Zur gleichen Zeit forderte der Schriftsteller Hamlin Garland in seinem Aufsatz »Literary Emancipation of the West« (*The Forum*, Oktober 1893, nachgedruckt unter dem Titel »Literary Centres« in der Essaysammlung *Crumbling Idols*, 1894) nachdrücklich dazu auf, die alten Muster Neuenglands und Europas abzulegen. »Die Zentren der Kunstproduktion bewegen sich nach Westen«, schreibt er. »Die literarische Überlegenheit des Ostens vergeht« (S. 114 im Nachdruck). Chicago sollte zur neuen Hauptstadt der amerikanischen Literatur werden. Garland postuliert: »Literarische Traditionen verblassen. Altes geht, Neues kommt. Während das Alte verschwindet, werden die Hochburgen der Tradition und der Klassiker vergessen und zurückgelassen« (S. 115). Während andere Autoren in Lyrik und Roman neue Formen erprobten, gab Baum Amerikas Kindern ihr erstes »modernisiertes« Märchen, das sich ganz aus dem Geist des amerikanischen Westens nährte. *Der Zauberer von Oz* partizipierte an Garlands »Revolte gegen die Dominanz des Ostens über die ganze Nation« (S. 119). In *The Wonderful Wizard of Oz in American Popular Culture* (Lewiston, N. Y.: Edwin Mellen Press, 1993) nennt Neil Earle Baums Vorwort »so etwas wie die Unabhängigkeitserklärung der Kinderliteratur« (S. 66), in der Baum feststellt, daß amerikanische Jungen und Mädchen das unveräußerliche Recht haben, in ihren Büchern Erfüllung zu finden.

2. *Märchen*. Das englische Wort für Märchen, »fairy tale« (Feengeschichte), fand mit den ersten Übersetzungen der *contes de fées* der Comtesse Marie Caterine d'Aulnoy (ca. 1650–1705) und anderer Mitglieder des Hofes von Louis XIV. Eingang in die englische Sprache. Der einflußreichste französische Autor war Charles Perrault mit seiner Sammlung *Histoires ou Contes du temps passé* (1697). Sie enthielt unter anderem die Geschichten »Rotkäppchen«, »Aschenputtel«, »Der gestiefelte Kater« und »Blaubart«. Die Sammlung, die in englischer Sprache unter dem Titel *Tales of Mother Goose* erschien (eine Übersetzung des Titels *Contes de ma mère l'Oye*, unter dem Perraults Text ebenfalls bekannt war), hat im angloamerikanischen Sprachraum eine Bedeutung, die den Geschichten der Brüder Grimm im Deutschen entspricht.

Perraults Märchen waren kaum übersetzt, da wurden sie auch bereits hart attackiert. Sie seien unmoralisch und daher ungeeignet für junge Leser. In einer Kinderbuchrezension aus dem späten 18. Jahrhundert mit dem Titel *The Guardian of Education/Hüter der Erziehung* verurteilt die englische Kritikerin Sarah Trimmer Perraults Märchen und warnt Eltern, daß »die schrecklichen Bilder, mit denen sich Geschichten dieser Art in die Phantasie einprägen, einen tiefen Eindruck hinterlassen und die zarten Gemüter der Kinder verletzen, indem sie irrationale und grundlose Ängste schüren«. »Aschenputtel« zum Beispiel flöße jungen Lesern »einige der schlimmsten Leidenschaften ein, die das Herz eines Menschen bewegen können… Neid, Eifersucht, eine Abneigung gegen Schwiegermütter, Eitelkeit, die Liebe zu schönen Kleidern usw. usw.«. Amerikas populärster Kinderbuchautor dieser Zeit, »Peter Parley« (Samuel Griswold Goodrich, 1793–1860), war ebenfalls ein vehementer Märchen-Kritiker. In *Recollections of a Lifetime* (Band I, 1856) schrieb er, »Der gestiefelte Kater« lehre die Leser, »zu betrügen, zu lügen und zu stehlen… und daß man, um einem Freund Dankbarkeit zu erweisen, die schlimmsten Gemeinheiten begehen darf« (S. 167). »Jack the Giant Killer« sei nichts als ein geborener Lügner. Goodrich fand, man solle diesem »galanten kleinen Teufelsbraten« jede Sympathie verweigern, insbesondere bei seinem Kampf gegen den Riesen Blunderbore, auf dessen Fußboden Menschenschädel herumliegen und dessen köstlichstes Mahl ›Menschenherzen‹ sind, ›abgeschmeckt mit Pfeffer und Essig‹. Anscheinend sollen wir – denn das ist die Moral dieser Geschichte – lernen, Bosheit, also Lügen, Täuschung und Mord, zu vergeben, nein, sie zu bewundern, wenn sie zu einem guten Zweck eingesetzt wird! … Ich bin überzeugt, daß viele Sünden und Verbrechen auf der Welt diesen Büchern zugeschrieben werden müssen, mit denen man Kinder auf einen verdorbenen moralischen Standard heruntersieht« (S. 168–169). Mit dem Argument, Kinderbücher sollten »Schönheit enthalten statt Deformität, Güte statt Bosheit, Anstand statt Unsittlichkeit«, produzierte Goodrich eine lange Reihe langweiliger Bücher, die Kindern allerhand Nützliches mitteilten. Baum schrieb den *Zauberer von Oz* zum Teil genau deswegen, weil er diesem Puritanismus des 19. Jahrhunderts entgegenwirken wollte. Seine modernen Märchen mußten dann auch prompt den Angriffen der Sarah Trimmers und der »Peter Parleys« des 20. Jahrhunderts widerstehen, die alles versuchten, um sie aus Amerikas Bibliotheken zu verbannen.

3. *jedes gesunde Kind*. Wie zum Beispiel der kleine L. Frank Baum. »Als Kind verlangte ich nach Märchen«, erzählte er dem *North American* (Philadelphia, 3. Oktober 1904). »Ich war ein kritischer Leser, und eine Sache gefiel mir überhaupt nicht: Hexen und Kobolde. Ich mochte es nicht, wenn plötzlich im Wald gräßliche Zwerge auftauchten. Deswegen werden Sie in meinen Geschichten nichts finden, was einem Kind angst macht. Ich konnte mich an meine eigenen Gefühle gut genug erinnern, um zu beschließen, nie für den Albtraum eines Kindes verantwortlich sein zu wollen.« Ähnliche Gedanken drückt Baum in seinem Vorwort zu *A New Wonderland* aus (das später als *The Magical Monarch of Mo* noch einmal aufgelegt wurde): »Es liegt in der Natur von Kindern, die Realität zu ignorieren. Sie wird ohnehin noch schnell genug in ihr Leben eindringen. Die Kindheit ist die Zeit für Fabeln, Träume und Unbeschwertheit.« Baums Geschichten haben keinen größeren Zweck, als Kinder »zum Lachen zu bringen und ihr Herz zu erfreuen«.

4. *Die geflügelten Feen der Brüder Grimm und von Andersen*. Baum meint natürlich die Märchen der Brüder Jacob (1785–1863) und Wilhelm (1786–1859) Grimm und Hans Christian Andersens (1805–1875). Die Grimms waren Philologen und behaupteten, sie hätten mündlich überlieferte Geschichten ohne redaktionelle Eingriffe aufgeschrieben, wie sie erzählt wurden; jedoch überarbeitete und bereinigte Wilhelm die *Kinder- und Hausmärchen* (1812–1856) mit jeder neuen Ausgabe. Der dänische Romantiker Andersen war von Beginn an als Autor seiner »Eventyr« bekannt. »Die Brüder Grimm waren Sammler von Geschichten und Volkssagen«, erinnert Baum im *Milwaukee Sentinel* (16. Juni 1905) seine Leser. »Hans Christian Andersen dagegen war der erste, der als Erfinder eigener Märchen anerkannt wurde. Das machte ihn berühmt, denn es steckt eine erhebliche Befriedigung darin, ein Märchen zu seiner wahren Quelle zurückverfolgen zu können.« Die Geschichten der Brüder Grimm und diejenigen von Andersen sind bis heute die beliebtesten Märchen der Welt.

Bei ihnen tauchen allerdings nur wenige »geflügelte Feen« auf, denn die sind eher ein Merkmal französischer Märchen. »Geschichten, die sich hauptsächlich mit sogenannten Feen beschäftigen«, schreibt J. R. R. Tolkien in »On Fairy Stories« (*Tree and Leaf*, Boston: Houghton Mifflin, 1965), »sind relativ selten und meistens nicht besonders interessant« (S. 6). Wie Baum vermied auch Tolkien »traditionelle Blumenfeen und diese herumflatternden Elfen mit Fühlern auf dem Kopf, die ich als Kind schon nicht leiden konnte und die meine Kinder ebenfalls verabscheuen«. Baum und Tolkien beschreiben wunderbare Reiche, in denen es »neben Elfen und Feen noch vieles andere gibt. Außer Zwergen, Hexen, Trollen, Riesen und Drachen enthalten sie auch das Meer, die Sonne und das Land und alles, was es darin gibt: Bäume und Vögel, Wasser und Stein, Wein und Brot, und wenn wir uns verzaubern lassen, auch uns selbst.«

5. *Bücherei*. Es entbehrt nicht einer gewissen Ironie, daß viele Bibliothekare ausgerechnet Baums Geschichten mit dem Etikett »nur von historischem Interesse« abstempelten. Mit seinen Artikeln »The Librarians in Oz« (*Saturday Review*, 11. April 1959) und »Why Librarians Dislike Oz« (*The American Book Collector*, Dezember 1962) hat Martin Gardner allerdings viel dafür getan, dieses Vorurteil aus dem Weg zu räumen. Heute ist der Bann der Oz-Bücher aufgehoben, und die meisten amerikanischen Bibliotheken haben zusätzlich zum *Zauberer von Oz* auch die anderen Oz-Bücher in ihren Regalen liegen.

6. »*Wundergeschichten*«. Baum benutzt den Begriff »wonder tales«, die im 19. Jahrhundert gebräuchliche Bezeichnung für »Märchen«.

7. *Geist*. Der im englischen Wort »genie« anklingende orientalische Flaschengeist Dschinn weist darauf hin, daß Baum, wie viele Literaten im 19. Jahrhundert, die Geschichten aus Tausendundeiner Nacht dem europäischen Märchenkreis hinzurechnet. Die orientalischen Märchen, in ihrer kindgerechten Fassung von erotischen Inhalten gesäubert, hatten einen immensen Einfluß auf die Entwicklung der französischen *contes des fées*. Baums geflügelte Affen beziehen sich auf die Tradition des orientalischen Dschinns. Siehe Kapitel 12, Anmerkung 7.

8. *nicht mehr gibt*. Zum Glück eliminierte Baum nicht alle traditionellen Märchenelemente aus seinen Geschichten. »Die Oz-Bücher halten sich sehr viel öfter an die bekannten Muster, als daß sie von ihnen abweichen«, bemerkt Russel B. Nye in *The Wizard of Oz and Who He Was*. Baums »Stärke als Kinderbuchautor lag in seiner Fähigkeit, bekannte Elemente einzusetzen und anzupassen, altes Material umzuarbeiten und in neue Formen zu bringen« (S. 2). Ein gutes Beispiel dafür ist der König der Nomen in *Ozma von Oz*, eine traditionelle Figur zwar, aber angepaßt an Baums Bedürfnisse. Als sich Baums schriftstellerisches Können weiterentwickelte, wurde er ebenso geschickt im Erzählen von »altmodischen« Märchen wie *Queen Zixi of Ix* wie von »modernisierten« Märchen. »Es gibt keine *neuen* Märchen«, betont Andrew Lang in seinem Vorwort zu *The Lilac Fairy Book* (1910). »Man kann nur die uralten Geschichten verändern und erneuern und die Figuren in neue Kleider stecken.«

9. *furchteinflößende Moral*. Eine Moral am Ende der Geschichte charakterisiert Perraults Märchen und die Äsopischen Fabeln, weniger die Geschichten der Grimms und Andersens. In »What Children Want« (*Evening Post*, Chicago, 29. November 1902) argumentiert Baum für eine subtilere Didaktik: »Kinder nehmen eine Lehre gut auf, wenn sie nicht groß plakatiert wird.« In den Kinderbüchern, die Baums Illustrator Denslow nach der Trennung von seinem Autor produzierte, übernahm er Baums hohen Anspruch, Unterhaltung zu bieten, ohne auf exzessive Grausamkeit zurückzugreifen. In *Denslow's Mother Goose* (1901) modernisiert er die klassischen Kinderreime, indem er unangenehme Details wegläßt. »Ich finde, daß Kinder sich beim Lesen einfach nur vergnügen sollten«, erklärte er. »Und ich glaube, das geht ohne beiläufige Grausamkeiten.« Daher schlägt in seiner *Mother Goose*-Ausgabe zum Beispiel die alte Frau, die in einem Schuh lebt, ihre Kinder nicht mehr, sondern schickt sie mit einem Kuß ins Bett. Für seine anspruchsvolle Reihe »Denslow's Picture Books«, die er 1903 und 1904 für G. W. Dillingham produzierte, schrieb er ebenfalls kein neues Material, sondern entschärfte altes. »Um Kinder zu amüsieren«, meinte er, »muß man ihnen spannende Geschichten erzählen. Sie interessieren sich nicht für Grausamkeit – Abenteuer sind es, die sie wollen.« Mit ähnlichen Worten wie »Peter Parley« (siehe Anm. 2 oben) beschreibt Denslow in einem Beitrag für *Brush and Pencil* (September 1903) eines dieser »schrecklichen und grauenhaften« alten Märchen:

> Was für eine abscheuliche Geschichte ist doch »Jack und die Zauberbohne«. Ein Bursche verschafft sich unter Vorspiegelung falscher Tatsachen Zutritt zum Haus eines Mannes; er lügt und betrügt und nutzt die Freundlichkeit von dessen Ehefrau aus, dann begeht er einen Diebstahl nach dem anderen. Er ist ein Betrüger, ein Trickdieb und Einbrecher. Als dann der Mann versucht, sein Eigentum zu verteidigen, wird er vom sogenannten Helden erschlagen, der nicht nur einen Mord begeht, sondern zur großen Freude seiner Mutter auch noch die Leiche verstümmelt. Nicht alle Kinderklassiker sind so eklatante Beispiele von Plünderung und Mord, aber fast alle haben eine Tendenz in diese Richtung, und ich versuche Kindern Bücher an die Hand zu geben, die einen etwas gesünderen Ton haben.

In Arthur Hoskings *The Artist's Year Book* (Chicago: Fine Arts Building, 1905) verkündet Denslow, es sei sein »Ziel, Kinderbücher zu machen, die angefüllt sind mit gutem, sauberem, gesundem Spaß und in denen jede Form von Grobheit und Unanständigkeit fehlt«. (Dieses Dokument befindet sich heute in der Alexander McCrook Craighead Collection, United States Military Academy, West Point, N.Y.) In seinen Nacherzählungen jagen die drei Bären das kleine Mädchen nicht fort, wird Rotkäppchens Wolf zum Wachhund und sterben weder der kleine Däumling noch der Hund von Old Mother Hubbard. »Ich glaube nicht, daß ich irgend etwas verwässere«, verteidigt er seine Methode, »und ich eliminiere auch nicht die komischen Elemente aus dem Werk.«

10. *Moderne Erziehung*. Obwohl er sich in dieser Hinsicht als »störrisch und ignorant« bezeichnete, war Baum durch seine vier Söhne natürlich über neue Strömungen in der Kindererziehung im Bilde. Er selbst war recht konservativ erzogen worden. Wie viele Söhne wohlhabender Eltern wurde er zunächst zu Hause durch englische Tutoren unterrichtet. Dann besuchte er die Peekskill Military School und später die Syracuse Classical School, ging aber anschließend nicht auf eine Universität. Sarkastisch kommentiert Prinzessin Ozma in *Ozma von Oz*, daß es »in diesem Lande viele junge Menschen gibt, die nicht gerne arbeiten. Eine Universität ist der ideale Ort für sie« (Kapitel 20). Baum arbeitete lieber – er stieg ins elterliche Geschäft ein. »Nur Erfahrung ist es, die Wissen bringt«, sagt der Zauberer in Kapitel 15 von *Der Zauberer von Oz* zur Vogelscheuche und drückt damit wohl Baums Überzeugung aus. Bei der Erziehung ihrer Kinder lagen die Baums im allgemeinen auf der progressiven Linie von Mauds Mutter Matilda Joslyn Gage. Die beiden älteren Söhne besuchten *Mrs. Granger's Kindergarten* in Aberdeen, South Dakota, als die Kindergarten-Bewegung noch in den Anfängen steckte. In Chicago lernten sie am progressiven Lewis Institute, einer technischen Schule, die sich am Massachusetts Institute of Technology in Cambridge orientierte. Frank Joslyn, Robert und Harry besuchten anschließend die Michigan Military School in Orchard Lake, Kenneth die experimentelle Interlaken School in La Porte, Indiana. Abgesehen von Ken gingen alle Baum-Jungen auf ein College. Matilda Gage bestand darauf, daß keines ihrer Enkelkinder getauft wurde oder einer Kirche beitrat, bevor es nicht alt genug war, zu verstehen, was es tat. »Ich hoffe, daß Leslie nicht in etwas bestätigt wird, wovon sie nichts versteht«, schrieb sie am 9. April 1897 bezüglich ihrer Enkelin an ihre Tochter. »Ich hoffe inständig, daß Du Deinen Einfluß dahingehend geltend machen wirst, sie von kirchlichen Verwicklungen fernzuhalten, bis sie etwas über die verschiedenen Glaubensrichtungen *weiß*, älter und weiser ist und sich unter den widersprüchlichen Lehren entscheiden kann.« Die Baums schickten ihre vier Söhne auf die West Side Ethical Culture Sunday School, die eher moralische Fragen als Religion unterrichtete. Märchen gehörten dort zum Unterrichtsstoff, und die Theorien dieser Schule hatten möglicherweise einen Einfluß auf Baums modernisiertes Märchen.

11. *Kummer und … Albträume ausgespart*. »Ich bin froh, daß Mr. Baum sie trotz seines festen Vorsatzes nicht ausgelassen hat«, schreibt James Thurber in »The Wizard of Chit[t]enango«. »Kinder lieben es, wenn in ihren Büchern ein paar Albträume und wenigstens ein bißchen Kummer vorkommt, wie es bei den *Oz*-Büchern der Fall ist. Ich weiß, daß ich Albträume von köstlichster Qual und schrecklichen Kummer durchmachte, als die Vogelscheuche ihr Stroh verlor, der Blechholzfäller auseinandergenommen wurde und sich der Sägebock sein hölzernes Bein brach (mir hat das jedenfalls weh getan, wenn es auch Mr. Baum nicht geschmerzt hat).«

Inhalt

KAPITEL I — Der Wirbelsturm
KAPITEL II — Die Landung
KAPITEL III — Dorothy rettet die Vogelscheuche
KAPITEL IV — Die Straße durch den Wald
KAPITEL V — Die Rettung des blechernen Holzfällers
KAPITEL VI — Der feige Löwe
KAPITEL VII — Die Reise zu Oz
KAPITEL VIII — Das tödliche Mohnfeld
KAPITEL IX — Die Königin der Feldmäuse
KAPITEL X — Der Hüter der Tore
KAPITEL XI — Die wunderbare Smaragdenstadt
KAPITEL XII — Die Sache mit der bösen Hexe
KAPITEL XIII — Die Rettung des Holzfällers und der Vogelscheuche
KAPITEL XIV — Die geflügelten Affen
KAPITEL XV — Die Entlarvung von Oz dem Schrecklichen
KAPITEL XVI — Die Zauberkunst des großen Schwindlers
KAPITEL XVII — Wie der Ballon gestartet wurde
KAPITEL XVIII — Auf in den Süden!
KAPITEL XIX — Der Angriff der Kampfbäume
KAPITEL XX — Das niedliche Porzellanland
KAPITEL XXI — Der Löwe wird König der Tiere
KAPITEL XXII — Das Land der Quadlings
KAPITEL XXIII — Die gute Hexe erfüllt Dorothys Wunsch
KAPITEL XXIV — Wieder daheim!

Dieses Buch ist meiner guten Freundin & Gefährtin gewidmet.
Meiner Frau
L·F·B·

Dorothy[1] wohnte mitten in der großen Prärie von Kansas[2] – zusammen mit Onkel Henry, der ein Farmer war, und Tante Em,[3] seiner Frau. Ihr Haus[4] war klein, denn man hatte das Bauholz von weither herankarren müssen.[5] Vier Wände, ein Boden und ein Dach, das war schon das ganze Haus. In der Stube standen ein verrosteter Herd, ein Küchenschrank, ein Tisch, drei oder vier Stühle und die Betten. Onkel Henry und Tante

1. *Dorothy.* Das Mädchen aus Kansas ist nicht die erste Dorothy in Baums Werk, denn die kleine Heldin in der letzten Geschichte in Baums allererstem Kinderbuch (»Little Bun Rabbit« in *Mother Goose in Prose*) trägt ebenfalls diesen Namen. Sie ist »ein Mädchen vom Lande mit all den Eigenschaften, die später mit der Dorothy der *Oz*-Bücher identifiziert wurden – Einfachheit, gesundem Menschenverstand und Sanftmut« (Roland Baughman, »L. Frank Baum and the ›Oz Books‹«). Als »Little Bun Rabbit« in *L. Frank Baum's Juvenile Speaker* neu abgedruckt wurde, war aus dem Mädchen allerdings eine »Doris« geworden. Die kleine Heldin von *Dot and Tot of Merryland* heißt Dot, ein beliebter Spitzname für Dorothy, und die Königin von Merryland trägt einen weiteren solchen Spitznamen – Dolly. Dots kleinen Gefährten in Merryland, Tot, mag Baum vielleicht nach dem Vorbild von Dorothys kleinem Freund in Oz, Toto, benannt haben.

Dorothy war zu dieser Zeit allerdings ein beliebter Name, und Baums Familie bestand immer darauf, daß Baum das kleine Mädchen nicht nach einem bestimmten Vorbild geschaffen hatte. Frank Joslyn Baum, der älteste Sohn des Autors, erklärte in einem Brief an den *Baum Bugle* (Juni 1957):

> In den siebenundfünfzig Jahren seit es den *Zauberer von Oz* gibt, sind viele Gerüchte entstanden, von denen einige auch veröffentlicht wurden, daß mein Vater »Dorothy« nach einem Kind benannt habe, das er kannte. In letzter Zeit hörte ich von einer Frau namens Dorothy Hall Martindale aus Michigan, die meint, sie sei dieses Kind gewesen. An keiner dieser Geschichten ist etwas dran. Zu der Zeit, als er *Der Zauberer von Oz* schrieb, kannte er kein Mädchen und keine Frau namens Dorothy. Er wählte den Namen aus, weil ihm der Klang gefiel. Er liebte Kinder und hatte sich immer eine Tochter gewünscht, aber das Schicksal wollte es anders, und er bekam nur vier Söhne. Vor der Geburt jedes Kindes hatte er im Vertrauen darauf, es würde ein Mädchen, immer schon Namen ausgewählt, und »Dorothy« war einer von den Namen, den er hoffte, einer Tochter zu geben. Das konnte er nie tun. Also nannte er so das kleine Mädchen aus Kansas, das von einem Wirbelsturm in das Land Oz davongetragen wurde.

Daß Baum keine Dorothy kannte, stimmt allerdings nicht ganz. Baum kannte Dorothy Rountree, die Tochter seines Freundes Harrison H. Rountree. Dieser war der Schwager von Chauncey Williams, Verleger und Finanzier von *The Show Window*, Baums Zeitschrift für Schaufensterausstatter, und vielleicht hatte Baum die Heldin von »Little Bun Rabbit« nach diesem Mädchen benannt.

In »Dorothy Gage and Dorothy Gale« (*The Baum Bugle*, Herbst 1984, S. 4–6) unterbreitet Dr. Sally Roesch Wagner eine weitere Theorie. Baums Nichte Matilda Jewell Gage habe ihr erzählt, sie glaube, Baum habe die Figur nach einer ihrer Schwestern benannt, die starb, während er an der Geschichte arbeitete. Dorothy Louise Gage wurde als jüngstes Kind der Familie am 11. Juli 1898 in Bloomington, Illinois, geboren und starb nur fünf Monate später. Ihre Eltern hatten sieben Jahre zuvor bereits ein anderes Mädchen mit dem Namen Alice verloren. Baums Frau hatte die kleine Dorothy so sehr geliebt, daß sie völlig niedergeschlagen war und von Chicago aus zur Beerdigung fuhr. »Dorothy war ein wunderhübsches Baby«, schrieb sie ihrer Schwester Helen Leslie Gage am 27. November 1898. »Ich hätte sie als eigenes Kind annehmen und hingebungsvoll lieben können.« Wagner deutete an, daß Baum mit der Dorothy von *Der Zauberer von Oz*, dem Buch, daß seiner Frau gewidmet ist, Maud ein kleines Mädchen schenkte, um ihr die Nichte zu ersetzen, die sie gerade verloren hatte. Aus Dorothy Gage wurde also Dorothy Gale.

Warum Baum ein Mädchen und nicht einen Jungen zum Protagonisten seiner Geschichte gemacht hat, liegt vielleicht in seiner Bewunderung für *Alice im Wunderland* begründet, der er in der folgenden Passage aus seinem Aufsatz »Modern Fairy Tales« Ausdruck verleiht:

> Seltsam, daß wir keinen anerkannten Autoren von märchenhaften Geschichten haben, der zwischen Andersen und Lewis Carroll liegt, dem wunderlichen und schlauen Kirchenmann, der *Alice im Wunderland* geschrieben hat. Carroll fand Feen eher drollig; Andersen stand ihnen ehrfürchtig gegenüber. In jedem Fall kann man mit Recht behaupten, daß die Kinder Alice mehr lieben als jeden Prinz und jede Prinzessin, die Andersen je geschaffen hat. Das Geheimnis für Alices Erfolg liegt in der Tatsache, daß sie ein wirkliches Kind ist und daß jedes normale Kind sich mit ihr identifizieren kann. Die Geschichte mag die Kleinen oft verwirren – und uns Erwachsene erst recht, denn sie hat weder Motiv noch eine rechte Handlung –, aber in jedem Augenblick *tut* Alice irgend etwas, und auch noch etwas Seltsames und Wunderbares, so daß das Kind ihr mit gebanntem Entzücken folgt. Es heißt, daß Dr. [Charles Lutwidge] Dodgson, der Autor, sich so schämte, ein Kinderbuch geschrieben zu haben, daß er die Veröffentlichung nur unter dem Pseudonym Lewis Carroll zuließ. Das Buch machte ihn trotzdem berühmt, und *Alice im Wunderland*, so weitschweifig und unzusammenhängend es auch ist, ist eines der besten und vielleicht das berühmteste aller modernen Märchen.

Baum mag Alice bewundert haben, aber Dorothy ist alles andere als ein englisches Kind. »Beide sind selbständige, mutige und praktisch veranlagte kleine Mädchen«, notiert die Romanautorin Alison Lurie in »The Fate of the Munchkins« (*The New York Review of Books*, 18. April 1974), »aber als ein Kind der oberen Mittelschicht der viktorianischen Zeit ist Alice viel mehr mit Fragen des Benehmens und des sozialen Status beschäftigt. Sie macht sich Gedanken darum, wie man eine Maus richtig anredet, und sie ist froh, nicht in einem winzigen Haus wohnen zu müssen. Dorothy lebt bereits in einem winzigen Haus. Demographen würden sie als ein Mitglied der ländlichen Unterschicht einordnen, aber sie setzt ihre Gleichheit mit allen, die sie kennenlernt, als selbstverständlich voraus.«

Dorothy ist durch und durch Amerikanerin, und sie verkörpert insbesondere den amerikanischen Westen. Baum war fest überzeugt, daß »die Frauen aus dem Westen ihren Schwestern aus dem Osten in praktischen Dingen überlegen« seien. Zu viele Frauen aus den Bundesstaaten an der Atlantikküste, »deren Ehemann mit aller Kraft arbeitet, um die Familie zu versorgen, sitzen verschränkten

Armen herum oder vertrödeln die Zeit, gelangweilt mit nutzlosen Tätigkeiten, [weil] es immer noch als Schande gilt, wenn junge Damen eine reguläre Beschäftigung ausüben. Auch eine verheiratete Frau verliert ihre soziale Stellung, wenn sie einem Beruf nachgeht oder einer Beschäftigung, die Geld einbringt.« »Was für ein großer Unterschied besteht zwischen diesen leidigen Frauenzimmern [aus dem Osten] und unseren mutigen und praktisch veranlagten westlichen Mädchen!« schreibt Baum im *Aberdeen Saturday Pioneer* (15. März 1890). »Hier freut sich eine Frau, wenn sie sich nützlich machen kann, und der größte Ehrgeiz der jungen Damen ist es, einen Beruf zu ergreifen. Und das tun sie auch.« Sie »haben mehr Energie und Vitalität als die Frauen aus dem Osten, und ... in ihrem Charakter ist kein Platz für Unsinn oder Stolz. Untätigkeit können sie nicht ertragen, wenn sie eine Arbeit sehen, die getan werden muß und die sie erledigen können.« Bei ihrer Suche nach dem Rückweg nach Kansas verkörpert Dorothy diese Entschlossenheit und Unabhängigkeit. In *The Fantasy Tradition in American Literature* (S. 98) schreibt Brian Attebery, daß Baum zwei verschiedene Bilder der Pionierfrau entwirft: Tante Em (»verblaßt und freudlos und besonders attraktiv für Autoren von naturalistischen Lokalgeschichten«) und Dorothy (»lebhaft und anziehend, die mit beiden Füßen fest auf dem Boden ihrer Heimat steht«). Dorothy ist einfach und geradeheraus. »Die Heldin verbringt nicht viel Zeit damit, darüber nachzudenken, wer sie ist, wohin sie geht oder warum sich ihre Welt plötzlich so völlig verändert hat«, notiert Justin G. Schiller in seinem Nachwort zur Pennyroyal-Ausgabe von 1985. »Wie die wirklichen Kinder ihrer Zeit akzeptiert Dorothy die empirische Realität dessen, was sie erlebt. Sie weiß, was sie will, und sie macht sich daran, zu tun, was nötig ist, um es zu erreichen« (S. 262). Nichts kann dieses kleine Mädchen aus Kansas davon abhalten, wieder zurück nach Hause zu kommen.

Sie besitzt den unbezähmbaren Geist der frühen Suffragetten. Als Susan B. Anthony im Jahre 1890 in South Dakota für die Rechte der Frauen warb, weigerte sie sich, vor einem herannahenden Sturm in einen Keller zu flüchten, wie es die anderen taten. »So ein kleiner Wirbelsturm macht mir keine Angst«, sagte sie. (Siehe Frances Cranmer Greenmans Buch *Higher than the Sky*, New York: Harper & Bros., 1954, S. 14.) Feministinnen haben Dorothy natürlich für sich reklamiert. *Der Zauberer von Oz* gilt heute wegen der munteren und hartnäckigen Dorothy als das erste wirklich feministische amerikanische Kinderbuch. Die einfache kleine Dorothy geht hinaus in die Welt und löst ihre Probleme selbst, anstatt wie die schöne Heldin eines europäischen Märchens geduldig auf jemand anderen zu warten, ob Prinz oder einfacher Mann, um die Sache in Ordnung zu bringen. In »Liberation for Little Girls« lobt Katharine Rogers Dorothy dafür, daß sie »ein mutiges, mit Erfindungsgabe gesegnetes Mädchen ist, die drei männliche Figuren rettet und zwei böse Hexen zerstört« (S. 72). Baums Bücher stecken voll »kleiner Mädchen, die unternehmungslustig, aufrichtig, abenteuerlustig und beeindruckend selbständig sind«. Manche haben Baum kritisiert, er sei frauenfeindlich eingestellt, weil er in *Im Reich des Zauberers Oz* mit Generalin Jinjur und ihrer Mädchenarmee den militanten Feminismus mit satirischem Strich zeichnet. Aber diese Kritiker vergessen, daß am Ende der Geschichte eine Frau ein kleines Mädchen wieder als rechtmäßige Herrscherin von Oz einsetzt. Baum schafft ein Matriarchat, auf das seine Schwiegermutter, die Frauenrechtlerin Matilda Joslyn Gage, stolz gewesen wäre. In Oz liegt die wahre Magie bei den Frauen. »Die Macht der Männer ist eine Illusion«, erklärte Salman Rushdie in seinem Buch über die MGM-Verfilmung. »Die Macht der Frauen ist real« (S. 42). Die Psychologin Madonna Kolbenschlag erklärt in *Lost in the Land of Oz* (New York: Crossroad, 1994): »Es ist sehr auffällig, wie oft bei Frauen, die sich in einer Übergangsphase befinden oder eine wesentliche Umwandlung ihres Selbstbildes erfahren, das Dorothy-Muster im Bewußtsein – und manchmal auch in den Träumen – auftaucht.« Dorothy symbolisiert »das geistige Waisenkind, das ›lernt, indem es weggeht, und dort hingeht, wo es hingehen muß‹, für das es keine Vorbilder und wenige Mentoren gibt, das sich von den meisten Systemen, die von der dominanten männlichen Kultur geschaffen werden, entfremdet fühlt« (S. 18–19). Sie unterscheidet sich von den konventionellen Heldinnen der europäischen Märchen, weil sie »sich und ihre Freunde selbst rettet. Sie verläßt sich nicht darauf, einen Prinzen zu ergattern oder sich mit einer Vaterfigur zu versöhnen, um ihre Situation zu verbessern ... In der Geschichte herrscht immer das Gefühl vor, daß Dorothy einfallsreich genug sein wird, um allen Widrigkeiten zu trotzen« (S. 20). Da ist ein amerikanisches Mädchen, das »neugierig und phantasievoll ist, das sich nach Abenteuern sehnt und von dem alltäglichen Familienleben in Kansas gelangweilt ist. Ihre plötzliche Versetzung nach Oz ist eine der wunderbarsten Wunscherfüllungen in der gesamten Literatur« (S. 127).

Aber auch Jungen mögen Dorothy, auch wenn Baum der Ansicht war, daß moderne Märchenautoren hauptsächlich für kleine Mädchen schrieben. Zweifellos dachte er an seine eigenen Söhne, als er dem Chicago *Evening American* am 22. Juli 1912 erzählte, daß der moderne Junge »vom Tage seiner Geburt an mit wunderbaren Dingen umgeben ist. Wahrscheinlich wird er mit einem elektrischen Motor in den Schlaf gewiegt, und wenn er etwas älter wird, macht der Vater mit ihm eine Ausfahrt in seinem Automobil. Später gibt es dann das Telefon, den Telegrafen und das Flugzeug, mit denen er sich vertraut machen wird. Mädchen interessieren sich nicht so sehr für solche Dinge, und sie sind beinahe die einzigen Leser, die diese Märchenautoren noch haben.« Russel B. Nye meint in *The Wizard of Oz and Who He Was*, daß »Oz zweifelsohne die Heimat ist, die sich ein kleines Mädchen erträumt. Seine Atmosphäre ist feminin, und es findet sich darin wenig von der rabaukenhaften und hektischen Aktivität von Jungen.« Die Jungen, die hier auftauchen, sind »solche, die sich so benehmen, wie sich ein Mäd-

chen das wünschen mag. Baum konnte Oz nicht für Jungen passend machen, und er konnte keine Jungen erfinden, die auf natürliche Weise in die Gesellschaft von Oz paßten« (S. 12–13). Das stimmt allerdings nicht ganz, wenn man an Tip in *Im Reich des Zauberers Oz* denkt, an Ojo in *The Patchwork Girl of Oz* oder Prinz Inga in *Rinkitink in Oz*. Viele glühende Verehrer der Oz-Bücher sind Männer. »Weil die zentralen menschlichen Figuren in den *Oz*-Büchern Mädchen sind, wird manchmal leichtsinnig angenommen, daß Baum eher Mädchen anspricht«, bemerkt Edward Wagenknecht in »Utopia Americana: A Generation Afterwards«. »Bei meiner ersten Begegnung mit dem *Zauberer von Oz* befand ich mich zwar in dem Entwicklungsstadium (es dauerte nicht lange an), in dem ich dachte, ich würde keine Mädchen mögen, aber ich kann mich nicht erinnern, daß das meine Hingabe an Baum oder Dorothy auch nur einen Augenblick lang beeinträchtigte. Die meisten erwachsenen Baum-Anhänger, die ich kenne, sind keine Frauen, sondern Männer.« Gore Vidal stimmt zu: »Dorothy ist eine vollkommen akzeptable Hauptfigur für einen Jungen«, meint er in »On Rereading the Oz Books«. »Sie stellt die richtigen Fragen. Sie ist intelligent … Sie kommt gleich zur Sache, und sie ist sehr energisch.« Er macht geltend, daß es »vor der Pubertät sicher keinen großen Unterschied bedeutet, ob der Protagonist ein Junge oder ein Mädchen ist. Schließlich ist der zentrale Faktor im Leben eines Präpubertierenden nicht das Junge- oder Mädchen-Sein, sondern das Kind-Sein, wahrscheinlich die schwierigste aller Rollen. Während und nach der Pubertät sehnt man sich dann vielleicht eher nach einer Figur, die so ist wie man selbst.«

Da Baum sie nicht nach einem bestimmten Kind entwarf, das er kannte, ist Dorothy ein Jedermann (oder ein Jederkind). In den Oz-Büchern gibt es folglich keine detaillierte Beschreibung seiner Heldin. Wahrscheinlich borgte Baum sich aber einige ihrer Eigenschaften von seinen Nichten aus North und South Dakota, Leslie und Matilda Jewell Gage und Magdalena Carpenter. Kritiker wie Raylyn Moore, David L. Greene und Dick Martin, Gore Vidal und David McCord haben Baum vorgeworfen, Dorothy benutze in den späteren *Oz*-Büchern eine Art Babysprache. In »On Rereading the Oz Books« schreibt Vidal, in *Ozma von Oz* sei »ihre Sprache voll niedlicher Ungereimtheiten, bei denen sich Leser in der Provinz von Sioux City vielleicht auf die Schenkel klopften, die aber für mindestens ein Kind vor vierzig Jahren ziemlich schwer zu verstehen waren«. Dorothy benutzt allerdings keine Babysprache, sondern Verkürzungen, die dem in North und South Dakota gesprochenen Dialekt entsprechen (»'spose« statt »suppose«, »'splain« statt »explain«, »'zactly« statt »exactly«) und die Baum wahrscheinlich von seinen Nichten aufgeschnappt hatte, wenn sie ihn und Maud besuchten.

Dorothys Aussehen überläßt Baum zwar dem Illustrator oder dem Leser, aber ihre Persönlichkeit beschreibt er am besten in *Dorothy in der Smaragdenstadt*:

> Das kleine Mädchen Dorothy war genau wie Dutzende kleiner Mädchen, die man so kennt. Sie war liebevoll und normalerweise gutmütig, und sie hatte ein rundes, rosiges Gesicht und ernsthafte Augen. Für Dorothy war das Leben eine ernste Angelegenheit, aber gleichzeitig auch etwas Wunderbares, denn sie hatte in ihrem kurzen Leben schon mehr seltsame Abenteuer erlebt als viele andere Mädchen in ihrem Alter (Kapitel 2).

Ebenfalls in *Dorothy in der Smaragdenstadt* erklärt Baum, daß sie deswegen geliebt und bewundert wird, »weil sie ein einfaches, liebes und wahrhaftiges kleines Mädchen war, ehrlich zu sich selbst und zu allen, die sie kennenlernte. In dieser Welt, in der wir leben, ist Einfachheit und Freundlichkeit die einzige Form von Zauberei, die wirklich funktioniert« (Kapitel 5). Die berühmteste Darstellung von Dorothy ist natürlich die von Judy Garland in dem MGM-Verfilmung von 1939. Die erste Film-Dorothy war Romola Remus in Baums *Fairylogue and Radio-Plays* (1908). In zwei kurzen Stummfilmen der Selig Studios von 1910, *The Wonderful Wizard of Oz* und *Dorothy and the Scarecrow in Oz,* spielte Bebe Daniels die Hauptrolle. Auf der Bühne wurde die Rolle zuerst in der musikalischen Revue von 1902 von Anna Laughlin verkörpert. In *The Wiz* (1975) gab Stephanie Mills eine mitreißende Dorothy, und in der Verfilmung des Broadway-Musicals von 1978 spielte Diana Ross sie als eine sensible junge Frau. Eine der besten Dorothys jedoch war die kleine Fairuza Balk in dem ansonsten enttäuschenden Disney-Film *Return to Oz* (1986), der auf den beiden Büchern *The Marvelous Land of Oz* und *Ozma of Oz* basierte.

2. in der großen Prärie von Kansas. In der musikalischen Revue *The Wizard of Oz* von 1902 lebt Dorothy in der Nähe von Topeka. In *The Ozmapolitan*, einem Flugblatt, das für das Buch *The Marvelous Land of Oz* warb, erscheint ein Brief von ihr, der an »Onkel Henrys Farm in der Nähe von Topeka, Kansas«, adressiert ist. Und als sie und Onkel Henry in *Dorothy in der Smaragdenstadt* in Ozmas Palast einziehen, ruft Tante Em erstaunt aus: »Das übertrifft ja noch das Topeka Hotel!« (Kapitel 7).

»Mit dem ersten Satz der Serie verortet Baum [Dorothy] ebenso elegant, wie effektvoll«, notiert Gore Vidal in »On Rereading the Oz Books« und bezieht sich damit auf Baums Sprache. Vidal meint, »der Stil des ersten Buches ist direkt, sogar förmlich, nahezu ohne umgangssprachliche Verkürzungen, eher gibt es den einen oder anderen Germanismus (›What is that little dog you are so tender of?‹)«. Baums Prosa strebt nach dem Standard, den Hamlin Garland in *Crumbling Idols* gefordert hatte: »Der Westen soll sich nach den Grundregeln guten Schreibens richten. Das heißt, er soll sich um größtmögliche

Klarheit, Ausdrucksstärke, Flexibilität und Anmut bemühen. Der Stil soll verständlich sein, klar strukturiert und anspielungsreich, er soll ein Beispiel geben, aber gleichzeitig frei genug sein, um neue Formen auszuprobieren« (S. 122). In »Why the Wizard of Oz Keeps On Selling« berichtet Frank Joslyn Baum, daß sein Vater beim Schreiben immer den gerahmten Bibelvers im Kopf hatte, der über seinem Schreibtisch hing: »Als ich ein Kind war, da redete ich wie ein Kind und dachte wie ein Kind und war klug wie ein Kind« (1. Korintherbrief 13:11). Im ersten *Oz*-Buch folgt Baum diesem Rat. Er hatte überhaupt sehr wenig Geduld mit Langatmigkeit, und in *Dorothy in der Smaragdenstadt* schuf er mit Rigmarole Town (etwa »Schwatzstadt«) einen besonderen Ort für wortreiche Menschen: »›Wenn diese Leute Bücher schreiben würden‹, bemerkte Omby Amby mit einem Lächeln, ›würden sie für den Satz ›Die Kuh sprang über den Mond‹ ein ganzes Buch brauchen.‹ ›Vielleicht schreiben einige von ihnen ja Bücher‹, meinte der kleine Zauberer. ›Ich habe schon wortreiche Geschichten gelesen, die genau aus dieser Stadt stammen könnten.‹« (Diese Episode fehlt in der deutschen Fassung der Leipziger Buchhandels- und Verlagsanstalt.) Bezüglich Baums Beschreibung der Landschaft von Kansas fügt Vidal noch hinzu, daß sie »John Ruskins negative Meinung von der amerikanischen Landschaft bestätigt«. Der große englische Kunstkritiker hatte beim Betrachten einiger Bilder eines prominenten amerikanischen Malers bemerkt: »Ihre Häßlichkeit ist wunderbar. Ich sehe, daß es realistische Studien sind und daß die Häßlichkeit des Landes unermeßlich sein muß.«

Bei dem Bemühen um Lokalkolorit für sein amerikanisches Märchen beschreibt Baum allerdings gar nicht Kansas, sondern das Dakota Territory, in dem er von 1888 bis 1891 gelebt hatte. Er fängt die Ödnis einer Landschaft ein, die auch Hamlin Garland 1922 in seinem Vorwort zu *Main-Travelled Roads* beschrieben: »Häuser, kahl, als wären sie wie Kisten auf die baumlose Ebene gefallen, rechtwinklig zueinander stehende Stacheldrahtzäune, Städte, die kaum mehr als Ansammlungen von windigen Holzschuppen mit angemalten Zinnen sind. Das alles machte auf mich den Eindruck einer beinahe hilflosen, sterilen Armut.« Garland fügte hinzu, daß es auch damals noch »große Gebiete in Kansas und Nebraska gab, in denen das Farmhaus weit und breit der einzige Unterschlupf ist«. Baum kannte Kansas nicht gut, denn er hat nachweislich den Staat nur einmal besucht, und zwar, als er mit seiner Theatertruppe dort auf Tournee war. Er und seine Frau waren nicht beeindruckt. »Ich verstehe nicht, wie Du den Westen mögen kannst«, beschwerte sich Maud am 26. November 1882 bei ihrem Bruder Thomas Clarkson Gage in South Dakota. »Nicht für Geld und gute Worte würde ich dort leben. Vielleicht wird mir Chicago besser gefallen, aber bitte verschone mich mit dem flachen Land... Von Kansas als Staat halte ich nicht viel, er taugt nichts... Manche Hotels sind fürchterlich, aber wenigstens habe ich noch kein Ungeziefer oder Ratten gesehen.« Sein Bild von Kansas hat Baum vielleicht William Allen Whites *The Real Issue and Other Stories* entnommen, das sein Verleger Way & Williams 1896 veröffentlicht hatte. Insbesondere »The Story of Aqua Pura« und »A Story of the Highland« haben viel mit den ersten Seiten von *The Wizard of Oz* gemein. Der ehemalige Präsident des Oz-Clubs, Fred M. Meyer, sieht noch einen weiteren Hinweis dafür, daß Baum nicht Kansas, sondern das Dakota Territory beschreibt. Als der Zottelmann in *Dorothy auf Zauberwegen* seine Hoffnung ausdrückt, es möge schneien, protestiert Dorothy: »Wenn es im August schneit, verderben Mais, Hafer und Weizen, und dann hätte Onkel Henry keine Ernte.« (Diese Stelle fehlt in der deutschen Ausgabe der Leipziger Buchhandels- und Verlagsanstalt.) In Kansas säen die Farmer im Herbst Winterweizen und ernten ihn im Juni oder Juli; es sind die Farmer von South Dakota, die für ihren Frühjahrsweizen bekannt sind, den sie im August ernten. Zumindest eine Autorin muß den wahren Schauplatz erkannt haben: Eva Katharine Gibson verlegte ihre schwache Nachahmung von *Der Zauberer von Oz*, *Zauberlinda and the Wise Witch* (1901), gleich in die Black Hills von South Dakota.

Natürlich stören sich viele Einwohner von Kansas an Baums Beschreibung. Kansas hat auch ohne Baum bereits den Ruf einer sehr langweiligen Gegend. »Ich bin sicher, [Baum] hat es nicht persönlich gemeint«, erzählte Mark Hunt, Direktor des Historischen Museums von Kansas am 9. Oktober 1989 der *New York Times*. »Aber es gibt schon Zeiten, da denken wir, es war ihm vielleicht doch ernst damit.« Dick Buzbee, Herausgeber der *Hutchinson News* in Kansas, begab sich auf einen regelrechten Kreuzzug gegen den *Zauberer von Oz*. Er war unglücklich darüber, daß »alle häßlichen Dinge, die [Dorothy] zustoßen, in Kansas passieren«. Vielleicht hat er weder das Buch gelesen noch den Film gesehen. Der ehemalige Senator und Präsidentschaftskandidat der Republikanischen Partei, Robert Dole, wird zitiert, daß er zu Kollegen sagte: »Was den Besucher in Kansas erwartet, ist... ganz sicher nicht das Hollywood-Kansas des *Zauberers von Oz*« (*Congressional Record*, 23. Oktober 1991). Trotz des vermeintlich schlechten Bildes von Kansas in den *Oz*-Büchern restaurierte die Seward County Historical Society ein Farmhaus der Jahrhundertwende, um als Dorothys Haus zu dienen, und es gibt schon seit Jahren Pläne, einen »Zauberer von Oz«-Erlebnispark in Wyandotte County zu errichten. »Die Einwohner von Kansas sind vielleicht nicht immer froh darüber, daß Baum Kansas als Schauplatz für den *Zauberer von Oz* auswählte«, meint Thomas Fox Averell in »Oz and Kansas Culture«. »Aber sie sollten wenigstens dankbar dafür sein, daß Baum ihnen auch Dorothy gab, einen Menschen, der mit Intelligenz, Herz und Mut das öde und abschreckende Kansas ertragen kann, das er geschaffen hat. Baum hat uns auch einen wichtigen Teil der Folklore unseres Staates geschenkt, ein genuines Stück Kansas und einen Teil der amerikanischen Kultur.«

3. *Onkel Henry... und Tante Em.* Als Baum den *Zauberer von Oz* schrieb, waren amerikanische Schriftsteller gerade erst dabei, zu erkennen, daß der amerikanische Westen nicht immer so romantisch war, wie es in den Groschenromanen stand. (Der Historiker Frederick Jackson Turner hatte anläßlich der Weltausstellung in Chicago 1893 die amerikanische Besiedlung des Kontinents offiziell für abgeschlossen erklärt.) Schriftsteller wie Hamlin Garland vertraten einen neuen Realismus und verlangten von ihren Kollegen, das Leben so zu zeichnen, wie es war, nicht, wie es hätte sein sollen. William Dean Howells beschrieb Garlands einflußreiches Buch *Main-Travelled Roads* (1891) als »voll von diesen ausgezehrten, grimmigen, schmutzigen, bedauernswerten, harten Figuren, die unsere Satiriker so gerne als zurückgeblieben karikieren und deren Streben nach gerechteren Lebensbedingungen den Zeitungen so albern und den Politikern so bedrohlich erscheint«. Tante Em und Onkel Henry gehören zu dieser bedauernswerten Gruppe. Sie sind beispielhaft für die Überzeugung der Schriftsteller der naturalistischen Schule, daß die Umgebung den Charakter grundlegend verändert. Es ist kein schönes Bild, aber es ist mit Sympathie gezeichnet. Baum hatte während seiner Jahre in Aberdeen, South Dakota, viele Tante Ems und Onkel Henrys gesehen. Er wußte aus erster Hand, wie die Dürre Existenzen ruinierte und wie das Land gnadenlos mit seinen Bewohnern umsprang. »Das einsamste Geräusch ist das Pfeifen des Präriewindes durch das Fliegengitter des Küchenfensters einer Farm.« So erinnerte sich die Aberdeener Künstlerin Frances Cranmer Greenman in ihren Memoiren *Higher than the Sky* (New York: Harper & Bros., 1954) an diese Jahre. »Der einsamste Anblick meines Lebens war, als unser rumpelnder Güterzug mitten auf der Prärie anhielt und sich uns der Anblick einer wettergegerbten Frau bot. Ihr graues Baumwollkleid war vom Wind zerzaust, und sie stand an der Tür ihres verwitterten Hauses und starrte mit hoffnungslosem Blick auf das Nichts, das sie umgab« (S. 20). Eine andere einsame Farmersfrau erzählte Susan B. Anthony, das schwerste am Leben in der Prärie sei, »nachts in unseren kleinen, aus Grasnabenziegeln gebauten Häusern zu sitzen und zu hören, wie die Wölfe über den Gräbern unserer Babys heulen. Das Heulen eines Wolfes ist das Weinen eines Kindes aus dem Grab« (S. 20–21). Das harte Leben von Dorothys Pflegeeltern entsprach dem von Baums Schwägerin Julia und ihrem Mann James Duguid »Frank« Carpenter in Edgeley, North Dakota. Wie Tante Em war auch Julia Carpenter einmal eine hübsche, lebhafte Braut gewesen, als sie Fayetteville im Staat New York verließ, um fern von Familie und Freunden ein neues Leben zu beginnen. Sie führte ein Tagebuch über ihr Leben in der Prärie. Es erschien, von Elizabeth Hampsten bearbeitet, in ihrem Buch *To All Enquiring Friends: Letters, Diaries and Essays in North Dakota, 1880–1910* (S. 199–252). Julia Carpenter beschreibt ein ganz anderes Leben als das, was Laura Ingalls Wilder in ihren berühmten »Unsere kleine Farm«-Büchern darstellt. Als Julia am 16. Juni 1882 durch Jamestown kam, erzählte eine Frau ihr, »was für ein schreckliches Land das ist, ungeeignet für eine Frau, und wie einsam sie ist«. Bald erfuhr sie es am eigenen Leib. »Es ist ein *gräßliches* Land«, schrieb sie am 1. Januar 1884, »und ich will wieder im Osten leben.« Auf der Suche nach Arbeit ließ Frank Carpenter seine Frau oft tagelang allein, und ihre nächsten Nachbarn lebten fünfzehn bis zwanzig Meilen weit entfernt. »Wieder den ganzen Tag und die Nacht allein«, notierte Julia am 14. April 1884 in ihrem Tagebuch. »*Grauenhaft, grauenhaft* einsam. Ich halte es nicht aus, so viel allein zu sein.« Ihr Mann suchte Trost im Alkohol und beim Glücksspiel, mißhandelte sie und beging schließlich Selbstmord. Julia bekam psychische Probleme und starb in einem Sanatorium. Als sie gegen Ende ihres Lebens gefragt wurde, warum ihre Augen so schlecht seien, antwortete sie: »Weil ich auf der Suche nach anderen Menschen immer so angestrengt über die Prärie gestarrt habe.« Baum hatte sehr an die Carpenters gedacht, als er Onkel Henry und Tante Em erfand. Es ist jedoch nicht nur die Reflexion des harten Farmerlebens, die die Kritiker am *Zauberer von Oz* zuweilen stört.

»Einige Kritiker haben meiner Meinung nach zu viel Aufhebens davon gemacht, daß Baums kindlichen Figuren die Eltern fehlen«, schreibt Gore Vidal in »On Rereading the Oz Books«. »Das Motiv des Autors scheint mir allerdings nicht nur offensichtlich, sondern auch vernünftig. Ein Kind, das einige Zeit von liebenden Eltern getrennt ist, wird selbst in einem Märchen verstört sein. Onkel und Tanten hingegen müssen nicht ganz so ernst genommen werden.« Dorothy betrachtet ihre Tante und ihren Onkel allerdings durchaus als Eltern. In »The Names of Oz« (in Edward Callarys *From Oz to the Onion Patch*) meint John Algeo, »Em« käme von »M«, »dem Anfangsbuchstaben der Namen von Baums Frau Maud und seiner Schwiegermutter Matilda. Mit ›M‹ fängt auch das Wort ›Mutter‹ an. Tante Em stellt die klassische Frauenfigur dar, die ewig leidende Mutter« (S. 133). Baums Schwiegervater hieß nebenbei Henry. »M« könnte auch für Magdalena, Julia Carpenters Tochter, stehen und »Henry« für Harry, ihren Sohn. Solche Übereinstimmungen zu suchen ist natürlich nicht mehr als ein amüsantes Gesellschaftsspiel, denn Baum wählte die Namen wohl eher als repräsentativ für einen bestimmten Typus. Onkel Henry und Tante Em verkörpern das strenge amerikanische Farmerehepaar mittlerweile fast ebensosehr wie jenes Paar in Grant Woods berühmtem Gemälde *American Gothic*.

4. *Ihr Haus.* Baum beschreibt ein typisches Siedlerhaus der Zeit. Man vergleiche Dorothys Farmhaus mit dem Haus der Carpenters in North Dakota, wie Julia es in ihrem Tagebuch beschreibt:

> Unser Haus besteht aus zwei Zimmern; der Hauptteil mißt zwölf mal sechzehn Fuß, ohne Schrank. Haustür und Fenster nach Süden, ein Fenster nach Westen, eine Tür nach Norden zur Küche. Nach außen sind die Fenster mit grünen Moskitonetzen abgedeckt, die Tür hat ein grünes Fliegengitter aus Draht, die Fenster blaue Cambricvorhänge und Lambrequins mit Fransen. Der Boden ist bedeckt mit einem alten

Samtteppich von zu Hause. Das Bett ist aus einem hellgelben Holz, mit weißem Bettzeug, und durch ein Moskitonetz geschützt. Es steht in einer Nische, die sich durch den Schrank ergibt. Über dem Kopf des Bettes hängen verschiedene Bilder von Frank Baum und anderen, Plaketten, Uhr etc. Über dem Kaminsims hängen Bilder von Mutter, T.C. und Maud. An einem Ende des Bettes steht eine Kommode, vor dem Südfenster ein Tisch, hinter der Tür ein Ständer. In einer Ecke stehen zwei große Kleiderkisten. In anderen Teilen des Zimmers befinden sich mein blauer Schaukelstuhl und Franks Schaukelstuhl, den er von Helen bekommen hat… Ein kleiner Spiegel und eines oder zwei Bilder vervollständigen die Möblierung des Zimmers… Die Küche ist an das Haus angebaut, und man erreicht sie über zwei Stufen. Ihr Mobiliar besteht aus einem großen Schrank, einem Tisch, der mit einem Wachstuch bedeckt ist, vier Stühlen, drei Regalbrettern etc. Dieses Zimmer hat zwei Fenster, eines nach Osten zur Straße hin und eines nach Norden. Die Haustür befindet sich an der Westseite. Etwas abseits vom Haus steht ein Schuppen aus Grasziegeln für unsere vier Maulesel… Nordwestlich vom Haus befindet sich ein niedriger Brunnen (Hampsten, *To All Enquiring Friends*, S.212).

5. *man hatte das Bauholz von weither herankarren müssen.* Auch die Carpenters mußten das Holz eine Tagesreise weit mit dem Wagen zu ihrer Farm bringen, um 1882 ihr kleines Haus in der Prärie zu bauen.

Em hatten ein großes Bett in einer Ecke. In einer anderen war Dorothys kleines Bett aufgestellt.

Eine Dachkammer gab es überhaupt nicht und auch keinen Keller, außer einer in die Erde gegrabenen Höhle, Sturmloch genannt. Dort verkrochen sich alle, wenn einer der gewaltigen Wirbelstürme heranzog. Die fegten auf ihrem Weg jedes Haus um. In der Mitte des Fußbodens war eine Falltür. Eine Leiter führte in das enge, finstere Loch.

Wenn Dorothy von der Tür her in die Runde blickte, konnte sie nur sehen, was sie immer sah: die weite graue[6] Prärie überall. Weder Baum noch Haus ragten aus der tellerflachen Landschaft empor, die bis zum Horizont reichte.[7] Die Sonne hatte das gepflügte Land zu einer grauen Masse gebacken, die von kleinen Rissen durchzogen war. Nicht einmal das Gras war grün, denn die Sonne hatte die Spitzen der langen grünen Gräser verbrannt. Nun sahen sie so grau aus wie alles andere. Onkel Henry hatte das Haus vor Zeiten gestrichen, doch die Sonne hatte die Farben ausgebleicht. Und jetzt sah es genauso langweilig und grau aus wie die Umgebung.

Tante Em war ein hübsches Mädchen gewesen, als sie hierher gezogen war. Doch Sonne und Wind hatten auch sie verändert. Der Glanz war aus ihren Augen verschwunden. Nüchtern und grau blickten sie drein. Sie hatten auch das Rot der Wangen und Lippen gelöscht, grau waren auch sie. Dünn und hager sah sie aus und lächelte nie. In der ersten Zeit hatte Dorothy, die ein Waisenkind war, die gute Tante Em immer durch ihr Lachen erschreckt. Wann

6. *graue*. In *Crumbling Idols* fordert Hamlin Garland, daß der neue Autor des Westens »das Leben um sich herum spontan reflektiert«. Das erreiche man durch Lokalkolorit mit »einer Qualität in Form und Ausgestaltung, daß der Text nirgendwo anders und von keinem anderen als von einem Einwohner selbst hätte geschrieben werden können«. Verlangt wird »eine Darstellung des Lebens, die so einheimisch ist wie die Flora ... so daß jeder Baum und Vogel und Berg passend und notwendig ist, nicht etwa ornamental. Der Tourist kann keinen Lokalroman schreiben« (S. 52–53). Für Baum war die Farbe seines Schauplatzes grau. »Das Wort ›grau‹ kommt innerhalb von vier Absätzen neunmal vor«, notiert Martin Gardner in der ersten Anmerkung von *The Wizard of Oz and Who He Was*. »Baum kontrastiert eindeutig das Grau des Lebens auf der Farm in Kansas und den nahezu feierlichen Ernst von Onkel Henry und Tante Em mit den Farben und der Fröhlichkeit von Oz.« »Aus diesem Grau heraus – der sich auftürmenden Grauheit dieser öden Welt – kommt das Verhängnis«, schreibt Salman Rushdie in seinem 1992 erschienenen Buch über die Verfilmung von 1939. »Der Tornado ist das Grau, konzentriert und herumgewirbelt und sozusagen gegen sich selbst losgelassen« (S. 16).

7. *die bis zum Horizont reichte*. Die Formulierung im Englischen lautet »that reached the edge of the sky in all directions«, und Gore Vidal lobt sie in »On Rereading the Oz Books« als »direkten amerikanischen Stil in Reinkultur«. Die Romanautorin Cathleen Schine nennt die Beschreibung »einen öden, flachen Schlag ins rosige Gesicht der Kinderliteratur« (»America as Fairyland«, *The New York Times Book Review*, 7. Juni 1985). In »Gopher Prairie and Emerald City« (*The Baum Bugle*, Winter 1982, S. 14) macht Dr. Eugene Fisher von der New York University auf die Ähnlichkeit zwischen der Kahlheit von Baums Farm in Kansas und der Ödnis des Schauplatzes von Sinclair Lewis' *Die Hauptstraße* (1920) aufmerksam. Dort steht: »Sie betrachtete die Prärie. Die Landschaft war manchmal flach, manchmal sanft gewellt. Die Ausdehnung begann ihr angst zu machen. Sie war so weit, unkontrollierbar ging sie immer weiter, nie würde sie sie ganz kennen.« Die Menschen sind »genauso trist wie ihre Häuser, so flach wie ihre Felder«. Julia Carpenter notierte am 15. Juni 1882 in ihrem Tagebuch: »So weit das Auge reichte, konnte man nicht einen Baum oder einen Strauch sehen.«

immer die fröhliche Stimme des Mädchens an ihr Ohr drang, stieß sie einen kleinen Schrei aus und preßte die Hand aufs Herz. Und noch heute blickte sie verwundert auf das Mädchen, wenn es einen Grund zum Lachen fand.

Onkel Henry lachte nie. Er rackerte von früh bis abends auf dem Feld und hatte keine Freude mehr. Auch er war grau, von seinem langen Bart bis zu den derben Stiefeln. Er blickte immer streng und ernst und tat selten den Mund auf.

Toto[8] war es, der Dorothy zum Lachen brachte und sie davor bewahrte, so grau wie ihre Umgebung zu werden. Toto war nicht grau. Toto war ein kleiner schwarzer Hund mit langen seidenen Haaren und kleinen schwarzen Augen, die auf jeder Seite seiner Nase fröhlich funkelten. Toto spielte den lieben langen Tag mit ihr, und Dorothy spielte mit ihm und liebte ihn herzlich. Heute aber vergnügten sie sich nicht miteinander. Onkel Henry saß auf der Türstufe und schaute besorgt zum Himmel,[9] der heute sogar noch grauer

8. *Toto*. Die frühen Siedler in der riesigen, einsamen Prärie hatten oft Haustiere, die ihnen in der Einsamkeit Gesellschaft leisteten. Julia Gage Carpenter kaufte sich ein Kätzchen, das ihr größter Trost wurde, als ihr Mann so oft weg war. Toto war im 19. Jahrhundert ein beliebter Hundename; in Frankreich ist es ein Spitzname, oft für kleine Jungen. In der musikalischen Revue von 1902 ersetzte Baum (wahrscheinlich auf Drängen des Regisseurs Julian Mitchell) Dorothys Hund durch ein gepunktetes Kalb namens Imogene. »Ich bedaure, daß eine Lieblingsfigur der Kinder – der Hund Toto – nicht dabeisein wird«, erzählte Baum am 10. Juni 1902 dem *Chicago Record-Herald*. »Aus dramaturgischen Gründen haben wir Toto widerstrebend fallenlassen. Aber statt seiner haben wir eine Kuh dabei. Es mag ein großer Unterschied zwischen einem Hund und einer Kuh bestehen, aber sie ist eine ausgefallene Figur, die unsere jungen Zuschauer sicher amüsieren und Dorothy auf ihrer Reise von Kansas nach Oz begleiten wird, genauso wie Toto es im Buch getan hat.« Der wahre Grund für den Vierbeineraustausch war rein pragmatisch: Es war viel einfacher, daß ein Schauspieler eine Kuh spielte als einen Hund. Bis zu seinem plötzlichen Tod 1903 spielte Edwin Stone die Kuh Imogene, danach übernahm Joseph Schrode den Part. »*Ich konnte Toto noch nie ausstehen*«, schimpft Rushdie in seinem Buch über die Verfilmung von 1939. »Ich kann es immer noch nicht.« Toto ist »dieses kleine kläffende Haarteil, dieser nervtötende Teppichfetzen! … Daß Toto der einzige wirkliche Gegenstand der Zuneigung ist, hat mich immer gestört. Nutzlos zu protestieren, obwohl ich es immer wieder gern tue: Ich werde dieses turbulente Toupet nie mehr los« (S. 17–18). Rushdie bewundert allerdings, wie »L. Frank Baum, ein prächtiger Kerl, dem Hund eine deutlich untergeordnete Rolle zugeschrieben hat: Er macht Dorothy glücklich, und wenn sie das nicht ist, hat er die Tendenz, herumzujaulen: kein sympathischer Zug. Sein einziger wirklich wichtiger Moment kommt, als er versehentlich den Wandschirm umwirft, hinter dem der Zauberer verborgen ist.« Rushdie vergißt allerdings, daß Toto mindestens noch zwei weitere Beiträge zur Erzählung leistet: Er ist verantwortlich für Dorothys Reise nach Oz in dem Wirbelsturm und dafür, daß sie nicht mit dem Ballon des Zauberers nach Kansas zurückkehrt.

Obwohl Baum Toto wohl als Promenadenmischung gedacht hatte, haben seine Illustratoren ihn als einen Hund unterschiedlicher Rassen gezeichnet. Der Schriftsteller Daniel P. Mannix identifiziert Denslows Hund als Cairn Terrier. John R. Neill, Denslows Nachfolger als imperialer Illustrator von Oz, zeichnete Toto in *Dorothy auf Zauberwegen* und *Dorothy in der Smaragdenstadt* als einen Boston Bulldog. Diese Rasse war damals sehr populär. In *Dorothy auf Zauberwegen* läßt es sich Neill nicht nehmen, sich über die Illustration seines Vorgängers zu amüsieren. Als Dorothy und Toto im Garten des Blechholzfällers Statuen von sich entdecken, die sie beide darstellen, als sie im Lande Oz ankamen, lachen Neills schlanke, elegante Dorothy und ihr Hund über Denslows vergleichbar rundliche Figuren. (Siehe die Illustration auf Seite lxv.) In späteren *Oz*-Büchern zeichnet Neill Toto einfach als zotteligen schwarzen Hund. Heute werden viele Hunde nach Dorothys kleinem Gefährten genannt, so wie der Cockerspaniel, den Maud Baum Jahre nach dem Tod ihres Mannes hatte. Während des Ersten Weltkrieges in Frankreich amüsiert sich Captain Frank Joslyn Baum in seinem Tagebuch darüber, daß ein anderer Offizier Flöhe als »Totos« bezeichnete.

9. *schaute besorgt zum Himmel*. »Draußen in der weiten Prärie, wo weder Baum noch Haus den Horizont in irgendeiner Richtung unterbrechen, beobachten wir ständig die Wolken«, schreibt Helen Leslie Gage in »The Dakota Cyclone« (*Weekly Express*, Syracuse, 29. Juni 1887). Es ist durchaus möglich, daß Baum diesen Artikel konsultierte, als er sein Buch schrieb, denn einige der Details des Wirbelsturms in Kansas sind deckungsgleich mit der Beschreibung des Zyklons, den seine Schwester in Edgeley, South Dakota, beobachtete.

als sonst war. Dorothy stand mit Toto auf dem Arm in der Tür und sah ebenfalls zum Himmel hinauf. Tante Em wusch das Geschirr ab.

Weit von Norden her drang das tiefe Heulen des Windes an ihr Ohr. Onkel Henry und Dorothy konnten sehen, wie der Sturm das hohe Gras zu Boden drückte, daß es aussah, als liefen Wellen über das Feld. Von Süden her war auf einmal ein grelles Pfeifen in der Luft. Als sie in diese Richtung blickte, bemerkte sie, wie sich hier und dort das Gras zu kräuseln begann.

Plötzlich sprang Onkel Henry auf.

»Ein Wirbelsturm[10] kommt«, schrie er seiner Frau zu. »Ich schau mal nach dem Vieh!«

Und dann rannte er zum Kuh- und Pferdestall.

Tante Em ließ alles stehen und liegen und stürzte zur Tür. Ein fahles Licht sagte ihr, daß höchste Gefahr im Anzug war.

»Schnell in den Keller, Dorothy!« kreischte sie entsetzt.

Toto sprang von Dorothys Arm und kroch winselnd unter das Bett. Dorothy versuchte ihn zu packen. Tante Em riß, zu Tode erschrocken, die Falltür hoch und rutschte, mehr als daß sie kletterte, in das enge dunkle Erdloch hinab. Dorothy kriegte endlich Toto zu fassen und wollte ihrer Tante hinterher. Sie war noch auf halber Strecke zur Öffnung, als ein harter Windstoß das Häuschen traf und es so heftig schüttelte, daß sie hinfiel und plötzlich auf dem Fußboden saß.

Und dann geschah etwas Merkwürdiges.[11]

Das Haus wirbelte zwei- oder dreimal herum und erhob sich

10. *Wirbelsturm.* Baums Geschichte spielt wohl im Sommer, denn in dieser Jahreszeit treten die Wirbelstürme am häufigsten auf. In »The Wizard of the ›Wizard‹« meint Gore Vidal, daß Baum sogar an einen ganz besonders starken Wirbelsturm gedacht habe, der 1893 zwei Städte in Kansas zerstörte und einunddreißig Menschen tötete. Baums sorglose Verwendung des Wortes »cyclone«, das von Tiefdruckgebiet über Orkan bis zu Wirbelsturm so ziemlich jede Art von starkem Wind bezeichnen kann, störte mindestens einen Meteorologen. Als *Der Zauberer von Oz* veröffentlicht wurde, schrieb Professor Willis L. Moore, Direktor des Wetterdienstes der Vereinigten Staaten, einen besorgten Brief an den Verlag:

> Wenn ich die Auflage bedenke, die [das Buch] haben muß, dann bedaure ich, daß das Wort »Wirbelsturm« (cyclone) benutzt wurde, wenn doch ein Tornado gemeint war. Ich bemühe mich schon lange um eine korrekte Verwendung dieser Begriffe. [...] Wirbelstürme sind nicht notwendigerweise gefährlich, während Tornados immer zerstörerisch sind. Ein Wirbelsturm erstreckt sich über ein weites Gebiet, manchmal bis zu 1000 Meilen, während ein Tornado selten mehr als eine Meile und oft nicht mehr als 100 Yards breit ist. Dem Autor kann man für diesen Fehler keinen Vorwurf machen, denn die Öffentlichkeit hat die falsche Verwendung der Begriffe so weit vorangetrieben, daß ich fürchte, die Nomenklatur muß geändert werden. Wenn Ihr Büchlein das korrekte Wort benutzt hätte, wäre der Wissenschaft allerdings ein Dienst erwiesen worden, statt einen unglücklichen Fehler fortzuschreiben (»The Scientist and the Fairy Book«, *Chicago Journal*, 20. September 1900).

Die George M. Hill Company versprach Professor Moore, daß der Fehler in der nächsten Ausgabe korrigiert würde, aber das geschah nie. In seiner »Übersetzung« von *Der Zauberer von Oz* ins Russische von 1939 bezeichnet Alexander Wolkow Baums Wirbelsturm als Hurrikan.

Baums Nichte Matilda Jewell Gage nimmt das Vorkommen des Wirbelsturms zum Anlaß, zu betonen, daß *Der Zauberer von Oz* auf jeden Fall in Kansas spielen muß, denn als sie ein kleines Mädchen war, »gab es Tornados oder Wirbelstürme nirgendwo anders als in Kansas! Das war der Ort – dafür war Kansas berühmt.« Die Zeitungen waren voll von Berichten über die Wirbelstürme in Kansas, aber auch North und South Dakota waren im späten 19. Jahrhundert für ihre Wirbelstürme bekannt. Sturmkeller waren dort normal, und Julia Carpenter notierte in ihrem Tagebuch eine Anleitung, was zu tun sei für den Fall, daß ein Tornado oder ein Wirbelsturm käme. Baum sah in Aberdeen, South Dakota, zumindest einen Wirbelsturm und berichtete am 24. Mai 1890 im *Saturday Pioneer*: »Es war ein sensationelles Ereignis für Aberdeen und zeigt, daß selbst wir in unserem prächtigen Klima, weit entfernt vom grausamen Wüten der Elemente, zumindest von der milderen Sorte Wirbelsturm nicht ausgenommen sind.« Ein anderer Wirbelsturm ging am 30. Mai 1896 knapp an Chicago vorbei, als Baum dort lebte. Heute wissen die meisten Kinder aus *Der Zauberer von Oz*, was ein Wirbelsturm ist, auch wenn sie vielleicht niemals einen gesehen haben.

Baums Märchen war nicht das erste, in dem ein Wirbelsturm als Weg in ein Wunderland dient. Der Schauspieler Richard Mansfield ließ in *Blown Away* (1897) zwei kleine Mädchen, Beatrice und Jessie, von einem Sturm an einen wunderlichen Ort tragen. Seine »Nonsens-Erzählung ohne Sinn und Verstand« war eine schlechte Imitation von *Alice im Wunderland* und ist heute vergessen. Manche Leser halten einen Wirbelsturm sowieso für ein zu prosaisches Mittel, um in das Märchenland zu reisen. Diese Kritik an dem Buch ist vielleicht nicht mehr als ein geographisch bedingtes Vorurteil. Carol Ryrie Brink, Verfasserin von *Kleines Mädchen, großes Abenteuer* (1935) und Gewinnerin der Newberry-Medaille, gestand in »Some Forgotten Children's Books« (*South Dakota Library Bulletin*, April–Juni 1948) ein: »Wir hier in Amerika zeigen das lebhafteste Interesse an den seltsamen Abenteuern eines kleinen Mädchens in einem Hasenloch oder an einer Marionette im Bauch eines Walfisches, aber wir mißbilligen, daß ein kleines Mädchen aus Kansas von einem Wirbelsturm in ein fiktives Land davongetragen wird. Das liegt wahrscheinlich daran, daß wir das Innere von englischen Hasenbauten oder italienischen Walfischen nicht kennen, während wir genau wissen, daß kein Wirbelsturm in Kansas jemals ein Kind weiter fortgetragen hat als nach Topeka oder Emporia.« *Oz* ist ein Buch für Träumer, nicht für diejenigen, die alles wörtlich nehmen.

11. *Und dann geschah etwas Merkwürdiges.* So merkwürdig, wie es scheint, war das allerdings nicht. In ihrem Artikel »The Dakota Cyclone« (*Weekly Express*, Syracuse, 29. Juni 1887) beschreibt Helen Leslie Gage, wie eine Windhose ein Haus in North Dakota traf:

> Bretter flogen gegen die Wände, das Haus krachte und ächzte, und der alte Herr rannte zum Sturmkeller. Als er auf der zweiten Stufe stand, hob das Haus vom Fundament ab und riß ihn um. Das Haus hatte mit der Front nach Westen gestanden; jetzt wurde es ein wenig nach Südosten angehoben und in einem Winkel von 45 Grad zwei oder drei Fuß weit über die Erde geschleift. Dann grub es sich bis zu den Fenstern in die Erde ein... In der Speisekammer lag alles auf dem Boden, der Tisch mit der Marmorplatte mittendrin, und der Hund hockte verängstigt in einer Ecke.

Gage beschrieb auch, wie der Wind ein anderes Haus mit sich riß und eine Siedlerhütte ergriff und die Bewohner durcheinanderschüttelte.

dann langsam in die Luft. Dorothy schien es, als schwebte sie in einem Fesselballon zum Himmel hinauf.

Die Winde aus Norden und Süden hatten sich genau an der Stelle getroffen, wo das Haus gestanden hatte, und so wurde der Ort zum Zentrum des Sturms. In der Mitte eines Wirbelsturms ist die Luft im allgemeinen still. Die Riesenkraft des Windes jedoch an jeder Seite des Hauses riß es höher und höher hinauf, bis es auf der Spitze der Windhose war: Und dort blieb es dann und wurde Meile um Meile übers Land getragen – so leicht, wie eine Feder schwebt.

Es war stockdunkel, und der Wind heulte schrecklich um sie herum. Doch Dorothy schien es, als glitte sie herrlich dahin. Nach den ersten Wirbeleien und als das Haus gefährlich zu kippeln begann, kam es ihr vor, als würde sie sanft wie ein Baby in einer Wiege geschaukelt.

Toto gefiel das alles überhaupt nicht. Er rannte in der Stube umher, mal hierhin, mal dorthin, und bellte laut. Dorothy aber saß still auf dem Fußboden und harrte der Dinge, die da kommen sollten.

Einmal geriet Toto zu nahe an die offene Falltür und fiel in das Loch.

Jetzt habe ich ihn verloren, dachte Dorothy zuerst. Doch bald konnte sie beobachten, wie sich eines seiner Ohren aus der Tiefe durch die Öffnung schob. Der starke Druck der Luft verhinderte nämlich, daß er in die Tiefe fiel.[12] Dorothy kroch zur Öffnung, packte ihn am Ohr und beförderte ihn in die Stube zurück. Danach schloß sie die Falltür, damit Toto nicht noch einmal in Gefahr gerate.

12. *verhinderte nämlich, daß er in die Tiefe fiel.* »Der Verfasser der Chronik von Dorothys Abenteuern erklärt, daß die gleiche Kraft, die das Haus in der Luft schweben läßt, auch Toto hält«, schreibt Norman E. Gilbert in J. Malcolm Birds Buch *Einstein's Theories of Relativity and Gravitation* (New York: Scientific American Publishing, 1922, S. 338–339), »aber eine solche Erklärung ist gar nicht nötig. Dorothy schwebt jetzt durch den Raum. Sie muß den Hund auf den Boden gedrückt haben und dabei selbst zur Decke geschwebt sein, von wo sie sich zurück auf den Boden gedrückt haben könnte. Die Schwerkraft ist wohl völlig aufgehoben, und Dorothy befindet sich in der Lage, Experimente zu machen, die Einstein nie versucht hat, da er nicht in Dorothys einzigartiger Situation war.« Obwohl Baum nicht sagt, ob Dorothy wirklich schwerelos ist, während sie in der Windhose nach Oz fliegt, kann das gut und gern der Fall sein. Kosmonauten und Astronauten kennen die Schwerelosigkeit aus dem Weltraum.

13. *schlummerte schnell ein.* Einer der unverzeihlichen Fehler des MGM-Films von 1939 ist die Offenbarung am Ende, daß Dorothys Abenteuer in Oz nur ein Traum war. 1900 war das bereits ein literarischer Gemeinplatz, der ursprünglich aus Carrolls *Alice*-Büchern stammte. Ein Kritiker dieser Zeit ordnete Märchenbücher sogar in zwei Kategorien ein – solche, die von wirklichen Feen handelten, zum Beispiel Volksmärchen, und solche, die in einem Traumland spielten, wie *Alice im Wunderland*. Die empfohlenen Weihnachtsbücher für 1900 spiegelten diese Tradition: Die Liste enthielt Märchensammlungen von Andrew Lang und anderen und neue Geschichten, wie zum Beispiel *The Dream Fox Story Book, The Road to Nowhere* und *The Little Dreamer's Adventures*, alle heute vergessen. (In seinem Vorwort zu *The Lilac Fairy Book* schreibt Lang, wie »ermüdend« er solche neuen Geschichten findet, in denen »kleine Jungen oder Mädchen aufwachen und feststellen, daß sie geträumt haben«.) Die einzige neue amerikanische Erzählung, die in dieser Weihnachtssaison veröffentlicht wurde und sich nicht auf eine dieser beiden Konventionen stützte und die heute noch gelesen wird, war *Der Zauberer von Oz*, und ein Grund für den Erfolg von Baums Geschichte bei den jungen Lesern ist, daß Oz eben kein Traumland ist, sondern »ein wirklich existierender Ort«, auch wenn die MGM-Studios das anders sahen.

Dennoch: Obwohl Oz ein wirklicher Ort ist, wußte Baum, als er unter dem Pseudonym »Laura Bancroft« das Vorwort zu *Policeman Bluejay* schrieb, daß es »in einem Märchen keinen Unterschied bedeutet, ob man wach ist oder nicht. Man muß die Dinge einfach akzeptieren, wie einen duftenden Windhauch, der die Stirn kühlt, einen Schluck frischen Wassers oder den köstlichen Geschmack einer Erdbeere, und sollte dankbar sein für die Freude, die das einem bringt, und nicht nach der Herkunft fragen.«

Auf der Karte des Landes Oz und seiner Umgebung, die Baum für das hintere Vorsatzpapier von *Tik-Tok of Oz* entwarf, befindet sich ein seltsames Fleckchen mit dem Namen »Das Königreich der Träume«. Es ist das einzige Land, das in keinem von Baums Büchern beschrieben wird, auch wenn es in *Ozma von Oz* einen möglichen Hinweis darauf gibt. Dort schläft Dorothy in den Höhlen des Königs der Nomen ein und kommt ins »Land der Träume«.

»Das wichtigste am Land Oz«, argumentiert Robert A. Heinlein in seinem Vorwort zu Samuel Mines' *Startling Stories* (London: Cassell, 1954), »ist nicht die Frage, ob es in der Realität in irgendeiner Zeitfalte des Kontinuums existiert oder nicht, sondern die Tatsache, daß Oz ein unglaublich unterhaltsamer Ort ist. Wie die Jugend selbst ist Oz zu schön, als daß es den Kindern allein vorbehalten sein sollte. Wenn in Ihrem Herzen auch nur ein Funken von ›Stell dir einmal vor‹ geblieben ist, dann lassen Sie uns hier abbiegen und auf der Straße mit den gelben Ziegelsteinen zur Smaragdenstadt gehen, wo alles möglich ist und keine Phantasie verboten.«

Stunde um Stunde verging. Langsam beruhigte sich Dorothy, doch jetzt fühlte sie, wie einsam sie war. Dazu brauste der Wind so fürchterlich laut, daß sie fast taub wurde. Zuerst hatte sie sich gefragt, ob sie zerschmettert werden würde, wenn das Haus auf die Erde krachte. Doch als die Stunden vorübergingen und nichts Schreckliches geschah, sorgte sie sich nicht mehr länger und beschloß, ruhig abzuwarten, was die Zukunft bringen würde. Schließlich kroch sie über den wippenden Fußboden zu ihrem Bett und legte sich hinein. Toto folgte ihr und machte es sich an ihrer Seite gemütlich.

Obwohl das Häuschen schaukelte und der Wind toste, schloß Dorothy die Augen und schlummerte schnell ein.[13]

DER WIRBELSTURM 27

Dieses Bild von Dorothy und Toto ist ein Ausschnitt
aus Denslows Zeichnung für die Titelblätter der
vier von der George M. Hill Company im Jahre 1900
veröffentlichten *Songs of Father Goose*-Bücher.
Privatbesitz.

SIE WURDE DURCH EIN JÄHES Krachen[1] aus dem Schlaf gerissen. So plötzlich und so heftig war die Erschütterung, daß Dorothy sich verletzt haben würde, wenn sie nicht im Bett gelegen hätte. Sie hielt den Atem an und wollte wissen, was geschehen war. Toto stieß seine kleine kalte Schnauze in ihr Gesicht und winselte kläglich. Dorothy richtete sich auf, und dabei merkte sie, daß sich das Haus nicht mehr bewegte. Es war auch nicht mehr dunkel. Der Sonnenschein flutete durch das Fenster und erhellte den kleinen Raum. Sie sprang aus dem Bett – Toto folgte ihr auf dem Fuß – und öffnete die Tür.[2]

Dorothy stieß einen Schrei des Entzückens aus, als sie die Blicke

1. *durch ein jähes Krachen.* Science-fiction-Fans behaupten, das Land Oz läge in einem Paralleluniversum, das die gleiche Größe hat und den gleichen Raum einnimmt wie die Erde. Der Eintritt in eine solche Dimension geht oft einher mit einer gewaltsamen Veränderung oder einem plötzlichen Gefühl von innerer Unruhe beim Aufeinandertreffen der beiden Welten. Und tatsächlich: Alle bekannten Reisen von der Erde nach Oz mit anderen als magischen Mitteln gehen einher mit gewaltsamen Veränderungen. In einer Anmerkung zu Barbara Hughes' »The Deadly Desert« (*The Baum Bugle*, Herbst 1968, S. 15) wird angedeutet, daß Dorothys plötzliches Aufwachen ein Hinweis auf genau diese Grenze zwischen den Dimensionen sein könnte.

Es verwundert daher nicht, daß viele Science-fiction-Autoren im Laufe der Zeit ihrer Wertschätzung von Baums Werk Ausdruck verliehen haben. Die junge marsianische Heldin in Robert A. Heinleins Buch *Bürgerin des Mars* (1963) meint: »Mir wird gerade klar, daß meine lebendigsten Vorstellungen von der Erde aus den Oz-Geschichten stammen. Wenn man es recht bedenkt, ist das wohl keine allzu zuverlässige Quelle. Dorothys Unterhaltungen mit dem Zauberer sind zwar lehrreich – aber was lehren sie? Als Kind glaubte ich jedes Wort meiner *Oz*-Kassetten, aber jetzt bin ich kein Kind mehr, und ich glaube nicht ernsthaft, daß ein Wirbelsturm ein zuverlässiges Transportmittel ist oder daß es wahrscheinlich ist, einen Blechholzfäller zu finden oder eine Straße aus gelben Ziegelsteinen« (S. 107). Heinlein verweist noch an anderen Stellen in *Straße des Ruhms* und in *Die Zahl des Tiers* auf Oz. In seinem Buch *The Otherside of Time* beschreibt Keith Laumers, daß sich die Erde im Jahr 1814 von einer anderen Welt abspaltete. Als sein Held Brion Bayard dieses parallele Universum betritt, findet er ein in rotes Leder eingebundenes Buch mit dem Titel *Die Zauberin von Oz* von einem gewissen »Lyman F. Baum«, der allerdings bereits 1897 gestorben ist. Das Buch ist mit dem Datum 1896 versehen, und der Verlag lautet Wiley & Cotton in New York, New Orleans und Paris. Die Titelseite ist in der Art von W. W. Denslow gestaltet und zeigt »Sorana die Zauberin«, umgeben von einer Gruppe Nomen. Die Hauptstadt des Märchenlandes dieser Geschichte ist die Saphirstadt. In seiner *Der Zauberer von Oz*-Fortsetzung für Erwachsene, *Ein Himmelsstürmer in Oz,* nimmt sich Philip José Farmer enorme Freiheiten mit Baums Land Oz heraus, genau wie John Boorman in seinem Science-fiction-Film *Zardoz* (1974) mit Sean Connery, in dem ein Betrüger, inspiriert von *Der Zauberer von Oz,* einen Gott namens Zardoz in Form eines riesigen steinernen Kopfes erschafft. Er wird jedoch genau wie Oz entlarvt, als der Held in einer verlassenen Bibliothek nämlich ein Exemplar von *Der Zauberer von Oz* findet.

Der vielleicht glühendste Oz-Bewunderer unter den Science-fiction-Autoren ist Ray Bradbury. In seinen Vorworten zu Raylyn Moores *Wonderful Wizard, Marvelous Land* und zur »Kansas Centennial Edition« von *Der Zauberer von Oz* von 1999, veröffentlicht von der University Press of Kansas und illustriert mit Holzschnitten von Michael McCurdy, drückt er seine Liebe zu Baum und Oz aus. In »Die Verbannten« (*Der illustrierte Mann*, 1951), Bradburys leidenschaftlichem Protest gegen das Verbieten von Büchern, ist L. Frank Baum einer der »verbotenen Schriftsteller«, zusammen mit Washington Irving, Edgar Allen Poe, Charles Dickens, Nathaniel Hawthorne, Lewis Carroll und Henry James, die »auf den Mars geschickt werden, während die Nicht-Gläubigen, die Techniker, die Bücherverbrenner der Zukunft, durch Städte und Bibliotheken gehen und die letzten der großen Träume ins Feuer werfen«. Die Geschichte schließt mit dem Fall der Smaragdenstadt, während das letzte *Oz*-Buch in Flammen aufgeht:

> »Ich erinnere mich. Ja, jetzt erinnere ich mich. Es ist lange her. Ich war noch ein Kind. Es war ein Buch, das ich gelesen habe. Eine Geschichte. *Oz*, glaube ich, war es. Ja. *Oz. Die Smaragdenstadt* …«
> »*Oz*?«
> »Ja, *Oz*, das war's. Ich habe sie gerade gesehen, wie in der Geschichte. Ich habe sie fallen sehen.«
> »Smith!«
> »Ja, Sir?«
> »Melden Sie sich beim Schiffsarzt.«

In seinem Vorwort zu *Wonderful Wizard, Marvelous Land* sieht Bradbury voraus: »Wenn Städte zumindest in ihrer gegenwärtigen Form sterben und wir uns erneut nach Eden aufmachen, was wir tun müssen und tun werden, wird Baum auf uns warten« (S. xviii).

Daß Oz sich auf einem anderen Planeten befindet, entspringt nicht der Phantasie heutiger Science-fiction-Autoren, sondern wird bereits in der Werbung für *Im Reich des Zauberers Oz* angedeutet. Die Zeitung *North American* in Philadelphia publizierte vor der Veröffentlichung von Baums Comic »Queer Visitors from the Marvelous Land of Oz« am 28. November 1904 »exklusive Berichte« vom Mars und anderen Orten über die nahe Ankunft der Vogelscheuche und ihrer Freunde in Amerika. Ob Baum diese Berichte selbst verfaßt hat, ist nicht bekannt, aber die Verbindung mit dem Weltall bleibt bestehen. Als das National Radio Astronomy Observatory 1960 in Green Bank, West Virginia, begann, mit Hilfe intergalaktischer Funkwellen in entfernten Sonnensystemen nach Zeichen von Leben zu suchen, nannte man das Programm nach der Prinzessin in *Im Reich des Zauberers Oz* »Projekt Ozma«. Wie eine unerforschte Galaxis ist das Land Oz sehr weit entfernt, schwer zu erreichen und von seltsamen Kreaturen bewohnt.

Aber Oz befindet sich vielleicht gar nicht auf einem anderen Planeten oder im Feenreich, dem schattenhaften Land keltischer Mythologie. *Der Zauberer von Oz* ist zunächst einmal ein fiktiver Reisebericht, wie die unter dem Pseudonym Sir John Mandeville erschienenen *Reisen eines Ritters ins gelobte Land* (1375), Daniel Defoes *Robinson Crusoe* (1719) und Jonathan Swifts *Gullivers Reisen* (1726). In seinem Buch *Tree and Leaf* (Boston: Houghton Mifflin, 1965) erklärt J. R. R. Tolkien, daß diese imaginären Länder »Wunder enthalten, die man auch in unserer Zeit auf dieser Welt an einem anderen Ort sehen kann: Die Entfernung verdeckt sie nur« (S. 12). Oz ist irgendwo weit weg. Man muß es nur suchen, wie Arkadien, Prosperos Reich oder James Hiltons Shangri-La. In »The Great Cosmic Fairy Tale« (*Gnosis Magazine*, Herbst 1996) mahnt Mary Devlin die Ähnlichkeit zwischen Oz und dem Land Og an, einem der Königreiche des verlorenen Kontinents Lemuria, den der Hellseher Edgar Cayce in einer Trance entdeckt haben will. In *The Scarecrow of Oz* stellt der Ork fest, es sei »erstaunlich, wie viele kleine Länder es gibt, versteckt in den Spalten und Ritzen dieses großen Erdballs. Wenn man auf Reisen geht, findet man auf Schritt und Tritt neue Länder, und viele von ihnen sind noch gar nicht auf Karten verzeichnet« (S. 91). Die Möglichkeiten sind endlos!

Eine mögliche Inspiration für Oz war der legendäre versunkene Kontinent Atlantis. Schon Plato berichtet von einer mythischen Insel am Eingang zum Mittelmeer, von der alle westliche Philosophie, Religion und Kultur ausgeht, die aber schließlich von der See verschlungen wurde. Ignatius Donnellys Buch *Atlantis* (1882) trug stark dazu bei, daß das Interesse an Atlantis in Baums Zeit wieder auflebte. Die Bruderschaft von Ramayana, eine Abteilung der Theosophischen Gesellschaft von Chicago, zu der die Baums gehörten, folgten dem, was sie als die alte atlantische Bruderschaft von Hermes bezeichneten. Ihr geistiger Führer Dr. William P. Phelan behauptete, er könne in Trance eine Verbindung mit Atlantis herstellen. Matilda Joslyn Gage, Baums Schwiegermutter, glaubte sogar, sie sei eine wiedergeborene atlantische Priesterin, und unter dem Pseudonym »Floyd Akers« spielt Baum in *The Boy Fortune Hunters in Yucatan* mit der Vorstellung, Überlebende aus Atlantis hätten sich in Mittelamerika angesiedelt. Genau wie Atlantis ist auch Oz ein Land, das von der Zeit vergessen wurde, ein Land, in dem noch Hexen und Zauberer wohnen und das noch nicht von der »Zivilisation« berührt ist.

Die beliebteste Theorie über die geographische Lage von Oz besagt, es befände sich irgendwo im Südpazifik. Dafür gibt es verschiedene Hinweise in Baums Werk. In seinem nie aufgeführten und unveröffentlichten Theaterstück, *The Girl from Oz,* sagt eine Figur, Oz sei »irgendeine Insel weit weg im Pazifik«. In der Kurzgeschichte »Nelebel's Fairyland« (*The Russ*, Juni 1905) reist die Heldin aus dem Wald von Burzee, der sich auf dem gleichen Kontinent befindet wie Oz, Richtung Osten nach Coronado Bay in Kalifornien. Auf einer Reise über den Ozean nach Australien landet Dorothy in *Ozma von Oz* an der Küste des Kontinents, auf dem sich Oz befindet. Manche Leser, zum Beispiel Oz-Club-Mitglied Sonia B. Brown, argumentieren sogar, Oz sei Australien selbst (»Have We Discovered Oz«, *The Baum Bugle*, Frühjahr 1980). John Algeos Artikel »Australia as the Land of Oz« (*American Speech*, Frühjahr 1990) deckt weitere Parallelen zwischen den beiden Orten auf.

Wo auch immer es liegen mag – als Märchenland ist Oz den Sterblichen nur durch die Reiseberichte einiger weniger Glücklichen bekannt. In *Dorothy in der Smaragdenstadt* schreibt Baum, die Feen hätten Dorothy bei der Geburt gesegnet, und das erklärt teilweise, warum gerade sie Oz findet, während das Land den meisten Sterblichen verborgen bleibt. »Wenn es Oz nicht geben würde, wie könnte ich dann Geschichten darüber schreiben?« antwortet Baum einem neugierigen kleinen Leser am 4. Dezember 1916. »Aber ich kann selbst nicht dorthin gelangen, denn ich wurde nie eingeladen. Dorothy sagt, Du und ich müßten auf eine Einladung warten, und sie ist sich nicht sicher, daß Ozma uns je eine solche aussprechen wird. Aber, mein lieber Freund, wenn Du Dich immer nach Besserem und Schönerem sehnst, dann wirst Du sie sicher eines Tages bekommen. Sei mutig, und Du entdeckst vielleicht etwas Besseres als das Märchenland Oz.«

Natürlich wurde Baum ständig gefragt, wo Oz denn nun sei. Der Cartoonist Walt McDougall schreibt in »L. Frank Baum Studied by McDougall« (*Post Dispatch*, St. Louis, 30. Juli 1904) scherzhaft, daß Baum »Stunden damit zubrachte, mir den *Zauberer von Oz* nahezubringen und mir zu erklären, wie er auf die Idee zu dem Buch gekommen war. Ich versuchte ihn davon abzubringen, indem ich ihm vorzugsweise solche Menschen vorstellte, die ihn fragten, wo Oz eigentlich läge. Bei der ernsthaften Antwort, daß ›Oz das Land von Kindern ist, jungen und alten, wo auch immer sie sind‹, warfen sie ihm einen mißtrauischen Blick zu und flüchteten. Danach mieden sie Baum und mich.« Eine sehr unromantische Antwort auf die Frage, wo Oz liegt, liefert Shel Silverstein in *Uncle Shelby's ABZ Book* (New York: Simon & Schuster, 1961): »Wollt ihr das wunderbare, weit entfernte Land Oz besuchen, wo der große Zauberer lebt, wo Vogelscheuchen tanzen können, wo die Straße aus gelben Ziegelsteinen gemacht ist und wo alles smaragdgrün ist? Tja, das könnt ihr nicht, denn es gibt kein Land Oz und keinen Blechholzfäller, und es gibt auch keinen Weihnachtsmann! Vielleicht kommt ihr statt dessen ja einmal nach Detroit.«

In eine ganz andere Richtung geht die Vermutung, daß Dorothys Reise nach Oz ein außerkörperliches Erlebnis ist. Keine sehr weit hergeholte Idee, wenn man Baums Interesse am Okkulten und an der Wiedergeburt kennt. »Was die Menschen ›Tod‹ nennen, ist kein Tod«, schrieb seine Schwiegermutter am 21. Januar 1897 ihrem Enkel Harry Carpenter. »Wenn das eintritt, was als Tod bezeichnet wird, wirst Du lebendiger sein als zuvor. Der Tod ist eine Reise. Es ist, als würde man in ein anderes Land fahren. Du bist ja auch lebendig, wenn Du nach Aberdeen [South Dakota] fährst, genauso, wie wenn Du in Edgeley [North Dakota, wo er lebte] bleibst. Wenn die Menschen dann eine Weile lang fort waren, kommen sie wieder zurück und leben in einem anderen Körper, bei einer anderen Familie und tragen einen anderen Namen. Manchmal leben sie sogar in einem ganz anderen Land.« Als der Wirbelsturm sie nach Oz trägt, hat sich Dorothy in jedem Fall auf eine andere Bewußtseinsebene begeben.

2. *öffnete die Tür*. Die MGM-Verfilmung von 1939 beweist wirkliche Phantasie, als der Wirbelsturm Dorothys Haus in Oz absetzt. Die Szenen in Kansas haben eine monochrome Sepia-Tönung, aber als Judy Garland die Tür öffnet und das Land der Munchkins sieht, ist die Leinwand plötzlich technicolorbunt. Der Film bleibt so, bis Dorothy in Kansas wieder erwacht. Es ist ein dramatischer Effekt und wirkte noch ebenso frisch, als der Film in den fünfziger Jahren, der frühen Zeit des Farbfernsehens, vom Fernsehsender NBC ausgestrahlt wurde. Der MGM-Film war jedoch nicht der erste, der den Übergang von Einfarbigkeit zu Farbe einsetzte. Die Kansas-Szenen in Ted Esbaughs Technicolor-Zeichentrickfilm *The Wizard of Oz* von 1933 waren ebenfalls schwarzweiß, und als Dorothy in Oz landet, geht der Film in Farbe über. Leider verhinderte ein Rechtsstreit mit Technicolor, daß der Kurzfilm vertrieben wurde, und daher war er so gut wie vergessen, als 1939 das MGM-Musical herauskam.

3. *zu einem herrlichen Stück Erde*. Dieses Märchenland ähnelt dem Land der Vermählung in John Bunyans berühmter *Pilgerreise (The Pilgrim's Progress)*, »wo die Luft duftend und angenehm war ... Unaufhörlich hörten sie die Vögel singen, und jeden Tag sahen sie Blumen aus dem Boden sprießen.« In *Lost in the Land of Oz* (New York: Crossroad, 1994) bezeichnete die Psychologin Madonna Kohlenschlag den *Zauberer von Oz* als »eine moderne *Pilgerreise*, ein Buch über Desillusion und spirituelle Vervollkommnung« (S. 103). Baum kannte *Die Pilgerreise* gut. (In *The Scarecrow of Oz* macht er auf S. 50 sogar ein schlechtes Wortspiel über John Bunyan.) Der puritanisch-erbauliche Klassiker hatte die amerikanische Kinderliteratur des 19. Jahrhunderts sehr beeinflußt, von Louisa May Alcotts *Betty und ihre Schwestern* bis zu Frances Hodgson Burnetts *Two Little Pilgrims' Progress* (1897). Bunyans protestantische Allegorie wurde den jugendlichen Mitgliedern der Centenary Methodist Episcopal Church als Lektüre empfohlen. Obwohl die Baum-Familie diese Kirche in Syracuse im Staat New York besuchte, hätte der kleine Baum jedoch wahrscheinlich mit Huckleberry Finns Worten gesagt, das Buch sei »interessant, aber schwierig«.

4. *die für ihr Alter gut entwickelt war*. Baum macht es dem Kind leicht, indem er die Menschen in diesem seltsamen Land seiner Größe anpaßt. Dorothy ist ihnen sofort gleichgestellt. Da Baum anders als Lewis Carroll in *Alice im Wunderland* bei Dorothy nicht an ein bestimmtes Kind gedacht hatte, ist ihr genaues Alter allerdings schwer zu schätzen. »Dorothy spricht ganz und gar nicht so, wie ein Erwachsener das von einem Kind erwarten würde«, bemerkt Gore Vidal in »On Rereading the Oz Books«, »sondern wie eine vernünftige, eher nüchterne Person.« Laut *The Tin Woodman of Oz* ist Dorothy sehr viel jünger als Prinzessin Ozma von Oz, die etwa vierzehn oder fünfzehn Jahre alt ist. »Als sie nach Oz zog, war sie ein kleines Mädchen«, schreibt Baum. »Sie war immer noch ein kleines Mädchen und würde nicht einen Tag älter erscheinen, solange sie in diesem wunderbaren Märchenland lebte« (S. 156). Ein kleines Mädchen kann nicht viel älter als zehn Jahre sein. Nehmen wir also an, Dorothy ist zehn, als sie in *Dorothy in der Smaragdenstadt* nach Oz zieht, und nehmen wir an, jedes *Oz*-Buch (mit Ausnahme von *Im Reich des Zauberers Oz*, in dem sie nicht erscheint) repräsentiert ein Jahr ihres Lebens, so ist sie bei ihrer ersten Reise nach Oz ungefähr fünf oder sechs Jahre alt. Entsprechend zeichnet Denslow auch ein Kind in etwa diesem Alter. Auch ihre Kleidung entspricht dem, was ein sechsjähriges Mädchen um die Jahrhundertwende trug.

5. *drei Männern*. Diese Herren stehen für die drei »strahlenden Gestalten«, die sich in der *Pilgerreise* am Beginn mit Christian, dem Pilger, anfreunden. Die Munchkins geben Denslow eine erste Gelegenheit, »Figuren wie in einem Comic-Fries über die Seite laufen zu lassen, wobei jedoch jede winzige Figur irgendwie, zum Beispiel durch Kleidung, individualisiert ist« (Baum und MacFall, *To Please a Child*, S. 150). Andere Beispiele für Denslows komische Revuetänzer sind die Winkies, die Hammerköpfe und Glindas Wachen.

schweifen ließ. Groß und größer wurden ihre Augen beim Anblick der lieblichen Landschaft.

Der Wirbelsturm hatte das Haus zu einem herrlichen Stück Erde³ getragen, was für einen Wirbelsturm sehr liebenswürdig war. Rundum an vielen Stellen grünte es bezaubernd. Prächtige Bäume, die sich vor köstlichen Früchten bogen, ragten in den blauen Himmel. Sanfte Hügel waren mit bunten Blumen übersät. Vögel mit seltenem und glänzendem Gefieder zwitscherten und flatterten in den Bäumen und Büschen. Etwas weiter weg eilte ein schmaler Bach zwischen grünen Ufern dahin. Das Mädchen war ihm dankbar für sein Murmeln. Zu lange schon hatte es in der grauen und trockenen Prärie gelebt.

Während sie noch die fremde und schöne Landschaft bewunderte, kam ein Häuflein seltsamer Gestalten auf sie zu. Noch nie in ihrem Leben hatte sie solche Leute erblickt. Sie waren nicht so groß wie die üblichen Menschen, die sie zu sehen gewohnt war, aber sie waren auch nicht sehr klein. Tatsächlich schienen sie ungefähr so groß wie Dorothy zu sein, die für ihr Alter gut entwickelt war.⁴ Sie mußten, soweit man sehen konnte, viele Jahre älter sein als ein Kind.

Das Grüppchen bestand aus drei Männern⁵ und einer Frau, und alle waren merkwürdig gekleidet. Sie hatten runde, in eine Spitze auslaufende Hüte auf dem Kopf, die etwa einen Fuß hoch waren. An den Krempen hingen kleine Glocken, die läuteten bei jeder Bewegung. Die Hüte waren blau. Der Hut der kleinen Frau jedoch war weiß, und auch ihr Kleid, das in Falten von den Schultern hing, war weiß. Es war mit kleinen Sternen übersät, die in der Sonne wie Diamanten blitzten. Die Männer steckten in einer Kleidung, die ebenfalls blau war wie die Hüte.[6] Die Stiefel waren blitzblank geputzt und an den Spitzen mit Schnallen verziert. Die Männer schienen Dorothy so alt wie Onkel Henry zu sein, denn zwei von ihnen trugen Bärte. Die kleine Frau aber war zweifellos älter. Sie hatte Runzeln im Gesicht. Ihr Haar war nahezu weiß. Ihre Bewegungen waren schon ziemlich steif.

Als die Leute sich dem Hause näherten, tuschelten sie untereinander, als fürchteten sie sich, näher zu treten. Dorothy stand auf der Türschwelle. Die kleine alte Frau trat zu ihr, verbeugte sich und sprach mit süßer Stimme: »Edle Zauberin,[7] willkommen im Lande der Munchkins! Wir sind dir von Herzen dafür dankbar, daß du die böse Osthexe getötet hast.«[8]

Dorothy hörte verwundert zu. Was meinte die kleine Frau bloß mit der Bezeichnung Zauberin und mit der Behauptung, Dorothy habe die Osthexe getötet? Dorothy war ein kleines, unschuldiges Mädchen, das durch den Wirbelsturm viele Meilen von zu Hause fortgetragen worden war. Sie hatte in ihrem ganzen Leben noch niemandem ein Leid getan. Doch die kleine Frau wartete offensichtlich auf eine Antwort von ihr.

Die Landung

6. *die ebenfalls blau war wie die Hüte*. Eine detaillierte Beschreibung der Munchkin-Tracht gibt es in *The Patchwork Girl of Oz*:

> [Der Junge] trug blaue Seidenstrümpfe, blaue Kniebundhosen mit goldenen Schnallen, ein blaues Hemd mit Rüschen und eine strahlendblaue, mit goldenen Litzen besetzte Jacke. Seine Schuhe waren aus blauem Leder und bogen sich vorne zu einer Spitze hoch. Sein Hut war ebenfalls spitz und hatte eine flache Krempe, an der winzige goldene Schellen hingen, die bei jeder Bewegung klingelten ... Statt Schuhen trug der alte Mann Stiefel mit umgeschlagenen Stulpen, und seine blaue Jacke hatte breite Manschetten mit goldener Litze (S. 23–24).

Baum definiert Oz, indem er jedem Ort nicht nur einen eigenen Namen, sondern auch eine Lieblingsfarbe und eine Beschreibung der Kleidung und Gebräuche gibt. »Zu Beginn war ich völlig begeistert«, erzählt die österreichische Illustratorin Lisbeth Zwerger über ihre Arbeit an der Ausgabe im Neugebauer Verlag (1996), »aber das Projekt wurde zu einer echten Herausforderung. Baums präzise Details – zum Beispiel seine klare Beschreibung der Munchkins – machen eine Illustratorin eigentlich überflüssig.«

7. *Edle Zauberin*. Diese spontane Fehleinschätzung ist nicht so weit hergeholt, wie sie scheinen mag. Es gab schließlich Zeiten, da konnten Menschen jeden Alters der Hexerei verdächtigt werden. Matilda Joslyn Gage schreibt in *Woman, Church, and State*, daß »auf dem Höhepunkt der Hexenverfolgung Hunderte von Kindern als Hexen verurteilt wurden. Kleine Mädchen von zehn, acht und sieben Jahren werden erwähnt, blinde Mädchen, Babys, und sogar kleine Jungen waren unter denen, die starben« (S. 232).

8. *Wir sind dir von Herzen dafür dankbar, daß du die böse Osthexe getötet hast*. Die Freude ist verständlich – schließlich wurden die Munchkins von der Hexe jahrelang wie Sklaven behandelt. In seinem Buch über den MGM-Film stellt Salman Rushdie die Frage: »Ist [das Land der Munchkins] nicht ein wenig zu hübsch, zu ordentlich, zu niedlich für einen Ort, der noch bis zum Augenblick vor Dorothys Ankunft unter der absoluten Macht der bösen und diktatorischen Osthexe stand? Wie kommt es, daß die Hexe kein Schloß hat? Wie konnte ihre despotische Herrschaft im Land so wenig sichtbar werden? Warum haben die Munchkins kaum Angst und halten sich nur kurz versteckt, warum kichern sie, während sie sich verstecken? Der ketzerische Gedanke drängt sich auf: Vielleicht war die Osthexe *gar nicht so schlimm?*« (S. 42) Rushdie vergleicht sie mit dem faschistischen Diktator Italiens, Benito Mussolini, denn »sie sorgte dafür, daß die Straßen sauber, die Häuser gestrichen und gut erhalten waren und die Züge, wenn es denn welche gab, zweifellos pünktlich fuhren. Zusätzlich scheint sie, anders als ihre Schwester, ohne die Hilfe von Soldaten, Polizisten oder anderen repressiven Kräften geherrscht zu haben. Warum war sie dann so verhaßt? Ich frage ja nur.« Baum läßt sich in seinem Text nicht über die Details ihrer unterdrückenden Herrschaft aus. Trotzdem bleibt Sklaverei Sklaverei, egal, wie täuschend angenehm die äußere Erscheinung gewesen sein mag. Auch die amerikanische Sklaverei wurde gern mit dem Argument gerechtfertigt, daß einige Sklaven unter ihren Herren glücklich gewesen seien, und die Häuser auf den großen Plantagen der Südstaaten waren im allgemeinen frisch gestrichen und gut erhalten, die Straßen waren oft sauber, und die Züge kamen auch meistens pünktlich.

»Du bist sehr freundlich«, sagte Dorothy zögernd, »doch hier liegt ein Irrtum vor. Ich habe niemanden getötet.«

»Du nicht, aber dein Haus hat es getan«, erwiderte die kleine alte Frau und lächelte dabei. »Und das kommt auf dasselbe hinaus«, fuhr sie fort und wies auf die Ecke des Hauses hin.

»Siehst du die zwei Schuhspitzen dort? Sie gucken unter dem Balken hervor.«

Dorothy blickte zur Ecke und schrie erschrocken auf, denn wirklich, genau unter dem Ende des dicken Tragebalkens guckten zwei Füße in silbernen, spitzen Schuhen[9] hervor.

»Ach, du meine Güte!« schrie Dorothy und drückte bestürzt die Hände zusammen. »Das Haus muß auf sie gekracht sein. Was sollen wir tun?«

»Da ist nichts mehr zu machen«, sagte ruhig die kleine Frau.

»Wer war denn die Frau?« fragte Dorothy.

»Sie war die böse Osthexe, wie ich schon sagte«, erwiderte sie. »Sie hat viele Jahre lang alle Munchkins in Gefangenschaft gehalten und sie Tag und Nacht ausgenützt. Nun sind sie alle wieder frei und dir von Herzen dankbar für die Gunst.«

»Wer sind diese Munchkins?«[10] wollte Dorothy wissen.

Die Landung

9. *in silbernen, spitzen Schuhen.* Hier ließ sich Baum vielleicht von Christians Mahnung an Nebenwege in der *Pilgerreise* inspirieren: »Außerdem mußt du dich zum Glauben bekennen, auch wenn er in Lumpen geht, nicht nur in seinen Silberschuhen.« In dem MGM-Film von 1939 werden aus Baums silbernen Schuhen rubinrote«, eine Erfindung des Drehbuchautors Noel Langley. In *The Making of the Wizard of Oz* (1977, S. 40–41) datiert Aljean Harmetz die Erfindung der roten Schuhe sogar ganz genau auf Langleys vierte Drehbuchfassung vom 14. Mai 1938. Die Schuhe waren zwar nichts weiter als normale Pumps mit aufgestickten Pailletten, aber dennoch haben die überlebenden Paare eine bizarre, weit über den Film hinausgehende Geschichte, die Rhys Thomas in *The Ruby Slippers of Oz* (Los Angeles: Table Weaver Publishing, 1989) nachzeichnet. Das letzte Paar wurde im Jahr 2000 bei Christie's für $660 000 versteigert, ein weiteres wird gegenwärtig in der Smithsonian Institution in Washington, D.C., ausgestellt. Zu Ehren des fünfzigsten Jahrestages der Filmpremiere fertigte der Juwelier Harry Winston 1989 ein paar mit Edelsteinen besetzte rote Schuhe an, die angeblich drei Millionen Dollar wert waren. Das entsprach etwa den Produktionskosten des gesamten Films im Jahre 1939. In »*The Wizard of Oz*: Therapeutic Rhetoric in a Contemporary Media Ritual« (*Quarterly Journal of Speech*, Februar 1989) weist David Payne darauf hin, daß in der Psychoanalyse »Schuhe« die Vagina repräsentieren und die Farbe Rot das Menstruationsblut.

Es gibt allerdings eine ganz prosaische Erklärung für die Wahl der roten Farbe. Margaret Hamilton, Darstellerin der bösen Westhexe, war mit den *Oz*-Büchern aufgewachsen und wußte natürlich, daß die Schuhe im Buch silberfarben sind. Sie fragte daher während der Dreharbeiten den Produzenten Mervyn LeRoy, warum MGM sich nicht an die Romanvorlage gehalten habe. Er sagte ihr schlicht, daß sich Rot beim Technicolor-Verfahren besser gegen die gelbe Ziegelsteinstraße abhob als Silber.

10. *Munchkins.* Da keine Notizen vom Entstehungsprozeß des *Zauberers von Oz* erhalten sind, sind alle Erklärungen der Namen in Oz reine Spekulation, aber wahrscheinlich steckt in den Munchkins ein gutes Stück von Münchhausen, dem legendären Lügenbaron. Wie die anderen Namen in den vier Ländern von Oz endet Munchkin wegen der Größe der Einwohner auf einer Verkleinerungssilbe. In *The Fantasy Tradition in American Literature* (S. 89) überlegt Brian Attebery, ob Baum vielleicht an das Münchner Kindl dachte, das vom Rathaus der bayerischen Landeshauptstadt hinunterblickt. Blau ist schließlich auch die Landesfarbe von Bayern. Alexander Wolkow leitet seine (freie) Übersetzung von der Bedeutung des Wortes »to munch – kauen« ab, das in dem Namen steckt. Folglich heißen seine Munchkins *Schewuny*, »die Kauenden«. Andere deutsche Übersetzungen als die vorliegende folgen entweder dieser Logik und nennen sie »Mümmler« (in der Heyne-Ausgabe von *Im Reich des Zauberers Oz*), oder sie deutschen den Namen zu »Manschkins« ein (in der Heyne-Ausgabe von *Der Zauberer von Oz*). Das Wort Munchkin hat mittlerweile Eingang in den offiziellen englischen Wortschatz gefunden. Die zehnte Ausgabe des *Merriam-Webster's Collegiate Dictionary* (Springfield, Mass.: Merriam-Webster, 1998) definiert einen Munchkin als »eine auffällig kleine, meistens liebenswerte Person«. Die zweite Ausgabe des *Random House Webster's Collegiate Dictionary* (New York: Random House, 1999) beschreibt einen Munchkin als »eine kleine Person, insbes. eine, die zwergen- oder elfenhaft erscheint«. Die vierte Ausgabe von *Webster's New World Dictionary* (New York: Macmillan, 1999) fügt noch ein Detail hinzu, das in Baums Text nicht erwähnt wird: »Ein Phantasiewesen in Form eines kleinen Menschen, von pflichtbewußtem, freundlichem, unschuldigem Charakter«, sowie ein Mensch, »der sich mit Dingen beschäftigt, die oft unwichtig unnötig, und ärgerlich sind.« Als »Munchkins« bezeichnet die Fast-Food-Kette Dunkin' Donuts eine ihrer Gebäcksorten.

»Das sind die Leute, die in diesem Ostland[11] leben, wo die böse Osthexe geherrscht hat.«

»Bist du ein Munchkin?« fragte Dorothy.

»Nein! Aber ich bin ihre Freundin, obwohl ich in Nordland[12] zu Hause bin. Als sie entdeckten, daß die Hexe tot war, schickten sie einen Boten[13] zu mir, und ich machte mich gleich auf den Weg. Ich bin die Nordhexe.«[14]

»Du lieber Himmel!« rief Dorothy. »Bist du wirklich eine Hexe?«

»Natürlich«, antwortete die kleine Frau. »Doch ich bin eine gute Hexe,[15] und die Menschen lieben mich. So mächtig wie die böse Hexe, die hier regiert hat, war ich allerdings nicht, sonst hätte ich selbst die Leute befreit.«

»Ich war der Meinung, alle Hexen seien schlecht«, sagte das Mädchen, dem die echte Hexe nicht ganz geheuer war.

»Nein, das ist ein großer Irrtum![16] Vier Hexen gab es hier im Lande Oz.[17] Zwei von ihnen, eine im Norden und eine im Süden, sind gute Hexen. Das weiß ich, weil ich die Hexe aus dem Norden bin, und deshalb irre ich mich nicht. Die Hexen aus dem Osten und Westen waren böse Hexen. Jetzt aber, da du eine aus der Welt geschafft hast, gibt es nur noch eine böse Hexe im ganzen Lande Oz, die nämlich, die im Westen lebt.«[18]

Dorothy überlegte einen Augenblick.

»Aber Tante Em hat mir erzählt, daß alle Hexen schon vor vielen Jahren[19] ausgestorben seien.«

»Wer ist Tante Em?« forschte die kleine alte Frau.

11. *in diesem Ostland*. In den späteren *Oz*-Büchern und anderswo wird das Munchkinland oft mit dem Land der Winkies vertauscht und nach Westen versetzt. Der Grund für diese Verwirrung ist die Karte von Oz, die als vorderes Vorsatzblatt von *Tik-Tok of Oz* diente und auf der die beiden Länder die Plätze tauschen. Der Fehler ist Baums Schuld, denn er hat die Karte selbst entworfen. Die früheste Karte von Oz ist ein handkoloriertes Farbdia, das 1908 in den *Fairylogue and Radio-Plays* benutzt worden war. Gut möglich, daß Baum für die Karte dieses Dia konsultierte und seitenverkehrt ansah und somit die Lage der beiden Länder vertauschte. Um für den International Wizard of Oz Club aktuelle und genaue Karten des wunderbaren Landes Oz und der umliegenden Länder zu erstellen, die jeden Ort enthielten, der in der langen *Oz*-Serie erwähnt wird, studierten James E. Haff und Dick Martin alle wunderlichen Details der *Oz*-Geographie und plazierten die Munchkins im Osten und die Winkies im Westen, wie es im ersten *Oz*-Buch beschrieben ist.

Baum schrieb schnell und nicht immer sorgfältig. Es ist unwahrscheinlich, daß er eine Geschichte noch einmal las, wenn sie erst einmal veröffentlicht war, oder auch nur, wenn sie als Manuskript vorlag. Viele Schriftsteller sind bekannt für Unachtsamkeiten. Eine der berühmtesten befindet sich in Daniel Defoes *Robinson Crusoe*, als Robinson seine Kleider auszieht, um zum Schiff zu schwimmen, und sich dann an Bord des Wracks die Taschen mit Schiffszwieback füllt. Mark Twain wußte nicht mehr, wie er in *Die Abenteuer von Tom Sawyer* Becky Thatcher genannt hatte, als er mit *Die Abenteuer von Huckleberry Finn* begann. »Baum war einfach nicht konsequent«, erklärt Edward Wagenknecht in *The Baum Bugle* (Frühjahr 1974), »und jeder, der es schafft, die *Oz*-Bücher von allen Widersprüchen zu befreien, sollte auch in der Lage sein, das mit den Evangelien zu erreichen.« In »On Rereading the Oz Books« gesteht Gore Vidal: »Ich habe früher viel Zeit damit verbracht, mir über die vielen Unstimmigkeiten in diesem heiligen Text Gedanken zu machen. Von Zeit zu Zeit versuchte Baum, Fehler rational zu erklären, aber er war ein viel zu schneller und nachlässiger Autor, um je eine so vollkommen logische verrückte Welt zu erschaffen wie Lewis Carroll und E. Nesbitt.« In »America as Fairyland« (*The New York Times Book Review*, 6. Juni 1985) berichtet Cathleen Schine, daß mehrere Leute, die in ihrer Kindheit die *Oz*-Bücher gelesen hatten, ihr sogar erzählt hatten, sie betrachteten die Diskrepanzen »als einen der überzeugendsten Aspekte der *Oz*-Bücher – Baums fehlende Logik brachte sie zum Nachdenken«.

12. *in Nordland*. Erst im zweiten *Oz*-Buch, *Im Reich des Zauberers Oz*, verrät Baum die Lieblingsfarbe und den Namen des Nordlandes. Es ist das purpurrote Land der Gillikins. Ebenso wie Munchkin ist Gillikin ein Name, der auch mit einer Verkleinerungssilbe endet. Er klingt ähnlich wie »Gilligren«, der Held von »Sing a Song o' Sixpence« in Baums *Mother Goose in Prose*. Martin Gardner meint, das purpurfarbene Nordland könne seinen Namen von der purpurfarbenen Levkoje erhalten haben, die in Neuengland wächst.

13. *einen Boten*. Fred M. Meyer, ehemaliger Schriftführer des Oz-Clubs, weist darauf hin, daß dieser Bote in der Tat schnell gewesen sein muß, wenn er nur wenige Minuten nachdem Dorothys Haus auf der bösen Osthexe gelandet war, bereits die gute Nordhexe herbeigerufen hat.

14. *die Nordhexe*. In der musikalischen Revue von 1902 lautete ihr Name Locasta, was wohl eher eine Erfindung des Regisseurs Julian Mitchell war. In *The Giant Horse of Oz* (1928) nennt Ruth Plumly Thompson die gute Nordhexe Tattypoo und gibt ihr eine bemerkenswerte Vergangenheit, die Baum in seinen Geschichten nicht angedeutet hatte. In seiner russischen Adaption nennt Alexander Wolkow sie Willina. Die Verfilmung von 1939 verschmilzt die gute Nordhexe und die Südhexe Glinda zu *Glinda, der Nordhexe*, gespielt von Billie Burke, die mit ihren dreiundfünfzig Jahren sowohl Alter als auch Schönheit verkörperte.

15. *eine gute Hexe*. In *Der Zauberer von Oz* spielt Baum ständig mit konventionellen Weisheiten. Die meisten Menschen seiner Zeit dachten, alle Hexen seien böse, eine Überzeugung, die sich wahrscheinlich aus den Märchen der Grimms und denen Andersens herleitete. In *Woman, Church, and State* argumentiert Gage: »Das Wort ›witch‹ bezeichnete früher jede Frau von überlegenem Wissen« (S. 236). Es bedeutete nichts anders als »weise Frau«. Gage war sich der christlichen Lesart wohl bewußt: »Man hielt eine Hexe für eine Frau, die sich willentlich dem Teufel verkauft hatte, die sich daran erfreute, anderen zu schaden, und die, um die Ungeheuerlichkeit ihrer bösen Taten zu verstärken, ausgerechnet den Sabbat zum Tag für ihre frevelhaftesten Rituale gemacht hatte« (S. 217). Aber sie betont auch, daß »im Katholizismus diejenigen, die als Hexer oder Hexen, als ›Häretiker‹ verdammt wurden, in Wirklichkeit die vorausschauenden Denker der christlichen Zeit waren« (S. 247). In »The Witchcraft of Mary-Marie« (in *Baum's American Fairy Tales*) schreibt Baum in Übereinstimmung mit dem gängigen Vorurteil, daß Hexen »ihre Seele an den Satan verkaufen, um Hexenwissen zu erlangen« (S. 45). Er selbst glaubte allerdings nicht an Satan. In einem Leitartikel im *Aberdeen Saturday Pioneer* (18. Oktober 1890) schreibt er: »Der absurde und legendäre Teufel ist eine Erfindung der Kirche.« Die beste Entsprechung von Baums guter Hexe in der europäischen Tradition ist die heidnische Zauberin. Eine Hexe dient Satan, eine Zauberin dient sich selbst. Baum muß diesen Unterschied gekannt haben, denn in den späteren *Oz*-Büchern macht er aus Glinda, der guten Hexe, Glinda, die gute Zauberin.

Fundamentalisten neuerer Zeit sehen das alles ein wenig anders. Am 24. Oktober 1986 entschied ein Bundesrichter in Greeneville, daß die Schulen in Tennessee verfassungswidrig handelten, weil sie fundamentalistischen Christen vorschrieben, Schulbücher zu verwenden, die ihre religiösen Überzeugungen verletzten. Unter der angeprangerten »antichristlichen Literatur« befand sich *Der Zauberer von Oz*, der es wagte, gute Hexen zu beschreiben, und der lehrte, daß Intelligenz, Liebe und Mut vom Individuum selbst entwickelt werden, anstatt gottgegeben zu sein. Andere Christen waren weniger scheinheilig, und es gibt sogar Predigten, die auf den Lehren von *Der Zauberer von Oz* aufbauten. In *The Magnificent Defeat* (New York: Seabury Press, 1966) schreibt der presbyterianische Geistliche Frederick Buechner, *Der Zauberer von Oz* »scheint mir nicht nur das großartigste Märchen zu sein, das diese Nation je hervorgebracht hat, sondern auch einer ihrer großen Mythen« (S. 51–56). Siehe dazu auch Buechners »The Gospel as Fairy Tale« in *Telling the Truth* (New York: Harper & Row, 1977). »Dorothys Reise auf der gelben Ziegelsteinstraße hat eine narrative Funktion, die nicht unähnlich der jüdischen und christlichen Reise entweder als Individuum durch den Lebenszyklus oder als Gemeinschaft durch die Geschichte ist«, wird Dr. Paul Nathanson am 28. November 1991 während der Konferenz der American Academy of Religion in Kansas City von der *New York Times* zitiert. Er sieht Dorothys Situation analog zum Vertriebenwerden aus dem Garten Eden und dem Exodus der Juden aus dem Gelobten Land. Im Juli 1995 benutzte Judy Atwell von der presbyterianischen Kirche in einem an der Purdue University in Lafayette (Indiana) gehaltenen Workshop für internationale Teilnehmer *Der Zauberer von Oz* als Lehrmaterial, weil die Geschichte nationale und ethnische Grenzen wie auch Grenzen zwischen den Geschlechtern und den Generationen überschreite. Und im Februar 1996 wählte eine Kommission der katholischen Kirche im Vatikan die MGM-Verfilmung als einen der fünfundvierzig Filme aus, die am besten die Perspektive der Kirche repräsentierten. Auch Ray Bolger, der in der Verfilmung die Vogelscheuche gespielt hatte, interpretierte die Geschichte in traditionellem christlichem Sinne (»A Lesson from Oz«).

Baum fand, daß Kirchenmänner langatmig seien und zu viele Worte machten, und er hatte genausowenig Respekt für sie wie für Professoren. (Daß Dr. Nathanson in seinem Buch *Over the Rainbow: The Wizard of Oz as a Secular Myth of America* den *Zauberer von Oz* als »kosmogonischen und gleichzeitig eschatologischen Mythos« bezeichnet, hätte Baum sehr amüsiert.) Als der Zottelmann in *Dorothy in der Smaragdenstadt* Rigmarole Town besucht, deren Einwohner keine Frage mit einem einfachen »Ja« oder »Nein« beantworten können, bemerkt er: »Manche Professoren und Geistliche sind sicher mit diesen Menschen verwandt… Wenn einer nicht klar und direkt sprechen kann, sollte man ihn einfach nach Rigmarole Town schicken, während unsere Regierung ihn wild und frei herumlaufen läßt, um unschuldige Menschen zu quälen« (S. 235–236 in der amerikanischen Ausgabe – die deutsche Übersetzung von Esmy Berlt übergeht diese Episode). In »Modern Fairy Tales« (*The Advance*, 19. August 1909) kritisiert Baum einen beliebten Geistlichen in New York City und seinen »schwerfälligen Versuch, seine Pflicht an seinen Schäfchen zu vollziehen, indem er jeden Monat eine besondere Predigt für Kinder hielt. ›Meine Kinder‹, sagte er bei einer dieser peinlichen Gelegenheiten, ›heute morgen beginne ich mit einer Epitome des Lebens des heiligen Paulus. Vielleicht ist einigen von euch, meine Kinder, nicht geläufig, was eine Epitome ist. Epitome, meine Lieben, ist hier in seiner Bedeutung synonym mit dem Wort Exzerpt.‹« Die Anziehungskraft von Oz beschränkt sich nicht allein auf die verschiedenen Zweige des christlichen Glaubens. In *From Confucius to Oz* (New York: Donald I. Fine, 1988) argumentiert Vernon Crawford, daß »die von Konfuzius gelehrten Tugenden genau die Eigenschaften sind, die die Vogelscheuche, der blecherne Holzfäller und der Löwe in *Der Zauberer von Oz* suchen«. Es gibt sogar ein Buch mit dem Titel *The Zen of Oz* von Joey Green (Los Angeles: Renaissance Books, 1998). In *The Wisdom of Oz* (San Diego: Inner Connections Press, 1998) benutzt Baums Urenkelin Dr. Gita Dorothy Morena die Geschichte als Allegorie auf ihr persönliches spirituelles Wachstum.

16. *das ist ein großer Irrtum*. Weil der Teufel in Baums Geschichten keine Rolle spielt, müssen seine Hexen und Zauberer an ihrem individuellen Charakter gemessen werden, nicht an der Herkunft ihrer okkulten Macht. Sie können gut oder schlecht sein, abhängig davon, wie sie ihr Wissen nutzen. Das gleiche trifft in der theosophischen Theorie auch auf Unsterbliche zu. In *Isis entschleiert* argumentiert Madame Blavatsky, daß ein »Dämon« »jede Art von Geist ist, ob gut oder schlecht, menschlich oder nicht«. Als Rob in *The Master Key* (1910) aus Versehen den Dämon der Elektrizität ruft, meint der Junge, er habe »immer gedacht, Dämonen sind böse.« »Nicht unbedingt«, antwortet sein Besucher. »Wenn du dir die Mühe machst, im Wörterbuch nachzusehen, dann wirst du erkennen, daß Dämonen genau wie alle anderen Wesen gut oder böse sein können. Ursprünglich waren alle Dämonen gut, aber mit der Zeit haben die Menschen begonnen, sie für schlecht zu halten. Ich weiß nicht, warum. Solltest du Hesiod lesen, dann wirst du sehen, daß er sagt:

> Werden sie fromme Dämonen der oberen Erde genennet,
> Gute, des Wehs Abwehrer, der sterblichen Menschen Behüter«
> (S. 16–17).

Erst im christlichen Zeitalter wurden solche Geister als böse eingeordnet. Mit Hexen ist das ähnlich. Als in »The Witchcraft of Mary-Marie« in *Baum's American Fairy Tales* das kleine Mädchen zaubern lernen soll, ruft es erstaunt: »Ich bin nicht alt genug. Hexen, das sind vertrocknete alte Weiber… Und sie verkaufen ihre Seelen an den Satan.« Aber es wird schnell eines Besseren belehrt:

> Wenn man dir so zuhört, würde man meinen, du weißt alles über Hexen. Aber deine Worte belegen, daß du eigentlich nicht viel über sie weißt. Auf der Welt gibt es gute und schlechte Menschen, und ich nehme an, genauso findet man auch gute Hexen und böse Hexen. Die meisten Hexen, die ich kenne, sind sogar sehr ehrenwert und für ihre guten Taten bekannt (S. 45–46).

Die, die hier spricht, erweist sich am Ende selbst als eine gute Hexe.

17. *Oz*. Seit der ersten Veröffentlichung von *Der Zauberer von Oz* gibt es eine große Anzahl von Theorien über den Ursprung des Wortes »Oz«. »Das Wort *Oz* entsprang Mr. Baums Kopf, genau wie seine seltsamen Figuren«, schreibt Maud Baum nachdrücklich in einem Brief an Jack Snow vom 21. Juni 1943. »Niemand und nichts hat dieses Wort inspiriert – auch keine Person. *Das ist eine Tatsache.*« Die allgemein anerkannte Geschichte, wie Baum auf den Namen Oz kam, wird in Baum und MacFalls *To Please a Child* (S. 106–10) erzählt, und sie betrifft einen Aktenschrank in Baums Haus. Eines Abends, als Baum seinen Jungen und ihren Freunden eine Geschichte von einem kleinen Mädchen aus Kansas namens Dorothy erzählte, das von einem Wirbelsturm in ein Märchenland getragen wird, fragte ihn eines der Kinder, wie denn das seltsame Land heiße. Baum sah sich im Zimmer um, und sein Blick fiel auf die Schubladen des Aktenschrankes, die mit »A–N« und »O–Z« beschriftet waren. Er sagte den Kindern, es sei das Land Oz. Diese Geschichte kann allerdings gut und gern die Erfindung von Baums Sohn Frank Joslyn sein, denn sie unterscheidet sich in wichtigen Details von der ersten veröffentlichten Version der Aktenschrank-Geschichte in einer Presseerklärung von Bobbs-Merrill, mit der in *Publishers Weekly* (18. April 1903) und vielen anderen Zeitungen die Neuauflage von *The Wonderful Wizard of Oz* unter dem Titel *The New Wizard of Oz* angekündigt wurde:

> Ich habe vor mir auf dem Schreibtisch ein kleines Karteikästchen stehen. Als ich mir den Titel für meine Geschichte überlegte und mich gerade für das Wort »Zauberer« entschieden hatte, fiel mein Blick auf die vergoldeten Buchstaben auf den drei Schubladen des Kästchen. Die erste Schublade war mit A–G und die zweite mit H–N beschriftet. Auf der dritten befanden sich die Buchstaben O–Z. Daher der Name »Oz«.

Aber auch diese Erzählung ist nicht völlig glaubhaft. Baum muß das Wort bereits einige Zeit, bevor er über den endgültigen Titel des Buches nachdachte, gewußt haben, denn »Oz« war bereits Teil mehrerer Titelvarianten, bevor »Zauberer« je ins Auge gefaßt worden war (siehe Einleitung, Ss. xxxvii–xxxix). Ein anderer von Baums Söhnen bestätigt nur den Kern der Geschichte. »Vater probierte und verwarf viele Namen für sein Land, während er an seinem Rollpult saß«, erzählte Harry Neal Baum in »The Wonderful Writer of Oz« (Chicago *Daily News*, 17. April 1965) Joseph Haas. »Eines Tages warf er einen Blick auf seine drei Aktenschubladen, und da kam ihm die Idee.« In Maxfield Parrishs Illustrationen in *Mother Goose in Prose* wird eine Variante der Schubladengeschichte angedeutet. Dort steht auf dem Bücherregal hinter dem Wond'rous Wise Man ein Band eines Zitatenschatzes, der auf dem Buchrücken mit »A bis N« bezeichnet ist. Aber wo ist O bis Z? (Siehe Abb. auf S. xxvii.)

Es existieren natürlich auch weniger nüchterne Theorien. In *The Wizard of Oz and Who He Was* (S. 37) bemerkt Gardner die Ähnlichkeit zwischen dem Land Oz und dem Land Uz, dem Land, in dem Hiob lebte. Weil er ein Bewunderer der Werke von Charles Dickens war, dessen Pseudonym Boz lautete, wäre es auch möglich, daß Baum einfach das »B« weggelassen hatte, so daß »Oz« übrigblieb. Oder stammt es vielleicht aus Shelleys Gedicht »Ozymandias« (dem griechischen Namen für den ägyptischen Pharao Ramses II.)? In »The Comedians of Oz« (*Studies in American Humor*, Winter 1986–1987) schlägt Celia Catlett Anderson folgende Ableitung vor: »Die Beschreibung der Gottheit im Alten Testament, ›Ich bin das A und das O‹ – Alpha-Omega gleich A–Z gleich Oz.« In seiner Einleitung zu *Who's Who in Oz* meint Jack Snow, Baum habe Geschichten gemocht, die den Leser vor Begeisterung in »Ohs« und »Ahs« ausbrechen ließen. Englisch ausgesprochen liegt beides dem Wort »Oz« sehr nahe. Wie Baum selbst den Namen aussprach, zeigt sich im folgenden Lied, das Oz in der ersten unveröffentlichten Bühnenbearbeitung von *Der Zauberer von Oz*, geschrieben 1901, singt:

> Hear me, fear me! Never dare to cheer me!
> I'm the greatest necromancer ever *was*!
> All my deeds with magic reek,
> I'm the whole thing, so to speak!
> I'm the wonderful Wizard of *Oz*!

In seiner Kolumne »Mathematical Games« (*Scientific American*, Februar 1972) deckt Gardner eine wahrscheinlich unabsichtliche Korrelation zwischen dem Bundesstaat, aus dem Baum stammte, und dem Namen des Märchenlandes auf: Oz-Club-Mitglied Mary Scott hatte entdeckt, daß eine Verschiebung um nur einen Buchstaben aus der Abkürzung für New York das Wort Oz ergibt:

N → O
Y → Z

Nach dem Erscheinen dieser Kolumne erfuhr Gardner, daß eine weitere Verschiebung um einen Buchstaben die Abkürzung von Pennsylvania, des Heimatstaates von Ruth Plumly Thompson, der zweiten Königlichen Historikerin von Oz, ergibt:

O → P
Z → A

Im gleichen Artikel entwarf Gardner ein Diagramm der möglichen alphabetischen Symmetrie des Wortes »WIZARD« (Zauberer). In *Dorothy und der Zauberer in Oz* enthüllt Baum allerdings schlicht, daß das Wort »Oz« »groß und gut« bedeutet (Kapitel 15).

18. die im Westen lebt. Ein kurzer Blick in die anderen Bücher der Reihe zeigt, daß es in der Oz-Saga noch sehr viel mehr als vier Hexen gibt. Es gibt verschiedene Typen mit unterschiedlichen Spezialitäten. Die Hexe Mombi in *Im Reich des Zauberers Oz* ist angeblich nicht mehr als eine Zauberin, da die gute Nordhexe andere Hexen, ob gut oder böse, in ihrem Land verbietet. Mrs. Yoop in *The Tin Woodman of Oz* und Red Reera in *Glinda of Oz* sind Yookoohoos, Experten auf dem Gebiet der Transformation, und Coo-ee-oh, ebenfalls aus *Glinda of Oz*, ist die einzige Krumbic-Hexe der Welt. In *Dorothy und der Zauberer in Oz* heißt es, daß es einmal vier böse Hexen gab, von der jede eines der vier Länder von Oz regierte. Die gute Nordhexe besiegte die böse Nordhexe Mombi; Glinda besiegte die böse Südhexe. Aber wer ist diese? Vielleicht Blinkie aus *The Scarecrow of Oz*, die mit einer Horde Hexen in Jinxland lebt, die mit ihr zusammen geflohen sein könnten, als Glinda an die Macht kam.

19. *schon vor vielen Jahren*. Diese Aussage wiederholt den Gedanken, der in einem Gedicht mit dem Titel »Who's Afraid« in *By the Candelabra's Glare* (S. 74) ausgedrückt ist, in dem Baum das Ende aller gefährlichen Kreaturen, von Riesen über Hexen bis hin zu Löwen und Grizzlybären, beschreibt. Das Gedicht erschien in verkürzter Form auch in *Father Goose, His Book*.

20. *ein zivilisiertes Land*. Baum beschreibt eine paradoxe Situation. Kansas ist zivilisiert, aber öde, Oz ist ungezähmt und ein Paradies. Westliche Technologie hat die Wüste nicht zum Blühen gebracht. Wie viele seiner Zeitgenossen war Baum skeptisch, was die Vorzüge der Modernität betraf, und erkannte, daß der Fortschritt es oft mit sich bringt, daß Freiheit eingegrenzt wird. Mark Twains Huckleberry Finn drückt diese Skepsis aus, wenn er sich in unbesiedelte Gegenden aufmachen will, um zu vermeiden, von Tante Sally zivilisiert zu werden. Baum sprach zwar von »modernisierten Märchen« und »fortschrittlichen Feen«, aber er machte sich nicht jeden modernen Fortschritt zu eigen. Seine Schwiegermutter Matilda Joslyn Gage war ebenfalls skeptisch, ob sich die Weltgeschichte fortentwickelt, wie die Sozialdarwinisten meinen. Sie war der Ansicht, daß einige Perioden des Altertums der modernen Zeit weit überlegen waren. Die sogenannten Naturvölker erwiesen sich oft als zivilisierter als die sogenannten Kulturnationen, bei denen Zivilisation auf Kosten von Unmittelbarkeit und Übersichtlichkeit gehe. In Baums *The Master Key* bemerkt der Dämon der Elektrizität: »Einer eurer Schriftsteller meinte mit Recht, daß bei den zivilisierten Völkern die Dinge selten so sind, wie sie erscheinen« (S. 93). Baum betrachtete die kultivierten Klassen als versnobt, hinterlistig und oberflächlich. In *Prairie-Dog Town* (eine der »Twinkle Tales«, die Baum unter dem Pseudonym »Laura Bancroft« veröffentlichte) definiert einer der Präriehunde Zivilisation folgendermaßen: »Ein sehr großes Wort. Es bedeutet, die einen haben einen besseren Weg zu leben gefunden als die anderen« (S. 5). Und was für ein Weg war das? »Zivilisiert zu werden«, erklärt der König von Fuchsstadt in *Dorothy auf Zauberwegen*, »bedeutet, sich so sorgfältig und hübsch wie möglich zu kleiden und seine Kleider zur Schau zu tragen, damit man von den Nachbarn beneidet wird. Aus diesem Grund verbringen zivilisierte Füchse und zivilisierte Menschen so viel Zeit mit ihrer Kleidung« (Kapitel 4).

In seiner Einleitung zu *The Enchanted Island of Yew*, einem seiner altmodischen Märchen, geht Baum näher auf diese Frage ein, indem er meint, daß die Menschheit einmal in einem goldenen Zeitalter lebte. »In den Tagen, als die Welt noch jung war«, erklärt Baum, »da gab es keine Automobile oder Flugmaschinen, die einen in Erstaunen versetzten, es gab auch keine Eisenbahn oder Telefone oder mechanische Erfindungen irgendeiner Art, welche die Menschen in ständiger Aufregung hielten. Männer und Frauen lebten einfach und friedlich. Sie waren Kinder der Natur und atmeten frische Luft statt Rauch und Kohlenstaub; sie wanderten über grüne Wiesen und durch tiefe Wälder, anstatt mit Straßenbahnen zu fahren; sie gingen zu Bett, wenn es dunkel wurde, und standen mit der Sonne auf. Das ist sehr verschieden von den Sitten der heutigen Zeit« (S. 1–2). Der Mensch war damals zwar hilflos, aber es gab Feen, die ihn beschützten. Die haben sich heutzutage zurückgezogen und zeigen sich modernen Menschen selten.« »Große Städte wurden gebaut und große Königreiche gegründet. Die Zivilisation hatte die Menschen erfaßt, und sie raubten und kämpften und nutzten die magischen Künste nicht mehr, sondern waren sehr beschäftigt und führten ein anständiges Leben« (S. 242). Aber um welchen Preis? Ist das Leben besser, sind die Menschen glücklicher als früher? Glücklicherweise wurde das Land Oz nie zivilisiert, und seine Bewohner sind daher nicht ständig beschäftigt. Oz gehört in eine andere Zeit, in die des Matriarchats, wie es von Matilda Joslyn Gage in *Woman, Church, and State* beschrieben wurde. Alle Männer in der Erzählung haben einen Markel. Selbst der Zauberer ist nicht so großartig wie zunächst angenommen.

Die gute Nordhexe hat natürlich guten Grund, die »Zivilisation« zu beargwöhnen. Es geschah in den »fortschrittlichsten« Nationen, in denen die Ermordung vermeintlicher Hexen und Hexer durchgeführt wurde. Matilda Joslyn Gage berichtet in *Woman, Church, and State*, daß Tausende von Frauen »den schrecklichen Feuertod für ein Verbrechen starben, das nie existierte, oder nur in der Vorstellung ihrer Verfolger, in deren Phantasie aus einer irrigen Theorie der Erbsünde ein irriger Glaube an die außergewöhnliche Bosheit der Frauen erwuchs« (S. 228). Sie schreibt, daß die Beschuldiger und Verfolger von Eigeninteresse motiviert gewesen seien, von »Gier, Böswilligkeit, Haß, Angst und dem Verlangen, sich selbst von jedem Verdacht zu entlasten« (S. 243). Die brutalsten Foltermethoden wurden eingesetzt, »um weibliche Intelligenz zu unterdrücken, da Wissen in der Hand von Frauen als böse und gefährlich betrachtet wurde« (S. 243). Unter Franz I., dem Förderer Leonardo da Vincis, wurden in Frankreich angeblich einhunderttausend Frauen hingerichtet; nach 1484 waren es neun Millionen Menschen. Die Hexenverfolgung in Salem im puritanischen Neuengland fand im späten 17. Jahrhundert statt; die letzte Hinrichtung einer Hexe 1722 in Schottland, und erst unter der Regierung von George II. annullierte das englische Parlament im Jahre 1736 das Statut gegen diejenigen, die der Zauberei, Hexerei oder Beschwörung verdächtigt wurden. Dies, wie Gage betont, »nach der Massenvernichtung von Frauen, die Opfer der Ignoranz und der Barbarei der Kirche wurden, die auf diese Weise die Zivilisation verzögerte und viele hundert Jahre lang den spirituellen Fortschritt aufhielt« (S. 237). Wie die Geschichte bis ins 21. Jahrhundert gezeigt hat, werden barbarische Taten nicht allein von den Barbaren begangen.

Es gibt weitere Hinweise darauf, daß Baum der modernen Zivilisation zumindest kritisch gegenüberstand. In »Oz Country« (*The New York Review of Books*, 3. Dezember 1964) vermutet Marius Bewley, daß Baum einer Agrargesellschaft nahestand, wie sie beispielsweise auch ein Thomas Jefferson bevorzugt hatte, einem System, in dem jeder Bürger seinen eigenen Garten hat und sich von nationalen und internationalen Angelegenheiten fernhält. Oz ist tatsächlich ein landwirtschaftlich orientiertes Königreich, ein ländliches Paradies mit nur einer Stadt, der Smaragdenstadt. Viele Teile des Landes sind unbestellte Wildnis, genau wie der größte Teil des Staates New York, wie ihn Baum noch kannte. Trotz seiner Skepsis dem modernen Fortschritt gegenüber glaubte Baum durchaus an den amerika-

»Das ist meine Tante in Kansas. Von dort nämlich komme ich her.«

Die Nordhexe dachte eine Weile nach, senkte den Kopf und blickte zu Boden. Dann sah sie hoch.

»Ich weiß nicht, wo sich dieses Kansas befindet, denn ich habe diesen Namen noch niemals gehört. Erzähl mir: Ist Kansas ein zivilisiertes Land?«[20]

»Natürlich«, antwortete Dorothy.

»Das erklärt alles. In zivilisierten Ländern, glaube ich, gibt es keine Hexen mehr, keine Zauberinnen und keine Zauberer. Aber schau, das Land von Oz war niemals zivilisiert, denn wir leben abgeschnitten vom Rest der Welt. Deshalb haben wir noch Hexen und Zauberer unter uns.«

»Und wo sind die Zauberer?« fragte Dorothy.

»Oz selbst[21] ist der große Zauberer«,[22] erwiderte die Hexe und senkte die Stimme. »Er ist der Mächtigste hier und lebt in der Smaragdenstadt.«[23]

Dorothy wollte noch etwas fragen, aber in diesem Augenblick stießen die Munchkins, die bisher schweigend dagestanden hatten, einen lauten Schrei aus und zeigten auf die Ecke des Hauses, wo die böse Hexe gelegen hatte.

»Was ist los?« fragte die kleine alte Frau und spähte ebenfalls hin. Und dann lachte sie. Die Füße der toten Hexe waren nämlich verschwunden, nur die silbernen Schuhe lagen noch da.

»Sie war so alt«, erklärte die Nordhexe, »daß sie in der Sonne vertrocknet ist. So hat es ein böses Ende genommen mit ihr. Die

nischen Traum des robusten Individualismus, daß jeder Mensch seines Glückes Schmied sei. Dorothys drei Begleiter – die Vogelscheuche, der Blechholzfäller und der feige Löwe – sind alle Selfmademen: Trotz ihrer Fehler und der großen Schwierigkeiten, auf die sie treffen, gehen sie hinaus, um ihr Glück zu machen, und sie bekommen, was sie wollen. Unklar ist dabei, ob Baum den einfachen Mann oder den herausragenden Einzelkämpfer bevorzugte. »Ich bin der Meinung«, bemerkt die Vogelscheuche in *Im Reich des Zauberers Oz*, »daß die einzigen Menschen, die auf der Welt Beachtung verdienen, die Besonderen sind. Denn die gewöhnlichen Menschen sind wie Blätter an einem Baum und leben und sterben unbemerkt.« Der snobistische Woggle-Bug fügt hinzu: »Gesprochen wie ein Philosoph!« (Kapitel 16, »Der Vogelscheuchenmann denkt nach«) Das klingt nach Elitedenken, aber an anderer Stelle schreibt Baum genau das Gegenteil: »Der arme und bescheidene Mensch, der unbemerkt und unbeachtet lebt ... ist der einzige, der das Schöne am Leben zu schätzen weiß.« (*Rinkitink of Oz*, S. 220) Es ist alles Ansichtssache, und der feige Löwe formuliert es daher in *The Lost Princess of Oz* so: »Ein Individuum zu sein, meine Freunde, anders zu sein als die anderen, das ist der einzige Weg, sich von der Herde abzusetzen. Laßt uns darum froh sein, daß wir uns in Aussehen und Charakter voneinander unterscheiden. Vielseitigkeit ist die Würze des Lebens, und wir sind unterschiedlich genug, um die Gesellschaft des anderen zu genießen, also laßt uns zufrieden sein.« (S. 148) Diese Philosophie ermöglichte es Baum, all die Prüfungen und Leiden seines eigenen Zeitalters zu überstehen.

21. *Oz selbst*. Laut *Dorothy und der Zauberer in Oz* war Oz einfach der Name des Regenten im Lande Oz, solange es sich unter einheitlicher Herrschaft befand. Wenn der Monarch eine Frau war, hieß sie Ozma. Vor der Ankunft des Zauberers in Oz wurde das Land von einem Großvater der gegenwärtigen Herrscherin Prinzessin Ozma regiert. Die Hexe Mombi verzauberte ihn und seinen Sohn, als sie und die anderen bösen Hexen die vier Länder von Oz unterwarfen. Aber an diesem Punkt wird Baum ein wenig undeutlich. Laut *Im Reich des Zauberers Oz* war Pastoria, Ozmas Vater, Herrscher über die Smaragdenstadt, bevor der Zauberer nach Oz kam, aber damit wollte Baum möglicherweise nur das Buch an die musikalische Revue von 1902 anpassen, wo Pastoria eingeführt wird, um mit dem Zauberer um die Herrschaft über die Smaragdenstadt zu streiten. Überall sonst wird dem Zauberer die Gründung der Smaragdenstadt zugeschrieben. Mombi ist Ozmas Vormund, bevor Glinda die Gute ihre Verzauberung aufhebt und das Mädchen als rechtmäßige Herrscherin von Oz ausruft. Die prä-dorothyianische Geschichte von Oz wird von Robert R. Pattrick in seiner Essaysammlung *Unexplored Territory in Oz* untersucht.

22. *der große Zauberer*. Das Verhältnis von einem Zauberer zu vier Hexen in Oz ist niedriger als das Verhältnis in Europa während der Inquisition. »Zauberer waren selten«, berichtet Matilda Joslyn Gage in *Woman, Church, and State*. »Ein Autor meint, daß auf einhundert Hexen nur ein Hexer kam.« (S. 224) Eine andere Quelle rechnet »auf einen Hexer zehntausend Hexen«. Im venezianischen Volksglauben gab es deswegen weniger Hexer, weil der Teufel entschieden hatte, »nur Frauen zu verführen, weil sie aufgrund von Ehrgeiz oder Rachegelüsten leichter nachgeben«. Immer wurden sehr viel mehr Frauen der Hexerei verdächtigt und zum Tode verurteilt als Männer.

23. *in der Smaragdenstadt*. Möglicherweise wählte Baum den Smaragd als das wichtigste Juwel der zauberhaften Hauptstadt von Oz, um Irland, die »(smaragd-)grüne Insel« zu ehren, die Heimat der Familie seiner Mutter. Es ist auch der Geburtsstein derer, die wie Baum selbst im Mai geboren wurden.

24. *Staub*. Wie das Oz-Club-Mitglied David L. Greene in einem Brief vorschlägt, dachte Baum dabei möglicherweise an den Bibelspruch: »Denn du bist Erde und sollst zu Erde werden« (1. Mose 3,19), der oft in der Formulierung »Asche zu Asche, Staub zu Staub« bei christlichen Beerdigungen zitiert wird. Baum möchte damit vielleicht betonen, daß die Hexe so alt und böse war, daß nach einem solchen Schlag auf den Kopf ihre Überreste vom Wind verstreut wurden.

25. *Wüste*. Baum brauchte mehrere *Oz*-Bücher, um die genaue Beschaffenheit dieser großen Sandöde festzulegen. In *Im Reich des Zauberers Oz* kann man sie noch überwinden, wenn zum Beispiel die Hexe Mombi in Form eines Greifs versucht, Glinda der Guten zu entkommen. In *Dorothy auf Zauberwegen* (Kapitel 11) warnt ein Schild die Reisenden vor ihren Gefahren:

> WARNUNG AN ALLE PERSONEN
> VOR DEM BETRETEN DIESER WÜSTE!
>
> Der tödliche Sand verwandelt jedes Lebewesen
> augenblicklich zu Staub.
> Jenseits dieser Grenze liegt das
> LAND OZ
>
> Wegen des zerstörerischen Sandes kann jedoch
> niemand dieses schöne Land erreichen.

Auf der Karte von Oz, die auf den Vorsatzpapieren von *Tik-Tok of Oz* erscheint, teilt Baum die Wüste genau wie die vier Länder von Oz in vier Teile, jeden mit einem eigenen Namen. Obwohl die ganze Ödnis allgemein als die »Todeswüste« bezeichnet wird, trifft das eigentlich nur auf den Teil zu, der im Westen an das Land der Winkies grenzt. Im Norden befindet sich die »unüberbrückbare Wüste«, im Süden die »große sandige Ödnis«. Die Wüste, die östlich an das Land der Munchkins grenzt, ist die »Flugsandwüste«. »Diese Elemente der Topographie von Oz – die unpassierbare Grenze, die vier Seiten, die symbolischen Farben, der Kreis und das Zentrum – sind auch Elemente eines Mandala«, meint John Algeo in »Oz and Kansas: A Theosophical Quest« (in Susan R. Gannon und Ruth Anne Thompson, Herausgeber, *Proceedings of the Thirteenth Annual Conference of the Children's Literature Association*). Algeo fährt fort: »Mandalas sind

silbernen Schuhe gehören nun dir. Du mußt sie tragen.«

Sie bückte sich, nahm die Schuhe, und nachdem sie den Staub[24] von ihnen weggeblasen hatte, reichte sie die Schuhe Dorothy.

»Die Osthexe war auf diese Silberschuhe stolz«, sagte einer der Munchkins. »Es ist ein Zauber mit ihnen verbunden, doch niemand weiß, was für ein Zauber es ist.«

Dorothy trug die Schuhe ins Haus und stellte sie auf den Tisch. Dann kehrte sie wieder zu den Munchkins zurück und sprach: »Ich möchte gern zu meiner Tante und meinem Onkel zurück. Sicherlich machen sie sich schon Sorgen um mich. Könnt ihr mir dabei behilflich sein?«

Die Munchkins und die Hexe sahen zuerst einander an, dann blickten sie auf Dorothy und schüttelten ratlos den Kopf. Schließlich sagte einer: »Nicht weit von hier ist eine große Wüste,[25] die keiner lebend durchqueren kann.«

»Und ebenso ist es auch im Süden«, fügte ein anderer hinzu. »Ich bin dort gewesen und habe es mit eigenen Augen gesehen. Der Süden ist das Land der Quadlings.«[26]

orientalische Diagramme, welche die menschliche Psyche und die Welt der Erscheinungen repräsentieren – die vielschichtige, schöne, verlockende, aber auch beängstigende Welt, in der wir leben. Und das ist es, was Oz ist.«

26. *Quadlings*. Wie die anderen Namen der Völker von Oz endet »Quadling« mit einer Verkleinerungssilbe. Wenn »quad« »vier« bedeutet, dann hieße eine freie Übersetzung dieser Bezeichnung: »ein kleiner Einwohner des vierten Landes«. Oder war es etwa der Name einer Freundin oder Bekannten von Baum? Als der *Annotated Wizard of Oz* veröffentlicht wurde, schrieb eine Kanadierin, ihr Mädchenname sei »Quadling«.

27. *Winkies*. Das englische »to wink« bedeutet soviel wie »blinzeln«. Der Name des gelben Landes von Oz bezieht sich aber wahrscheinlich eher auf die umgangssprachliche Bezeichnung für »ein kleines bißchen Licht«, denn schließlich stellt sich das Westland in Kapitel 12 als das Land heraus, in dem die Sonne untergeht. In Teilen Großbritanniens und der Vereinigten Staaten bezeichnen Kinder ihren kleinen Finger als »winkie«, und Baum nannte seine Söhne liebevoll »kiddiwinkles«. Der Name vom Westland legt außerdem William Millers Kindergedicht »Wee Willie Winkie« nahe, dessen Titel sich auf den angeblichen Spitznamen von Wilhelm von Oranien bezieht.

28. *Eins, zwei, drei!* Drei ist traditionell *die* mystische Zahl und ein wichtiges Element in den meisten Zauberformeln dieser Erzählung.

29. *eine Schiefertafel*. Schiefertafeln und weiße Kreide waren die Schreibutensilien der Schulkinder um 1900. Die meisten modernen Leser werden wahrscheinlich dieses Beschriebenwerden der Tafel nicht als »automatisches Schreiben« erkennen, die einzige spezifische okkulte Praxis, die Baum in seiner Erzählung erwähnt. Dabei legt ein Medium ein Stück Kreide oder einen Griffel zwischen zwei Schiefertafeln in der Hoffnung, daß eine unsichtbare Macht damit eine Nachricht aus dem Jenseits schreibt. In seinem theosophischen Leitfaden *Astralebene* (1898) erklärt Charles Webster Leadeater, der »Stift, der zwischen den beiden Tafeln liegt, wird von einer Geisterhand gelenkt, von der sich nur die winzigen Punkte, die nötig sind, den Stift zu ergreifen, materialisieren« (S. 96).

30. *Du heißt Dorothy, nicht wahr?* Dorothy *Gale*, um genau zu sein. Ihr Nachname tauchte erstmals im Text der musikalischen Revue von 1902 auf und ist möglicherweise die Erfindung des Regisseurs Julian Mitchell oder des Überarbeiters Glen Macdonough, um einen Witz mit der Bedeutung des Wortes »gale« – »Sturm« vorzubereiten:

DOROTHY: My name is Dorothy, and I am one of the Kansas Gales.
SCARECROW: That accounts for your breezy manner.

In einem in *The Ozmapolitan* abgedruckten Brief (siehe Kap. 1, Anm. 2) unterschreibt das Mädchen mit »Dorothy Gale«. Denslow benutzte den Namen in dem Comic »Dorothy's Christmas Tree«, der am 19. Dezember 1904 im *Minneapolis Journal* und in anderen Zeitungen abgedruckt wurde. Baum fügte Dorothys Nachnamen erst 1907 im dritten *Oz*-Buch, *Ozma von Oz*, hinzu.

Die Landung

Ein dritter bemerkte: »Und mir hat man erzählt, daß es im Westen nicht viel anders ist. Wüsten überall! Dort liegt das Land der Winkies.[27] Sie werden von einer bösen Hexe regiert. Sie würde dich zu ihrer Sklavin machen, wenn du ihr in die Quere kommst.«

»Meine Heimat ist der Norden«, sagte die alte Frau. »An den Grenzen befindet sich dieselbe große Wüste, die dieses Land von Oz umgibt. Ich fürchte, meine Liebe, daß du bei uns bleiben mußt.«

Dorothy brach bei diesen Worten in Tränen aus, denn sie fühlte sich unter diesen fremden Leuten einsam. Ihre Tränen rührten die warmherzigen Munchkins, denn sie holten augenblicklich ihre Taschentücher heraus und weinten mit.

Die kleine alte Frau aber nahm ihren Hut ab, setzte ihn mit der Spitze auf ihr Nasenende und zählte mit feierlicher Stimme: »Eins, zwei, drei!«[28] Sofort verwandelte sich der Hut in eine Schiefertafel,[29] die sich, Wunder über Wunder, zu beschreiben begann: »DOROTHY – SOLL – SICH – AUF – DEN – WEG – IN – DIE – SMARAGDENSTADT – MACHEN!«

Die kleine alte Frau nahm die Schiefertafel von der Nase, las die Worte und fragte: »Du heißt Dorothy, nicht wahr?«[30]

»Ja, das stimmt«, erwiderte das Mädchen, hob den Blick und wischte sich die Tränen aus dem Gesicht.

»Dann mußt du in die Smaragdenstadt. Vielleicht kann dir Oz helfen.«

»Wo ist diese Stadt?«

»Genau in der Mitte des Landes, und es wird von Oz regiert, dem großen Zauberer, von dem ich dir schon erzählt habe.«

»Ist er ein guter Mensch?« fragte das Mädchen besorgt.

»Er ist ein guter Zauberer. Ob er ein guter Mensch ist oder nicht, kann ich dir nicht sagen, denn ich habe noch keine Bekanntschaft mit ihm gemacht.«

»Wie komme ich in diese Stadt?« fragte Dorothy.

»Man kommt nur zu Fuß hin. Es ist eine lange Reise durch ein Land, das manchmal freundlich und manchmal dunkel und schrecklich ist. Doch ich werde dir mit allen meinen Kräften helfen, damit dir nichts passiert.«

»Kannst du mich nicht begleiten?« bat das Mädchen, das die kleine Frau als seine einzige Freundin zu betrachten begann.

»Das geht leider nicht«, erwiderte die Zauberin. »Aber ich werde dich küssen. Niemand wird es wagen, jemandem ein Unrecht zu tun, der von der Nordhexe geküßt worden ist.«

Sie trat zu Dorothy und drückte ihr zärtlich einen Kuß auf die Stirn. Wo die Lippen das Mädchen berührten, blieb ein rundes, leuchtendes Zeichen[31] zurück, wie Dorothy später bemerkte.

»Die Straße in die Smaragdenstadt ist mit gelben Ziegelsteinen gepflastert«,[32] sagte die Hexe, »so kannst du sie nicht verfehlen. Wenn du zu Oz kommst, dann habe keine Angst vor ihm. Erzähl ihm deine Geschichte und bitte ihn, dir behilflich zu sein. Auf Wiedersehen, mein Schatz!«

Die Landung

31. *ein rundes, leuchtendes Zeichen.* Baum erinnerte sich möglicherweise daran, daß der dritte der »strahlenden Gestalten«, die Christ in *Die Pilgerreise* trifft, ihm »ein Mal auf die Stirn« zeichnet. In »Oz as Heaven and Other Philosophical Questions« (*The Baum Bugle*, Herbst 1980) meint Earle J. Coleman, Baum und Bunyan hätten dabei an Hesekiel 9 gedacht, wo Gott verkündet, diejenigen, die ein Zeichen auf der Stirn trügen, sollen von ihm beschützt sein. Obwohl die gute Nordhexe nicht mächtig genug ist, die böse Westhexe zu besiegen, symbolisiert ihr Kuß ganz allgemein das Gute, das stärker ist als das Böse. Dieser Kuß ist ein wichtiges Element in Ruth Plumly Thompsons *The Wishing Horse of Oz* (1935).

32. *mit gelben Ziegelsteinen gepflastert.* Was könnte logischer sein als eine gelbe Ziegelsteinstraße, um durch ein blaues Land zu einer grünen Stadt zu reisen? Dennoch haben viele Kommentatoren versucht, diesen Weg mit der Vorstellung einer »mit Gold gepflasterten« Straße zu verbinden, die aufstrebende amerikanische Städte oft zu haben meinten. Gelbe Ziegelsteine waren im späten 19. Jahrhundert allerdings ein gebräuchliches Baumaterial. Das berühmte Dakota Hotel an der 72. Straße in New York City wurde 1882 daraus erbaut, und als 1892 das alte Haus der Metropolitan Opera wieder aufgebaut wurde, bekam es den Spitznamen »Yellow Brick Brewery«. Aberdeen im Staate South Dakota besaß ein »Schloß« aus gelbem Ziegelstein, das kurz nach dem Wegzug der Baums 1891 fertiggestellt wurde. Obwohl sie die berühmteste Straße in Oz ist, ist sie nicht die einzige aus gelben Ziegelsteinen. In *Im Reich des Zauberers Oz* reisen Tip und Jack Kürbiskopf auf einer gelben Ziegelsteinstraße durch das purpurrote Land der Gillikins in die Smaragdenstadt. Im Munchkinland gibt es noch eine andere gelbe Straße, auf der Scraps und Ojo in *The Patchwork Girl of Oz* reisen. Und noch niemand hat gezählt, wie viele gelbe Ziegelsteinstraßen es im gelben Land der Winkies geben muß.

33. *nicht im mindesten überrascht.* Eine ähnliche Reaktion auf ein magisches Verschwinden gibt es in »The Queen of Quok« in *American Fairy Tales*. Als der Sklave des königlichen Bettgestells (ein dienstbarer Geist, der dem jugendlichen König einen magischen Geldbeutel schenkt, der nie leer wird) verschwindet, gibt der junge König von Quok zu: »Das habe ich erwartet, obwohl es schade ist, daß er nicht gewartet hat, bis ich mich verabschieden konnte.« Was Roger Sale in »L. Frank Baum, and Oz« über den Beginn von *Ozma von Oz* sagt, trifft auf die Anfangskapitel von *Der Zauberer von Oz* ebenfalls zu:

> Was das Ganze so fesselnd macht, ist, wie Baum instinktiv richtig liegt. Er bewegt sich ohne Hemmungen von einer realen in eine sonderbare und weiter in eine magische Welt. Die Sätze fließen natürlich dahin und vermitteln den Eindruck, sie seien nicht schwieriger zu schreiben gewesen als die Reise, die sie beschreiben. Dorothy selbst beherrscht keine Tricks und kennt keine technischen Kniffe, sondern beeindruckt, indem sie einfach mit dem gleichen unerschütterlichen Interesse auf jedes neue Ereignis reagiert, mit der sie dem vorangegangenen begegnet war. Wir ordnen Situationen nicht danach ein, wie realistisch oder magisch sie sind, weil Dorothy und Baum das ebenfalls nicht machen. Statt dessen nehmen sie jede Situation so, wie sie kommt. Wie wir immer schon gewußt haben und wie wir es immer wieder gezeigt bekommen, ist das der beste Weg, um Probleme zu bewältigen.

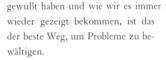

Die drei Munchkins verbeugten sich vor ihr und wünschten ihr eine angenehme Reise, dann verschwanden sie zwischen den Bäumen. Die Hexe nickte ihr freundlich zu, wirbelte dreimal auf dem linken Hacken herum und war augenblicklich verschwunden – zur Überraschung von Toto, der laut zu bellen begann, aber erst dann, als sie verschwunden war, denn in ihrer Anwesenheit hatte er nicht einmal zu knurren gewagt. Dorothy aber, die wußte, daß die alte Frau eine Hexe war, hatte schon mit ihrem Verschwinden gerechnet und war deshalb nicht im mindesten überrascht.[33]

WIE SIE SO ALLEIN DAstand, verspürte Dorothy plötzlich Hunger. Sie trat an den Küchenschrank und schnitt sich eine Brotscheibe ab, die sie dick mit Butter bestrich. Auch Toto kriegte was zu futtern. Dann nahm sie einen Krug vom Bord, trug ihn zum kleinen Bach und füllte ihn mit dem klaren, blitzenden Wasser. Toto lief zu den Bäumen und bellte die Vögel an. Dorothy versuchte ihn zu fangen. Dabei entdeckte sie so herrliche Früchte an den Zweigen, daß sie einige pflückte. Die kamen ihr zum Frühstück gerade recht! Sie kehrte wieder ins Haus zurück und nahm vom kühlen Wasser einen kräftigen Schluck. Auch Toto löschte seinen Durst. Dann machten sie sich an die Vorbereitung der Reise in die Smaragdenstadt.

Dorothy besaß nur noch ein zweites Kleid,[1] das sauber und ordentlich an einem Haken neben dem Bett hing. Es war aus einem blau-weiß karierten Ginganstoff.[2] Obwohl die blaue Farbe vom vielen Waschen ausgeblichen war, war es noch ein hübsches Kleid. Das Mädchen wusch sich sorgfältig, zog das saubere Gingankleid an und setzte sich die rosa Haube auf den Kopf. Dann nahm sie einen kleinen Korb, legte das Brot aus dem Schrank hinein und deckte es mit einem weißen Tüchlein zu. Als sie auf ihre Füße blickte, fiel ihr auf, daß die Schuhe alt und abgetragen waren.

»Die halten die lange Reise nicht mehr aus«, murmelte sie. Toto blickte ihr mit seinen kleinen schwarzen Augen ins Gesicht. Er wedelte vergnügt, um ihr zu zeigen, daß er sie verstanden hatte.

In diesem Augenblick bemerkte Dorothy die silbernen Schuhe auf dem Tisch.

»Ob sie mir wohl passen?« fragte sie Toto. »Für eine lange Reise wären sie gerade richtig,[3] und abgetragen sind sie auch noch nicht.«

Sie zog die alten Lederschuhe von den Füßen und schlüpfte in die silbernen hinein, die saßen wie angegossen.[4] Dann griff sie nach dem Korb.

»Komm, Toto!« lockte sie. »Wir machen uns jetzt auf die große Reise in die Smaragdenstadt, um den großen Oz zu fragen, wie wir nach Kansas zurückkommen können.«

1. *nur noch ein zweites Kleid.* Denslow zeichnete allerdings drei – dasjenige, das sie trägt, das blau-weiß karierte und das gepunktete, das sie auf den ersten Seiten des Buches anhat. (Siehe auch Kap. 23, Anm. 1.)

2. *Ginganstoff.* »Gemustertes Baumwollgewebe in Leinenbindung (Webart)« (Fremdwörter-Duden), das in ländlichen Gegenden von Mädchen und Frauen dieser Zeit im Sommer getragen wurde. Baum betont, wie normal seine junge Heldin ist, auch wenn sie die böse Hexe besiegt und die Munchkins befreit hat.

3. *für eine lange Reise wären sie gerade richtig.* Silberschuhe sind sicher haltbarer als Dorothys »alte Lederschuhe«. Baum denkt hier eventuell daran, wie Christ in Bunyans *Pilgerreise* in der Waffenkammer Schuhe gezeigt bekommt, »die sich nicht abtrugen«. (Siehe Anm. 4 unten.)

4. *die saßen wie angegossen.* Die böse Westhexe muß doch größere Füße gehabt haben als Dorothy! Vielleicht denkt Baum hier an die berühmten Siebenmeilenstiefel, die der Kleine Däumling in Charles Perraults Märchen trägt. Wie die silbernen Schuhe sind auch diese verzaubert, und als der winzige Junge die Stiefel des Menschenfressers anzieht, »schmiegten sie sich um seine Füße und um seine Beine, als ob sie für ihn gemacht wären«. Alle anderen Kleider in Oz passen Dorothy ebenfalls. Baum möchte hier wohl noch einmal betonen, daß Dorothy gleich groß ist wie die Einwohner dieses seltsamen Landes.

5. *Schlüssel.* Egal, wie seltsam ihre Situation auch sein mag, Dorothy bleibt ein ordentliches, sorgfältiges, gut erzogenes kleines Mädchen. Obwohl sie ihr Haus vielleicht nie wiedersieht, tut sie genau das, was Tante Em und Onkel Henry sie wahrscheinlich gelehrt haben. In Anmerkung 5 von *The Wizard of Oz and Who He Was* spekuliert Gardner: »Dorothy hat diesen Schlüssel vielleicht noch. Es wäre interessant zu erfahren, ob das alte Farmerhaus immer noch an der Stelle steht, wo der Wirbelsturm es abgesetzt hat.«

Nachdem sie die Tür hinter sich abgeschlossen hat, ist Dorothy nun bereit, sich auf die Suche nach dem Rückweg nach Kansas zu begeben. Viele Leser haben angemerkt, wie ihre Geschichte den drei Etappen des Weges des klassischen antiken Helden folgt, wie ihn Joseph Campbell in seinem einflußreichen Buch *Der Heros in tausend Gestalten* definiert: Trennung, Abstieg und Rückkehr. Campbell erwähnt in seinem Buch den *Zauberer von Oz* zwar nicht, aber Dorothy folgt genau dem Schema, das Campbell beschreibt: Sie wird an die Schwelle des Abenteuers getragen (der Wirbelsturm), trifft auf eine Beschützerin (die gute Nordhexe), bekommt Talismane (die silbernen Schuhe, den Kuß der guten Hexe, die goldene Kappe), trifft Helfer (die Vogelscheuche, den Blechholzfäller, den feigen Löwen), besteht eine Reihe von Prüfungen (die Kalidahs, das tödliche Mohnblumenfeld, die Kampfbäume, die Hammerköpfe) und darüber hinaus eine entscheidende Prüfung (die Tötung der bösen Westhexe), bekommt ihre Belohnung (die Reise zurück nach Kansas) und kehrt schließlich zurück. Wegen ihres Alters geht sie, abweichend von dem von Campbell beschriebenen Muster, keinen heiligen Bund der Ehe ein, sühnt keinen Vater und erlebt auch keine Apotheose. Genausowenig erweist sie Gnaden. Das gehört zu anderen Helden und anderen Zeiten.

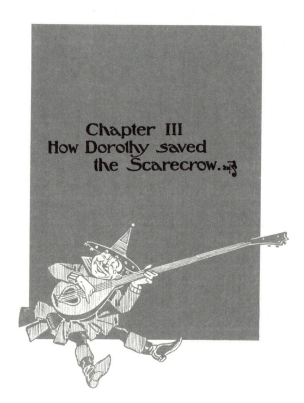

Dieses Titelblatt war ursprünglich für Kapitel 2 entworfen worden. Denslow klebte ein Stück Papier mit dem neuen Titel über die Tuschezeichnung mit dem alten Titel. Es befindet sich jetzt in der Henry Goldsmith Collection der Abteilung für Drucke und Grafiken der New York Public Library.

Sie warf die Tür zu, schloß sie ab und legte den Schlüssel[5] in die Tasche des Kleids. Dann machten sie sich auf den Weg. Toto trottete wichtig hinter ihr her. In der Nähe gab es mehrere Straßen, doch sie brauchte nicht viel Zeit, um die Straße mit den gelben Ziegelsteinen zu finden. Munter zogen sie dahin. Die

Silberschuhe klingelten lustig auf dem harten, gelben Straßenbelag. Die Sonne blitzte hell. Die Vögel schmetterten aus voller Brust. Dorothy war keineswegs so verzweifelt, wie man es von einem kleinen Mädchen hätte annehmen müssen, das plötzlich aus der vertrauten Umgebung gerissen und mitten in ein fremdes Land verschlagen worden war. Unterwegs erfreute sie sich immer wieder an der Schönheit der Landschaft. An den Straßenrändern standen Zäune, alle in Blau. Hinter den Zäunen erstreckten sich Getreide- und Gemüsefelder ohne Zahl. Offensichtlich waren die Munchkins Farmer mit reichen Ernten.

Nach einer Weile kamen sie an einem Haus vorbei. Die Leute stürzten aus der Tür, um einen Blick auf sie zu werfen. Sie verbeugten sich vor ihr, als sie vorbeiging, denn jedem war bekannt, daß sie die böse Hexe vernichtet und die Menschen von der Knechtschaft befreit hatte. Die Häuser der Munchkins sahen etwas seltsam aus.[6] Jedes Haus war rund gebaut – mit einer Kuppel als Dach. Alle Häuser waren blau gestrichen, denn in Ostland war Blau die Lieblingsfarbe.[7]

Gegen Abend wurden Dorothy die Füße schwer, und sie begann sich Gedanken über ein Nachtlager zu machen. Da kamen sie zu einem Haus, das größer als die anderen war. Viele Männer und Frauen tanzten auf dem Rasen davor. Fünf kleine Geiger fiedelten so laut wie möglich. Die Leute waren guter Dinge und stimmten mit voller Kehle ein Lied nach dem anderen an. Nahebei wurde ein großer Tisch mit köstlichen Früchten und Nüssen, Kuchen und Pasteten und anderen leckeren Sachen zum Schmause gedeckt.

6. *sahen etwas seltsam aus.* Mehr als Baum definiert Denslow die ausgefallene Architektur von Oz, indem er Häusern und anderen Gebäuden des Märchenlandes menschliche Züge verleiht. Diese Vermenschlichung paßt wunderbar zu Baums Erzählung. In ihrer bizarren Launenhaftigkeit erinnert sie an den italienischen Manierismus (man denke an den von Vicino Orsini geschaffenen Garten in Bomarzo und den Palazzo Zuccari in Rom), aber die Vermenschlichung von Gebäuden war auch im zeitgenössischen Jugendstil erkennbar. John R. Neill führt das in den nachfolgenden *Oz*-Büchern in seinen Illustrationen fort und treibt es mit seinem »Kampf der Häuser« in Kapitel 20 von *The Wonder City of Oz* (1940) in komischer Weise auf die Spitze.

7. *war Blau die Lieblingsfarbe.* Jedes Land in Oz hat seine eigene Farbe. Wahrscheinlich ergibt sich das aus der Konvention, mit der auf Landkarten ein Gebiet von anderen abgesetzt wird. Am Anfang von *A New Wonderland* (neu aufgelegt als *The Magical Monarch of Mo*) gibt Baum folgenden Hinweis: Wenn Kartographen das wunderschöne Tal »auf eine Karte setzen und rosa oder hellgrün zeichnen würden, mit einem großen runden Punkt, wo das Schloß des Königs steht, dann könnte man seine Lage genau feststellen« (S. 5). Martin Gardner verweist auf eine Stelle im dritten Kapitel von Mark Twains *Tom Sawyer im Ausland*, in dem diese Konvention diskutiert wird. Während sie in einem Ballon über die Landschaft schweben, bemerkt Huck Finn, daß das Land grün ist, und sagt zu Tom:

> »Ich kann's an der Farbe erkennen. Wir sind direkt über Illinois. Und du kannst selber sehen, daß Indiana nicht rechts ist.«
>
> »Wie soll ich das denn verstehen, Huck? Das kannst du an der Farbe erkennen?«
>
> »Aber ja doch.«
>
> »Was hat denn die Farbe damit zu tun?«
>
> »Alles. Illinois ist grün. Indiana ist rosa... Das hab' ich auf der Landkarte gesehen. Zeig du mir doch da unten Rosa, wenn du kannst. Nein, Sir, es ist alles grün... Es gibt keine zwei Staaten mit der gleichen Farbe.«

In »The Wizard of the Wizard« beobachtet Gore Vidal, daß die Einteilung von Oz in geometrische Flächen, jede mit ihrer eigenen Farbe, »den Eindruck von einem altmodischen Garten vermittelt, in dem die Blumenbeete symmetrisch angeordnet und mit gewundenen weißen Kieselsteinwegen voneinander getrennt sind«. Genau einen solchen Garten hatte Baum in Ozcot, seinem Haus in Hollywood.

Das Farbschema von Oz hat keine besondere symbolische Bedeutung. Anscheinend hatte Baum den Artikel seiner Schwiegermutter Matilda Joslyn Gage, »Colors and Their Meaning« (*Continental Monthly*, August 1864), nicht konsultiert. Dennoch sind die Farben nicht willkürlich gewählt. Der Wechsel von einer Region zur anderen folgt den Prinzipien der Farbenlehre. Jedes der drei wichtigen Länder, das in *Der Zauberer von Oz* besucht wird, hat eine Primärfarbe, eine der drei Farben, aus denen sich die anderen ergeben. Dorothy und ihre Begleiter reisen nicht direkt von einer Primärfarbe zur anderen. Statt dessen führt ihr Weg über eine Sekundärfarbe. Um nach Westen zu gelangen, müssen sie durch die grüne Landschaft rund um die Smaragdenstadt, die eine Verbindung zwischen dem blauen Land der Munchkins und dem gelben Land der Winkies darstellt. Vom Land der Winkies zu Glindas Schloß im roten Süden gehen sie über die Smaragdenstadt, und die Wildnis, die sie durchqueren, bevor sie ins Land der Quadlings gelangen, ist braun. Braun entsteht durch die Mischung aller Primärfarben oder aus der Mischung von Rot mit Grün. Im Farbenkreis steht Blau rechts (Osten), Gelb links (Westen) und Rot unten (Süden), wie die Länder der Munchkins, Winkies und Quadlings. Hier ein auf dieser Theorie basierendes Schaubild der Ozschen Geographie:

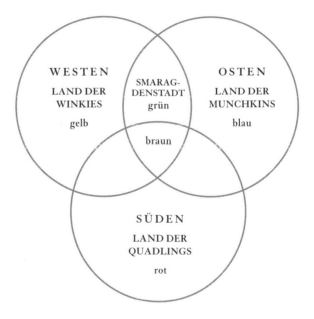

In den Ausgaben vom September und Oktober 1898 seines Magazins *The Show Window* veröffentlichte Baum William M. Courans »The Scientific Arrangement of Color«, und in Kapitel 5 von *The Art of Decorating Dry Goods Stores and Windows* (1900), an dem er zur gleichen Zeit schrieb, in der er an *Der Zauberer von Oz* arbeitete, faßte Baum die wichtigsten Punkte dieses Artikels selbst zusammen.

Das Farbschema folgt auch den Jahreszeiten: Das Grau des Winters macht dem Blau, Rot und Grün des Frühlings Platz, gefolgt von dem Gelb und Grün des Sommers, dann dem Braun und Rot des Herbstes, und schließlich kehrt es bei Dorothys Heimkehr zu Grau zurück.

8. *Hexen und Zauberinnen kleiden sich nun einmal in Weiß.* Obwohl im Mittelalter einige Hexenvereinigungen tatsächlich Weiß trugen, bezieht sich Baum wohl nicht auf diese historische Vorlage, sondern will die Konvention aushebeln, nach der Schwarz allgemein für böse und Weiß für gut steht. In *Woman, Church, and State* erklärt Matilda Joslyn Gage: »Schwarz war als die Farbe des Teufels verhaßt« (S. 127) und galt daher auch als die Farbe der Hexen. Sie unterscheidet allerdings zwischen »schwarzer« und »weißer« Magie: »Es gibt zwei Sorten von ›Magie‹, ob sie nun mit Hilfe von Geistern geschieht oder durch das Verstehen von geheimen Naturgesetzen, ›weiß‹ oder ›schwarz‹, je nachdem, ob ihre Absicht und Wirkung böse oder gut sind, und in dieser Hinsicht unterscheidet sie sich nicht von der Nutzung bekannter Naturgesetze, die, je nachdem, ob sie durch gute oder böse Menschen geschieht, von guter oder bösartiger Natur sind« (S. 236). Baums Hexen tragen im allgemeinen Weiß, auch wenn Denslow die Westhexe in Schwarz und Gelb zeigt. Maetta, die Zauberin in *A New Wonderland* (später neu aufgelegt als *The Magical Monarch of Mo*), und die gute Hexe in »The Witchcraft of Mary-Marie« in *Baum's American Fairy Tales* sind wie die guten Nord- und Südhexen in Oz weiß gekleidet. Selbst die gefährliche Mrs. Yoop in *The Tin Woodman of Oz* trägt »silberne Roben, bestickt mit einem fröhlichen Blumenmuster, (S. 70). In der Verfilmung von 1939 trägt Glinda, die gute Hexe, Rosa, wie eine klassische gute Fee.

Die Leute grüßten sie freundlich und luden sie zum Essen ein. Und übernachten könne sie auch. Das Haus gehörte einem der reichsten Munchkins im Land. Er war mit seinen Freunden zusammengekommen, um die Befreiung von der bösen Hexe zu feiern.

Dorothy stärkte sich erst einmal an den herrlichen Speisen. Der reiche Munchkin persönlich – er hieß Bock – bediente sie. Nach dem Essen setzte sie sich auf eine Bank und schaute den Tanzenden zu.

Bock bemerkte ihre silbernen Schuhe.

»Du mußt eine große Zauberin sein«, sagte er.

»Warum?« fragte das Mädchen.

»Weil du silberne Schuhe anhast und uns von der bösen Hexe befreit hast. Außerdem trägst du die Farbe Weiß in deinem Kleid, und Hexen und Zauberinnen kleiden sich nun einmal in Weiß.«[8]

»Mein Kleid ist blau und weiß gemustert«, stellte Dorothy richtig und strich dabei die Falten glatt.

»Es ist freundlich von dir, ein solches Kleid zu tragen«, sagte Bock unbeirrt. »Blau ist die Farbe der Munchkins und Weiß die Farbe der Hexen. So wissen wir, daß du ein freundlicher Mensch bist.«

Dorothy konnte darauf nichts entgegnen, denn alle Leute schienen sie für eine Hexe zu halten, doch sie wußte sehr wohl, daß sie nur

Dieses Bild der Vogelscheuche erschien zuerst in
Denslow's A B C Book (New York: G. W. Dillingham, 1903)
als Illustration des folgenden Reims von Denslow:

S is for Scarecrow
who lives in the corn,
That the crows think so foolish
they laugh him to scorn.

Es handelt sich offensichtlich um die gleiche Vogelscheuche,
die Dorothy im Munchkinland im Maisfeld findet.
Privatbesitz.

9. *denn nie zuvor hatten sie einen Hund ... erblickt*. Eine ähnliche Reaktion geschieht, als in *The Magical Monarch of Mo* ein Hund namens Prinz das entzückende Tal Mo besucht. In Oz gibt es anscheinend keine Hunde, obwohl das nicht immer so war. Auf der Landkarte von Oz und den umliegenden Gebieten (erstellt von James E. Haff und Dick Martin für den International Wizard of Oz Club) ist der einzige Ort auf der anderen Seite der Berge von Mo und der großen Wüste das Land Oz, und daher kann Prinz nur aus Oz gekommen sein. (Die Wüste an der Stelle zu überqueren, die zwischen Oz und Mo liegt, muß einmal einfacher gewesen sein als an anderen Stellen. Der törichte Esel in *The Magical Monarch of Mo* besucht Oz, bevor Glinda in *Dorothy in der Smaragdenstadt* ihre Unsichtbarkeitsbarriere errichtet, die Oz vom Rest der Welt trennt, wie sich 1913 in *The Patchwork Girl of Oz* herausstellt.) Außerdem tritt der Sägebock in *Im Reich des Zauberers Oz* einen grünen Hund, der es wagt, ihn anzubellen.

ein kleines, gewöhnliches Mädchen war, das ein Sturm zufällig in dieses fremde Land getragen hatte.

Als sie vom vielen Schauen auf die Tänzer müde zu werden begann, kam Bock und führte sie ins Haus, wo er ihr ein Zimmer mit einem hübschen Bett anwies.

Das Laken war aus blauem Stoff. Dorothy schlief bis tief in den hellen Tag hinein. Toto rollte sich auf der blauen Decke neben ihr zusammen und schlief wie ein Murmeltier.

Der Tag begann mit einem kräftigen Frühstück. Dann paßte sie auf ein kleines Munchkinbaby auf, das mit Toto spielte. Es zog ihn immer wieder am Schwanz, krächzte und lachte in einem fort.

Dorothy war entzückt. Der Hund war für die Leute eine großartige Sehenswürdigkeit, denn nie zuvor hatten sie einen Hund in diesem Lande erblickt.[9]

»Wie weit ist es bis in die Smaragdenstadt?« fragte das Mädchen den Hausherrn.

»Ich weiß es nicht«, entgegnete Bock mit ernster Stimme, »denn ich war noch niemals dort. Für uns Leute ist es besser, Oz aus dem Wege zu gehen, es sei denn, man habe geschäftlich mit ihm zu tun. Es ist ein weiter Weg in die Smaragdenstadt, und man braucht viele Tage dafür. Das Land hier ist reich und angenehm. Doch du mußt durch eine gefährliche Gegend, bevor du ans Ziel kommst.«

Diese Worte beunruhigten das Mädchen ein wenig, doch es wußte, daß nur der große Oz ihm helfen konnte, wieder nach Kansas zurückzukehren.

Auf keinen Fall kehre ich um, dachte sie mutig. Sie sagte ihren

Zeichnung von Fred A. Stone als Vogelscheuche
von Denslow, signiert vom Schauspieler, 1902.
*Mit freundlicher Genehmigung der W. W. Denslow Papers,
Special Collections, Syracuse University Library.*

wachten. Heutzutage sind sie selten, denn die Wissenschaft kennt effektivere Methoden, räuberische Krähen zu verscheuchen.« Baums erste Begegnung mit Vogelscheuchen mag bereits in seiner Kindheit in Rose Lawn gewesen sein, dem Hof der Familie in der Nähe von Syracuse im Staat New York. »Als kleiner Junge«, erzählte Baum am 3. Oktober 1904 dem *Philadelphia North American*, »fand ich Vogelscheuchen ungeheuer faszinierend. In meiner kindlichen Vorstellung schienen sie immer gleich die Arme bewegen, sich aufrichten, von ihrem Stock heruntersteigen und auf ihren langen Beinen über das Feld davonstaksen zu wollen. Ich lebte auf einem Bauernhof, wissen Sie. Es war also nur natürlich, daß ich mir diese Figur der Vogelscheuche ausgedacht habe, an der ich mich für den Grusel rächte, die sie mir einst beschert hat.« Ein Beleg für Baums frühes Interesse an Vogelscheuchen ist ein Gedicht, das Baum in einer Zeitung abdruckte, die er und sein jüngerer Bruder Harry Clay als Kinder veröffentlichten, *The Rose Lawn Home Journal*. Folgendes Rätsel erschien in der Ausgabe vom 17. September 1871:

My FIRST expresses much alarm
Or sense of some approaching harm.
My SECOND's heard at early morn;
Or seen amid the new sown corn
Unless my WHOLE in strange array
Frightens th' intruding thief away.

Die Antwort lautet »Scare-Crow« – »Vogelscheuche«. Dies ist wohl Baums früheste literarische Bearbeitung des Themas. In der musikalischen Revue *Der Zauberer von Oz* von 1902 spielte Fred A. Stone die Rolle der Vogelscheuche. Seine Darstellung machte aus ihm einen Star, und in seiner Autobiographie *Rolling Stone* (1943) widmet er der Revue ein ganzes Kapitel. In einem in der Bobbs-Merrill-Ausgabe von *Der Zauberer von Oz* von 1920 abgedruckten Brief schreibt Stone: »Ich habe mich immer gefreut, wenn die Kleinen meine schlaffen Finger drückten und auf die Strohfüllung in meiner Brust klopften. Dorothy Gale war auch meine gute Freundin, und als eines Tages ein kleines Mädchen in unser Haus kam, nannte ich sie nach meiner kleinen Spielkameradin in Oz Dorothy.« Dorothy Stone wurde wie ihr Vater Schauspielerin und stand oft mit ihm zusammen auf der Bühne. In dem Chadwick-Film von 1925 spielte Stummfilmkomiker Larry Semon die Vogelscheuche. Semon war zuvor Comic-Zeichner gewesen und hatte mit Baums Illustrator John R. Neill beim Philadelphia *North American* gearbeitet. Ray Bolger, dessen Lieblingsbuch während seiner Kindheit in Boston *Der Zauberer von Oz* gewesen war, erwies sich in dem MGM-Musikfilm von 1939 als ein ebenso leichtfüßiger Tänzer wie Stone. In dem Broadway-Musical *The Wiz* von 1975 spielte Hinton Battle die Rolle, und in der Verfilmung von 1978 übernahm Michael Jackson den Part der Vogelscheuche. Es ist bis heute seine einzige größere Filmrolle.

10. *eine Vogelscheuche.* Diese Munchkin-Vogelscheuche könnte auch in einem amerikanischen Maisfeld stehen. Wie Hans Christan Andersen hatte auch Baum eine unglaubliche Fähigkeit, mit kleinen Details sein Märchenland der Erlebniswelt eines Kindes anzupassen. (In »Das Feuerzeug« beschreibt Andersen zum Beispiel den neuen Reichtum des Soldaten in Form von Schaukelpferden, Zinnsoldaten und Zuckerferkeln.) Andere Beispiele »normale, amerikanischer Dinge, die man in einem Märchenland kaum erwarten würde« (wie Clifton Fadiman sie in seinem Nachwort zu der Macmillan-Ausgabe von 1962 nannte), sind ein Trichter als Hut, die Ölkanne und der große Wäschekorb, den sie für den Ballon des Zauberers benutzen. »Die amerikanische Vogelscheuche hatte ihre große Zeit in der zweiten Hälfte des 19. Jahrhunderts«, berichtet Neal Averon in *Ephemeral Folk Figures* (New York: Clarkson N. Potter, 1969). »Es gab eine Zeit in Amerika, da wäre keine ländliche Gegend vollständig erschienen ohne eine dieser geisterhaften Erscheinungen, die über die Felder

11. *krächzte.* Die Formulierung im amerikanischen Original, »a rather husky voice«, ist ein Wortspiel, denn »husky« bedeutet nicht nur »heiser«, sondern enthält auch das Wort »husk«, das Hüllblatt beim

Freunden Lebewohl und machte sich von neuem auf den Weg. Nach ein paar Meilen wollte sie sich eine kurze Pause gönnen, kletterte auf einen Zaun an der Straßenseite und machte es sich dort so gut es ging bequem. Hinter dem Zaun erstreckte sich ein großes Kornfeld. Nicht weit entfernt stand eine Vogelscheuche,[10] die auf eine Stange gesteckt war, um die Vögel vom reifen Korn abzuhalten.

Dorothy stützte das Kinn in die Hand und starrte nachdenklich die Vogelscheuche an. Der Kopf der Vogelscheuche war ein kleiner mit Stroh gestopfter Sack. Auf dem war ein Gesicht gemalt: Augen, Nase und Mund. Auf den Sack war ein alter blauer Spitzhut gestülpt, der wohl einmal einem Munchkin gehört hatte. Den Rest der Gestalt bildete ein blauer, abgewetzter und verschossener Anzug, der ebenfalls mit Stroh ausgestopft war. An den Füßen steckten ausgetretene Schuhe mit blauen Stulpen, wie sie Hinz und Kunz in diesem Lande trugen. Die Vogelscheuche ragte dank der Stange in ihrem Rücken weit über die Halme hinaus.

Während Dorothy noch aufmerksam das seltsame Gesicht der Vogelscheuche betrachtete, merkte sie verblüfft, daß ihr ein Auge zuzublinzeln schien. Sie glaubte zuerst, sie hätte sich geirrt, denn die Vogelscheuchen in Kansas zwinkerten niemandem zu. Doch da neigte die Vogelscheuche ihr freundlich den Kopf zu.

Dorothy sprang vom Zaun und lief zu ihr hin. Toto rannte um die Stange herum und bellte aufgeregt.

»Guten Tag!« krächzte[11] die Vogelscheuche.

»Sprechen kannst du auch?« fragte das Mädchen erstaunt.

»Hörst du ja«, entgegnete die Vogelscheuche. »Wie geht's? Wie steht's?«

»Ich kann nicht klagen, danke!« sagte Dorothy höflich. »Und wie geht's dir?«

»Gar nicht gut«, sagte die Vogelscheuche lächelnd. »Es ist öde, hier Tag und Nacht an der Stange zu hängen, um die Krähen zu verscheuchen.«

»Kannst du denn nicht einmal runter?« fragte Dorothy.

»Geht nicht! Die Stange ist fest in meinen Rücken gerammt. Wenn du sie aber wegnehmen würdest, wäre ich dir sehr verpflichtet.«

Dorothy hob beide Arme und streifte die Vogelscheuche von der Stange ab. Das war leicht, denn sie bestand ja nur aus Stroh.

»Tausend Dank!« krächzte die Vogelscheuche vergnügt, als sie auf dem Boden stand. »Jetzt fühle ich mich wie neugeboren.«

Dorothy rettet die Vogelscheuche

Mais. Es ist dies das erste von vielen solcher Wortspiele in dieser Erzählung. Seit seiner Kindheit hatte Baum eine große Schwäche dafür. Er quälte seine Familie und Freunde mit seinen Kalauern, und seine vier Söhne erbten seine Art von Humor. Obwohl Kinder an solchen Wortspielen Spaß haben, meinen die meisten modernen Kinderliteratur-Experten, daß Wortspiele den literarischen Wert eines Werkes mindern. Sie verstehen nicht, daß Wortspiele die geistige Beweglichkeit von Kindern erproben, die jeden Tag neue Wörter lernen. Meistens heißt es, Wortspiele beruhten nur auf zufälligen klanglichen Übereinstimmungen, während niveauvoller Witz inhaltliche Verbindungen herstellt. In der elisabethanischen Gesellschaft jedoch liebte man Wortspiele, was Shakespeares Werk eindrucksvoll belegt. Im Verlauf des 18. Jahrhunderts waren Wortspiele allerdings immer weniger beliebt. Joseph Addison sprach vom »falschen Witz«, und Samuel Johnson tat sie als die niedrigste Form von Humor ab. Lewis Carroll, ein Meister des Nonsens, liebte sie, obwohl er wußte, daß andere seinen Geschmack nicht teilten. Als der Herzkönig in *Alice im Wunderland* ein Wortspiel macht, herrscht tödliche Stille im Gerichtssaal; auch der Snark »verzieht das Gesicht bei einem Wortspiel«. Literaturkritiker von heute teilen eher Johnsons Ansicht, trotz der Häufigkeit von Wortspielen und Witzen im Werk von Schriftstellern wie James Joyce oder Vladimir Nabokov. In *Im Reich des Zauberers Oz* gibt Baum zu, daß viele Menschen sich entnervt von Wortspielen abwenden, aber ironisch bietet er durch den Woggle-Bug (der in den unterschiedlichen deutschen Fassungen als Schwatz- oder Quasselkäfer bezeichnet wird) seine beste Verteidigung:

> Wortspiele werden unter gebildeten Menschen als ungeheuer angemessen betrachtet. Unsere Sprache enthält viele Wörter mit einer Doppelbedeutung, und einen Witz zu machen, der beide Bedeutungen eines Wortes zuläßt, weist den Urheber des Witzes als eine kultivierte und feine Person aus, die hervorragende Kenntnis ihrer Sprache beweist« (Kap. 18, »Im Dohlennest«).

Natürlich sagt das der Woggle-Bug, eine der windigsten Figuren in allen *Oz*-Büchern.

Dieses Bild der Vogelscheuche erschien auf dem vorderen Einband von *The New Wizard of Oz* (Indianapolis: Bobbs-Merrill, 1903). *Mit freundlicher Genehmigung der Willard Carroll Collection.*

Dorothy schwieg verwirrt, denn es erschien ihr seltsam, daß die Vogelscheuche sprechen, sich verbeugen und an ihrer Seite gehen konnte.

»Und wer bist du?« fragte die Vogelscheuche. Sie reckte und streckte sich, daß es nur so raschelte von all dem Stroh, und gähnte laut. »Und wohin willst du?«

»Ich heiße Dorothy«, antwortete sie. »Ich bin unterwegs in die Smaragdenstadt, um mir vom großen Oz sagen zu lassen, wie ich nach Kansas zurückkommen kann.«

»Wo liegt denn die Smaragdenstadt?« hakte die Vogelscheuche nach. »Und wer ist Oz?«

»Das weißt du nicht?« fragte sie überrascht.

»Keine Ahnung! Ich weiß überhaupt nichts. Das ist ja meine Not. Ich bin ausgestopft. Ich habe nicht ein Körnchen Grips im Kopf«, sagte die Vogelscheuche traurig.

»O du liebe Zeit«, sagte Dorothy. »Das tut mir aber schrecklich leid.«

»Was hältst du davon, wenn ich dich auf deiner Reise begleite? Vielleicht verleiht mir dieser Oz ein bißchen Verstand.«[12]

»Das kann ich nicht sagen«, erwiderte sie. »Aber wenn du mitkommen willst, dann komm mit.[13] Du wirst dich nicht schlechter stellen als jetzt, wenn Oz dich nicht gescheit machen kann.«

»Das ist wahr«, sagte die Vogelscheuche. »Von mir aus können Beine, Arme und der Körper ausgestopft bleiben, denn das hat den Vorteil, daß ich nicht verletzt werden kann. Wenn mir jemand auf die Zehen tritt oder eine Nadel in mich sticht, macht mir das nichts,

12. *Verstand*. Ein großer Teil des Charmes des *Zauberers von Oz* beruht auf Baums Einsatz komischer Umkehrungen: In *The Patchwork Girl of Oz* führt er den weisen Esel und die dumme Eule ein. In *Philosophy and the Young Child* (Cambridge, Mass.: Harvard University Press, 1980) nennt Gareth B. Matthews Baum »einen Meister philosophischer Einfälle« (S. 59). Die Vogelscheuche ist der reine Tor, ein einfacher Kerl, der mit natürlicher Klugheit durchs Leben geht. Er ist es, der auf der Reise über die gelbe Ziegelsteinstraße die meisten Probleme löst, aber er verläßt sich dabei auf gesunden Menschenverstand statt auf dubiose Theorien. Das beste Beispiel für leere Wichtigtuerei in den Oz-Geschichten ist der gebildete und aufgeblasene Woggle-Bug in *Im Reich des Zauberers Oz*.

Volkssagen beschreiben oft die Suche nach dem einem Objekt, das einen Menschen vervollständigt. Es ist normalerweise etwas Unerreichbares, wie der Heilige Gral, oder etwas Unmögliches, wie ein Gehirn für eine Vogelscheuche. In ihrem Kapitel in C.G. Jungs *Der Mensch und seine Symbole* definiert M.-L. Franz diese Suche als den Prozeß der Ausbildung der Individualität. In *Woman, Church, and State* argumentiert Matilda Joslyn Gage, »die Entwicklung des persönlichen Willens« sei »das wichtigste Ziel der menschlichen Evolution … Mit eigenem Willen entscheidet der Mensch für sich selbst und befreit sich so von der Kontrolle, die seine persönliche Entwicklung hemmt« (S. 234). Die eigene Unvollkommenheit kann nur in einem selbst gelöst werden – so lautet zum Beispiel auch der Schluß von »Der Fischer und seine Seele« in Oscar Wildes *Das Granatapfelhaus*. Nachdem sie von dem Fischer getrennt wurde, begibt sich die Seele dort auf die Suche nach Gott. Sie wird in einem verzauberten Land in einen Tempel geführt, wo sie nur einen Spiegel findet. Am Ende von Stanley Kubricks Verfilmung von Arthur C. Clarkes *2001: Odyssee im Weltraum* (1968) macht der Astronaut eine ähnliche Erfahrung. Und genauso hört die Vogelscheuche von Oz dem Schrecklichen, daß das, was sie sucht, schon immer in ihr gelegen hat.

Hier beginnt auch ein anderes Thema. In gewissem Sinne verkörpern Dorothys drei Gefährten die drei grundlegenden Eigenschaften – Verstand, Gefühl und Mut –, von denen Baum hofft, daß Dorothy sie nicht nur auf ihrer Reise zum großen Oz, sondern ihr ganzes Leben lang mit sich führt. Es sind diese drei Tugenden, die sie ausbilden muß.

13. *wenn du mitkommen willst, dann komm mit*. Hier erinnert die Struktur der Geschichte an viele Volkserzählungen, von Märchen wie »Die Bremer Stadtmusikanten« bis zu dem Buch *Die fünf chinesischen Brüder* von Claire Bishop, in denen der arme Held sich auf seinen Reisen eine bunte Truppe zusammensucht. Es ist zunächst nicht offensichtlich, wie sie ihm nützlich sein können, aber am Ende helfen sie ihm, alle Hindernisse zu überwinden, genau wie es Dorothys Gefährten auch tun. In seiner Einleitung zur Barefoot-Books-Ausgabe von *Der Zauberer von Oz* von 1994 erwähnt Jonathan Cott Ähnlichkeiten zwischen Dorothy und ihren Freunden und einem Mönch und seinen Tiergefährten in dem chinesischen Roman *Die Reise nach Westen* und den geflügelten Pilgern aus dem Text des Sufi-Poeten Farid ud-din Attar aus dem 12. Jahrhundert (der unter dem Titel *Vogelgespräche* auf deutsch erschienen ist). Letzterer scheint besonders relevant zu sein: Als die Vögel Gott finden, erfahren sie, daß er sie selbst ist, denn »derjenige, der sich selbst kennt, kennt seinen Herrn«. In ihren Memoiren mit dem Titel *Secrets of a Sparrow* (New York: Villard Books, 1993) meint Diana Ross, die in dem Film *The Wiz* von 1978 Dorothy gespielt hatte, daß jeder ihrer drei Gefährten »einen anderen Aspekt von Dorothys Wesen« darstellt. »Die Vogelscheuche ist eine Verkörperung von Dorothys Hunger nach Wissen, der Teil von ihr, der mehr über das Leben erfahren will«, erklärt die Sängerin. »Der Blechholzfäller personifiziert Dorothys Sehnsucht nach Liebe, die Suche nach ihrem eigenen Herz, das tiefe Bedürfnis in ihr (und in uns allen), ihre Fähigkeit zu stärken, zu lieben und geliebt zu werden. Auch der Löwe, der angeblich gemeine alte Löwe, ist ein Teil von Dorothys Psyche. Sein aggressives Brüllen, das Menschen auf Distanz halten soll, indem es sie verängstigt und verärgert, schützt die Liebenswürdigkeit und Verletzlichkeit seines, und natürlich auch Dorothys, sanften Herzens« (S. 187).

14. *ein brennendes Streichholz*. Es ist überraschend, daß Baum im weiteren Verlauf der Erzählung nichts aus diesem Hinweis macht. In der MGM-Verfilmung von 1939 zündet die böse Westhexe die Vogelscheuche an. Bei ihrem Löschversuch überschüttet Dorothy unabsichtlich auch die Hexe mit Wasser, woraufhin sie stirbt. Der Tod der bösen Hexe ist also ein Unfall und das Mädchen keines Mordes schuldig.

Dieses Bild der Vogelscheuche erschien auf einer Geschäftskarte, ca. 1910.
Privatbesitz.

denn ich spüre es nicht. Doch ich kann es nicht ertragen, wenn man mich einen Dummkopf nennt. Solange aber mein Kopf nur mit Stroh gefüllt ist statt mit Verstand, wie es zurzeit bei mir ist, bin ich weit davon entfernt, ein Pfiffikus zu sein.«

»Ich kann mir vorstellen, wie dir zumute ist«, sagte Dorothy und strich ihr mitleidig über den raschelnden Kopf. »Wenn du mit mir kommst, werde ich Oz bitten, alles für dich zu tun.«

»Du bist ein Schatz«, erwiderte die Vogelscheuche dankbar.

Sie gingen zu der Straße zurück. Dorothy half der Strohpuppe über den Zaun. Dann machten sie sich auf der Straße mit den gelben Ziegelsteinen auf den Weg in die Smaragdenstadt.

Toto sah es nicht gern, daß da auf einmal noch ein dritter mit im Bunde war. Er schnüffelte an der Vogelscheuche, als steckte ein Rattennest im Stroh. Oft knurrte er sie auch böse an.

»Um Toto brauchst du dich nicht zu kümmern«, sagte Dorothy zu ihrem neuen Freund. »Er beißt nicht.«

»Oh, ich habe keine Angst vor ihm«, entgegnete die Vogelscheuche. »Bei mir beißt er nur ins Stroh. Laß mich den Korb tragen. Da ich niemals müde werde, macht mir das überhaupt nichts aus. Ich verrate dir ein Geheimnis«, fuhr sie fort. »Nur eine Sache gibt es, die ich wirklich fürchten muß.«

»Welche?« fragte Dorothy. »Hast du etwa vor dem Farmer Angst, der dich gebaut hat?«

»Nicht die Spur«, erwiderte die Vogelscheuche bestimmt. »Es ist ein brennendes Streichholz,[14] das mich in Furcht und Schrecken versetzt.«

ALS EINIGE STUNDEN VERGANGEN waren, begann die Straße holprig zu werden. Das Gehen wurde immer schwieriger, und die Vogelscheuche stolperte über die gelben Steine, die hier sehr uneben waren. An der einen Stelle waren sie zerbrochen, an der anderen fehlten sie sogar. Toto sprang über die Löcher hinweg, Dorothy ging um sie herum. Die Vogelscheuche aber, die ohne Verstand war, ging immer geradeaus, trat in die Löcher und stürzte der

Länge nach auf die harten Steine, doch sie verletzte sich nicht. Dorothy richtete sie immer wieder auf und stellte sie auf die Füße. Die Vogelscheuche lachte über das eigene Mißgeschick und steckte sie mit ihrer Fröhlichkeit an.

Die Farmen waren bei weitem nicht mehr so stattlich wie zuvor. Die Zahl der Häuser und Obstbäume nahm ab, und je weiter sie kamen, desto trostloser wurde die Landschaft.

Zu Mittag rasteten sie in der Nähe eines kleinen Baches am Straßenrand. Dorothy öffnete den Korb und nahm das Brot heraus. Sie bot der Vogelscheuche ein Stückchen an, doch die lehnte ab.

»Ich bin niemals hungrig«, sagte sie, »und es ist eine gute Sache, daß dem so ist. Mein Mund ist nur gemalt. Wenn ich ein Loch in den Mund schneiden würde, könnte ich essen, doch dann käme auch das Stroh heraus, mit dem ich ausgestopft bin, und mit weniger Stroh bekäme ich einen Kopf von ganz anderer Form.«

Das wird wohl stimmen, sagte sich Dorothy, und daher nickte sie nur und knabberte weiter an ihrem Stück Brot.

»Erzähl mir etwas über dich und über das Land, aus dem du kommst«, bat die Vogelscheuche, als das Mädchen mit dem Essen fertig war. Dorothy erzählte ihr alles über Kansas, wie grau es dort war und wie der Wirbelsturm sie in dieses seltsame Land getragen hatte. Die Vogelscheuche ließ sich kein Wort entgehen.

»Ich kann nicht verstehen, warum du dieses schöne Land hier verlassen und in das trockene, graue Land, das du Kansas nennst, zurückkehren willst.«

»So kann nur einer reden, der keinen Verstand hat«, sagte das

Mädchen spitz. »So öde und grau meine Heimat auch ist, wir Menschen aus Fleisch und Blut leben lieber dort als in einem anderen Land, und wenn es noch so schön ist. Nichts geht über die Heimat.[1] Heimat hat Krallen, und die halten einen fest.«

Die Vogelscheuche seufzte.

»Das geht natürlich nicht in meinen Kopf«, sagte sie. »Wenn eure Köpfe mit Stroh ausgestopft wären wie meiner, würdet ihr sicherlich alle an schönen Orten leben, und dann hätte Kansas keine Bevölkerung mehr.«

»Willst du mir nicht auch deine Geschichte erzählen?« fragte das Kind.

Die Vogelscheuche betrachtete sie vorwurfsvoll.

»Mein Leben ist so kurz, daß ich wirklich nicht weiß, was ich dir erzählen soll. Ich wurde erst vor kurzem gefertigt. Was davor in der Welt geschah, ich weiß es nicht. Als der Farmer meinen Kopf bastelte, malte er glücklicherweise zuerst die Ohren auf. So hörte ich, was jeder sprach. Denn da war noch ein anderer Munchkin, und der Farmer sagte zu ihm: ›Was hältst du von den Ohren?‹

›Sie sind nicht genau gemalt‹, sagte er.

›Das macht nichts‹, sagte der Farmer. ›Ohren sind Ohren.‹ Und das war ja wohl wahr!

›Jetzt male ich die Augen‹, sagte der Farmer. Zuerst malte er das rechte Auge, und als das fertig war, blickte ich ihm neugierig ins Gesicht und auf alles, was in meiner Nähe war. Das war mein erster Blick in die Welt.[2]

1. *und wenn es noch so schön ist. Nichts geht über die Heimat.* Baum spielt hier wohl auf den Satz aus John Howard Paynes bekanntem Lied von 1823, »Home, Sweet Home«, an: »Und wenn es noch so bescheiden ist, nichts geht über das eigene Heim.« In *Dorothy in der Smaragdenstadt* bezieht sich Baum ebenfalls auf dieses Lied, indem er einen Marsch, der zu Ehren des Blechholzfällers gespielt wird, »Nichts geht über einen Teller aus Zinn« nennt. Die Produzenten der Verfilmung von 1939 verstanden Baums ironische Haltung allerdings nicht. Arthur Freed, Assistent des Produzenten Mervyn LeRoy, machte den Satz »Es ist nirgends besser als daheim« zum Motto des Films. Er argumentierte, daß »Dorothy in Oz nur von einer einzigen Sache angetrieben wird, nämlich zurück nach Hause zu ihrer Tante Em zu kommen. Jede Situation sollte sich auf dieses eine Verlangen beziehen.« Er bestand darauf, daß Dorothy den Satz »Es ist nirgends besser als daheim« wiederholt, als sie dreimal mit den Hacken zusammenschlägt. »Das größte Problem an diesem Film«, beschwerte sich Howard Rushmore in seiner Kritik im *Daily Worker* (18. August 1939), »ist der schwache Höhepunkt mit der allzu offensichtlichen Moral, daß kleine Jungs und Mädchen niemals ihren eigenen Garten verlassen sollten, eine Moral, die nur eine geringe Wirkung entfalten wird, wenn man bedenkt, daß wohl jedes Kind (und jeder Erwachsene) wenigstens eine Rückfahrkarte nach Oz haben will, wenn sie sehen, wie attraktiv Mervyn LeRoy es gemacht hat.« Salman Rushdie ist der gleichen Meinung. In seiner Monographie über den Film argumentiert er, daß dieser »niedliche Slogan« die am wenigsten überzeugende Idee des Films ist: »Es ist eine Sache, daß Dorothy nach Hause will, aber eine ganz andere, daß sie das nur erreichen kann, indem sie einen Idealzustand beschwört, dem Kansas so offensichtlich nicht entspricht« (S. 14). Aber die Heimat ist kein geographischer Ort, sondern ein Zustand. Margaret Hamilton, die die böse Westhexe spielte, definiert die Heimat in »There's No Place Like Oz« als »den Ort, an den wir gehören, wo wir willkommen sind, wo uns Liebe und Verständnis erwarten. Zu Hause können wir unsere Sorgen loswerden und uns sicher und geborgen fühlen.«

2. *mein erster Blick in die Welt.* »Abgesehen von dem Problem, daß sie bereits sprechen kann«, meint S. J. Sackett in »The Utopia of Oz«, »ist es schwierig, sich eine bessere Beschreibung von einem neuen Gehirn vorzustellen, von den ersten Schriftzeichen auf der *tabula rasa*, als den folgenden Bericht der Vogelscheuche von ihren ersten Augenblicken.« Sackett interpretiert sie als Baums Antwort auf »die Unveränderlichkeit der menschlichen Natur«.

> Der Schlüssel liegt in der Epistemologie. [John] Locke folgend muß man davon ausgehen, daß das Gehirn bei der Geburt eine *tabula rasa* ist, ohne angeborene Ideen, ohne Jungsche Archetypen, ohne ererbte Erinnerungen. Laut dieser Theorie wird das Individuum vollständig von seiner Umwelt geformt, denn es hat keine psychologischen Eigenschaften geerbt. Jede Erfahrung, die es macht, gestaltet Stück für Stück seine Persönlichkeit.

Wir haben schon gesehen, wie die Umgebung mit Tante Em und Onkel Henry umgesprungen ist. Sackett betrachtet außerdem den Prozeß, mit dem der Sägebock in *Im Reich des Zauberers Oz* zum Leben erwacht (Kap. 4, »Tip versucht sich als Zauberer«), als »empfehlenswerte Lektüre in Sachen, wie die Wahrnehmung Stück für Stück die bei der Geburt leeren Seiten des Gehirns beschreibt«.

3. *Das andere Auge male ich ein bißchen größer.* In Anmerkung 6 von *The Wizard of Oz and Who He Was* bemerkt Gardner, daß »sowohl Denslow als auch Neill die Vogelscheuche mit einem größeren linken Auge zeichneten, und somit dem Text des königlichen Geschichtsschreibers von Oz einen Respekt erwiesen, den andere *Oz*-Illustratoren nicht zeigten«. Als der *Oz*-Illustrator Dick Martin das las, schwor er, sich bei seiner Darstellung der Vogelscheuche in Zukunft genauer an Baums Text zu halten. Die Betonung des linken Auges ist eines von mehreren Beispielen in Baums Werk, wo er die linke statt die rechte Körperhälfte bevorzugt. Dafür gibt es keine mystische oder tiefenpsychologische Erklärung: Baum war Linkshänder. Wenn Ojo in *The Patchwork Girl of Oz* meint, er sei vom Pech verfolgt, weil er Linkshänder ist, steht die verschmitzte Antwort des Blechholzfällers für die Meinung seines Autors: »Viele unserer größten Männer sind das.« (S. 329)

Bei einem Besuch der Roycraft Shops in East Aurora, New York,
zeichnete Denslow dieses Bild der Vogelscheuche, 1906.
Mit freundlicher Genehmigung der Willard Carroll Collection.

›Es ist ziemlich schön geraten‹, knurrte der Munchkin, der dem Farmer zusah. ›Blaue Farbe ist für Augen richtig.‹

›Das andere Auge male ich ein bißchen größer‹,³ sagte der Farmer. Und nachdem er das zweite Auge gemalt hatte, konnte ich viel besser sehen als zuvor. Dann malte er die Nase und den Mund. Ich sagte kein Wort, denn zu dieser Zeit wußte ich noch nicht, wozu ein Mund taugt. Ich hatte die Freude zu sehen, wie mein Körper, meine Arme und Beine entstanden, und als die beiden alles mit dem Kopf verbanden, platzte ich fast vor Stolz, denn ich dachte, daß ich nun ein Mensch wie jeder andere sei.

›Der Bursche wird die Krähen schnell vertreiben‹, sagte der Farmer. ›Er sieht wie ein Mensch aus.‹

›Je nun, er ist ein Mensch‹, meinte der andere, und da stimmte ich mit ihm völlig überein. Der Farmer klemmte mich unter den Arm, trug mich aufs Kornfeld und setzte mich auf die hohe Stange, auf der du mich dann gefunden hast. Die beiden zogen vom Feld und ließen mich allein.

Es gefiel mir ganz und gar nicht, auf diese Weise verlassen zu werden, und so versuchte ich ihnen zu folgen, doch meine Füße erreichten nicht den Grund. Ich mußte auf der Stange bleiben, ob es mir nun paßte oder nicht.

Nun brach eine harte Zeit für mich an, denn ich hatte nichts, worüber ich nachdenken konnte, so nagelneu, wie ich war. Viele Krähen und andere Vögel flogen in das Kornfeld, doch sobald sie mich erblickten, nahmen sie Reißaus, denn sie glaubten, da stände ein Munchkin im Feld. Das freute mich ungemein und gab mir das

Gefühl, eine wichtige Person zu sein. Eine alte Krähe aber flog Stück um Stück näher zu mir. Nachdem sie mich sorgfältig gemustert hatte, setzte sie sich auf meine Schulter.

›Wie kann dieser Dummkopf von Farmer nur glauben, daß er mich auf diese plumpe Weise täuschen kann?‹ krächzte sie. ›Jede Krähe von Verstand sieht doch, daß du mit Stroh ausgestopft bist.‹

Sie hüpfte auf den Boden und fing an, nach Herzenslust zu fressen. Als die anderen Vögel sahen, daß ich mich nicht wehren konnte, begannen sie zu picken und schlugen sich die Bäuche voll. Nach einer Weile hockte ein großer Schwarm der schwarzen Vögel um mich herum.

Das betrübte mich sehr, sah ich doch, daß ich eine miserable Vogelscheuche war. Doch die alte Krähe tröstete mich. ›Wenn du nicht Stroh, sondern Verstand in deinem Kopf hättest, wärst du ebenso gut wie jeder andere Mensch, wahrscheinlich sogar ein besserer Mensch. Verstand ist es, den du vor allem anderen in dieser Welt besitzen mußt, egal, ob du nun eine Krähe oder ein Mensch bist.‹[4]

Nachdem die Krähe weggeflogen war, dachte ich über ihre Worte nach und beschloß, keine Mühe zu scheuen, um zu Verstand zu kommen, und sei es auch nur ein Stückchen davon. Glücklicherweise bist du dann vorbeigekommen und hast mich von der Stange befreit. Und wie du gesagt hast, ich bin sicher, daß der große Oz mir zu Verstand verhelfen wird, sobald wir in der Smaragdenstadt sind.«[5]

»Ich hoffe es auch«, sagte Dorothy ernst, »da du ihn dir so unbändig wünschst.«

»O ja, es ist ein heißer Wunsch«, wiederholte die Vogelscheuche. »Es ist nicht angenehm, ein Dummkopf zu sein.«[6]

»Nun, dann laß uns gehen«, sagte Dorothy und reichte der Vogelscheuche den Korb.

4. *Verstand ist es, den du vor allem anderen in dieser Welt besitzen mußt, egal, ob du nun eine Krähe oder ein Mensch bist.* Gesprochen wie ein wahrer Philosoph! In seinen Anmerkungen zur Penguin-Twentieth-Century-Classics-Ausgabe von 1998 beobachtet Jack Zipes ganz richtig: »Die Vogelscheuche gibt auch Sprüche von sich, die darauf hindeuten, daß sie verständiger ist, als sie sich selbst einschätzt, und viel intelligenter als die anderen« (S. 368). Sie ist auf der anderen Seite auch fähig, schöne Binsenweisheiten zu proklamieren: »Wenn die Straße hier reingeht, kommt sie auch irgendwo raus.«

5. *sobald wir in der Smaragdenstadt sind.* In einem seiner »Queer Visitors from the Marvelous Land of Oz«-Bildergeschichten mit dem Titel »The Scarecrow Tells a Fairy Tale to Children and Hears an Equally Marvelous True Story« (veröffentlicht in Sonntagsausgaben verschiedener Zeitungen am 27. November 1904) erzählt Baum eine etwas andere Version dieser Geschichte:

> Ihr müßt wissen, meine Lieben, daß im Lande Oz alles lebendig ist, was lebendig nützlich sein kann. Ich weiß nun nicht, wozu eine Vogelscheuche nützlich sein soll, außer darin, Kinder zu erfreuen, aber es ist eine Tatsache: Sobald mich der Farmer mit Stroh in Gestalt eines Menschen ausgestopft und mir mit diesem wunderbaren Baumwollsack einen Kopf gegeben hatte, erkannte ich, daß ich ein lebendiger Teil dieser großen Welt geworden war.
>
> Natürlich konnte ich zunächst nicht sehen, hören oder sprechen, aber der Farmer holte Farbe und einen Pinsel und begann die Vorderseite meines Kopfes zu bemalen, dort, wo das Gesicht hingehört. Zuerst malte er das linke Auge. Ihr habt sicher bemerkt, daß es ein wunderschöner Kreis ist, mit einem Punkt in der Mitte. Das erste, was ich mit diesem Auge sah, war der Farmer selbst, und ihr könnt sicher sein, daß ich ihn genau beobachtete, während er mein anderes Auge malte. Der Mann war ein echter Künstler, sonst hätte er mich nicht so hübsch machen können. Mein rechtes Auge ist sogar noch besser als mein linkes. Nachdem er die Augen gemalt hatte, gab mir der Farmer diese ausgezeichnete Nase, mit der ich den Duft von wilden Blumen und frischgemähtem Heu und die fruchtbare Erde rieche. Als nächstes wurde mein Mund hergestellt, so wunderschön geformt, daß ich nie aufgehört habe, stolz darauf zu sein. Ich konnte allerdings noch nicht sprechen, denn ich kannte keine Worte, die meine Gefühle ausgedrückt hätten. Dann kamen diese entzückenden Ohren, die mein Gesicht vervollständigten. Jetzt hörte ich den lauten Atem des Farmers, denn er war dick und litt an Asthma, die zwitschernden Lieder der Vögel, das Flüstern des Windes, der über die Wiese strich, das Plappern der Feldmäuse und viele andere angenehme und schöne Geräusche.
>
> Ich hielt mich jetzt in der Tat für völlig gleich dem Menschen, der mich gemacht hatte. Diese Vorstellung wurde mir jedoch schnell ausgetrieben, als der Farmer mich auf einer Stange im Feld aufstellte. Dann ging er einfach mit seinem Farbeimer davon und ließ mich allein. Ich versuchte gleich, ihm zu folgen, aber meine Füße reichten nicht bis auf den Boden, und ich kam nicht von der Stange weg.
>
> In meiner Nähe befand sich ein Zauntritt. Dort blieben oft die Leute stehen, um miteinander zu plaudern, und indem ich ihnen zuhörte, lernte ich sprechen. Aus meiner Höhe hatte ich einen herrlichen Blick über das Land, und ich hatte genügend Zeit, es genau zu betrachten. Außerdem kamen oft die Krähen, setzten sich auf meinen Kopf und meine Schultern und erzählten mir von der großen weiten Welt, die sie gesehen hatten. So erfuhr ich eine ausgezeichnete Bildung. Ich sehnte mich danach, Oz mit eigenen Augen zu sehen. In meiner eigentlichen Aufgabe – die Krähen zu verscheuchen – schien ich versagt zu haben. Die Krähen gewannen mich außerordentlich lieb und unterhielten sich freundlich mit mir, während sie die Saat aus der Erde pickten.

Ihr Leben veränderte sich von Grund auf, als ein kleines Mädchen aus Kansas Mitleid mit ihr bekam und sie von ihrer Stange befreite.

6. *Es ist nicht angenehm, ein Dummkopf zu sein.* Es ist diese Selbsterkenntnis, die, wenn man Sokrates folgt, der Vogelscheuche größere Weisheit gibt, als normale Menschen besitzen. In einer Überarbeitung der Geschichte von der Vogelscheuche mit dem Titel »The Scarecrow's Story«, die in *The Juvenile Speaker* erschien, fügte Baum folgendes hinzu:

> Ich verstehe wohl, daß ich augenblicklich nur die Nachahmung eines Menschen bin, und ich versichere dir, es ist ein sehr unangenehmes Gefühl, zu wissen, daß man ein Dummkopf ist. Ein Körper ist doch nur eine Maschine, die vom Gehirn gelenkt wird. Diejenigen, die kein eigenes Gehirn haben, werden schnell vom Gehirn eines anderen gelenkt.
>
> Aber vielleicht habe ich auch unrecht. Schließlich bin ich ja nur eine Vogelscheuche. *(S. 76)*

7. *Hütte.* Den Besitzer dieses leeren Hauses treffen Dorothy und die Vogelscheuche im nächsten Kapitel. Der Hütte fehlt ein normales Bett, denn ihr Besitzer schläft genau wie die Vogelscheuche niemals.

Es gab jetzt keine Zäune an den Straßenrändern mehr, und die Gegend wurde öde und leer. Gegen Abend gelangten sie in einen großen Wald. Die Bäume wuchsen groß und dicht. Die Äste hingen weit über die Straße. Es war fast finster unter den Bäumen, denn durch das Laubwerk schien das Licht nur spärlich. Doch das hielt die beiden nicht zurück, und sie drangen weiter vor.

»Wenn die Straße hier 'reingeht, kommt sie auch irgendwo 'raus«, sagte die Vogelscheuche. »Wenn sich die Smaragdenstadt am Ende der Straße befindet, müssen wir dorthin gehen, wohin sie uns führt.«

»Das weiß jeder«, lachte Dorothy.

»Sicherlich«, entgegnete die Vogelscheuche. »Darum weiß auch ich es. Wenn man Verstand bräuchte, um das herauszufinden, hätte ich es niemals behauptet.«

Nach einer Stunde verblaßte das Licht. Sie stolperten durch die Finsternis. Dorothy sah überhaupt nichts mehr, dafür Toto um so mehr, denn manche Hunde kommen mit der Dunkelheit gut zurecht. Auch die Vogelscheuche erklärte, sie könne so gut sehen wie am Tag. Dorothy hängte sich bei ihr ein und kam mit ihrer Hilfe gut voran.

»Wenn du ein Haus erblickst oder einen Platz, wo man die Nacht verbringen könnte, dann sag es mir, denn es macht mir keinen Spaß, durch diese Düsternis zu stolpern.« Bald danach machte die Vogelscheuche halt.

»Ich sehe eine kleine Hütte rechts von mir«, sagte sie. »Sie ist aus Stämmen und Ästen gebaut. Sollen wir hin?«

»Gewiß«, erwiderte das Mädchen. »Ich bin zum Umfallen müde.«

Die Vogelscheuche führte sie durch die Bäume zur Hütte,[7] und Dorothy trat ein. In einer Ecke fand sie ein Bett aus getrockneten Blättern. Sie legte sich gleich nieder. Toto an der Seite, fiel sie bald in einen tiefen Schlaf. Die Vogelscheuche, die niemals müde wurde, stellte sich in eine andere Ecke und wartete geduldig auf den folgenden Tag.

1. *wenn man aus Fleisch ist*. Diese philosophische Unterhaltung bereitet die gleich folgende Entdeckung eines Mannes im Wald vor, der aus Blech gemacht ist. Baum kombinierte in der Erzählung »An Adventure in Oz«, die in *L. Frank Baum's Juvenile Speaker* veröffentlicht wurde, Teile dieses und des vorangegangenen Kapitels:

> Nun holte sie sich eine Tasse Wasser aus dem Bach und trank sie.
> »Ihr Leute aus Fleisch und Blut«, bemerkte die Vogelscheuche, die sie dabei beobachtet hatte, »ihr habt viel Arbeit damit, am Leben zu bleiben. Ihr müßt essen und trinken und schlafen, und das sind drei Dinge, um die sich ein Strohmann keine Gedanken zu machen braucht. Dafür habt ihr allerdings einen Verstand, und es ist einige Mühe wert, anständig denken zu können.«
> »Ja«, antwortete Dorothy, »wenn man's bedenkt, bin ich froh, daß ich nicht aus Stroh bin.« (S. 25–26)

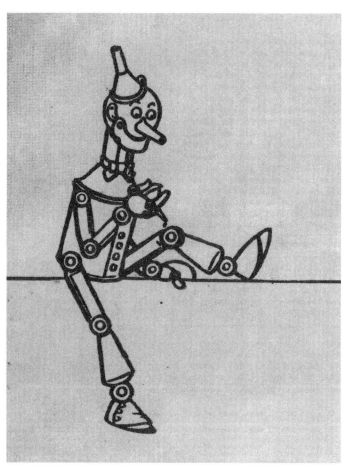

Dieses Bild des Blechholzfällers erschien
auf dem Rückencover von *The New Wizard of Oz*
(Indianapolis: Bobbs-Merrill, 1903).
*Mit freundlicher Genehmigung der
Willard Carroll Collection.*

Die Rettung des blechernen Holzfällers

WIE DOROTHY WIEDER ERwachte, schimmerte bereits die Sonne durch die Bäume. Toto war schon lange draußen und jagte den Vögeln hinterher. Dann war da noch die Vogelscheuche, die geduldig in der Ecke stand.

»Erst einmal brauchen wir Wasser«, sagte Dorothy zur Vogelscheuche.

»Wozu das?«

»Damit ich mir den Straßenstaub aus dem Gesicht waschen kann. Und um zu trinken, damit mir nicht das trockene Brot im Halse steckenbleibt.«

»Es muß sehr unbequem sein, wenn man aus Fleisch ist«,[1] sagte

2. *Dieser Mann bestand ganz und gar aus Zinnblech.* Baum erzählte dem *North American* (Philadelphia, 3. Oktober 1904), daß er den zweiten von Dorothys Gefährten »wegen der Kuriosität eines Holzfällers, der aus Blech gemacht ist«, Blechholzfäller genannt hatte. Harry Neal Baum erzählt eine andere Geschichte, wie sein Vater auf den Blechholzfäller gekommen war. Vor seiner Zeit als Kinderbuchautor hatte Baum einmal den Auftrag, das Schaufenster eines Haushaltswarengeschäfts auszustatten. »Er wollte etwas machen, was ins Auge sprang«, erzählte sein Sohn dem Autor Joseph Haas für den Artikel »A Little Bit of ›Oz‹ in Northern Indiana« (*Indianapolis Times*, 3. Mai 1965). »Also nahm er die Trommel einer frühen Waschmaschine, schraubte Arme und Beine aus Ofenrohren daran und benutzte den Boden einer Pfanne als Gesicht. Dem Ganzen setzte er einen Trichter als Hut auf. Das war das Vorbild für den blechernen Holzfäller.« Blecherne Figuren dienten im Amerika des 19. Jahrhundert als Schilder für die Werkstatt von Blechschmieden.

Der Blechholzfäller ist nur einer von vielen mechanischen Menschen, die durch Baums Bücher klappern. »Eine der wichtigsten Neuerungen, die Baum der Tradition der Phantasiegeschichte hinzufügte«, erklärt Nye in *The Wizard of Oz and Who He Was*, »ist, daß er das Wunderbare in Maschinen erkannte, die den Dingen selbst innewohnende Magie... Indem er die sprechenden Tiere der alten Volkssagen in sprechende Maschinen umwandelte, führte er die Technologie des 20. Jahrhunderts in die Märchentradition ein. Die nützlichen, freundlichen und kameradschaftlichen Kreaturen von Oz wurden Teil der Familie eines Kindes, in etwa so, wie das Automobil zu dieser Zeit in die amerikanische Gesellschaft integriert wurde« (S. 7–8). Baum hatte Vertrauen in diese neue Technologie, denn, wie Nye herausstellt, »er erlaubte niemals, daß die Maschinen in Oz außer Kontrolle gerieten« (S. 8). Andere bemerkenswerte Beispiele für solche mechanischen Menschen sind der Gußeisenmann in *A New Wonderland*, Mr. Split in *Dot and Tot of Merryland*, und seine gar nicht so entfernten Verwandten Tik-Tok (dessen Prototyp der Uhrwerkmann in *Father Goose, His Book* ist) und der Riese mit dem Hammer, beide in *Ozma von Oz* gebaut von Smith & Tinker.

die Vogelscheuche und wiegte den Kopf. »Du mußt schlafen, essen und trinken. Dafür kannst du allerdings denken, und das lohnt die viele Mühe, die du dir machen mußt.«

Sie verließen die Hütte und zogen durch den Wald. Nach einer Weile trafen sie auf eine kleine Quelle mit klarem Wasser. Dorothy nahm einen Schluck, badete und aß das Frühstück. Vom Brot blieb nur ein Kanten übrig, den legte sie in den Korb. Ein Glück, daß die Vogelscheuche nicht zu essen brauchte, denn es reichte ja kaum für sie und den Hund. Nachdem sie gegessen hatte, gingen sie zur Straße mit den gelben Ziegelsteinen zurück. Da wurden sie durch ein tiefes Seufzen gleich in der Nähe erschreckt.

»Was war das?« fragte Dorothy furchtsam.

»Wenn ich das wüßte«, erwiderte die Vogelscheuche. »Sehen wir doch einmal nach.«

Da seufzte es schon wieder, und diesmal kam es von hinten. Sie kehrten um und gingen ein paar Schritte durch den Wald. Plötzlich blitzte etwas Helles in einem Sonnenstrahl vor ihnen auf. Sie rannten zu der Stelle und stießen einen Schrei der Überraschung aus: Einer der dicken Bäume war tief eingehackt. Daneben stand ein Mann mit einer Axt über dem Kopf. Dieser Mann bestand ganz und gar aus Zinnblech.[2] Kopf, Arme und Beine waren zwar mit dem Körper verbunden, doch er stand vollkommen starr und still, als könnte er sich überhaupt nicht bewegen. Erstaunt schaute Dorothy auf die seltsame Erscheinung, und ähnlich blickte auch der Mann das Mädchen an, während Toto wütend bellte und so heftig in die Blechbeine biß, daß er fast die Zähne verlor.

3. *verrostet*. Obwohl die Korrosion anderer Metalle umgangssprachlich als »rosten« bezeichnet wird, kann eigentlich nur Eisen rosten. Alexander Wolkow, Professor am Moskauer Institut für Nichteisenmetalle und Gold, der 1939 eine erste, sehr freie Übersetzung von *Der Zauberer von Oz* ins Russische angefertigt hatte, erkannte diesen Fehler natürlich und nannte Baums Figur daher *schelesny drowossek*, den Eisenholzfäller. Auch in den deutschen Übersetzungen der drei Oz-Bücher *The Emerald City of Oz, The Road to Oz* und *Dorothy and the Wizard in Oz*, alle von Esmy Berlt und erschienen bei der Leipziger Buchhandels- und Verlagsanstalt, heißt er »der eiserne Holzfäller«.

Die Metropolitan-Lebensversicherung benutzt in einer Anzeige im *National Geographic* (November 1954) die eingerosteten Gelenke des Blechholzfällers, um Arthritis zu veranschaulichen. Die Anzeige betont, daß gute medizinische Betreuung menschliche Gelenke »beweglich und intakt« halten könne. Arthritis kann die Gelenke so schwer beeinträchtigen, daß den Patienten Kunstgelenke aus Metall eingesetzt werden müssen. Auf ähnliche Weise wurde auch der Körper des Holzfällers zu Zinn.

»Bist du es, der so laut geseufzt hat?« fragte Dorothy.

»Ja«, erwiderte der Mann. »Ich seufze schon seit mehr als einem Jahr. Niemand hat mich bisher gehört. Niemand ist mir zu Hilfe gekommen.«

»Was kann ich für dich tun?« fragte sie sanft, denn die traurige Figur rührte ihr Herz.

»Hol die Ölkanne und öl mir die Scharniere ein«, stöhnte er. »Sie sind bereits so schlimm verrostet,³ daß sich keines mehr bewegen läßt. Wenn ich gut geölt bin, ist alles wieder in Ordnung mit mir. Die Ölkanne findest du auf einem Regal in der Hütte.«

Dorothy lief in Windeseile zur Hütte, schnappte sich die Kanne und kehrte zum Blechmann zurück.

»Öl mir zuerst den Hals ein«, schnarrte der Blechmann. Dorothy ölte ihn eifrig ein, doch da er durch und durch verrostet war, packte die Vogelscheuche seinen Kopf und drehte ihn behutsam hin und her, bis er frei war und der Blechmann ihn selbst bewegen konnte.

»Und jetzt öl mir die Scharniere an den Armen ein!« forderte er. Hier ein Tropfen, dort ein Tropfen, und die Vogelscheuche bog und zog, und nicht lange, da waren auch die Arme frei und so beweglich wie neue. Der Holzfäller war glücklich, senkte die Axt und stellte sie an den Baum.

»Jetzt geht es mir besser. Ich habe die Axt in die Luft gehalten, seitdem ich eingerostet bin. Was bin ich froh, daß ich sie endlich aus der Hand legen kann. Und jetzt öl mir die Scharniere an den Beinen ein. Wenn die sich drehen, werde ich wieder in Ordnung sein.«

Eifrig ölte Dorothy das linke und das rechte Scharnier, bis er sich frei bewegen konnte. Er dankte ihr immer wieder für seine Erlösung, denn er war von höflicher Natur und überaus dankbar.

»Wenn ihr nicht gekommen wäret, hätte ich hier wohl ewig stehen müssen«, sagte er. »Ihr habt mir wahrlich das Leben gerettet. Doch wie seid ihr an diesen verlassenen Ort gekommen?«

»Wir sind auf dem Weg in die Smaragdenstadt, um den großen Oz kennenzulernen«, antwortete sie. »Da haben wir deine Hütte entdeckt und dort übernachtet.«

»Warum wollt ihr zu Oz?«

»Er soll mir sagen, wie ich nach Kansas zurückkehren kann, und was die Vogelscheuche betrifft, die wünscht sich ein bißchen Grips in den Kopf.«

Der blecherne Mann schien für einen Augenblick in Gedanken versunken zu sein.

»Meint ihr, daß dieser Oz mir auch ein Herz geben kann?« fragte er plötzlich.

»Sicherlich«, entgegnete Dorothy. »Das dürfte für ihn nicht schwieriger sein, als die Vogelscheuche zu Verstand zu bringen, denke ich mal.«

»Wohl wahr«, schnarrte der Blechmann. »Wenn du erlaubst, daß ich mich euch anschließe, dann ziehe ich mit in die Stadt und bitte Oz, mir zu helfen.«

»Komm mit!« sagte die Vogelscheuche herzlich. Und Dorothy fügte hinzu, daß ihr seine Gesellschaft angenehm sei. Der Holzfäller schulterte die Axt, und sie machten sich auf den Weg. Zunächst ging es durch den Wald, und dann kehrten sie zur Straße mit den gelben Ziegelsteinen zurück.

Zuvor hatte der Holzfäller noch das Mädchen gebeten, die Ölkanne in den Korb zu legen.

»Es könnte ja sein, daß ich in einen Regen gerate, und dann setzt gleich wieder der Rost an. Da brauche ich dringend das Öl.«

Es war ein Glück, daß sich der Holzfäller den beiden angeschlossen hatte, denn kurz darauf gelangten sie zu einer Stelle, wo die Bäume und Zweige so dicht über die Straße wuchsen, daß kaum noch ein Durchkommen war. Mir nichts, dir nichts machte sich der Holzfäller an die Arbeit und schlug den Wanderern ein Gäßchen frei.

Dorothy war unterwegs so in Gedanken versunken, daß sie nicht bemerkte, wie die Vogelscheuche bei einem Straßenloch ins Stolpern kam, sich überschlug und am Straßenrand liegen blieb.

»Stell mich wieder auf die Beine!« schrie sie ärgerlich.

»Warum bist du nicht um das Loch herumgegangen?« fragte der Holzfäller.

»Weil Denken nicht meine Sache ist«,[4] erwiderte die Vogelscheuche heiter. »Mein Kopf ist ja mit Stroh gefüllt, wie du weißt, und deshalb will ich auch zu Oz, der mir zu Geist verhelfen soll.«

4. *Weil Denken nicht meine Sache ist.* Hier ist die erste Gelegenheit für die Vogelscheuche, ihre Intelligenz zu nutzen, und sie versagt. Sie wird jedoch durch die Praxis lernen. Bis jetzt hatte sie keine Erfahrungen, auf deren Basis sie Urteile fällen könnte, und keine Erinnerungen, die ihr sagen, was sie tun soll. Ein Kind muß schließlich ab und zu hinfallen, aufstehen und weitergehen. Ihr Fehler wird der Vogelscheuche eine Lehre sein und sie ermutigen, ihre neu gefundene Urteilsfähigkeit in anderen Situationen einzusetzen.

5. *der Holzfäller.* Er heißt Nick Chopper (also etwa: Nick Hacker), wie in *Im Reich des Zauberers Oz* enthüllt wird. Dieser Name stammt aus der musikalischen Revue von 1902, in der Nick (»Niccolo«) Chopper ein Lied mit dem Titel »Niccolos Piccolo« singt. David C. Montgomery spielte den Holzfäller. Später war Oliver Hardys Darstellung ein Höhepunkt des Stummfilms von 1925. Natürlich ist der bekannteste Holzfäller Jack Haley in dem MGM-Film von 1939. Am Broadway spielte ihn der Stepptänzer Tiger Haynes in *The Wiz*, und in der Filmversion dieser Show von 1978 übernahm der leichtfüßige Nipsey Russell die Rolle.

6. *als Sohn eines Holzfällers.* In Denslows Illustrationen wirkt der Blechholzfäller mit seiner schmalen Fliege, dem hohen Blechkragen, den Blechgamaschen und dem flotten Trichterhut städtischer und adretter als übliche Holzfäller. In seiner Besprechung von *Der Zauberer von Oz* schreibt der *Boston Beacon* am 29. September 1900, der Blechholzfäller sähe aus wie der deutsche Kaiser Wilhelm. Sein kosmopolitisches Aussehen ergibt einen guten Kontrast zu der ländlichen Vogelscheuche. »Ich habe fünfundzwanzig Entwürfe von diesen beiden Kerlen angefertigt, bevor ich zufrieden war«, erinnert sich Denslow. »Sie können mir glauben, daß es lange gedauert hat, bis ich diesen Golfball in das Ohr der Vogelscheuche und den Trichter auf den Kopf des Blechmannes bekam, und ich probierte viele Strohwesten und Eisenblechkrawatten aus, bevor ich glücklich war« (»Denslow: Denver Artist, Originator of Scarecrow and Tin Man«). Der Trichterhut ist wahrscheinlich Denslows Erfindung. Baum erwähnt ihn im Text hier nicht, wohl aber in den späteren *Oz*-Büchern. Möglicherweise hatte sich Denslow von der Malerei des Mittelalters und der Renaissance inspirieren lassen, wo Einfaltspinsel solche Trichter auf dem Kopf tragen, der auf ihre Dummheit verweist.

7. *Als ich aufwuchs.* Diese Schilderung paßt nicht zu den folgenden Erkenntnissen über das Altern und Sterben in Oz. Der folgende Bericht erscheint in *The Tin Woodman of Oz*:

> Man hat mir erzählt, daß Oz nicht immer ein Märchenland war. Früher war es einmal genau wie andere Länder, abgesehen davon, daß es von einer furchtbaren öden Sandwüste eingeschlossen war, die seinen Einwohnern keinen Kontakt mit dem Rest der Welt erlaubte. Auf einer Reise entdeckte die Feenschar der Königin Lurline diese Abgeschiedenheit, verzauberte Oz in ein Märchenland und ließ eine ihrer Feen zurück, um das verzauberte Land zu regieren. Dann flog Lurline weiter und vergaß die ganze Angelegenheit.
>
> Von diesem Augenblick an starb im Lande Oz niemand mehr. Wer alt war, blieb alt, wer jung und stark war, veränderte sich nicht, als die Jahre vergingen. Die Kinder blieben immer Kinder und spielten und tobten, so viel sie wollten, während die Babys in ihren Wiegen lagen, liebevoll umsorgt und niemals größer wurden. Die Menschen in Oz hörten also auf zu zählen, wie alt sie waren, denn die Jahre änderten ihr Aussehen nicht und konnten auch ihre Stellung nicht ändern. Da sie nicht krank wurden, gab es keine Ärzte bei ihnen. Manch einem mochte ein Unglück geschehen, das stimmt, und auch wenn niemand auf natürlichem Wege sterben konnte, wie andere Menschen das tun, so war es doch möglich, daß einer völlig zerstört wurde. Das war jedoch äußerst ungewöhnlich, und es gab selten etwas, worüber man sich Sorgen machen mußte. Die Bewohner von Oz waren so glücklich und zufrieden, wie man nur sein kann. *(S. 156–157)*

Dieser Zustand erfaßt anscheinend auch Einwanderer aus der Außenwelt, »denn Dorothy … schien genau das gleiche liebe kleine Mädchen zu sein, das sie war, als sie zum ersten Mal in dieses entzückende Märchenland kam«. Unter der Regentschaft des Zauberers scheint die Verzauberung aufgehoben – vielleicht geht das Land in seinen ursprünglichen Zustand zurück, wenn es nicht von einem rechtmäßigen Herrscher regiert wird –, aber daß Dorothy nach ihrem Umzug nach Oz nicht mehr alterte, ermöglichte Baum jedenfalls, seine Serie unendlich weiterzuführen. Während Baum an der Serie schrieb, wurde er allerdings durchaus älter und seine Gesundheit schlechter. Siehe auch folgende Anmerkung.

8. *nachdem mein Vater gestorben war.* »Die vielen Bemerkungen im Buch über den Tod von Menschen und Tieren sind mit unserer späteren Erkenntnis, daß es sehr schwer ist, in Oz Lebewesen zu ›zerstören‹, schwer zu vereinbaren«, kommentiert Gardner in Anmerkung 7 von *The Wizard of Oz and Who He Was*. Natürlich ändert sich alles, als Ozma wieder auf den Thron von Oz zurückkehrt. In seinem Nachwort zu der Pennyroyal-Ausgabe von 1985 meint Justin G. Schiller: »Der Tod ist ein wiederkehrendes Motiv, oft im Zusammenhang mit dem Schutz unschuldiger Kreaturen vor wilden oder böswilligen Mächten: Kalidahs fallen auf spitze Felsen, und der Wildkatze, die die Königin der Feldmäuse verfolgt, wird der Kopf abgeschlagen« (S. 263–264). Siehe auch Kap. 9, Anm. 1. Selbst Baum weiß nicht genau, wie weit die Schutzmacht im Lande Oz reicht, nachdem Ozma den Thron übernommen hat. In *The Magic of Oz* gibt er zu, daß »nicht sicher ist, ob diejenigen, die von außerhalb nach Oz kommen … ewig leben und nicht verletzt werden können. Selbst Ozma kann das nicht genau wissen, und so werden ihre Gäste von außerhalb immer vor allen Gefahren beschützt, nur um ganz sicher zu gehen« (S. 83). Eine Geschichte von Jack Snow mit dem Titel »Murder in Oz« basiert auf diesem Dilemma und beschreibt den »Tod« von Ozma und die folgenden Ereignisse. Die Erzählung war ursprünglich für *Ellery Queen's Mystery Magazine* verfaßt und wurde dann in mehreren Folgen in *The Baum Bugle* veröffentlicht (Oktober bis Weihnachten 1959).

»Oh, ich verstehe«, sagte der Holzfäller. »Doch ich muß dir sagen, daß Verstand nicht das Wichtigste ist in der Welt.«

»Hast du einen?« forschte die Vogelscheuche.

»Mein Kopf ist gänzlich leer«, schnarrte der Holzfäller. »Aber ich hatte einmal Verstand und Herz. Ich habe beide ausprobiert, und deshalb weiß ich heute, daß ein Herz wichtiger ist. Verstand kann grausam sein, ein Herz jedoch ist immer gut.«

»Und warum?«

»Ich werde dir meine Geschichte erzählen, und dann wirst du wissen, warum.«

Sie zogen weiter durch den Wald, und der Holzfäller[5] begann zu erzählen: »Ich bin als Sohn eines Holzfällers[6] geboren, der seinen Lebensunterhalt mit dem Fällen der Bäume bestritt. Als ich aufwuchs,[7] ergriff ich denselben Beruf, und nachdem mein Vater gestorben war,[8] sorgte ich für meine Mutter bis zu ihrem Tod. Dann faßte ich den Entschluß, nicht mehr allein leben zu wollen. Hals über Kopf verliebte ich mich[9] in ein Munchkin-Mädchen.[10] Sie ihrerseits versprach mir, mich zu heiraten, sobald ich genug Geld verdiente, um mir ein besseres Haus bauen zu können. Ich arbeitete wie ein Pferd. Nun wohnte das Mädchen bei einer alten Frau,[11] die nicht wollte, daß es sich einen Mann nahm. Sie war nämlich faul wie die Sünde, und das Mädchen sollte alle Hausarbeit für sie tun. Die alte Frau ging zur bösen Osthexe und versprach ihr zwei Schafe und eine

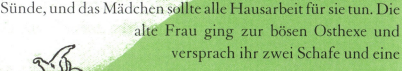

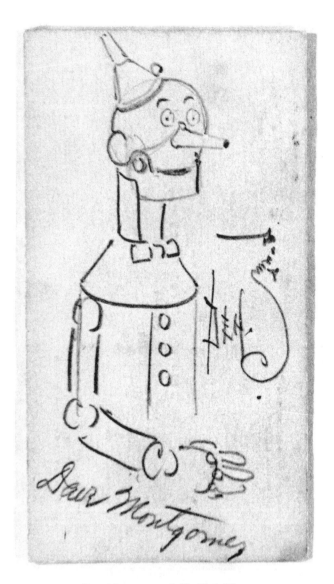

Dave Montgomery als Blechholzfäller,
Zeichnung von Denslow, signiert vom Schauspieler, 1902.
*Mit freundlicher Genehmigung der W. W. Denslow Papers,
Special Collections, Syracuse University Library.*

9. *verliebte ich mich.* Eines der Themen, die Baum in seinen »modernisierten« Märchen vermeiden wollte, ist die Romantik. »Liebe, wie sie in der Literatur beschrieben wird«, meinte er in der *St. Louis Republic* (30. Mai 1903), »ist ein abgedroschenes und unbefriedigendes Thema, das Kinder weder in seiner esoterischen noch in seiner allgemeinverständlichen Bedeutung begreifen können. Es hat daher keinen Platz in Kinderbüchern.« (John Ruskin vertritt nahezu die gleiche Meinung, denn er schreibt in seinem Vorwort zu einer Ausgabe von *German Popular Tales* von 1868: »Das Wort ›Liebe‹ wird in der modernen Kindergeschichte allzuoft zu einem bösen Geheimnis verdunkelt, das den süßen Frieden der Jugend mit verfrühten Blicken auf unverstandene Leidenschaft und den flackernden Schatten unerkannter Sünde stört.«) Als Baum den *Zauberer von Oz* schrieb, hatte er allerdings noch nicht alle Romanzen aus seinen Geschichten eliminiert, und neben der Liebe zwischen dem Blechholzfäller und dem Munchkin-Mädchen gibt es noch die Hochzeit von Gaylette und Quelala in Kapitel 14. In *Tik-Tok of Oz* und *The Scarecrow of Oz* kommen weitere Liebesgeschichten vor, wohl weil diese Erzählungen auf einer musikalischen Revue und einem Film basierten, die sowohl für Kinder als auch für Erwachsene gedacht waren. Baum wußte allerdings, daß er das Thema vorsichtig behandeln mußte. »In *The Scarecrow* führte ich ein Thema ein, das für mich neu war, und zwar Liebe und Leiden von Pon, dem Gärtnerssohn, und Prinzessin Gloria«, gestand er seinen Verlegern am 17. Januar 1916 ein. »Es geht ein wenig in die Richtung eines Andersen-Märchens [obwohl die Geschichte aus dem Grimmschen Märchen »Der Eisenhans« stammte], und ich beobachtete seine Wirkung auf meine Leser genau. Die akzeptierten es freudig, genau wie alles andere, denn es ging weit über ihr Verständnis hinaus.« In *The Tin Woodman of Oz* behandelt Baum die Suche des blechernen Holzfällers nach seiner verlorenen Liebe unkonventioneller und komischer als die Liebesgeschichten in seinen anderen Büchern.

10. *ein Munchkin-Mädchen.* In seinem ersten Entwurf des Theaterstückes *Der Zauberer von Oz*, den er Fred Hamlin zuschickte, nannte Baum sie Beatrice Fairfax (siehe auch Kap. 22, Anm. 6.) Aber als die Show dann 1902 in Chicago produziert wurde, war aus ihr Cynthia Cynch, die Lady Lunatic, geworden, eine Persiflage auf Shakespeares Ophelia, die über dem Verlust ihres Liebsten verrückt wird. (Allene Crater, eine der Frauen, die sie während der langen Laufzeit des Stückes spielten, gewann schließlich das Herz der Vogelscheuche, Fred Stone, und heiratete ihn.) Als der blecherne Holzfäller in *The Tin Woodman of Oz* beschließt, seine lange verloren geglaubte Liebe zu suchen und zu heiraten, wird ihr Name als Nimmee Aimee angegeben.

11. *bei einer alten Frau.* In seinem zweiten Entwurf für die *Zauberer von Oz*-Revue erwähnt Baum diese alte Frau nicht, aber er deutet an, die Angebetete des Blechholzfällers sei die Dienerin der bösen Osthexe. Nachdem sie verkündet hat: »In diesen Ländereien darf nicht geliebt werden!«, entdeckt das böse Weib die Liebenden in inniger Umarmung und verwandelt den Holzfäller in einen Blechmann, um ihn daran zu hindern, das Mädchen zu heiraten. Eine »alte Frau« wird auch in *The Tin Woodman of Oz* nicht erwähnt, wo sich der Blechholzfäller etwas anders an die Geschichte erinnert, als sie in *Der Zauberer von Oz* erzählt wird. Hier hatte das Mädchen für die böse Osthexe gearbeitet, die, weil sie ihre Dienerin nicht an den jungen Holzfäller verlieren wollte, seine Axt verzauberte, welche ihm dann Arme und Beine abschlug. Jedes Teil wurde durch den Blechschmied

Die Rettung des blechernen Holzfällers

ersetzt. Rasend vor Wut, daß er jeden Angriff überlebte, ließ ihn die Hexe schließlich von der Axt in zwei Stücke schlagen. Und damit nicht zufrieden, »stürzte sie auf mich zu, packte die Axt und schlug meinen Körper in viele kleine Stücke« (S. 26). Aber das treue Mädchen sammelte sie auf und brachte sie zu dem Blechschmied, der dem Holzfäller einen neuen Körper aus Metall machte. Schließlich ließ die Hexe seinen Kopf abschlagen und verschwand damit. Dieser Kopf kehrt mit überraschenden Konsequenzen in Kapitel 18 von *The Tin Woodman of Oz* zurück.

Dieses Bild der bösen Osthexe stammt von einem der sechs Teile eines lithographierten Tapetenfrieses mit Figuren aus der Revue *The Wizard of Oz*, gezeichnet von W. W. Denslow, ca. 1920.
Mit freundlicher Genehmigung der Willard Carroll Collection.

Kuh, wenn sie die Hochzeit verhindere. Da verzauberte die böse Hexe meine Axt. Als ich eines Tages beim Holzfällen war, denn ich wollte ja so schnell wie möglich ein Haus und eine Frau haben, rutschte mir die Axt aus der Hand und fuhr mir in mein linkes Bein. Zuerst schien mir das ein großes Unglück zu sein, denn ich wußte, daß ein Mann mit einem Bein nicht zum Holzfällen taugt. Deshalb ging ich gleich zu einem Blechschmied,[12] der mir ein Kunstbein aus Blech[13] baute. Es funktionierte ausgezeichnet. Doch das ärgerte die böse Hexe, die der alten Frau versprochen hatte, daß ich das hübsche Munchkin-Mädchen nicht heiraten würde. Und da geschah es, daß mir die Axt beim Fällen ein neues Mal aus der Hand glitt. Diesmal schnitt sie mir das rechte Bein ab. Ich ging wieder zum Blechschmied, und der fertigte mir ein zweites Bein an. Damit nicht genug, schlug mir die verhexte Axt auch meine Arme ab, einen nach dem anderen. Doch ich gab nicht auf, und der Schmied ersetzte mir die natürlichen Glieder durch Arme aus Blech. Dann wurde es besonders schlimm: Die Axt hieb mir den Kopf ab. Das ist das Ende,[14] dachte ich. Aber da kam der Blechschmied vorbei und schmiedete mir einen neuen Kopf aus Blech.

Schon glaubte ich, die böse Hexe aus dem Feld geschlagen zu haben, und schuftete weiter – härter denn je. Doch ich vergaß nicht, daß meine Feindin grausam war. Es dauerte nicht lange, da klügelte sie sich etwas Neues aus, um meine Liebe zum schönen Munchkin-Mädchen zu töten. Diesmal flog mir die Axt mitten durch den Körper und zerteilte mich in zwei Hälften. Der Blechschmied ließ mich nicht im Stich und baute mir einen Körper aus Blech.[15] Mit Schar-

12. *Blechschmied*. In *The Tin Woodman of Oz* heißt er Ku-Klip (S. 22). Das Schicksal des Blechholzfällers erinnert Mary Devlin in »The Great Cosmic Fairy Tale« an die Geschichte des keltischen Helden Nuada, der in der Schlacht eine Hand verliert und sie durch eine Hand aus Silber ersetzt bekommt. Eine der ungewöhnlichsten und doch faszinierendsten Episoden aller Oz-Geschichten ist die Rückkehr des Blechholzfällers zur Werkstatt des Blechschmieds, wo er seinen ehemaligen Kopf wiedersieht. (Möglicherweise wurde das von einer von Baums Lieblingsgeschichten angeregt, der weniger drastischen Erzählung »The King's Head and the Purple Dragon« in *A New Wonderland*.) Außer dem Blechholzfäller baut Ku-Klip auch noch Captain Fyter. Dieser Blechsoldat verliebt sich ebenfalls in ein Munchkin-Mädchen und erleidet das gleiche Schicksal wie Nick Chopper. Mit diesem Ozschen Doppelgänger stellen sich für Gardner »profunde metaphysische Fragen bezüglich der eigenen Identität«. Sie werden noch verstärkt, wenn man bedenkt, daß Baum das Buch ursprünglich »The Twin Tin Woodman of Oz« nennen wollte. Genau wie Dr. Frankenstein versucht Ku-Klip außerdem mit verheerenden Folgen, ein menschliches Wesen aus Fleisch und Blut zu konstruieren. Chopfyte, zusammengesetzt aus überzähligen Teilen von Nick Chopper und Captain Fyter, ist ein Mann, der im wörtlichen Sinne »immer ein anderer ist«. In *The Wizard of Oz and Who He Was* interpretiert Nye die Schöpfung dieses unangenehmen Kerls als Baums Kommentar zur »technologischen Überentwicklung, die den Unachtsamen in Amerika genauso schaden kann wie den Unachtsamen in Oz« (S. 8).

13. *ein Kunstbein aus Blech*. Mehrere Leser haben die Rekonstruktion des Körpers des Blechholzfällers mit Plutarchs Parabel von Theseus' Schiff verglichen. In »*The Tin Woodman of Oz*, An Appreciation« (*The Baum Bugle*, Herbst 1996, S. 15) faßt Gardner diese Erzählung zusammen: »Über Jahrzehnte hinweg werden die Teile des Schiffes durch neue Teile ersetzt. Das geschieht in so kleinen Schritten, daß die Seeleute nie daran zweifeln, daß sie immer auf dem gleichen Schiff leben. Man stelle sich vor, die alten Teile wären aufgehoben und später neu zusammengesetzt worden. Welches ist nun das ›echte‹ Schiff?« Gardner stellt die Frage, ob Baums Interesse an Theosophie und Wiedergeburt das beeinflußt haben könnte, was Gardner das »Blechholzfäller-Problem« nennt: »Wenn wir nach unserer Wiedergeburt einen völlig anderen Körper und ein anderes Gehirn haben, in welchem Sinne sind wir dann noch die gleiche Person, die wir im früheren Leben waren?« In *Philosophy and the Young Child* (Cambridge, Mass.: Harvard University Press, 1980, S. 80) weist Gareth B. Matthews darauf hin, daß Baum der Theseus-Geschichte zwei neue Elemente hinzufügt: das Austauschen von Fleisch gegen Zinnblech, statt des Tauschens von Gleichem gegen Gleiches, und die Tatsache, daß sich der Blechholzfäller daran erinnert, was er einmal gewesen war. Technisch gesehen ist der Blechholzfäller kein Roboter, sondern ein lebendiges Wesen, auch wenn er nicht aus Fleisch und Blut besteht. In »Tik-Tok and the Three Laws of Robotics« schreiben Paul M. Abraham und Stuart Kenter: Nachdem der Blechschmied, »eine Kombination aus Internist und Prothesenhersteller«, mit dem Blechholzfäller fertig ist, sei der Holzfäller »innerlich und äußerlich … eine Demonstration des erfolgreichen chirurgischen Austauschs von Körperteilen – der ultimative Cyborg gewesen«. Der Blechholzfäller von Oz ist der erste bionische Mensch. Für seinen Holzschnitt für dieses Kapitel in der Pennyroyal-Ausgabe ging Barry Moser bei der Darstellung des Blechholzfällers ebenfalls schrittweise vor: »Ich begann mit einer menschlichen Figur und machte sie dann Stück für Stück ›blechern‹ und mechanisch.« (16. Mai, *Forty-Seven Days to Oz*)

14. *Das ist das Ende*. In *The Tin Woodman of Oz* erklärt der Blechholzfäller, warum das nicht sein Ende war: »Im Lande Oz … kann man nicht getötet werden. Ein Mensch mit einem Holzbein oder mit einem Blechbein ist immer noch der gleiche Mensch. Als ich Stück für Stück meinen fleischlichen Körper verlor, blieb ich doch immer der gleiche Mensch, der ich von Anfang an war, auch wenn ich am Ende nur noch aus Blech bestand.« (S. 29–30)

15. *einen Körper aus Blech*. Aus Blech zu sein hat durchaus Vorteile. »Ich war ein viel besserer Mensch als zuvor«, erinnert sich der Blechholzfäller in *The Tin Woodman of Oz*, »denn mein Körper konnte mir keine Schmerzen mehr bereiten, und ich war so schön und glänzend, daß ich keine Kleider brauchte. Kleider sind eine Plage, denn sie werden schmutzig oder reißen, und dann muß man sich neue besorgen. Mein Blechkörper muß nur geölt und poliert werden.« (S. 26)

nieren befestigte er Arme, Beine und den Kopf daran. Das Schlimme war: Ich hatte jetzt kein Herz.[16] Doch wie kann man lieben ohne Herz! Meine Liebe zu dem schönen Munchkin-Mädchen erlosch von einem Tag zum anderen. Es war mir gleichgültig, ob ich sie heiratete oder nicht.[17] Ich nehme an, daß sie noch heute bei der alten Frau lebt und auf mich wartet. Mein Körper glänzte herrlich in der Sonne. Ich war stolz auf ihn. Es spielte keine Rolle, wenn mir die Axt entglitt, denn es war nichts mehr zum Zerschneiden da. Nur eines war gefährlich: Die Scharniere konnten rosten. Deshalb bewahrte ich in der Hütte stets ein Ölkännchen für die Scharniere auf, die ich einölte, wann immer es notwendig war. Eines Tages aber vergaß ich, dies zu tun. Ich war in ein Gewitter[18] geraten, und ehe ich mich versah, hatten die Scharniere Rost angesetzt. Ich konnte mich nicht mehr bewegen und stand steif und starr im Wald. Ein Glück nur, daß ihr gekommen seid und mir geholfen habt. Es war schrecklich, das zu erdulden. Ein ganzes Jahr lang stand ich so – seufzend und stöhnend –, und in der Zeit wurde mir klar, daß der Verlust des Herzens das größte Unglück war, das mich betroffen hatte. Als ich liebte, war ich der glücklichste Mensch auf der Welt. Nur wer liebt, der lebt auch. Doch keiner kann leben ohne ein Herz. Darum will ich auch zu Oz, der mir ein neues Herz verschaffen soll.[19]

16. *Ich hatte jetzt kein Herz*. Baum spricht auch für sich selbst, wenn er den Blechholzfäller später sagen läßt: »Als ich liebte, war ich der glücklichste Mensch auf der Welt.« Maud Gage Baum war seine erste und einzige Liebe, und er widmete ihr sein wichtigstes Buch, den *Zauberer von Oz*. In »The Wizard of Oz: Parable on Populism« schlägt Henry M. Littlefield allerdings eine prosaische Erklärung der Geschichte des Blechholzfällers vor. Sie sei schlicht ein »Ausdruck der Ansichten der Populistischen Partei über die schlimmen Folgen des Einflusses der technologisch orientierten Ostküste auf die ehrliche Arbeit«. Indem sie sein Fleisch durch Blech ersetze, »enthumanisiert Ost(küsten)-Zauberei den einfachen Arbeiter. Je schneller und besser er arbeitet, desto schneller wird aus ihm eine Art Maschine.« Gegen diese These spricht, daß die böse Hexe eigentlich erreichen will, daß er überhaupt nicht arbeiten kann. Sie verwandelt ihn nicht in eine Maschine, damit er besser und härter arbeitet, sondern sie will ihn und seine Liebe zu dem Mädchen zerstören. Littlefields Versuch, den *Zauberer von Oz* über zeitgenössische Politik zu interpretieren, muß oft sehr bemühte historische Fakten heranziehen. »Ein Märchen ist keine Allegorie«, betont der schottische Autor George MacDonald dagegen in »The Fantastic Imagination« in *A Dish of Orts* (1893). »Es muß schon ein wahrer Künstler sein, der eine strikte Allegorie schafft, die den Geist nicht ermüdet.« Es ist sinnlos, Baums sehr weit gefaßte Metaphorik auf ein populistisches Manifest zu reduzieren. Die Einzelteile passen nicht sauber in eine wasserdichte politische Allegorie.

17. *Es war mir gleichgültig, ob ich sie heiratete oder nicht*. Ironischerweise liebt sie ihn mehr als zuvor. In *The Tin Woodman of Oz* sagt sie zu ihm: »Du wirst der beste Ehemann sein, den sich ein Mädchen wünschen kann. Ich werde nicht für dich kochen müssen, denn du ißt nicht. Ich werde dein Bett nicht machen müssen, denn Blech wird nicht müde und braucht keinen Schlaf. Wenn wir tanzen gehen, wirst du nicht müde werden und nach Hause wollen, bevor die Musik aufhört. Den ganzen Tag lang, während du im Wald Bäume fällst, werde ich mir die Zeit vertreiben, wie es mir gefällt – ein Privileg, das wenige Ehefrauen genießen. In deinem neuen Kopf sind keine Launen, und du wirst nie böse auf mich werden. Und schließlich werde ich stolz darauf sein, die Frau des einzigen Blechholzfällers auf der ganzen Welt zu sein.« Stolz kommt der Blechholzfäller zu dem Schluß, daß diese Rede beweise, das Mädchen sei »ebenso weise wie mutig und schön« (S. 29).

18. *ein Gewitter*. Etwa das Werk der bösen Westhexe? Hexen werden seit jeher für Unwetter verantwortlich gemacht. In der russische Adaption von Alexander Wolkow ist die böse Westhexe für den Sturm verantwortlich, der Elli (Dorothy) in das magische Land Oz befördert.

19. *Oz, der mir ein neues Herz verschaffen soll*. Indem sich der Blechholzfäller, ein Mensch aus kaltem hohlem Metall, ein weiches, zärtliches Herz herbeisehnt, verkörpert er die Rebellion der Romantik gegen das Industriezeitalter. Nur indem er den menschlichen Teil von sich, den er verloren hat, wiederbekommt, kann er wieder ganz sein. In »The Healing Road to Oz« sieht Marc Barasch in der Geschichte des Blechholzfällers mehr als bei allen anderen Figuren eine Entsprechung zu der Geschichte vieler seiner Patienten: »Eine tiefe Spaltung zwischen einer blechernen äußeren Persönlichkeit und einem inneren Selbst, das ungehört bleibt. Alle emotionale Energie wird für das Erreichen äußerer Ziele mobilisiert, Beziehungen oder Karriere. Das hinterläßt eine innere Leere und führt zu einem körperlichen Zusammenbruch, der in den Patienten paradoxerweise die heilenden Kräfte ihres eigenen authentischen Selbst freisetzt.«

Wenn dann wieder ein Herz in meiner Brust schlägt, gehe ich zu meinem Munchkind-Mädchen und heirate es.«[20]

Dorothy und die Vogelscheuche hatten sich kein Wort entgehen lassen und waren gerührt. Nun wußten sie, warum er so begierig auf ein neues Herz war.

»Gleichwohl«, warf die Vogelscheuche ein. »Ich brauche Verstand und kein Herz. Ein Narr kann nicht wissen, was er mit seinem Herzen anfangen soll.«

»Ich brauche ein neues Herz«, hielt der Holzfäller dagegen. »Verstand ist nützlich, aber er reicht nirgends aus. Verstand macht nicht glücklich. Und glücklich zu sein, das ist das Paradies auf dieser Welt.«[21]

Dorothy schwieg verwirrt, denn sie konnte nicht sagen, wer von den beiden Freunden im Recht war.[22] Wenn sie nach Kansas zurückkehren würde, ging es ihr durch den Sinn, wäre es ohne Bedeutung für sie, ob der Holzfäller ohne Herz und die Vogelscheuche ohne Verstand blieben oder jeder bekam, was er sich wünschte.

Was ihr Sorge machte, war, daß es mit dem Brot zu Ende ging. Noch eine Mahlzeit für sie und Toto und der Korb wäre leer. Sicher, der Holzfäller und die Vogelscheuche brauchten nicht zu essen, aber sie war nun einmal nicht aus Blech oder Stroh gemacht und brauchte Nahrung.[23]

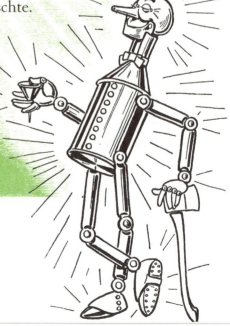

20. *heirate es*. Als er dieses Kapitel unter dem Titel »The Heart of a Man of Tin« für *L. Frank Baums Juvenile Speaker* überarbeitete, fügte Baum der Unterhaltung noch ein paar Worte hinzu:

> »Vielleicht«, meinte Dorothy, »wird sie keinen blechernen Ehemann haben wollen.«
> »Das ist schon möglich«, seufzte der Blechmann, »dabei sind die meisten Ehemänner weniger helle als ich, und außerdem habe ich sehr geschliffene Umgangsformen.« *(S. 38)*

Erst im zwölften *Oz*-Buch, *The Tin Woodman of Oz*, macht er den Versuch, sein Versprechen einzulösen und das Mädchen zu heiraten.

21. *das ist das Paradies auf dieser Welt*. Dieser Disput zwischen Vogelscheuche und Blechholzfäller erinnert an eine ähnliche Diskussion in Platons »Charmides«: Sokrates erzählt zunächst von seinem Traum vom universellen Wissen, kehrt aber dann zu seiner Ansicht zurück, daß das Wissen den Menschen nicht glücklich macht.

22. *wer von den beiden Freunden im Recht war*. Dorothy ist verwirrt, weil sie mit dem alten philosophischen Problem konfrontiert ist, sich zwischen der Ratio und dem Gefühl zu entscheiden. Ihre beiden Gefährten repräsentieren die entgegengesetzten Ansichten von Aufklärung und Romantik. »Zusammen symbolisieren sie die innere Einheit von Körper und Geist, den vollständigen Menschen in aristotelischem Sinne, vielleicht auch den Übergang von der Jugend zum Erwachsensein«, bemerkt Justin G. Schiller in seinem Nachwort zur Pennyroyal-Ausgabe von *Der Zauberer von Oz* (S. 265). Die Debatte erinnert John Algeo in »*The Wizard of Oz*: The Perilous Journey« außerdem an H.P. Blavatskys Aufsatz »The Two Paths« in *Die Stimme der Stille*, wo sie die intellektuelle Doktrin des Auges mit der mitfühlenden Doktrin des Herzens vergleicht. Baum bietet einen weisen Kompromiß an: Am Ende von *Im Reich des Zauberers Oz* schwören Vogelscheuche und Blechholzfäller, sich niemals zu trennen. Sie streiten zwar weiterhin darüber, was besser sei, Verstand oder Herz, aber Prinzessin Ozma kommentiert weise: »Ihr seid alle beide reich, meine lieben Freunde, und euer Reichtum ist der einzige Reichtum, den es sich zu haben lohnt – der Reichtum der Zufriedenheit!« (Kap. 24, »Der Reichtum der Zufriedenheit«)

23. *brauchte Nahrung*. Dorothys Reaktion ist exakt die eines Kindes und ihre Lösung ganz pragmatisch: Solange sie etwas zum Essen hat, läßt sie die anderen philosophische Spitzfindigkeiten austauschen. Metaphysik füllt jedoch keinen Magen. Baum deutet an, daß sich Dorothy keine Sorgen zu machen braucht, denn sie hat bereits Verstand und Herz – in Person der Vogelscheuche und des Blechholzfällers –, die sie führen werden.

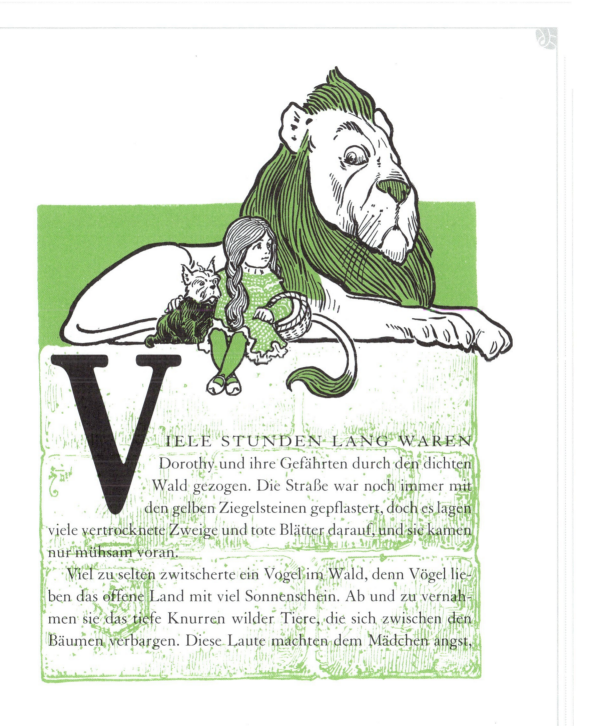

VIELE STUNDEN LANG WAREN
Dorothy und ihre Gefährten durch den dichten
Wald gezogen. Die Straße war noch immer mit
den gelben Ziegelsteinen gepflastert, doch es lagen
viele vertrocknete Zweige und tote Blätter darauf, und sie kamen
nur mühsam voran.

Viel zu selten zwitscherte ein Vogel im Wald, denn Vögel lieben das offene Land mit viel Sonnenschein. Ab und zu vernahmen sie das tiefe Knurren wilder Tiere, die sich zwischen den Bäumen verbargen. Diese Laute machten dem Mädchen angst, denn es wußte nicht, woher das Knurren kam. Toto aber, der nicht von ihrer Seite wich, ahnte gleich, wer da knurrte, und bellte nicht einmal zurück.

»Wie lange wird es noch dauern, bis wir aus dem Walde heraus sind?« fragte Dorothy den Holzfäller.

»Das kann ich nicht sagen«, war die Antwort, »denn ich bin noch niemals in der Smaragdenstadt gewesen. Als ich ein Kind war, reiste mein Vater einmal in diese Stadt, und er erzählte mir, daß es eine lange Reise durch ein gefährliches Land sei. Doch in der Nähe der Stadt soll es schön sein. Solange ich die Ölkanne bei mir habe, fürchte ich nichts. Und die Vogelscheuche kann auch keiner verletzen. Du aber trägst das Zeichen des Kusses auf der Stirn. Das schützt dich vor jedem Ungemach.«

»Aber Toto«, rief das Mädchen besorgt, »was schützt ihn?«

»Wir müssen ihn selbst beschützen, wenn Gefahr droht«, erwiderte der blecherne Holzfäller.

Gerade als er sprach, drang aus dem Wald ein fürchterliches Fauchen an ihr Ohr. Im nächsten Augenblick sprang ein großer Löwe auf die Straße. Mit einem Schlag seiner Tatze schlug er die Vogelscheuche zu Boden, die sich viele Male überschlug und an der Straße liegenblieb. Dann streckte er mit den spitzen Klauen seiner Pranke den Holzfäller nieder, der auf die Straße stürzte und keinen Mucks mehr tat. Zu des Löwen Verblüffung hinterließen die Klauen keine Spuren auf dem Blech.

Der kleine Toto aber, der sich jetzt einem Feinde gegenübersah, sauste bellend auf den Löwen los.

Das große Tier riß sein Maul auf, um das Hündchen zu beißen.

Dorothy fürchtete um das Leben Totos und sprang ohne Rücksicht auf ihr Leben dem Löwen entgegen, packte ihn mit aller Kraft an der empfindlichen Nase[1] und schrie: »Daß du mir ja nicht den Hund beißt! Ein so großes Tier wie du sollte sich schämen, einen armen kleinen Hund zu beißen.«

»Ich habe ihn nicht gebissen«, knurrte der Löwe und rieb sich mit der Pfote die Nase, die ihm von Dorothys hartem Griff weh tat.

»Aber du hast es versucht!« schrie Dorothy aufgebracht. »Du bist ein elender Feigling!«[2]

»Ich weiß es«, sagte der Löwe beschämt und ließ den Kopf hängen. »Ich habe es immer gewußt. Doch wie kann ich euch helfen?«

»Ich weiß nicht, beim besten Willen nicht. Nicht zu glauben, daß so ein Kraftprotz wie du eine ausgestopfte Puppe niederschlägt!«

»Sie ist ausgestopft?« fragte der Löwe überrascht. Er staunte nicht schlecht, als Dorothy die Vogelscheuche aufhob und auf die Füße stellte. Damit sie wieder zu ihrer alten Figur kam, klopfte sie das Stroh in ihrem Inneren zurecht.

»Natürlich ist sie ausgestopft«, erwiderte Dorothy, noch immer wütend.

»Aha, darum hat sie sich so viele Male überkugelt«, sagte der Löwe verdutzt. »Es hat mich sehr verwundert, daß sie durch die Luft geschossen ist. Ist der andere Bursche auch ausgestopft?«

»Nein«, sagte Dorothy. »Der ist aus Blech gemacht.«

Sie half dem Holzfäller auf, der noch ganz benommen war.

»Aha«, meinte der Löwe. »Darum hat er fast meine Pranke ver-

1. *packte ihn mit aller Kraft an der empfindlichen Nase.* Dorothy behandelt ihn wie ein unartiges Kätzchen, und wahrscheinlich hat sie auch Toto schon auf diese Art bestraft. Der feige Löwe verhält sich oft wie ein riesiges Haustier. Natürlich ist Baum nicht der erste, der das Tier auf diese Art beschreibt. Edward Topsell schreibt in *The History of Four-Footed Beasts* (1607), daß der von Androklus gezähmte Löwe den Mann beschnüffelte und mit dem Schwanz wedelte wie ein Hund. Topsell berichtet auch, daß in Libyen Löwen als Haustiere gehalten wurden.

2. *ein elender Feigling.* Wie Dorothys andere Gefährten stellt auch der Löwe verkehrte Welt dar. Denslow deutete an, daß er, nicht Baum, dafür verantwortlich sei. »Als zusätzliches komisches Element erfanden wir den feigen Löwen«, sagte er einmal. »Löwen werden normalerweise als ziemlich wilde Gestalten beschrieben. Ich fand es komisch, aus ihm einen feigen Kerl zu machen« (»Denslow: Denver Artist, Originator of Scarecrow and Tin Man«). Es gibt allerdings auch andere sanfte Löwen in Legende und Literatur. In der Heraldik deutet ein Löwe mit eingeklemmtem Schwanz auf einen Feigling hin. Die Legenden von Androklus und dem heiligen Hieronymus handeln von Löwen, die zahm wurden, nachdem man ihnen einen Dorn aus der Pfote gezogen hatte. Der feige Löwe erinnert außerdem an Unas Löwe in Edmund Spensers *Faerie Queene* (Buch 1, Canto iii). Auch in der amerikanischen Kunst hat der sanfte Löwe einen Platz, zum Beispiel in Edward Hicks' Bildern, etwa *The Peacable Kingdom*, wo der Löwe neben den Lämmern liegt.

Bert Lahrs urkomische Darstellung des feigen Löwen ist einer der Höhepunkte der Verfilmung von 1939. »Nicht alle Figuren werden beim Übergang auf die Bühne oder die Leinwand ruiniert«, meint William K. Zinsser in »John Dolittle, M.D., Puddleby-on-the-Marsh« (*The New York Times Children's Book Review*, 6. November 1966). »Im Gegenteil, der feige Löwe von Oz, von Bert Lahr gespielt, sah dank einer Laune der Genetik echter aus, als wenn ein wirklicher Löwe die Rolle übernommen hätte.« Trotz großartiger Kritiken für seine Darstellung verließ Lahr Hollywood und ging an den Broadway. »Wie viele Löwenrollen gibt es [im Film] schon?« fragte er. John Lahrs Biographie seines Vaters mit dem Titel *Notes on a Cowardly Lion* (1969) gibt einer ausgiebigen Besprechung des Films und seiner Auswirkungen auf das Leben und die Karriere von Lahr breiten Raum. In der Broadway-Produktion von *The Wiz* gewann Ted Ross verdient einen Tony Award für seine Darstellung des feigen Löwen. Er übernahm die Rolle auch in der Verfilmung von *The Wiz* von 1978.

Dieses Bild des Blechholzfällers
erschien auf einer Geschäftskarte,
ca. 1910.
Privatbesitz.

letzt. Es hat mich kalt überrieselt, als die Klauen auf dem Blech entlanggeschrammt sind. Und wer ist dieser Kleine da, zu dem du so zärtlich bist?«

»Das ist Toto, mein Hund«, antwortete Dorothy.

»Ist er ausgestopft oder aus Blech?« fragte der Löwe.

»Weder ... noch! Er ist aus Fleisch und Blut.«[3]

»Oh! Er ist ein komisches Kerlchen und bemerkenswert klein, jetzt, da ich ihn mir genauer betrachte. Niemand käme auf die Idee, so ein Hündchen zu beißen, außer einem Feigling wie mir«, fuhr der Löwe traurig fort.

»Was hat dich nur zu einem solchen Feigling gemacht?« fragte Dorothy und betrachtete verwundert das mächtige Tier, das fast so groß war wie ein kleines Pferd.

»Das ist ein Geheimnis«, erwiderte der Löwe. »Ich nehme an, daß ich schon als Jämmerling geboren wurde. Alle anderen Tiere im Wald erwarten natürlich von mir, daß ich mich wie ein Held benehme, denn ein Löwe hat der König aller Tiere[4] zu sein.

Wenn ich so richtig aus voller Kehle brülle – das habe ich rasch gelernt –, erstarrt alles Leben rings um mich her, und die Tiere gehen mir aus dem Weg. Wenn mir aber ein Mensch begegnet, bin ich es, der erschrickt. Aber ich brauche dann nur zu brüllen, und

3. *Er ist aus Fleisch und Blut*. Die Diskussion macht deutlich, daß Dorothys drei Gefährten neben den Eigenschaften Mut, Verstand und Mitgefühl auch die drei Bereiche der Natur repräsentieren: Tier, Pflanze und Mineral. Baum benutzt den Begriff »Fleisch und Blut«, um seine realen Figuren von phantastischen Kreaturen wie Vogelscheuche und Blechholzfäller zu unterscheiden. »Jede neue Figur treibt die Erzählung voran«, erklärt Gore Vidal in »On Rereading the Oz Books«. »Mit jedem Wort drückt jeder von ihnen klar und direkt eine Gemütsart aus.« In »*The Wizard of Oz*: The Perilous Journey« zitiert John Algeo die theosophische Autorität Annie Besant: »Es gibt keine Gefahr, die unerschrockener Mut nicht überwinden, keine Prüfung, die völlige Reinheit nicht bestehen, und keine Schwierigkeit, die ein starker Intellekt nicht meistern kann.« Algeo meint, der blankpolierte Blechholzfäller repräsentiere »völlige Reinheit«, obwohl seine Tugend wohl eher seine innere Sensibilität als seine äußere Erscheinung darstellt.

4. *König aller Tiere*. Obwohl dieser Glaube bis in die Antike zurückreicht und auch im Mittelalter vorherrschte, wurde er erst in der Renaissance in ein komplexes System eingebunden. In Werken wie Raymond de Symondes *Natural Theology* (1550) und William Peachams *The Compleat Gentleman* (1622) paßte der Löwe als der König der Tiere wunderbar in das System der Primaten, in dem es auf jeder Ebene in jeder Klasse eine überlegene Kreatur gibt. Adler sind die Herren der Vögel, Delphine oder Wale (obwohl sie Säugetiere sind) die Herren der Fische, und der Löwe ist der König der Vierbeiner.

5. *Herzfehler*. Dies ist eine von mehreren Anspielungen auf Herzkrankheiten in der Erzählung. Aber litt Baum wirklich an einer Herzkrankheit, wie sein Sohn Frank Joslyn Baum in *To Please a Child* argumentiert? Andere Familienmitglieder verneinen das, und es gibt auch keine Dokumente, die darauf hinweisen würden.

6. *kein solcher Angsthase*. In der überarbeiteten Fassung dieses Kapitels, das in *Baum's Juvenile Speaker* veröffentlicht wurde, wird noch folgendes hinzugefügt:

> »Nein«, meinte Dorothy, »das erklärt's nicht. Es liegt wohl in der Löwennatur, aber bei den Menschen ist es genauso. In Kansas, da wo ich lebe, sagt man, daß der Cowboy, der am lautesten herumbrüllt und behauptet, er sei der tollste Kerl, immer der schlimmste Feigling von allen ist.« *(S. 61)*

Ganz nach dem Motto, daß Hunde, die bellen, nicht beißen.

schon läuft er weg. Wenn die Elefanten, Tiger und Bären einmal versuchen mit mir zu kämpfen, renne ich vor ihnen davon. Ich bin ja so ein Feigling! Wenn sie mich dann aber brüllen hören, machen sie sich davon, und ich lasse sie natürlich laufen.«

»Aber das kann doch nicht sein! Der König der Tiere eine Memme?« wandte die Vogelscheuche ein.

»Ich weiß es«, wiederholte der Löwe und wischte sich mit der Spitze des Schwanzes eine Träne aus dem Auge. »Das ist mein großer Kummer. Ihr wißt ja nicht, wie unglücklich ich bin. Wann immer mir eine Gefahr droht, rast mein Herz wie wild vor Angst.«

»Vielleicht hast du einen Herzfehler?«[5] rätselte der blecherne Holzfäller.

»Das könnte schon sein«, meinte der Löwe.

»Wenn mit deinem Herzen etwas nicht in Ordnung ist«, sagte der Holzfäller, »solltest du froh sein, denn das beweist unwiderlegbar, daß du ein Herz hast. Ich für mein Teil habe kein Herz. Daher kann ich auch keinen Herzfehler haben.«

»Vielleicht wäre ich ohne Herz kein solcher Angsthase.«[6]

»Hast du Grips im Kopf?« mischte sich die Vogelscheuche ein.

»Ich vermute es. Nachgesehen habe ich aber noch nicht«, erwiderte der Löwe.

»Ich bin unterwegs zum großen Oz, um ihn zu bitten, daß er mir Verstand gibt«, sagte die Vogelscheuche. »Du mußt wissen, mein Kopf ist nur mit Stroh gefüllt.«

»Und ich will zu Oz, damit er mir ein neues Herz verschafft«, erklärte der Holzfäller.

»Und ich hätte gern, daß er mich und Toto nach Kansas zurückbringt«, fügte Dorothy hinzu.

»Meint ihr, daß Oz mich mutig machen kann?« fragte der feige Löwe.

»Wenn er mir zu Klugheit verhelfen kann, dann wird er dich auch mutig machen können«, sagte die Vogelscheuche.

»Oder mir ein neues Herz geben«, sagte der Holzfäller. »Oder mich zurück nach Kansas schicken können«, sagte Dorothy.

»Dann«, sagte der Löwe entschlossen, »gehe ich mit euch mit, wenn ihr nichts dagegen habt. Es ist für mich unerträglich, nicht wenigstens ein bißchen mutig zu sein.«

»Du bist willkommen«, sagte Dorothy, »wenn du uns hilfst, die anderen wilden Tiere zu verjagen. Denn da müssen noch viel furchtsamere Tiere leben als du, wenn du sie so leicht erschrecken kannst.«

»Große Helden sind sie auch nicht«, meinte der Löwe, »doch das macht noch lange keinen tapferen Löwen aus mir. Solange ich weiß, daß ich nur der Schatten eines Löwen bin, werde ich unglücklich sein.«

Die kleine Gesellschaft machte sich auf die Reise. Der Löwe hielt sich mit gemessenen Schritten an Dorothys Seite. Zuerst war Toto mit dem neuen Gefährten nicht einverstanden. Er konnte nicht vergessen, daß er um ein Haar von den starken Kiefern des Löwen zermalmt worden wäre. Doch bald fühlte er sich sicherer, und die beiden wurden Freunde.

Der Rest des Tages bescherte ihnen keine neuen Abenteuer

mehr, die den Frieden der Reise gestört hätten. Einmal jedoch trat der Holzfäller auf einen Käfer, der auf der Straße krabbelte, und zerdrückte ihn. Der Holzfäller war untröstlich, denn er paßte immer wie ein Luchs auf, kein Lebewesen zu verletzen. Als er weiterging, heulte er wie ein Schloßhund. Die Tränen kullerten ihm über das Gesicht und die Scharniere des Kiefers, und da rosteten sie ein. Als Dorothy gerade etwas fragte, konnte der Holzfäller den Mund nicht mehr öffnen, denn die Scharniere waren fest zusammengerostet. Er erschrak aufs höchste

7. *Warnung.* Dies ist das erste Mal, daß der Blechholzfäller die Konsequenzen einer herzlosen Tat bemerkt. Von diesem Augenblick an wird er so freundlich und liebenswürdig sein, als habe er wirklich ein Herz.

8. *niemals grausam und unfreundlich zu sein.* Der Blechholzfäller klingt hier ein wenig wie der englische Dichter William Cowper (1731–1800), der in einem Gedicht schrieb:

> I would not enter on my list of friends,
> Though graced with polished manners and fine sense,
> Yet wanting sensibility, the man
> Who needlessly sets foot upon a worm.

Seine Sorge erinnert an Goethes romantischen Helden Werther, der sich überlegt, daß »der harmloseste Spaziergang tausend armen Würmchen das Leben kostet, es zerrüttet ein Fußtritt die mühseligen Gebäude der Ameisen und stampfte eine kleine Welt in ein schmähliches Grab«. Baum gibt Menschen wie ihm eine Heimat, die an »albernen Ängsten und Sorgen ohne jeden Grund« leiden: Die Stadt der Hasenfüße im Land der Gillikins (*Dorothy in der Smaragdenstadt*, Kap. 20). »Ich habe mich beim Nähen mit der Nadel in den Finger gestochen«, sagte eine Bewohnerin ganz aufgeregt. »Und dann kam Blut und jetzt werde ich eine Blutvergiftung bekommen und dann wird mir der Doktor den Finger abschneiden und davon werde ich Fieber bekommen und sterben.«

Baum glaubte mit Bestimmtheit, daß selbst die niedrigste Kreatur ihren Platz auf der Welt habe, nicht aber, daß ein Käfer einem Menschen gleichwertig sei oder mit ihm auf einer Stufe stehe. Der Priester in »The Wonderful Pump« (*American Fairy Tales*) erklärt einem Farmerehepaar zwar, daß »Insekten, auch wenn sie der Sprache mächtig sein mögen, kein Gewissen haben und nicht zwischen Recht und Unrecht unterscheiden können«, aber das ist nicht Baums Ansicht. Er läßt einen Käfer mit der Farmersfrau Freundschaft schließen und sagen: »Insekten lieben ihr Leben genauso wie menschliche Wesen.« Daher sollten sie auch freundlich behandelt werden. In »The Mandarin and the Butterfly« (*American Fairy Tales*), sagt der Bösewicht zu seinem Gefangenen: »Schmetterlinge haben keine Seele und können daher nicht wiedergeboren werden.« Der Tod ist für sie wirklich das Ende von allem. Trotzdem verdient ein Schmetterling die gleiche freundliche Behandlung wie alle anderen von Gottes Geschöpfen. Der Blechholzfäller, erklärt der Zauberer in *Dorothy in der Smaragdenstadt*, ist so rücksichtsvoll, daß er, »wenn sich eine Fliege auf seinem Körper niederläßt, sie nicht einfach mit der Hand abstreift, wie es einige Leute tun, sondern sie höflich bittet, sich einen anderen Ruheplatz zu suchen« (Kap. 21). Und in *The Patchwork Girl of Oz* weigert sich der Blechholzfäller als König der Winkies, einem Jungen zu gestatten, einem gelben Schmetterling einen Flügel abzutrennen, mit dessen Hilfe er einen Zaubertrank mischen könnte, der seinem Onkel wieder zum Leben erwecken kann.

9. *muß ich sehr sorgsam sein.* Ironisch deutet Baum hier an, daß diejenigen, die ein Herz haben, nicht so freundlich sind wie dieser hohle Mann aus Blech. In *The Wizard of Oz and Who He Was* schreibt Martin Gardner, daß »der Blechholzfäller sich solche Gedanken um sein fehlendes Herz macht, daß er in seiner Ehrfurcht vor dem Leben sogar Schweitzer übertrifft« (S. 25).

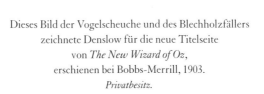

Dieses Bild der Vogelscheuche und des Blechholzfällers zeichnete Denslow für die neue Titelseite von *The New Wizard of Oz*, erschienen bei Bobbs-Merrill, 1903.
Privatbesitz.

darüber und gab Dorothy viele Zeichen, ihm zu helfen, doch sie verstand ihn nicht. Auch der Löwe erkannte nicht, daß mit dem Holzfäller etwas nicht in Ordnung war. Die Vogelscheuche aber begriff sofort, griff nach der Ölkanne in Dorothys Korb und ölte die Scharniere ein, so daß er nach einigen Augenblicken wieder so gut sprechen konnte wie zuvor.

»Das soll mir eine Warnung[7] sein«, sagte er. »Erst sehen, dann gehen – das ist wichtig. Wenn ich auf einen Käfer treten würde, kämen mir bestimmt gleich wieder die Tränen, und dann rosteten die Scharniere wieder ein, so daß ich nicht mehr sprechen könnte.«

Fortan richtete er seine Aufmerksamkeit auf die Straße. Und wenn er eine winzige Ameise krabbeln sah, machte er einen großen Schritt über sie, um ihr kein Leid zu tun. Der Holzfäller wußte nur zu gut, daß er kein Herz hatte, und gerade deshalb sorgte er sich sehr darum, niemals grausam und unfreundlich zu sein.[8]

»Ihr Leute mit Herz«, bemerkte er einmal, »besitzt etwas, was euch leitet, und deshalb braucht ihr nichts Böses zu tun. Ich lebe ohne Herz, aber nicht herzlos, daher muß ich sehr sorgsam sein.[9] Wenn Oz mir ein Herz gibt, wird natürlich alles leichter für mich.«

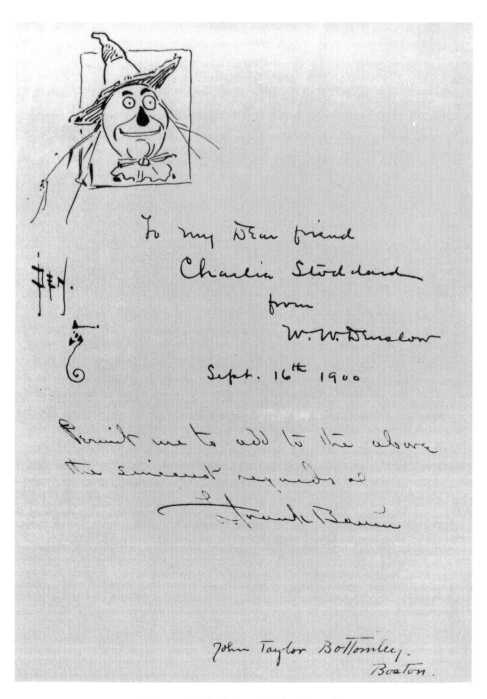

Zeichnung der Vogelscheuche in dem Exemplar
von *The Wonderful Wizard of Oz*, das W. W. Denslow und L. Frank Baum
im Jahre 1900 für Charles Warren Stoddard signierten.
*Mit freundlicher Genehmigung der Houghton Library,
Harvard University.*

1. *In dieser Nacht mußten sie unter einem großen Baum im Wald übernachten.* In seiner Adaption von 1939 fügt Alexander Wolkow ein »Menschenfresser«-Kapitel zwischen das vom Blechholzfäller und das vom feigen Löwen ein. Ein Schild im Wald (Wanderer spute dich! Hinter der Biegung werden alle deine Wünsche in Erfüllung gehen!) führt dazu, daß Elli (Dorothy) von einem Unhold gefangen wird, der sie fesselt und auf den Küchentisch legt. Dann nimmt er ein großes Messer und beginnt es zu schleifen, um sie zu schlachten. Natürlich retten ihre Freunde das Mädchen, aber trotzdem widerspricht dieses unschöne Abenteuer Baums Überzeugung, daß modernisierte Märchen frei von stereotypen Figuren und schreckliche oder blutigen Ereignissen sein sollen. Wolkows Episode ist der amüsanter anmutenden Gefangenschaft von Dorothy durch den Riesen Crinklink in *Little Dorothy and Toto* ähnlich, aber es ist unwahrscheinlich, daß er diese relativ versteckte Geschichte kannte.

2. *Ich werde sicherlich in Tränen ausbrechen.* Trotz seines fehlenden Herzens ist der Blechholzfäller durchaus fähig, Sorge um alle lebenden Kreaturen auszudrücken. Offensichtlich hat er aus der Erfahrung am Ende des letzten Kapitels gelernt. Seine moralische Haltung bleibt jedoch zweideutig. Ist es wirklich richtig, Dorothy verhungern zu lassen, damit seine Scharniere nicht einrosten? Der Blechholzfäller leidet unter einem Übermaß an Gefühl, weil er kein Herz hat, das ihn führen könnte. Man könnte vermuten, daß der Blechholzfäller die Abneigung des Autors gegen Jagen und Angeln ausdrückt. In vielen Passagen in seinen Geschichten spiegelt sich Baums Achtung vor der Natur. In seinem Vorwort zu *Policeman Bluejay* schreibt er zum Beispiel: »Wenn neben der Unterhaltung ein wenig Mitgefühl mit hilflosen Tieren vermittelt wird, dann sind die Geschichten gleich doppelt soviel wert.«

3. *Nußbaum.* »Oz ist frei von den Modeerscheinungen, die in der Außenwelt viel Aufmerksamkeit bekommen«, schreibt S. J. Sackett in »The Utopia of Oz.« »Einmal jedoch hat Dorothy eine Idee, die dem Vegetariertum doch recht nahe kommt.« Er zitiert einen Abschnitt aus Kapitel 2 von *Ozma von Oz*, aber ein genauer Blick auf Dorothys Ernährung in *Der Zauberer von Oz* zeigt, daß sie niemals Fleisch ißt. Das reflektiert wahrscheinlich Baums Vorbehalte gegen das Essen von Tieren. Seine Schwiegermutter war kurz vor ihrem Tod 1898 Vegetarierin geworden. Am 14. April 1897 hielt sie bei der Chicagoer Vegetariervereinigung einen Vortrag mit dem Titel »Der Einfluß der Ernährung auf den Charakter«. »Es gibt viele Millionen Menschen auf der Welt, die überhaupt kein Fleisch essen«, informierte Matilda Joslyn Gage ihren Enkelsohn Harry Carpenter am 21. Januar 1897. »Ihnen ist alles Leben – selbst das von Tieren, Vögeln und Insekten – heilig. Sie halten es für falsch, andere Lebewesen zu töten. Sie halten es auch für ungesund, fleischliche Nahrung zu sich zu nehmen.« Sie hielt es für Körper und Geist zuträglicher, vegetarisch zu leben. Baum selbst war jedoch kein Vegetarier.

4. *Ihre ausgepolsterten Hände waren zu unförmig.* Baum füllt seine Erzählung sehr geschickt mit kleinen Details, die leicht überlesen werden. In »*The Tin Woodman of Oz*: An Appreciation« (*The Baum Bugle*, Herbst 1996) bemerkt Martin Gardner: »Die Aufmerksamkeit, die Baum kleinen Details schenkt, gibt einer Geschichte Wahrheitsnähe, die andernfalls reine Phantastik wäre.« Diese Details reflektieren die Erlebniswelt der kindlichen Leser. »Die Straße aus gelben Ziegelsteinen hat Löcher, in die die Vogelscheuche stolpert«, beobachtet der Autor Daniel P. Mannix in einem Brief vom 25. August 1982. »Die Vogelscheuche hat Schwierigkeiten, mit ihren ausgestopften Händen Nüsse aufzusammeln, Dorothy muß während der Reise essen (schon mal davon gehört, daß Leute auf Märchenreisen essen *müssen*?), es wird nachts kalt, und sie brauchen ein Feuer und so weiter. Es geht nicht darum, daß in Amerika Kinder essen müssen oder frieren oder daß es Schlaglöcher in den Straßen gibt, es geht darum, daß all diese Details aus Oz einen wirklichen Ort machen.« Die Ängste und Schwächen von Dorothys Freunden, die der Autor so detailliert beschreibt, statten seine Figuren auf ihrer Reise zum großen Oz mit eigenen Persönlichkeiten aus.

5. *dann wäre sie verbrannt.* Trotz dieser Gefahr bleibt die Vogelscheuche in Nathaniel Hawthornes Kurzgeschichte »Feathertop: A Moralized Legend« nur so lange am Leben, wie der Funke in der Pfeife glüht, die sie von der alten Hexe bekam, die sie erschaffen hat. Es gibt durchaus Ähnlichkeiten zwischen Feathertop und Baums Vogelscheuche. In »Oz Country« merkt Marius Bewley an, daß die *Oz*-Bücher den Leser »auf die allegorischen Themen der Hawthorne-Geschichten verweist«. Auch Jack Kürbiskopf in *Im Reich des Zauberers Oz* hat viel mit Hawthornes Feathertop gemeinsam. Cynthia Hearn Dorfman meint sogar, daß der Name der Hexe Mombi von »Mother Rigby« abgeleitet werden kann, dem Namen von Feathertops Schöpferin.

JA, IN DIESER NACHT mußten sie unter einem großen Baum im Wald übernachten,[1] denn in der Nähe befand sich kein Haus. Der Baum mit seinen Zweigen überdachte ihre Schlafstatt gut, und so waren sie vor dem kühlen Morgentau geschützt. Der blecherne Holzfäller schwang die Axt und schlug einen Haufen Äste ab. Dorothy fachte ein prächtiges Feuer an, das ihr Wärme gab. Gleich fühlte sie sich weniger einsam. Zusammen mit Toto aß sie den letzten Happen Brot. Nun wußte sie nicht, was sie morgen frühstücken würde.

»Wenn ihr es wünscht«, sagte der Löwe, »laufe ich in den Wald und reiße ein Reh für euch. Ihr könnt es am Feuer braten, denn euer Geschmack ist ja so eigenartig, daß ihr gebratenes Fleisch lieber eßt. Dann habt ihr ein vortreffliches Frühstück.«

»Tu das bitte nicht«, bat der Holzfäller. »Ich werde sicherlich in Tränen ausbrechen,[2] weil das arme Tier das Leben verloren hat, und dann rosten mir gleich die Scharniere wieder ein.«

Dann lief der Löwe in den Wald und versorgte sich auf seine Art mit Nahrung, doch keiner erfuhr, was er zum Abendbrot hatte, denn er schwieg sich darüber aus. Die Vogelscheuche fand einen Nußbaum[3] voller Früchte und füllte mit ihnen Dorothys Korb bis zum Rand, so daß sie für eine lange Zeit gut versorgt war. Das war sehr freundlich und aufmerksam von ihr. Herzlich lachen mußte Dorothy aber, als sie sah, wie unbeholfen die arme Vogelscheuche die Nüsse aufsammelte. Ihre ausgepolsterten Hände waren zu unförmig,[4] um die Nüsse greifen zu können, und so fielen sie fast alle auf den Boden statt in den Korb. Doch der Vogelscheuche war es egal, wieviel Zeit sie brauchte, um den Korb zu füllen. Wichtiger war ihr, daß sie sich vom Feuer fernhalten konnte, denn sie fürchtete, daß ein Funke das Stroh entzünden könnte, und dann wäre sie verbrannt.⁵ Deshalb kam sie den Flammen nicht zu nahe. Nur einmal wagte sie sich näher, um Dorothy mit trockenen Blättern zuzudecken, als sie eingeschlafen war. Da hatte sie es unter der raschelnden Decke warm und gemütlich und schlief tief bis zum Morgen.

Als es hell war, wusch das Mädchen sein Gesicht in einem kleinen rieselnden Bach, und bald danach machten sie sich wieder auf den Weg in die Smaragdenstadt.

Es sollte ein ereignisreicher Tag werden für alle. Sie waren kaum eine Stunde gewandert, als sie an einen großen Graben kamen, der die Straße kreuzte. So weit sie sehen konnten, teilte er den Wald in zwei Hälften. Der Graben war breit. Sie gingen bis zu seinem Rand und schauten hinab. Da sahen sie, daß er auch sehr tief war. Auf seinem Grund befanden sich viele scharfgratige Felsen. Die Seitenwände waren so steil, daß niemand von ihnen hinabklettern konnte, und für einen Augenblick schien es, als sei ihre Reise beendet.

»Was machen wir jetzt?« fragte Dorothy verzweifelt.

»Ich habe nicht die leiseste Ahnung«, verkündete der Holzfäller. Der Löwe schüttelte die gewaltige Mähne und guckte gedankenvoll. Die Vogelscheuche aber sprach: »Keine Brücke weit und breit, und fliegen können wir nicht, das ist erst einmal sicher. In den Graben klettern können wir auch nicht. Und darüber zu springen schaffen wir ebenfalls nicht. Also müssen wir bleiben, wo wir sind.«⁶

»Moment mal«, sagte der Löwe, nachdem er die Entfernung abgeschätzt hatte, »ich meine, daß ich sehr wohl über den Graben setzen kann.«

»Dann ist ja alles in Ordnung«, sagte die Vogelscheuche erleichtert. »Wir setzen uns auf deinen Rücken, und du trägst einen nach dem anderen huckepack über den Graben hinweg.«

»Ich will es versuchen«, sagte der Löwe. »Wer traut sich zuerst?«

»Ich«, erklärte die Vogelscheuche. »Wenn du es nicht schaffen solltest, stürze ich hinab. Das macht mir aber nichts aus. Dorothy hingegen würde sich zu Tode stürzen. Der Holzfäller würde auf die spitzen Felsen fallen, und dann wäre er nur noch Schrott. Mir aber bedeutet das nicht viel, denn ich verletze mich nie. Ich falle immer weich.«

»Ich bin mir noch nicht sicher, ob es mir gelingt«, bekannte der feige Löwe, »doch wir haben keine andere Wahl. Also probieren wir es. Setz dich auf meinen Rücken, und dann geht's los.«

Die Vogelscheuche setzte sich auf den Rücken des Löwen. Das große Tier ging bis zum Rand des Grabens und duckte sich zum Sprung.

»Warum nimmst du nicht einen Anlauf, bevor du springst?« fragte die Vogelscheuche.

»Wir Löwen machen das anders«, erwiderte er, duckte sich noch tiefer, sauste durch die Luft und landete sicher auf der anderen Seite. Die Freunde waren außer sich vor Freude, als sie sahen, wie leicht ihm der Sprung gelungen war.

Nachdem die Vogelscheuche von seinem Rücken abgesprungen war, setzte der Löwe über den Graben zurück.[7]

Dorothy klemmte Toto unter den Arm und kletterte auf den Rücken des Löwen. Dabei krallte sie sich mit einer Hand in der Mähne fest. Im nächsten Augenblick schnellte der Löwe vom Boden ab, schoß durch die Luft und setzte drüben auf. Bevor sie auch nur einen Gedanken fassen konnte, war sie auf der anderen Seite angelangt.

Der Löwe kam ein weiteres Mal zurück und trug den Holzfäller über den Abgrund. Die Freunde setzten sich für ein Weilchen nieder, damit der Löwe verschnaufen konnte, denn er atmete schon schwerer als ein großer Hund,[8] der zu lange gerannt war.

Auf dieser Seite war der Wald sehr dicht, und er sah geheimnisvoll und düster aus. Nachdem der Löwe sich ein bißchen ausgeruht hatte, machten sie sich wieder auf den Weg. Sie wanderten schweigend. Jeder sann darüber nach, ob sie wohl jemals aus dem Wald kommen und die helle Sonne sehen würden. Noch etwas trug zu ihrem Unbehagen bei: Ab und zu drangen fremdartige Laute an ihr Ohr. Der Löwe flüsterte ihnen zu, daß in diesem Teil des Waldes die Kalidahs lebten.

»Wer sind diese Kalidahs?« fragte das Mädchen.

»Das sind gräßliche Tiere. Sie haben Körper von Bären und Köpfe von Tigern«,[9] flüsterte der Löwe. »Ihre Klauen sind lang und spitz. Mit einem einzigen Hieb könnten sie mich in zwei Teile zerreißen. Sie hätten weniger Mühe mit mir, als ich mit Toto hätte, wenn ich über ihn herfiele.«

»Es überrascht mich nicht, daß du Angst hast«, meinte Dorothy. »Sie müssen wirklich abscheulich sein.«

Der Löwe wollte gerade antworten, als sie erneut zu einer Grabensenke kamen, die quer über die Straße verlief. Diesmal aber war sie so breit und tief, daß der Löwe sie nicht überspringen konnte. Die Freunde steckten die Köpfe zusammen und berieten, was zu tun sei. Da hatte die Vogelscheuche plötzlich eine Idee.

»Seht ihr den großen Baum, der nahe an der Böschung steht? Wenn der Holzfäller ihn so fällen würde, daß er auf die andere Seite fällt, kämen wir auf diesem Steg leicht über den Abgrund hinweg.«

»Das ist ein ausgezeichneter Einfall«, sagte der Löwe. »Man könnte meinen, du seist ein heller Kopf.«

6. *Also müssen wir bleiben, wo wir sind.* Hier benutzt die Vogelscheuche zum ersten Mal ihren Kopf. Ihr Sturz über das Schlagloch hat sie gelehrt zu denken, bevor sie handelt.

7. *über den Graben zurück.* Bei der ersten Gelegenheit, seinen Mut unter Beweis zu stellen, handelt der Löwe bravourös.

8. *ein großer Hund.* Baum vergleicht den Löwen an anderer Stelle auch mit einer Katze. So können seine kleinen Leser sicher sein, daß sie von diesem Tier nichts zu befürchten haben, das so harmlos ist wie ein Haustier.

9. *Körper von Bären und Köpfe von Tigern.* Möglicherweise haben die Kalidahs den berühmten Sprechchor »Löwen und Tiger und Bären, o weh!« des MGM-Films von 1939 inspiriert. In *Who's Who in Oz* spekuliert Jack Snow, der Name Kalidah käme von »Kaleidoskop«. Vielleicht ist er aber auch eine ironische Variante des griechischen *kalos eidos* (woraus sich »Kaleidoskop« ableitet) – »schönes Bild«. Die Monster sehen aus, als stammten sie aus jener Art von Kinderbuch, in denen Tiere oder Menschen durch das Ziehen an Laschen Köpfe und andere Körperteile austauschen. Die seltsamsten dieser Kreaturen in der *Oz*-Reihe sind die Lö-Aff-Adsel in *The Magic of Oz*, teils Löwe, teils Affe, teils Adler und teils Esel, die eigentlich nichts anderes sind als der König der Nomen und der Munchkin-Junge Kiki Aru in Verkleidung. In *Einhorn, Sphinx und Salamander* notiert Jorge Luis Borges, solche sagenhaften Kreaturen seien »eine Kombination aus Einzelteilen echter Tiere, und die Variationsmöglichkeiten hierbei sind endlos«. In *Dorothy in der Smaragdenstadt* berichtet Baum, die Kalidahs seien einst »wild und blutrünstig« gewesen, wären aber jetzt »fast alle zahm, wenn auch ab und zu schlecht gelaunt« (Kap. 3). Einer der wilderen Kalidahs wird in Kapitel 9 von *The Magic of Oz* beschrieben als eines der »mächtigsten und gefährlichsten Tiere in ganz Oz«. Als Reilly & Britton sich sorgten, daß diese fürchterlichen Gestalten auch anderswo in der *Oz*-Reihe auftauchen könnten, versicherte Baum seinen Verlegern am 2. November 1918: »Die Kalidahs kommen in keinem meiner Bücher vor, außer im *Zauberer*, und auch da steht nicht viel über sie.«

Der Holzfäller machte sich sogleich an die Arbeit. Er schwang die Axt so heftig, daß die Späne flogen und der Baum nach kurzer Zeit tief eingeschnitten war. Dann stemmte der Löwe die starken Vorderpfoten gegen den Baum und stieß ihn mit aller Kraft um. Der große Baum bewegte sich erst langsam. Dann aber stürzte er mit einem lauten Krachen quer über den Abgrund. Die Freunde begannen sofort, über die Brücke zu laufen, als ein ohrenbetäubendes Brüllen hinter ihnen erscholl. Sie blickten zurück. Zu ihrem Entsetzen rannten zwei mächtige Tiere geradewegs auf sie zu. Ihre Körper waren von Bären, ihre Köpfe von Tigern.

»Das sind die Kalidahs!« brüllte der feige Löwe und schlotterte vor Angst.

»Schnell!« schrie die Vogelscheuche. »Jetzt müssen wir wie der Blitz über den Baumstamm!«

Dorothy lief als erste, Toto auf dem Arm. Dann kam der Holzfäller und hinter ihm die Vogelscheuche. Obwohl dem Löwen alle Glieder zitterten, wandte er sein Haupt den Kalidahs zu und brüllte so laut und fürchterlich, daß Dorothy vor Schreck einen Schrei ausstieß und die Vogelscheuche nach hinten fiel. Die Ungeheuer hielten an und glotzten überrascht auf den Löwen.

Doch als sie entdeckten, daß der Löwe kleiner war als sie – zudem waren sie zu zweit und er nur allein –, preschten sie von neuem los. Der Löwe verlor sein letztes Quentchen Mut, wandte sich zur Flucht und rannte in mörderischem Tempo über den Baumstamm. Einmal aber wandte er sich um, um nach den Monstern zu blicken. Ohne auch nur einen Augenblick einzuhalten,

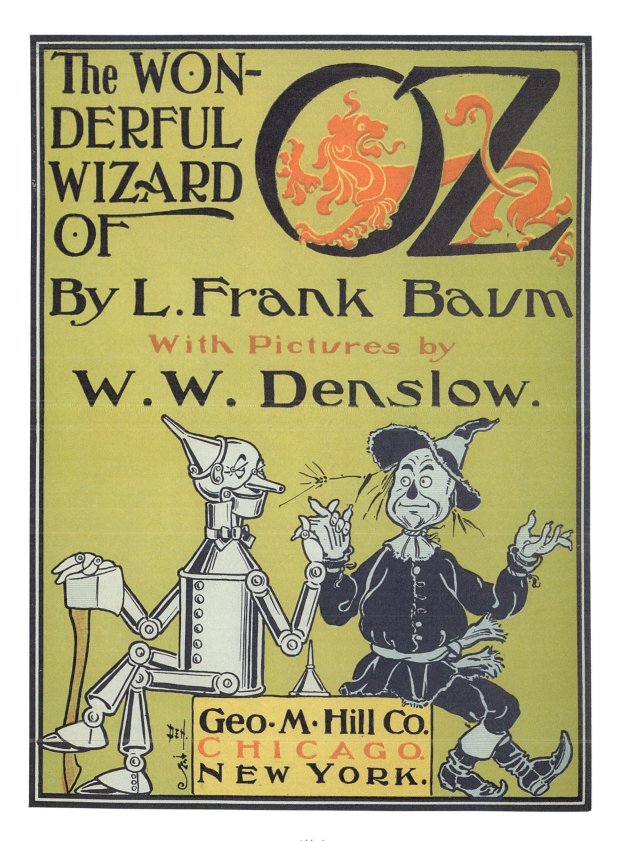

Abb. 1
Titelseite

Abb. 2
»Sie packte Toto am Ohr.«

Abb. 3
»Ich bin die Nordhexe.«

Abb. 4
»Du mußt eine große Zauberin sein.«

Abb. 5
»Dorothy starrte nachdenklich die Vogelscheuche an.«

Abb. 6
»›Ich wurde erst vor kurzem gefertigt‹, sagte die Vogelscheuche.«

Abb. 7
»›Jetzt geht es mir besser‹, sagte der Blechholzfäller.«

Abb. 8
»Ein so großes Tier wie du sollte sich schämen!«

Abb. 9
»Mit dem Stamm stürzten auch die Ungeheuer in den Abgrund.«

Abb. 10
»Der Storch trug sie zum Ufer zurück.«

Abb. 11
»Erlaube mir, dich Ihrer Majestät, der Königin, vorzustellen.«

Abb. 12
»Der Löwe kostete ebenfalls vom Pudding.«

Abb. 13
»Der Kopf blickte sie nachdenklich an.«

Abb. 14
»Der Soldat mit dem grünen Backenbart begleitete sie durch die Straßen.«

Abb. 15
»Die Affen fesselten den Löwen mit dicken Stricken.«

Abb. 16
»Drei Tage und vier Nächte hämmerten, drehten, bogen und löteten sie.«

Abb. 17
»Dorothy wurde von zwei der größten Affen getragen.«

Abb. 18
»Genau. Ich bin ein Schwindler.«

Abb. 19
»›Ich fühle mich vor allem klug‹, antwortete die Vogelscheuche ernsthaft.«

Abb. 20
»Die Vogelscheuche saß majestätisch auf dem Thron.«

Abb. 21
»Die Äste schlangen sich um ihren Körper.«

Abb. 22
»Alle diese Figuren waren aus Porzellan.«

Abb. 23
»Der Kopf traf mit voller Wucht die Vogelscheuche in den Bauch.«

Abb. 24
»Dorothy gab ihr die goldene Kappe.«

stürmten die beiden Untiere weiter, und ruck, zuck sprangen sie auf den Baumstamm.

»Wir sind verloren!« brüllte der Löwe Dorothy zu. »Mit ihren spitzen Klauen werden sie uns in Stücke reißen. Stell dich hinter mich. Ich werde kämpfen bis zum letzten Atemzug.«

»Warte!« rief ihm die Vogelscheuche zu. Sie hatte krampfhaft nach einem Ausweg gesucht.

»Schlag die Baumspitze ab!« forderte sie den Holzfäller auf, der sogleich wie ein Wilder auf den Stamm unterhalb des Wipfels einzuschlagen begann. Es ging alles pfeilgeschwind. Und mit dem Stamm stürzten auch die häßlichen, knurrenden Ungeheuer auf die spitzen Felsen im Abgrund.

Der feige Löwe schöpfte erst einmal tief Atem.

»Wir werden noch ein bißchen weiterleben«, sagte er erleichtert. »Darüber freue ich mich ungemein, denn es muß sehr unbehaglich sein, wenn man nicht mehr leben kann. Diese Monster haben mich so heftig erschreckt, daß mein Herz noch immer zum Zerspringen klopft.«

»Ach«, sagte der Holzfäller, »ein so heftig klopfendes Herz wünsche ich mir auch.«

Nach diesem Abenteuer hatten die Freunde nur noch den Wunsch, so schnell wie möglich aus dem Wald zu kommen, und sie gingen so geschwind, daß Dorothy kaum mithalten konnte. Da nahm sie der Löwe auf den Rücken. Zu ihrer größten Freude lichtete sich bald der Wald.

Am Nachmittag gelangten sie zu einem breiten, schnell fließen-

den Fluß. Auf der anderen Seite des Flusses lief die Straße mit den gelben Ziegelsteinen weiter durch eine schöne Landschaft mit bunten Blumen. Auf der Straße standen Bäume mit leckeren Früchten. Nicht sattsehen konnten sie sich an der herrlichen Gegend, die vor ihren Augen ausgebreitet lag.

»Wie kommen wir über den Fluß?« fragte Dorothy.

»Das ist schnell getan«, erwiderte die Vogelscheuche. »Der Holzfäller baut uns ein Floß, das uns über das Wasser setzt.«

Der Holzfäller schwang wieder die Axt und fällte kleine Bäume für das Floß. Die Vogelscheuche entdeckte am Ufer einen Baum mit schönen Früchten. Dorothy hatte den ganzen Tag lang Nüsse knacken müssen, da schmeckten ihr die Früchte besonders gut.

Um ein gutes Floß zu bauen, braucht es seine Zeit, und das auch dann, wenn einer so fleißig und unermüdlich wie der Holzfäller war.

Es wurde Abend, und das Floß war noch nicht fertig. Da suchten sich die Freunde einen gemütlichen Platz unter den Bäumen und legten sich zum Schlafen hin. Dorothy träumte von der Smaragdenstadt und vom guten Zauberer Oz, der sie bald in ihre Heimat bringen würde.

WIE FRISCH UND VOLLER Hoffnung wachte unsere kleine Gesellschaft am nächsten Morgen auf. Zum Frühstück gab es Pfirsiche und Pflaumen von den Bäumen am Fluß. Dorothy tafelte wie eine Prinzessin. Hinter ihnen lag der finstere Wald, den sie trotz so mancher Schwierigkeiten glücklich durchquert hatten. Vor ihnen breitete sich eine liebliche, sonnige Landschaft aus, die ihnen wie ein Vorbote für die Smaragdenstadt erschien.

Noch trennte sie der breite Fluß von dem herrlichen Land. Das Floß war nahezu fertig. Nachdem der Holzfäller weitere Stämme umgehauen und sie mit hölzernen Stiften verbunden hatte, konnte es losgehen. Dorothy suchte sich in der Mitte des Floßes einen Platz – Toto im Arm. Als der Löwe auf das Floß sprang, schwankte es gefährlich, denn er war ein mächtiges und schweres Tier. Doch die Vogelscheuche und der Holzfäller standen auf der Gegenseite und hielten das Floß im Gleichgewicht. Sie hatten lange Stangen in den Händen, um das Floß durch das Wasser zu staken. Zuerst kamen sie auch gut voran. Doch als sie die Mitte des Flusses erreichten, trieb die Strömung das Floß immer schneller abwärts. Dadurch kamen sie von der Straße mit den gelben Ziegelsteinen ständig weiter ab. Das Wasser wurde so tief, daß sie mit den langen Stangen den Grund nicht mehr erreichten.

»Das wird gefährlich!« rief der Holzfäller. »Wenn wir nicht ans Ufer kommen, werden wir ins Land der bösen Hexe getrieben. Sie wird uns verzaubern und zu ihren Sklaven machen.«

»Dann werde ich ein Dummkopf bleiben müssen«, sagte die Vogelscheuche.

»Ich müßte auch in Zukunft ein feiger Löwe sein«, jammerte der Löwe.

»Ich bliebe ein Mensch ohne Herz«, sagte der Holzfäller traurig.

»Und ich kehrte niemals nach Kansas zurück«, klagte Dorothy.

»Komme, was wolle, wir müssen in die Smaragdenstadt«, sagte die Vogelscheuche, und sie stieß die lange Stange so wuchtig in den Flußgrund, daß sie steckenblieb. Bevor sie die Stange wieder herausziehen konnte – oder sollte sie die Stange steckenlassen? –, wurde das Floß weitergetrieben. Die arme Vogelscheuche blieb an der Stange hängen, und das mitten im Fluß.

»Auf Wiedersehen!« rief sie den Freunden zu. Die waren entsetzt, sie auf diese Weise zu verlieren. Der blecherne Holzfäller zerfloß sogleich in Tränen, doch glücklicherweise fiel ihm ein, daß er rosten könnte, und so trocknete er die Tränen hastig an der Schürze von Dorothy ab.

Natürlich war das eine böse Sache für die Vogelscheuche! Jetzt geht es mir noch schlimmer als vor meiner Bekanntschaft mit Dorothy, dachte sie. Als ich an der Stange auf dem Kornfeld hing, jagte ich wenigstens die Krähen in die Flucht. Doch zu nichts nutze ist eine Vogelscheuche, die einsam und verloren an einer Stange in der Mitte eines Flusses steckt, die ist nur lächerlich. Die Hoffnung, zu Verstand zu kommen, ist in weite Ferne gerückt.

Das Floß indessen trieb immer noch den Fluß hinab. Die arme Vogelscheuche blieb zurück.

»Wir müssen etwas tun, um uns zu retten«, sagte der

Löwe. »Ich schwimme jetzt zum Ufer und ziehe das Floß hinter mir her. Haltet mich an der Schwanzspitze fest.«

Der Löwe sprang ins Wasser, und der Holzfäller packte den Schwanz. Mit kräftigen Schlägen kämpfte sich der Löwe durch das brodelnde Wasser dem Ufer zu. Das war harte Arbeit für ihn, denn er war ein großes Tier. Doch nach und nach kamen sie aus der Strömung 'raus. Dorothy griff nach der langen Stange des Holzfällers und half bei der Landung.

Als sie das Ufer erreichten, waren alle erschöpft[1] und verpusteten sich erst einmal. Dann kletterten sie die Uferböschung hinauf. Es war ihnen klar, daß der Fluß sie weit ins Land getrieben hatte, weit von der Straße in die Smaragdenstadt weg.

»Und was jetzt?« fragte der Holzfäller. Der Löwe schüttelte das Wasser aus der Mähne und legte sich in die Sonne, um zu trocknen.

»Auf jeden Fall müssen wir zur Straße zurück«, sagte Dorothy.

»Wir gehen immer am Ufer entlang, bis wir zur Straße kommen«, schlug der Löwe vor.

Nachdem sie sich ausgeruht hatten, nahm Dorothy den Korb, und sie wanderten auf dem grasigen Ufer in Richtung der Straße, von der das Floß abgetrieben worden war.

Das tödliche Mohnfeld

1. *waren alle erschöpft.* Alle außer dem Blechholzfäller, der, da er nicht aus Fleisch und Blut besteht, niemals müde wird.

Dieses Bild eines Spielzeug-Blechholzfällers erschien zuerst in *Denslow's A B C Book*
(New York: G. W. Dillingham, 1903) als Illustration zu folgendem Reim von Denslow:

T is the Tin
that they make into toys,
That walk by themselves
and puzzle small boys.

Ein anderes dieser Spielzeuge lugt in *Denslow's Night Before Christmas*
(New York: G. W. Dillingham, 1902) aus dem Sack des Weihnachtsmannes.
(Siehe Abb. 1 im Bildteil am Schluß des Bandes.)
Privatbesitz.

Es war eine schöne Gegend mit vielen Blumen, Obstbäumen und voller Sonnenschein, der sie herrlich zu begrüßen schien. Wäre nicht der Gedanke an die arme Vogelscheuche gewesen, sie hätten sich alle glücklich gefühlt.

Sie gingen so schnell, wie sie konnten. Nur Dorothy hielt einmal an, um eine schöne Blume zu pflücken.

»Schaut einmal!« rief der Holzfäller plötzlich. Sie blickten auf den Fluß. Da war die Vogelscheuche, die noch immer einsam und traurig an der Stange hing.

»Wir müssen sie retten«, sagte Dorothy.

Der Löwe und der Holzfäller schüttelten den Kopf, denn sie wußten nicht, wie. Sie nahmen am Ufer Platz und blickten wehmütig zur Vogelscheuche hin.

Da flog ein Storch[2] vorbei, der sich am Ufer niederließ, als er die Fremden sah.

»Wer seid ihr, und wo wollt ihr hin?« fragte er.

»Ich bin Dorothy«, entgegnete das Mädchen, »und das sind meine Freunde, der blecherne Holzfäller und der feige Löwe. Wir sind auf dem Weg in die Smaragdenstadt.«

»Das ist nicht die Straße hier«, sagte der Storch, drehte den langen Hals und beäugte scharf die seltsame Gesellschaft.

»Das wissen wir«, sagte Dorothy, »aber wir haben die Vogelscheuche verloren, und nun überlegen wir, wie wir sie retten könnten.«

»Wo ist sie?« fragte der Storch.

»Sie steckt an der Stange im Fluß.«

»Oha!« sagte der Storch und blickte auf den Fluß. »Wenn sie nicht zu groß und zu schwer ist, bringe ich sie euch zurück.«

»Sie ist kein bißchen schwer«, sagte Dorothy eifrig, »denn sie ist aus Stroh gemacht. Wenn du sie uns zurückbringst, werden wir dir immer dankbar sein.«

»Ich will es versuchen«, sagte der Storch. »Doch wenn sie mir zu schwer ist, lasse ich sie fallen.«

Der große Vogel erhob sich und flog zur Stange, an der die Vogelscheuche hing. Er packte sie mit seinen langen Krallen an einem Arm, zog sie von der Stange ab und trug sie zum Ufer zurück. Dorothy, der Löwe, der Holzfäller und Toto warteten schon voller Ungeduld.

Als die Vogelscheuche sich wieder unter ihren Freunden sah, war sie so glücklich, daß sie jedem um den Hals fiel, auch dem Löwen. Dann machten sie sich auf den Weg und sangen aus voller Kehle »Holdrio!«[3] bei jedem Schritt, so guter Laune waren sie.

»Ich habe schon tausend Ängste ausgestanden, daß ich für immer im Fluß bleiben müsse«, erzählte die Vogelscheuche. »Doch dann hat mich der gute Storch gerettet. Wenn ich jemals klug werden sollte, besuche ich ihn, um mich erkenntlich zu zeigen.«

»Schon gut«, sagte der Storch, der an ihrer Seite flog. »Ich helfe immer gern, wenn jemand in Not ist. Wir Störche sagen: Man soll dem antworten, der ruft. Aber jetzt muß ich weg, denn meine Kinder warten schon auf mich. Ich hoffe, daß ihr in der Smaragdenstadt ankommen werdet und Oz euch helfen wird.«

»Danke, danke!« rief Dorothy überschwenglich. Der Storch

2. *ein Storch*. Einige von Baums liebevollsten und innigsten Texten haben mit der Storchenlegende zu tun. Eines der sieben Täler in *Dot and Tot of Merryland* ist zum Beispiel das Tal der Kinder. Dort schweben Blüten vom Himmel, und wenn sie ihre Blätter entfalten, erscheint in jeder Blüte ein schlafendes Kind, das vom Storch gehegt und gepflegt wird, bis es bereit ist, in die Welt getragen zu werden. In einem Exemplar von *Dorothy auf Zauberwegen*, das der Autor seinem ersten Enkelsohn Joslyn Stanton (»Tik-Tok«) Baum schenkte, schrieb er zu Ehren der Geburt des Jungen die folgende hübsche Geschichte:

> Es war einmal, da trugen die Störche ein Kind zu Frank Joslyn und Helen Snow Baum. Dieses Baby lächelte so gewinnend und fröhlich, daß es alle Herzen im Sturm eroberte, ob sie nun Fremde oder liebe Verwandte waren. Es war nämlich so gewesen: Als der Storch zur Erde flog, hatte er die Liebesfee getroffen, die das Baby küßte. Danach kam die Lachfee, die das Baby hochwarf und wieder auffing. Dann segnete Glinda die Gute das Kind und verfügte, es solle immer glücklich sein. Weiter flog der Storch, bis er zur Smaragdenstadt kam. Dort nahm der Zottelmann den Magneten der Liebe vom großen Tor und drückte ihn dem Baby auf die Stirn.
>
> Was also, denkt ihr, wird das Schicksal des Kleinen sein, der so von den Feen bedacht wurde? Ich weiß es. Er wird im Leben Glück und Freude und Reichtum finden, und da er vom Magneten der Liebe berührt wurde, wird er alle Herzen gewinnen. So soll es sein.

3. *Holdrio!* Im englischen Original singt die Vogelscheuche »tol-de-ri-de-oh«. Michael Patrick Hearn zitiert eine Studienkollegin, die eine Ähnlichkeit dieses Ausrufs mit dem Refrain einer Ballade aus dem 17. Jahrhundert erkennt, »A carrion crow sat on an oak/Eine Rabenkrähe saß auf einer Eiche«, die bereits 1796 im Druck erschien und oft in Sammlungen von Kinderreimen enthalten war:

> With a heigh ho! the carrion crow!
> Sing tol de rol, de riddle row!

Es scheint angebracht, daß die Vogelscheuche ein Lied kennt, das von einer Krähe handelt. In ihrem Kommentar zu der in englischer Sprache unter dem Titel *The Marvelous Land of Oz* (Moskau: Raduga, 1985, S. 371) erschienenen Sammlung von Tatjana Dmitrijewna Wenediktowa erwähnt N. N. Rasgoworowa eine weitere mögliche Quelle, nämlich den Refrain eines bekannten amerikanischen Ochsentreiberliedes:

> To my roll, to my roll, to my ride-e-o
> To my ride-e-u, to my reed-e-o,
> To my roll, to my roll, to my ride-e-o.

schwang sich in die Lüfte und war bald ihren Blicken entschwunden.

Sie zogen weiter, lauschten dem Gezwitscher der Vögel und schauten sich die schönen Blumen an. Immer dichter wuchsen sie, und schließlich bedeckten sie den ganzen Wiesengrund. Da waren große gelbe und weiße und blaue und purpurrote Blüten,[4] daneben große Tuffs von scharlachrotem Mohn. Die Blüten leuchteten so herrlich, daß Dorothy davon geblendet war.

»Sind sie nicht schön?« fragte sie begeistert und atmete den würzigen Duft der Blumen ein.

»Wunderschön«, entgegnete die Vogelscheuche. »Wenn ich aber zu Verstand gekommen bin, werde ich sie noch lieber mögen[5] als jetzt.«

»Wenn ich ein Herz hätte, liebte ich sie auch und drückte sie alle an mein Herz«, fügte der Holzfäller hinzu.

»Blumen hatte ich schon immer gern«, gestand der Löwe. »Sie wirken so hilflos und zart. Doch im Wald leuchten sie nicht so herrlich wie hier.«

Von den großen scharlachroten Mohnblumen wurden es mehr und mehr. Die anderen Blumen traten zurück. Bald standen sie mitten in einem riesigen Mohnblumenfeld. Nun ist bekannt, daß der Duft dieser Blumen so stark ist, daß man davon in einen Rausch fällt.[6] Wenn man einen solchen Schläfer nicht schnell aus dem Feld holt, schlummert er ohne Pause und wacht nie mehr auf. Dorothy wußte das nicht. Sie konnte auch nicht von diesen Blumen weg, denn sie wuchsen überall. Schon wurden ihr die Augen schwer. Der

4. *große gelbe und weiße und blaue und purpurrote Blüten.* Obwohl man zuerst annehmen möchte, dies sei ein weiterer Beweis dafür, daß Baum sich noch nicht entschieden hatte, auch Fauna und Flora der Oz-Regionen die entsprechende Lieblingsfarbe zu geben, hat Susan Wolstenholme in ihren Anmerkungen zu der Oxford-Ausgabe von *Der Zauberer von Oz* (1997) eine interessante Erklärung für die Farbenfreude: »Die Freunde sind durch den Verlauf des Flusses vom Weg abgekommen und haben sich verlaufen. Die verschiedenen Farben der Blumen deuten an, daß sie sich um den geographischen Mittelpunkt von Oz herumbewegen – möglicherweise direkt um die Smaragdenstadt herum – und daß die Grenzen zwischen den Oz-Ländern an diesem Punkt nahe beieinanderliegen« (S. 270).

5. *werde ich sie noch lieber mögen.* In »Oz as Heaven and Other Philosophical Questions« (*The Baum Bugle*, Herbst 1980) schreibt Earle J. Coleman, daß diese Diskussion die Frage aufwirft, ob ästhetische Urteile vom Bewußtsein gefällt werden oder lediglich von unseren Sinnen und Gefühlen. Immanuel Kant zum Beispiel tendierte zum letzteren, heutige Konzeptkünstler verteidigen den ersteren Standpunkt. Das Gespräch führt die Debatte zwischen Kopf und Herz fort, die die Vogelscheuche und der Blechholzfäller in Kapitel 5 begonnen haben. (Siehe Kap. 5, Anm. 22.)

6. *daß der Duft dieser Blumen so stark ist, daß man davon in einen Rausch fällt.* Wahrscheinlich dachte Baum an den »verzauberten Grund«, den Christ in der *Pilgerreise* durchqueren muß, um in das Land der Vermählung und die himmlische Stadt zu gelangen: »Eine Gegend, in der die Luft so beschaffen war, daß sie einen schläfrig machte.« Christ warnt seinen Freund Hoffnungsvoll, nicht einzunicken: »Wenn wir jetzt einschlafen, wachen wir am Ende nicht mehr auf.« Die scharlachrote Mohnblume wird traditionell mit Schlaf und Tod assoziiert. Wegen seiner Farbe und wegen seines Vorkommens auf Schlachtfeldern wird dem Mohn nachgesagt, er erwachse aus dem Blut Erschlagener. Er soll auch das Blut Christi symbolisieren. Mohn ist natürlich die Grundlage für Opium und dessen Derivate, die Halluzinationen hervorrufen und abhängig machen. In den Kreisen der Bohemiens wurde Opium zum Zeitvertreib geraucht, und es war gleichzeitig ein gängiger Bestandteil vieler Schmerzmittel. Erst im frühen 20. Jahrhundert wurden opiumhaltige Medikamente in den Vereinigten Staaten aus dem Handel genommen und strenge Gesetze gegen den internationalen Opiumhandel erlassen. In der Kunst des Jugendstils war die Mohnblume ein beliebtes Motiv, da sie als schönste aller Blumen galt. John R. Neill zeichnet Prinzessin Ozma oft mit einer Mohnblüte im Haar, aber das war mehr eine Verbeugung vor der Mode der Zeit als ein Hinweis auf das todbringende Mohnblumenfeld, das im MGM-Film von der bösen Westhexe verzaubert ist. Es ist eine Ironie dieser Geschichte, daß Dorothy und ihre Freunde, kaum daß sie aus dem dunklen und gefährlichen Wald in die frische Luft und den klaren Sonnenschein treten, auf das gefährlichste Hindernis auf ihrer Reise in die Smaragdenstadt treffen, diese scheinbar hilflosen und zerbrechlichen Blumen.

Legenden und Literatur kennen viele Beispiele boshafter Vegetation. Angeblich tropft aus den Upas-Bäumen von Java Gift, und ihr verführerischer Duft tötet in weitem Umkreis alle Lebewesen. In seiner Kurzgeschichte »Rappaccinis Tochter« erzählt Nathaniel Hawthorne von einem Garten, dessen Duft jeden tötet außer die dagegen immune Beatrice. Es ist überraschend, daß jemand, der Blumen so gern hatte wie Baum, in seinen Büchern so viele feindliche Pflanzen erwähnt. In *Dorothy und der Zauberer in Oz* gibt es die bösen Mangabus, Pflanzenmenschen, die in unterirdischen Gewächshäusern leben. Die Einwohner des Rosenreiches in *Tik-Tok of Oz* stammen aus der gleichen schrecklichen Familie wie die Mangabus; sie sind wunderschön, aber herzlos. Nicht einmal der Magnet der Liebe des Zottelmannes kann sie dazu bringen, ihre Besucher besser zu behandeln. *The Patchwork Girl of Oz* scheint ganz besonders mit tödlicher Vegetation überzogen zu sein. In Kapitel 10 liegt im Munchkinland hinter einer Kurve der gelben Ziegelsteinstraße sogar ein Feld mit menschenfressenden Pflanzen, die wie enorme Venusfliegenfallen nichtsahnende Reisende angreifen. Die gemeinsten Pflanzen sollten eigentlich in einem nichtveröffentlichten Kapitel dieses Buches auftauchen, aber der »Fleischgarten« war so verstörend, daß die Verleger Baum baten, das Kapitel zu streichen. Das tat er auch. Der Text existiert heute nicht mehr, aber die erhaltenen Illustrationen deuten an, daß der Garten ein Ort ist, an dem die Pflanzen sich Menschen als Nahrung züchten. Siehe Dick Martin, »The Garden of Meats: A Lost Episode of Ozian History« (*The Baum Bugle*, Weihnachten 1966).

Wunsch zu schlafen übermannte sie. Doch der Holzfäller ließ das nicht zu.

»Wir müssen schnellstens zur Straße zurück, bevor es dunkel wird«, sagte er. Die Vogelscheuche schloß sich dieser Meinung an. Dorothy hielt sich kaum noch auf den Beinen. Schließlich fielen ihr die Augen zu. Sie wußte nicht mehr, wo sie war, taumelte und fiel in die Blumen.

»Was machen wir jetzt?« fragte der Holzfäller.

»Wenn wir auf diesem Feld bleiben, stirbt sie uns«, sagte der Löwe ernst. »Der Duft der Blumen bringt uns alle um. Ich selbst kann kaum noch meine Augen offenhalten, und auch Toto ist schon eingenickt.«

Und das stimmte auch. Toto lag bereits neben Dorothy in tiefstem Schlaf. Der Vogelscheuche und dem Holz-

ler hingegen schadete der Duft überhaupt nicht, denn sie waren nicht aus Fleisch und Blut.

»Beeil dich!« sagte die Vogelscheuche zum Löwen. »Wir müssen so schnell wie möglich aus dem Blumenfeld hinaus. Das kleine Mädchen nehme ich auf den Rücken. Falls du einschläfst, kann ich dir nicht helfen. Du bist so schwer, daß ich dich nicht wegschleppen kann.«

Der Löwe gab sich selber Schwung und lief, so schnell er konnte, aus dem Blumenfeld. Es dauerte nicht lange, und er war außer Sicht.

»Laß uns mit den Händen eine Trage bilden«, sagte die Vogelscheuche. Zuerst hoben sie Toto auf und legten ihn in Dorothys Schoß. Mit den Händen bildeten sie den Sitz, mit den Armen die Lehnen. Auf diese Weise trugen sie das Mädchen, das zwischen ihnen zusammengesunken war, durch das Blumenfeld. Sie gingen und gingen, und es schien ihnen, daß der große Teppich der Blumen kein Ende nehmen wollte.

Sie folgten dem Flußlauf und stießen auf ihren Freund, den Löwen, der mitten in den Blumen in tiefem Schlafe lag. Der Duft der Blumen war zu stark für ihn gewesen. Er hatte aufgegeben. Kurz vor dem Rand des Blumenfeldes, wo süßes Gras auf schönen Wiesen wuchs, hatte ihn der Duft überwältigt, und er war zusammengesackt.

»Wir können nichts für ihn tun«, sagte der Holzfäller traurig. »Keiner von uns hat die Kraft, ihn aufzuheben, denn er ist zu schwer. Wir müssen ihn für immer hier liegen lassen. Vielleicht wird er davon träumen, daß er am Ende zu Mut gekommen ist.«

»Es geht mir zu Herzen, daß es ihm so ergangen ist«, sagte die Vogelscheuche. »Für einen Feigling war er ein guter Kamerad.«

Sie trugen das schlafende Mädchen zu einem schönen Platz am Ufer, der weit genug von den Blumen entfernt war. So blieb sie vor dem Gift der Blumen bewahrt. Sie betteten sie zärtlich ins weiche Gras und warteten auf einen frischen Wind, der sie aufwecken würde.

Diese Illustration entwarf Denslow speziell als Vorsatzpapier für *The New Wizard of Oz* (Indianapolis: Bobbs-Merrill, 1903).
Privatbesitz.

WIR KÖNNEN VON DER STRASSE mit den gelben Ziegelsteinen nicht mehr weit entfernt sein«, bemerkte die Vogelscheuche, als sie neben Dorothy stand. »Nach meiner Schätzung haben wir ungefähr die gleiche Strecke zurückgelegt, die uns die Strömung abgetrieben hat.«

Der Holzfäller wollte gerade antworten, als ein tiefes Knurren zu vernehmen war. Er wandte den Kopf, der sich mittels der Scharniere ausgezeichnet drehen ließ, und erblickte ein fremdes Tier, das auf ihn zusprang. Es war eine große gelbe Wildkatze, die auf der Jagd war, denn sie hatte die Ohren angelegt. Ihr Maul war weit aufgerissen, so daß man die zwei Reihen mörderischer Zähne sah. Ihre roten Augen glühten wie zwei Feuerkugeln. Als sie näher kam, konnte die Vogelscheuche sehen, daß die

Die Königin der Feldmäuse

Katze hinter einer kleinen grauen Feldmaus her war, die um ihr Leben lief. Obwohl die Vogelscheuche kein Herz besaß, spürte sie, daß die Wildkatze nicht recht daran tat, ein so hübsches, harmloses Wesen töten zu wollen.

Der Holzfäller riß die Axt hoch. Als die Wildkatze nahe genug war, hieb er ihr den Kopf ab,[1] der in zwei Hälften vor seine Füße fiel. Nun, da die Feldmaus von ihrem Peiniger befreit war, rannte sie nicht weiter. Sie trippelte langsam näher und piepste: »Oh, vielen Dank! Tausend Dank, daß du mir das Leben gerettet hast.«

»Nicht der Rede wert, ich bitte dich«, erwiderte der Holzfäller. »Ich habe zwar kein Herz, mußt du wissen, aber ich bin immer darauf bedacht, jedem zu helfen, der einen Freund braucht, und wenn es auch nur eine Maus ist.«

»Nur eine Maus?« piepste das kleine Wesen entrüstet. »Hör mal, ich bin eine Königin, die Königin der Feldmäuse.«[2]

»Was du nicht sagst«, bemerkte der Holzfäller verblüfft und verbeugte sich vor ihr.

»Du hast mein Leben gerettet und eine große Tat vollbracht«, fügte die Königin hinzu.

In diesem Augenblick flitzten mehrere Mäuse herbei, so schnell sie ihre kleinen Füße trugen. Als sie die Königin erblickten, riefen sie: »Oh, Majestät, wir haben schon um Euer Leben gezittert! Wie seid Ihr der Katze entwischt?«

Sie verbeugten sich so tief vor ihr, daß sie fast auf den Köpfen standen bei der Verbeugung.

»Dieser merkwürdige Blechmann hier hat die Wildkatze ge-

1. *hieb er ihr den Kopf ab.* Obwohl die *Oz*-Bücher im allgemeinen die grausamen Begebenheiten der Märchen der Grimms und von Andersen meiden, versetzen ein paar gelegentlich abgeschlagene Köpfe moderne Jugendbuchkritiker, die meinen, daß Kinderbücher gewaltfrei sein sollten, in Angst und Schrecken. Trotzdem haben Kinder Spaß an Geschichten wie Perraults »Rotkäppchen« und »Blaubart« und erleiden keine schwerwiegenden psychischen Schäden – im Gegenteil. In seinem Buch *Kinder brauchen Märchen* fordert Dr. Bruno Bettelheim seine Kollegen mit dem Argument heraus, daß Märchen für die gesunde Entwicklung von Kindern unerläßlich seien: »Über die inneren Probleme des Menschen [...] und über die richtigen Lösungen für seine Schwierigkeiten in jeder Gesellschaft erfährt man mehr aus ihnen als aus jeder anderen Art von Geschichten im Verständnisbereich des Kindes. So grausam die Geschichte ist«, betont er nachdrücklich, lehrt »›Blaubart‹ in einer tieferen Schicht eine höhere Moral oder Menschlichkeit.« Die Grausamkeit echter Märchen ist laut Bettelheim kein Selbstzweck. Märchen sollen nicht etwa angst machen, sondern Angst nehmen. Aus diesem Grunde zieht er Grimms »Rotkäppchen«, wo das Mädchen am Ende gerettet wird, der dunkleren, tragischeren Fassung von Perrault mit seinem »angsterregenden Schluß« vor. In Perraults Version, in der das Kind stirbt, gibt es »kein Entrinnen, keine Wiedergutmachung und keinen Trost«. Bei Baum stimmen Theorie und Praxis in der Frage der Gewaltdarstellung nicht immer überein. Diese Inkonsequenz teilt er mit dem Kinderbuchautor Andrew Lang, der in seinem Vorwort zu *The Violet Fairy Book* (1910) schreibt: »Ich hasse Grausamkeit. Niemals stecke ich eine böse Stiefmutter in ein Faß und schicke sie einen Hügel hinunter. Es stimmt wohl, daß Prinz Ricardo den gelben Zwerg tötet, aber das geschieht in einem fairen Schwertkampf, und der Zwerg, Friede seiner Asche, stirbt in den Sielen.« Der Widerspruch zwischen Friedfertigkeit und Kampfbereitschaft zieht sich bis in Baums Figuren hinein. Der Blechholzfäller zum Beispiel, der eben noch den Tod eines Käfers beweint, schlägt gleich darauf einer Wildkatze den Kopf ab. »Der Blechholzfäller war für gewöhnlich ein friedfertiger Mensch«, erklärt Baum in *Im Reich des Zauberers Oz*, »doch wenn es die Situation erforderte, konnte er wie ein römischer Gladiator kämpfen« (Kap. 19, »Dr. Nikidiks berühmte Wunschpillen«). Kinder verlangen schließlich Gerechtigkeit, und im *Zauberer von Oz* wird niemand ungebührlich bestraft oder gequält. Nirgendwo gibt es Gewalt oder Grausamkeit nur um der Gewalt oder Grausamkeit willen, und was an Gewalt vorkommt, ist im Vergleich zu anderen Märchen recht mild. Die Gewalt in *Der Zauberer von Oz* stört den Dichter David McCord nicht. »Wenn der Blechholzfäller [in Kapitel 12] eine Wolfsmeute vernichten muß, dann tut er das«, erklärt er in *Twentieth Century Children Writers* (Detroit: St. James Press, 1978). »Aber es gibt kein Bild vom Haufen toter Tiere, nichts als die schlichten Worte.« McCord merkt an, daß »in einer Zeit von ständig steigender Gewalt auf der ganzen Welt [Oz] überraschend und willkommen ist, denn es ist (verglichen mit dem Fernsehen und Comics, zum Beispiel) ein Ort ohne Blutvergießen« (S. 91).

In den nachfolgenden *Oz*-Büchern geht Baum allerdings vorsichtiger mit dem Thema um. Die Gewalt in diesen Geschichten ist minimal, wenn auch nicht gänzlich eliminiert. Seine Verleger meinten jedenfalls stolz, der Grundsatz der *Oz*-Reihe sei: »Keine Baum-Geschichte hat je einem Kind Albträume bereitet.« In seinem Vorwort zu Raylyn Moores *Wonderful Wizard Marvelous Land* meint Ray Bradbury, Baum sei »ein geistvoller Mann mit dem Gemüt einer lieben alten Oma« (S. xvi).

2. *die Königin der Feldmäuse.* Das gleiche Thema untersucht Baum in »The Wonderful Pump« in *American Fairy Tales*: Eine arme Bäuerin rettet einen Käfer, der sich als König aller Insekten herausstellt und seine besonderen Kräfte dazu benutzt, die Frau für ihre Freundlichkeit zu belohnen. Oz-Club-Mitglied David L. Greene vergleicht die Geschichte mit dem Blechholzfäller und der Königin der Feldmäuse mit der Fabel von Androklus und dem Löwen, in der eine gute Tat mit einer anderen belohnt wird. Die *Pancatantra*, die indische Fabelsammlung, beinhaltet eine Variante der Äsopischen Fabel »Der Löwe und die Maus«, in der eine große Anzahl von Mäusen einem Löwen hilft, indem sie die Seile durchnagen, die ihn fesseln.

tötet und mich gerettet. Ihr müßt ihm künftig dienen und jeden Wunsch erfüllen, den er hat.«

»Das wollen wir!« piepsten die Mäuse im Chor. Im nächsten Augenblick rannten sie in alle Richtungen davon, denn Toto war aus dem Schlaf erwacht. Als er die vielen Mäuse erblickte, ging seine Jagdlust mit ihm durch, und er sauste bellend mitten in die Mäuseschar. Er hatte schon in Kansas leidenschaftlich gern Mäuse gejagt und fand nichts Schlimmes daran.

Der Holzfäller aber packte den Hund am Schlafittchen und hielt ihn fest.

»Kommt zurück! Kommt zurück!« rief er den Mäusen zu. »Toto tut niemandem was.«

Daraufhin streckte die Königin den Kopf aus einem Grasbüschel.

»Bist du sicher, daß er uns nicht beißt?« fragte sie furchtsam.

»Ich lasse es nicht zu«, brummte der Holzfäller. »Also fürchtet euch nicht.«

Eine Maus nach der anderen trippelte wieder zurück. Toto bellte nicht wieder, obwohl er sich aus den Armen des Holzfällers zu winden versuchte. Ja, er hätte ihn sogar gebissen, wenn er nicht gewußt hätte, daß der Holzfäller aus Blech war.

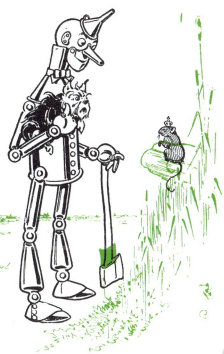

»Können wir etwas für dich tun?« fragte eine der größten Mäuse. »Wir wollen uns für die Rettung unserer Königin erkenntlich zeigen.«

»Ich wüßte nichts«, entgegnete der Holzfäller. Die Vogelscheuche versuchte nachzudenken, doch sie konnte es nicht, weil ihr Kopf aus Stroh war.

Und so sagte sie schnell, nur weil es ihr gerade so einfiel: »Aber ja, einen Gefallen könnt ihr uns schon tun. Ihr könnt den Löwen retten, der im Blumenfeld schläft.«

»Einen Löwen?« piepste die kleine Königin. »Ein Löwe frißt uns auf der Stelle auf – mit einem Haps.«

»O nein«, erklärte die Vogelscheuche. »Der Löwe ist ein Feigling.«

»Wirklich?« fragte die Maus.

»Er sagt selber, daß er eine Memme ist«, erwiderte die Vogelscheuche. »Er würde niemandem an den Kragen gehen, der unser Freund ist. Wenn ihr uns helft, ihn zu retten, wird er zu allen Mäusen freundlich sein. Das verspreche ich euch.«

»Gut«, piepste die Königin. »Wir vertrauen dir. Doch was sollen wir tun?«

»Sind es viele Mäuse, die Euch Königin nennen und Euch gehorchen?«

»Tausende«, erwiderte sie.

»Dann sollen alle kommen, die Euch unterstehen; und noch etwas: Jede bringe einen langen Bindfaden mit!«

Die Königin wandte sich den Mäusen zu, die sie begleiteten, und befahl ihnen, sofort das ganze Volk zusammenzurufen. Die Mäuse rannten, so schnell sie konnten, in alle Richtungen davon.

»Und du, Holzfäller, gehst zu den Bäumen am Flußufer, fällst einige und baust daraus einen Wagen, mit dem der Löwe weggekarrt werden kann«, ordnete die Vogelscheuche an.

Der Holzfäller machte sich sogleich auf den Weg und begann mit der Arbeit. Es dauerte nicht lange, und er hatte aus den Ästen, von denen er vorher die Blätter und die kleinen Zweige sorgfältig entfernt hatte, einen robusten Wagen gezimmert. Da er keine Nägel hatte, fügte er ihn mit hölzernen Stiften zusammen. Die Räder baute er aus kurzen Stücken eines dicken Baumstammes. Schnell und gut ging ihm die Arbeit von der Hand. Der Wagen war fertig, als die ersten Mäuse erschienen.

Sie kamen aus allen Richtungen getrippelt. Es werden Tausende gewesen sein, große und kleine und mittelgroße, und jede trug einen Bindfaden im Schnäuzchen. Es war um diese Zeit, daß Dorothy aus ihrem langen Schlaf erwachte und die Augen aufschlug. Sie war sehr erstaunt, daß sie im Grase lag – mit Tausenden von Mäusen um sich herum, die sie ängstlich begafften. Doch die Vogelscheuche erzählte ihr gleich alles. Dann, halb zur Königin gewandt, sagte sie zu Dorothy: »Erlaube mir, dich Ihrer Majestät, der Königin, vorzustellen.«[3]

Dorothy nickte feierlich. Die Königin verbeugte sich. Danach ging sie sehr freundlich mit dem kleinen Mädchen um.

Die Vogelscheuche und der Holzfäller schirrten nun die Mäuse mit den von ihnen mitgebrachten Bindfäden an den Wagen an. Ein

Ende der Schnur wurde den Mäusen um den Hals gelegt, das andere am Wagen verknotet. Natürlich war der Wagen tausendmal größer als eine Maus, die ihn ziehen sollte. Doch als alle Mäuse angespannt waren, brachten sie ihn ohne Mühe von der Stelle fort. Die Vogelscheuche und der Holzfäller konnten sogar auf dem Wagen Platz nehmen. Die seltsamen kleinen Pferdchen zogen eilig zu der Stelle, wo der Löwe in tiefem Schlafe lag.

Der Löwe war ein schwerer Brocken, und es bedurfte härtester Arbeit, um ihn auf den Wagen zu befördern.

Die Königin der Feldmäuse

»Und jetzt los!« piepste die Königin unverzüglich. Nicht ohne Grund hatte sie Angst, daß auch die Mäuse einschlafen könnten, wenn sie sich zu lange unter den Blumen aufhalten würden.

Obwohl es viele Mäuse waren, kamen sie anfänglich nur schlecht voran. Da stemmten sich der Holzfäller und die Vogelscheuche von hinten gegen den Wagen, und erst dann rollte er richtig los. Es dauerte nicht lange, und der Löwe fuhr aus dem Mohnblumenfeld auf eine Wiese,[4] wo ein süßes, frisches Lüftchen wehte und der giftige Duft dem Löwen nicht mehr in die Nase kam.

Dorothy ging ihnen entgegen, und sie dankte den kleinen Mäu-

3. *Erlaube mir, dich Ihrer Majestät, der Königin, vorzustellen.* In der Abbildung zu dieser Szene zeichnet Denslow allerdings den Blechholzfäller statt die Vogelscheuche, wie er Dorothy der Königin vorstellt.

4. *aus dem Mohnblumenfeld auf eine Wiese.* Der Schneesturm, mit dem die gute Hexe in der Verfilmung von 1939 den Zauber des tödlichen Mohnblumenfeldes bricht, stammt ursprünglich aus der Revue von 1902. Dort war er eines der Hauptattraktionen der Show und beschloß den ersten Akt. (Siehe Abb. S. lxiii.)

5. *in ihre Löcher.* Die Königin ist hier weit von zu Hause entfernt, denn in *Im Reich des Zauberers Oz* wird erwähnt, daß sie und ihre Untertanen im Land der Winkies im Westen leben.

sen für ihre große Tat. Sie hatten den König der Tiere vor dem Tode bewahrt. Der Löwe war ihr so ans Herz gewachsen, daß sie über alle Maßen froh war, ihn wieder an ihrer Seite zu sehen.

Die Mäuse wurden ausgespannt und trippelten durch das Gras in ihre Löcher[5] zurück. Die Königin nahm als letzte von den Freunden Abschied.

»Wenn ihr uns einmal brauchen solltet«, sagte sie, »dann helfen wir euch. Geht auf ein Feld und ruft uns zu Hilfe! Wir hören euch über tausend Wiesen und tausend Felder hinweg. Auf Wiedersehen!«

»Auf Wiedersehen!« riefen die Freunde, und die Königin lief davon. Wenn Dorothy Toto nicht festgehalten hätte, wäre er ihr hinterhergesaust und hätte sie erschreckt.

Die Freunde nahmen an der Seite des Löwen Platz und warteten auf sein Erwachen. Die Vogelscheuche pflückte für Dorothy einige Früchte von einem Baum in der Nähe, die sie zum Mittagessen aß.

Illustration für das vordere Vorsatzpapier der Hill-Ausgabe.

INZWISCHEN SCHLIEF DER LÖWE UND schlief. Zu lange hatte er in den Mohnblumen gelegen und ihren tödlichen Duft eingeatmet; als er dann aber seine Augen aufschlug und vom Wagen rollte, war er froh, noch am Leben zu sein.

»Ich bin so schnell gelaufen, wie ich konnte«, erzählte er, setzte sich und gähnte gewaltig. »Doch der Duft der Blumen war zu stark für mich. Wie habt ihr mich herausgeholt?«

Da erzählten sie ihm von den Mäusen und wie sie ihn vor dem Tode bewahrt hätten. Der Löwe lachte und sagte: »Ich habe mich immer für riesenstark und für einen schrecklichen Burschen gehalten, doch schon so kleine Wesen wie die Blumen hätten mir um ein Haar den Garaus gemacht, und solch kleine Tiere wie die Mäuse[1]

Der Hüter der Tore

1. *solch kleine Tiere wie die Mäuse*. Diese Meinung entspricht auch der Lehre der Äsopischen Fabel »Der Löwe und die Maus«: »Daß der Große und der Kleine, einer den anderen braucht.« Mit dem tödlichen Mohnblumenfeld hat Baum eine logische Folge hinzugefügt: »Daß auch die Kleinen die Großen besiegen können.« Die nie auf die Bühne gebrachte erste Fassung seines *Zauberers von Oz* zeigt deutlich, daß Baum bei der Rettung des feigen Löwen in der Tat an die Äsopische Fabel dachte. »Einmal hat mir ein Löwe das Leben gerettet«, sagt dort die Königin der Feldmäuse, »und jetzt kann ich meine Schuld begleichen.«

2. *das Land von Oz*. Dorothy bezieht sich auf die grüne Landschaft direkt um die Smaragdenstadt herum, das Land, das von Oz dem Zauberer regiert wird. Natürlich ist sie schon in Oz, seit ihr Haus auf der bösen Osthexe landete. Bei seiner Untersuchung von Baums ungenauer Verwendung der Bezeichnung Oz in »The Meaning of Oz« (*The Baum Bugle*, Herbst 1871) meint Oz-Club-Mitglied Jay Delkin, Baum habe, lange bevor er sich für einen Titel entschieden hatte, beschlossen, »Oz« als Eigennamen für den Zauberer zu verwenden. Abgesehen vom Titel habe er das Land nie »Oz« genannt und den Zauberer nie als »Zauberer von Oz« bezeichnet. Das ist allerdings durch den Text nicht belegt. Anscheinend benutzte Baum »Oz« austauschbar für den Zauberer *und* für das gesamte Land.

haben mir das Leben gerettet. Wie seltsam doch alles ist! Aber, liebe Freunde, was machen wir jetzt?«

»Wir müssen zur Straße mit den gelben Ziegelsteinen«, sagte Dorothy. »Und dann ziehen wir weiter in die Smaragdenstadt.«

Nachdem der Löwe sich genügend ausgeruht hatte und wieder ganz der alte war, setzten sie die Reise fort. Es machte ihnen Spaß, durch das weiche, frische Gras zu wandern. Nach ein paar Stunden waren sie bei der Straße mit den gelben Ziegelsteinen angelangt. Auf der zogen sie nach der Smaragdenstadt, wo der große Oz zu Hause war.

Die Straße war jetzt eben und gut gepflastert, die Landschaft auf beiden Seiten von großer Schönheit. Sie waren heilfroh darüber, daß der Wald weit hinter ihnen lag. Die Abenteuer in den düsteren Schatten hatten ihnen viel zu schaffen gemacht. An der

Straße standen wieder Zäune, doch diese waren grün gestrichen. Sie kamen an einem kleinen Haus vorbei, das offensichtlich bewohnt war. Es war ebenfalls grün. Am Nachmittag zogen sie an mehreren solchen Häusern vorbei. Manchmal liefen die Leute ans Hoftor und musterten sie von oben bis unten, als wenn sie irgendwelche Fragen hätten. Aber keiner trat näher heran und machte den Mund auf. Der Grund war einfach: Sie hatten vor dem mächtigen Löwen Angst. Auch die Leute waren grün gekleidet, in einem freundlichen Smaragdgrün. Sie trugen spitze Hüte auf dem Kopf wie die Munchkins.

»Das muß das Land von Oz[2] sein«, sagte Dorothy. »Wir sind sicherlich nicht mehr weit von der Smaragdenstadt entfernt.«

»Das könnte sein«, erwiderte die Vogelscheuche. »Hier ist alles grün, wie im Land der Munchkins alles blau war. Doch die Leute sind nicht so freundlich wie die Munchkins. Ich fürchte, daß uns niemand ein Nachtlager anbieten wird.«

»Ich möchte gern einmal etwas anderes als immer nur Früchte essen«, sagte das Mädchen. »Toto hat sicherlich auch schon die Nase voll davon. Beim nächsten Haus machen wir halt und reden ein bißchen mit den Leuten.«

Als sie zu einem ansehnlichen Farmerhaus gelangten, trat Dorothy entschlossen an die Tür und klopfte. Eine Frau öffnete und steckte den Kopf durch den Türspalt.

»Was wünschst du, mein Kind?« fragte sie. »Was ist mit dem großen Löwen dort?« fügte sie ängstlich hinzu.

»Wir möchten bei euch übernachten, wenn ihr erlaubt«, erwiderte Dorothy artig. »Der Löwe ist mein Freund und Kamerad. Nicht um alles in der Welt wird er euch etwas antun.«

»Ist er zahm?« fragte die Frau und machte die Tür ein wenig weiter auf.

»O ja«, sagte das Mädchen. »Und ein großer Feigling ist er auch. Er wird sich mehr vor euch fürchten als ihr euch vor ihm.«

»Nun gut«, meinte die Frau, nachdem sie darüber nachgedacht und einen zweiten Blick auf den Löwen geworfen hatte. »Wenn das der Fall ist, dann darfst du 'rein. Und ein Abendbrot und einen Platz zum Schlafen habe ich auch.«

Sie traten alle ins Haus. Außer der Frau befanden sich noch zwei Kinder und ein Mann in der Stube.

Der Mann war am Bein verletzt und lag auf einer Liege in einer Ecke. Die Leute schienen sehr überrascht, plötzlich eine so wunderliche Gesellschaft im Hause zu haben. Die Frau deckte geschäftig den Tisch.

»Wohin soll die Reise gehen?« fragte der Mann.

»In die Smaragdenstadt«, erwiderte Dorothy. »Wir wollen zum großen Oz.«

»So! Nicht möglich!« rief der Mann. »Seid ihr auch sicher, daß er euch empfangen wird?«

»Warum sollte er das nicht?« fragte sie zurück.

»Weil man erzählt, daß er niemanden in seine Nähe läßt. Ich bin schon mehrere Male in der Smaragdenstadt gewesen, und sie ist ein schöner, wunderbarer Ort. Doch ich habe noch niemals die Gelegenheit gehabt, mit Oz bekannt zu werden. Ich kenne auch niemanden, der ihn je zu Gesicht bekommen hat.«

»Geht er denn niemals aus dem Haus?« fragte die Vogelscheuche.

»Nie! Er hockt Tag um Tag in seinem großen Thronsaal. Selbst die, die ihm aufwarten, bekommen ihn niemals zu Gesicht.«

»Weiß man denn wenigstens, wie er aussieht?« fragte das Mädchen.

»Schwer zu sagen«, sagte der Mann nachdenklich. »Du mußt wissen, daß er ein großer Zauberer ist. Er kann sich in jeden und alles verwandeln. So sagen manche, daß er wie ein Vogel aussehe. Andere behaupten, er sei ein Elefant. Und wieder andere sagen, daß er einer Katze ähnlich sei. Manchen erscheint er als eine schöne Fee oder als Zwerg³ oder in irgendeiner Gestalt, die ihm gefällt. Doch wie er in Wirklichkeit aussieht, das weiß kein Mensch.«⁴

»Das ist ja eigenartig«, sagte Dorothy.

3. *als eine schöne Fee oder als Zwerg.* Diese Passage und die Dame mit den Flügeln im nächsten Kapitel deuten darauf hin, daß Baum hier noch nicht alle stereotypen Feen aus seinen Märchen verbannt hatte. In »Ryl«, in den *American Fairytales,* schreibt Baum, daß Feen und Zwerge durchaus einen Platz in Kinderbüchern haben, wenn auch nicht unbedingt in seinen. Das Ryl ist zwar ein »Diener der Natur«, aber als es für eine Fee gehalten wird, gibt es zurück: »Wachsen etwa Flügel aus meinem Körper heraus? Wogt goldenes Haar über meine Schultern, oder schweben hauchdünne Spinnwebröcke in grazilen Falten um mich herum?« So sah das Klischeebild einer Fee aus. »Wirklich«, sagt das Ryl, nachdem es als Zwerg bezeichnet worden war, »sehe ich etwa wie eine dieser unmöglichen, kriecherischen, boshaften Gestalten aus? Ist mein Rumpf zehnmal so dick, wie er sein soll? Sind meine Beine krumm und meine Augen groß wie Untertassen?« Baum beschreibt den Zwerg, wie er von dem kanadischen Künstler Palmer Cox (1840–1924) gezeichnet wurde. Seine »Brownie«-Bücher waren in seiner Zeit Bestseller, und das Format von Baums *Father Goose, His Book* basierte zum Teil darauf. So beliebt waren Cox' Zeichnungen, daß Denslow sie 1894 für Visitenkarten und andere Dekorationen für *The Inland Printer* imitierte. (Siehe Abb. S. lviii.) Auch Baum dachte an Cox, als er das Ryl sagen ließ: »Alte Kinderfrauen reden lieber über diese blöden Feen und Zwerge, anstatt den Kindern von Ryls zu berichten. Und diejenigen, die Märchen, ›Brownie‹-Bücher und ähnlichen Unsinn schreiben, erfinden alle Arten von unmöglichen und absurden Dingen« (S. 176–177).

Zu dem Zeitpunkt, als er »Modern Fairy Tales« (*The Advance,* 19. August 1909) schrieb, sah Baum das Auftreten von Feen schon etwas weniger eng:

> Ich habe einmal einen kleinen Freund gefragt, was eine »Fee« ist. Er antwortete sofort: »Eine Fee hat Flügel und ist so ähnlich wie ein Engel, nur kleiner.« Ich denke, das ist wohl die allgemeine Vorstellung davon, was eine Fee ist, und es ist ein hübsches Bild, nicht wahr? Und doch wissen wir, daß die Familie von Unsterblichen, die man im allgemeinen »Feen« nennt, viele Formen kennt und Elfen, Kobolde, Nymphen, Gnome, Zwerge und viele andere Unterabteilungen mit einschließt. Es gibt keine Vorschrift und keine offizielle Historie dieser einfallsreichen kleinen Kreaturen, die es uns ermöglichen würden, eine Klassifikation vorzunehmen, aber alle haben ihren Nutzen und ihre besonderen Eigenheiten, wie zum Beispiel die kleinen Ryls, die Farbeimer mit sich führen, um die Blüten der Blumen anzumalen.

4. *das weiß kein Mensch.* Auf diese Weise versuchen unverbildete, einfache Menschen das zu verstehen, was nicht zu verstehen ist. Man könnte »Oz« hier durch das Wort ›Gott‹ ersetzen, und die Aussagen, die über ihn gemacht werden, würden weiter richtig sein. Auch Götter können ihre Gestalt verändern und sind den Menschen in unterschiedlicher Form erschienen, unter anderem als Vogel, als Elefant und als Katze. W. H. Auden argumentiert in dem Nachwort zu George MacDonalds *Das Märchen von der Lichtprinzessin* (eine andere deutsche Ausgabe trägt den Titel *Die Lachprinzessin*), daß »jeder normale Mensch an zwei Arten von Welten interessiert ist, an der Primärwelt, der alltäglichen Welt, die er durch seine Sinne erfährt, und an der Sekundärwelt, die er in seiner Vorstellung erschaffen und auch beenden kann. Ein Mensch, der nicht in der Lage ist, sich etwas anderes vorzustellen als das, was er durch die Sinne erfährt, ist untermenschlich, und ein Mensch, der seine imaginäre Welt mit der Welt des sinnlich Erfahrbaren gleichsetzt, ist verrückt.« Märchen erfüllen ein grundlegend menschliches Bedürfnis, dieser Sekundärwelt Ausdruck zu verleihen, ob sie nun eine spirituelle Welt ist oder völlig erdichtet. Dorothy besitzt die erstaunliche Fähigkeit, mühelos von einer zur anderen zu gehen.

Baum betrachtete die Verwandlung der Gestalt offensichtlich als eine der schwärzeren Künste, da solche Transformationen etwas mit Illusion und Täuschung zu tun haben. Die Werwölfe und Vampire der Horrorgeschichten sind solche Verwandler. »Ich wollte nie etwas mit Verwandlungen zu tun haben«, erklärt Glinda die Gute in *Im Reich des Zauberers Oz,* »weil ich das für unehrlich halte, und keine Zauberin, die etwas auf sich hält, läßt sich damit ein. Nur skrupellose Hexen bedienen sich dieser Kunst« (Kap. 23, »Prinzessin Ozma von Oz«). Baum erfand Hexen, die sich auf Verwandlungen spezialisiert haben, die Yookookoos. Eine von diesen, Mrs. Yoop, die schreckliche Riesin in *The Tin Woodman of Oz,* beschreibt sich selbst als eine »Künstlerin der Verwandlung«. Red Reera in *Glinda of Oz,* »die viele Formen annimmt und sich manchmal mehrmals am Tag verwandelt, wie es ihr gefällt« (S. 206), ist weniger böswillig als Mrs. Yoop, denn sie wendet »all ihre wunderbaren Fähigkeiten zu ihrer eigenen selbstsüchtigen Freude an«. Aber, fügt eine andere Figur hinzu, »wie sie wirklich aussieht, das wissen wir nicht.« Diese Frauen üben die gleiche Art von Hexenkunst aus wie Circe, die Zauberin aus der *Odyssee,* die nichtsahnende Reisende in Schweine verwandelt. Aber nicht nur Frauen tun so etwas: Der Munchkin-Junge Kiki Aru und der Nomenkönig bekommen in *The Magic of Oz* wegen eines magischen Wortes ziemlichen Ärger. Schreckliche Figuren sind die Fanfasmas in *Dorothy in der Smaragdenstadt.* Sie gehören zu der Rasse der Erbs und verwandeln ihre Form, wie sie wollen, von schrecklich zu schön und wieder zurück (Kap. 10).

In »Oz« (*Hollywood Tribune,* 21. August 1939) bemerkt Meyer Levin Ähnlichkeiten zwischen Baums Geschichte und »einem der abstraktesten philosophischen Romane der Moderne«, Franz Kafkas *Das Schloß* (1926). »Denn *Das Schloß* ist die Geschichte eines Mannes, der hofft, beim Schloßherrn vorsprechen zu können«, erklärt Levin, »aber während er zu seinem Ziel vordringt, wird klar, daß niemand den Schloßherrn je gesehen hat, und der Verdacht keimt auf, daß er gar nicht existiert. Aber auf seiner Suche bekommt der Mann trotzdem viele der Dinge, die er sich ersehnt hatte: eine Frau, ein Heim, einen Platz in der Gesellschaft.«

5. *einen ganzen Topf davon.* In Kapitel 16 jedoch bewahrt der Zauberer den »Mut« in grünen Flaschen auf.

6. *denn er konnte nicht sprechen.* In Anmerkung 11 in *The Wizard of Oz and Who He Was* erklärt Gardner: »In *Tik-Tok of Oz* entdecken wir, daß Toto in dem Moment, in dem er Oz betrat, sehr wohl sprechen

»Doch wir müssen irgendwie versuchen, ihn zu sprechen, sonst war unsere Reise umsonst.«

»Warum wollt ihr ihn denn sprechen?« fragte der Mann.

»Ich brauche ihn, weil er mir zu Verstand verhelfen soll«, sagte die Vogelscheuche eifrig.

»Oh, das wird für ihn ein leichtes sein«, erklärte der Mann. »Er hat mehr Verstand, als er benötigt.«

»Und mir soll er zu einem Herzen verhelfen«, sagte der blecherne Holzfäller.

»Das ist eine Kleinigkeit für ihn«, fuhr der Mann fort. »Oz hat eine ganze Sammlung von Herzen, in allen Größen und Formen.«

»Ich möchte, daß er mich mutig macht«, sagte der feige Löwe.

»Oz hat einen ganzen Topf davon[5] in seinem Thronsaal«, behauptete der Mann. »Auf dem Topf sitzt ein goldener Teller, damit der Mut nicht überläuft. Er wird sich richtig freuen, wenn er etwas abgeben kann.«

»Und ich hätte gern, daß er mir sagt, wie ich nach Kansas zurückkehren kann«, sagte Dorothy.

»Wo liegt Kansas?« fragte der Mann verdutzt.

»Wenn ich das wüßte!« sagte Dorothy traurig. »Kansas ist meine Heimat, und ich bin sicher, daß es irgendwo liegt.«

»Das nehme ich auch an. Nun, Oz kann so manches. Deshalb glaube ich, daß er auch dieses Kansas ausfindig machen wird. Doch erst mußt du einmal hin, um ihn zu sprechen, und das dürfte nicht leicht sein, denn der große Zauberer ist sehr besucherscheu. Gewöhnlich richtet er es so ein, daß es nach seinem Kopf geht.«

konnte. Er hatte nur keine Lust dazu.« In seiner Adaption von 1939 vertritt Alexander Wolkow eine andere Ansicht. »Baum läßt Toto stumm bleiben«, erklärt er, »aber in dieser Welt, in der alle Kreaturen sprechen können – nicht nur Vögel und Tiere, sondern auch Menschen aus Blech und Stroh –, dachte ich, daß der schlaue und loyale Toto auch sprechen sollte, und daher tut er das in meinem Buch.«

7. *Hafer ist für Pferde*. Der Löwe denkt hier anscheinend an Dr. Samuel Johnsons kurzen und knappen Eintrag unter dem Stichwort »Hafer« in seinem *Dictionary of the English Language* von 1755: »Eine Getreidesorte, die in England gemeinhin an Pferde verfüttert wird, in Schottland hingegen die Menschen ernährt.«

8. *daß sie sogar die gemalten Augen der Vogelscheuche blendeten*. Mit sehr wenigen wohlgesetzten Worten beschreibt Baum hier das Geheimnisvolle und die Herrlichkeit einer Märchenstadt. Sie muß wirklich ein erstaunlicher Anblick sein, wenn sie die gemalten Augen einer Vogelscheuche blendet. Der Blick auf die Smaragdenstadt erinnert an eine andere mit Juwelen besetzte Metropole, die himmlische Stadt in Bunyans *Pilgerreise*: »Sie war erbaut aus Perlen und Edelsteinen, und die Straßen waren mit Gold gepflastert.«

9. *der Hüter der Tore*. In ihrer Überarbeitung von Noel Langleys Drehbuch für den MGM-Film von 1939 schlugen Florence Ryerson und Edgar Allan Woolf vor, daß die Rolle des Zauberers ausgedehnt werden und der gleiche Schauspieler auch den Hüter der Tore, den Droschkenkutscher mit dem Pferd, das seine Farbe wechselt, und den Soldaten mit dem grünen Backenbart spielen sollte. Sie waren der Ansicht, daß Frank Morgan länger auf der Leinwand zu sehen sein sollte. Diese Lösung war gleichzeitig ein guter Weg, zu zeigen, daß Oz ein Meister der Täuschung ist. Ein späterer »königlicher Geschichtsschreiber« von Oz, Jack Snow, kombinierte in *The Magical Mimics in Oz* (1946) den Hüter der Tore mit dem Soldaten mit dem grünen Backenbart.

10. *aus grünem Glas*. Zu Baums Zeit waren Sonnenbrillen nicht so verbreitet wie heute. Man verwendete normalerweise Mützenschirme, um die Augen vor grellem Licht zu schützen. Blinde und Menschen mit schweren Augenproblemen waren diejenigen, die auf der Straße Brillen mit gefärbten Gläsern trugen. Lisbeth Zwerger, die österreichische Illustratorin der bei Michael Neugebauer erschienenen Ausgabe, meint: »Obwohl Grün meine Lieblingsfarbe ist, war ich so eingeschüchtert von der Anforderung, alle Szenen in der Smaragdenstadt in verschiedenen Grüntönen zu malen, daß es schien, als würde das Buch nie fertig werden. Die Idee, dem Buch eine grüne Brille beizulegen, rettete dann das Projekt. Sie gab mir größere Freiheit, und am Ende habe ich meinen Aufenthalt im Lande Oz sehr genossen.« Jedes Exemplar des Buches enthält in der Tat eine kleine grüne Papierbrille.

»Doch was möchtest du bei Oz?« fuhr er fort und wandte sich dem Hunde zu.

Toto wedelte nur fröhlich, denn er konnte nicht sprechen,[6] so merkwürdig das auch klingen mag.

»Das Abendbrot ist fertig!« rief die Frau, und alle setzten sich zu Tisch. Dorothy aß von der leckeren Grütze, nahm von Rührei und Weißbrot. Es schmeckte ihr alles vortrefflich. Der Löwe kostete ebenfalls von der Grütze, doch dann verzog er das Gesicht.

»Die Grütze ist aus Hafer«, knurrte er. »Und Hafer ist für Pferde,[7] aber nicht für einen Löwen gut.«

Die Vogelscheuche und der Holzfäller rührten überhaupt nichts an. Toto kostete hier und naschte dort und war selig, wieder ein gutes Abendessen zu haben.

Die Frau führte Dorothy zu Bett. Toto legte sich davor. Der Löwe paßte auf die Tür auf, damit kein Störenfried eindringe. Die Vogelscheuche und der Holzfäller standen steif und stumm in einer Ecke, die ganze Nacht hindurch, weil sie natürlich nicht schlafen konnten. Am nächsten Morgen, gleich nachdem die Sonne aufgegangen war, setzten sie ihre Reise fort. Nach einer Weile bemerkten sie genau vor ihren Augen einen schönen grünen Schimmer am Himmel.

»Das muß die Smaragdenstadt sein«, sagte Dorothy. Mit jedem Schritt wurde der grüne Schein ein bißchen kräftiger, und sie dachten, am Ziel ihrer Reise zu sein. Am Nachmittag gelangten sie zu einer großen Mauer, die die Stadt umgab. Sie war hoch und dick und hellgrün bemalt.

Am Ende der Straße, genau vor ihnen, erhob sich ein mächtiges Tor, das wie ein Mosaik mit Smaragden besetzt war. Die Steine glitzerten so kräftig in der Sonne, daß sie sogar die gemalten Augen der Vogelscheuche blendeten.[8]

Seitlich am Tor war die Glocke. Dorothy zog den Griff. Man hörte einen silbernen Ton im Turmgelaß. Langsam öffnete sich das große Tor. Sie gingen hindurch und traten in einen hohen, gewölbten Raum. Die Wände waren mit zahllosen Smaragden herrlich geschmückt. Vor ihnen stand ein kleiner Mann von der Größe der Munchkins. Er war von Kopf bis Fuß in Grün gekleidet. Sogar seine Haut besaß einen grünlichen Ton. Neben ihm stand ein langer grüner Kasten.

»Was führt euch in die Smaragdenstadt?« fragte der Mann.

»Wir haben die Absicht, den großen Oz zu besuchen«, sagte Dorothy.

Der Mann war so überrascht von dieser Antwort, daß er sich auf den Kasten setzen mußte und in tiefes Nachdenken versank.

»Es ist schon viele Jahre her, daß jemand mit dieser Absicht hergekommen ist«, sagte er und schüttelte den Kopf. »Oz ist mächtig und schrecklich. Wenn ihr mit unnützen und törichten Botschaften die weisen Überlegungen des großen Oz behelligt, könnte er sehr ungnädig werden. Dann ginge es euch an den Kragen.«

»Es ist weder dumm noch nutzlos, was wir von ihm wollen, sondern von der allerhöchsten Wichtigkeit. Man hat uns erzählt, daß er ein großer Zauberer sei.«

»Das ist er in der Tat«, sagte der grüne Mann. »Weise und gerecht herrscht er über diese Stadt. Aber denen, die nicht ehrlich sind oder nur aus Neugier mit ihm bekannt werden wollen, begegnet er äußerst unangenehm. Überhaupt haben es nur wenige erreicht, daß er sie vorgelassen hat. Ich bin der Hüter der Tore. Da ihr von ihm empfangen werden wollt, geleite ich euch zu seinem Palast. Doch zuerst müßt ihr Schutzbrillen aufsetzen.«

»Warum das?« fragte Dorothy.

»Ohne Brillen würdet ihr vom Glanz und von der Herrlichkeit der Smaragdenstadt erblinden. Sogar die Leute, die hier leben, müssen Tag und Nacht Brillen tragen. Sie sind verschließbar. Das hat Oz seit dem Beste-

hen dieser Stadt so angeordnet. Und ich habe den Schlüssel, der sie wieder aufschließen kann.«

Er öffnete den großen Kasten, der mit Brillen jeder Form und Größe gefüllt war. Die Gläser waren aus grünem Glas.[10] Der Hüter der Tore angelte eine passende Brille für Dorothy heraus und setzte sie ihr auf die Nase. An der Brille befanden sich zwei goldene Bänder, die man am Hinterkopf zusammenbinden und mit einem kleinen Schlüssel verschließen konnte. Den Schlüssel trug der Hüter der Tore an einem Kettchen um den Hals. Als die Brille verschlossen war, konnte Dorothy sie nicht mehr abnehmen, auch wenn sie es gewünscht hätte. Aber natürlich wollte sie nicht durch den Glanz der Stadt erblinden, und so fügte sie sich.

Danach stattete der grüne Mann auch die Vogelscheuche, den Holzfäller und den Löwen mit grünen Brillen aus. Sogar Toto bekam eine. Der Hüter verschloß alle fest. Zuletzt setzte er sich selber eine Brille auf.

»Jetzt führe ich euch zum Palast«, sagte er. Er nahm einen goldenen Schlüssel von einem Haken an der Wand und öffnete das zweite Tor. Sie folgten ihm durch das Portal und gingen durch die Straßen der Smaragdenstadt.

ES HALF NICHTS: TROTZ DER GRÜnen Brillen, die ihre Augen schützten, waren Dorothy und ihre Freunde vom Glanz der wunderbaren Stadt[1] geblendet. Die Straßen wurden von schönen Häusern aus grünem Marmor gesäumt. Funkelnde Smaragde schmückten die Hauswände. Die Bürgersteige waren mit den gleichen grünen Marmorplatten belegt. In den Ritzen zwischen den Platten steckten ebenfalls grüne Smaragde, die im Schein der Sonne glitzerten. Die Fensterscheiben bestanden aus grünem Glas. Der Himmel über der Stadt leuchtete grünlich. Selbst die Strahlen der Sonne flimmerten grün.

Viele Leute[2] – Männer, Frauen und Kinder – spazierten umher, und alle hatten grüne Kleider an. Sogar ihre Haut glänzte grünlich. Verwundert musterten sie Dorothy und die seltsame Gesellschaft.

Die wunderbare Smaragdenstadt

1. *der wunderbaren Stadt.* Kapitel 3 von *Dorothy in der Smaragdenstadt* vermittelt eine Vorstellung von der Größe der Landeshauptstadt: Sie hat 9654 Gebäude und 58318 Einwohner. Die Smaragdenstadt basiert wohl teilweise auf White City, der Vorzeigemetropole der Weltausstellung von 1893 in Chicago. Die World Columbian Exhibition war sowohl für Baum als auch für Denslow wichtig, denn sie brachte beide nach Chicago. »Ihre Größe ist beeindruckend«, notierte Denslow am 3. Mai in seinem Tagebuch. »Meilenweit ist das Gelände mit riesigen architektonischen Kunstwerken bebaut. Wissend, daß sie nur für sechs Monate gebaut sind, war mein erster Gedanke: Was für eine großartige Ruine aus ihnen werden wird, wenn alles vorbei ist.« Denslow verbrachte nahezu jeden Tag der Ausstellung in White City und zeichnete die Sehenswürdigkeiten und ihre Besucher für den Chicagoer *Herald*. Auch Baum besuchte die Ausstellung oft zusammen mit Maud und seinen Söhnen oder auch alleine; er kannte also all ihre Wunder und die vielen ausgefallenen Unterhaltungselemente, wie zum Beispiel Buffalo Bills Wild West Show, die Bauchtänzerin Little Egypt und so unterschiedliche Darsteller wie den Pianisten und Komponisten Ignaz Paderewski und den Boxer James J. Corbett. Auf dieser Weltausstellung wurde die erste Zuckerwatte verkauft; hier stand das erste Riesenrad. Wie die Smaragdenstadt schien White City plötzlich aus dem Nichts heraus mitten in der Landschaft aufzutauchen. Die Läden und Verkaufsstände an der Hauptstraße Midway Plaisance waren so geschäftig wie die in der Hauptstadt von Oz. Deren glitzernde Smaragde sind möglicherweise von den kleinen Lichtern inspiriert, die nachts überall in White City leuchteten. In *Two Little Pilgrims' Progress* (1897) vergleicht Frances Hodgson Burnett White City mit der himmlischen Stadt in Bunyans *Pilgerreise*. Sie schreibt, nach Einbruch der Dunkelheit habe White City ausgesehen, als wäre sie mit »Myriaden von funkelnden Diamanten besetzt. Endlose Ketten von Juwelen schienen überall herumgeschlungen zu sein. Auf dem Blumenpalast stand ein großer Lichtkristall, der sich vom tiefen Blau des Himmels absetzte, Türme und Kuppeln waren gekrönt und mit Diademen geschmückt, Tausende von Juwelen hingen zwischen den Blättern oder spiegelten sich in dunklen Lagunen, Fontänen von geschmolzenen Edelsteinen flammten auf und verwandelten sich« (S. 171). Denslow lieh sich von White City die Architektur für seine Illustration der Smaragdenstadt, eine wilde Mischung aus europäischen und nahöstlichen Elementen mit Türmchen und Minaretten.

2. *Viele Leute.* Laut *The Magic of Oz* (S. 54) heißt ein Einwohner von Oz »Ozmie«. Das ist allerdings wahrscheinlich ein Druckfehler und soll »Ozmit« heißen; dieser Name ist heute allgemein akzeptiert. Ein Einwohner des Landes Oz ist ein »Oziter« (*Dorothy und der Zauberer in Oz* und *Dorothy in der Smaragdenstadt*).

3. *Limonade.* Obwohl er sicher kein Abstinenzler war, liebte Baum dieses Getränk so sehr, daß der *Evening Herald* (Los Angeles, 17. April 1913) ihn als den »größten Limonade-Konsumenten des örtlichen Künstlerviertels« bezeichnete. Wenn ein Kind in seinem Haus in Hollywood zu Besuch war, bereitete Maud Baum oft einen Krug Limonade zu, und der königliche Geschichtsschreiber und sein kleiner Gast saßen im Garten, unterhielten sich und tranken ihre Limonade.

4. *Die Münzen.* Wahrscheinlich sind es Kupfermünzen, die oft mit der Zeit grün werden. Die wunderbaren Dinge, die Baum in den Läden der Smaragdenstadt Oz beschreibt, sind genau das, was ein Kind bemerken und mit seinem Taschengeld kaufen würde. Geld als Teil der Oz-Wirtschaft existiert allerdings nur in den frühen *Oz*-Büchern von Baum. Während ihres Aufenthalts im Dohlennest in *Im Reich des Zauberers Oz* wird die Vogelscheuche sogar mit Geldscheinen ausgestopft, und am Ende der Geschichte macht der Blechholzfäller sie zu seinem königlichen Schatzmeister. In einem Brief an einen jungen Leser vom 8. Februar 1919 gibt Baum jedoch zu, daß »die mit Geld ausgestopfte Vogelscheuche ... ein schlimmer Fehler war«. Im Verlauf der Reihe schafft Prinzessin Ozma durch einen königlichen Erlaß das Geld ab. Warum, das erklärt der Blechholzfäller in *Dorothy auf Zauberwegen*:

> Geld! Geld in Oz! ... Was für eine seltsame Idee! Hast du etwa gedacht, wir sind so niedrig und ungesittet und benutzen hier Geld? ... Wenn wir alles mit Geld kaufen würden anstatt mit Liebe und Güte und wenn wir nicht von dem Wunsch beseelt wären, einander Freude zu bereiten, wären wir nicht besser als die übrige Welt ... Zum Glück ist das Geld im Land Oz völlig unbekannt. Bei uns gibt es keine Reichen und keine Armen. Was sich jemand wünscht, versuchen ihm die anderen zu geben, damit er glücklich ist. Niemand in Oz möchte mehr haben, als er braucht. *(Kapitel 15)*

Vielleicht hatte Baum das Geld in Oz deswegen abgeschafft, weil seine eigenen finanziellen Probleme immer größer wurden. Zwei Jahre nachdem er die obenzitierte Passage geschrieben hatte, mußte er selber Insolvenz anmelden.

Auch vor dem Erfolg von *Der Zauberer von Oz* hatten die Baums einige magere Jahre durchgemacht. In seiner Autobiographie (*The Baum Bugle*, Weihnachten 1970) erinnert sich Baums Sohn Robert an die Umstände in Chicago, kurz bevor sein Vater begann, Kinderbücher zu schreiben:

> Wir hatten wenig Geld, und jeder Penny zählte. Wenn ich Vater oder Mutter um Geld bat, was nicht oft der Fall war, bekam ich einen Penny und ging damit zum Süßigkeitenladen oder zum Krämer, um zu sehen, was ich wohl damit kaufen könnte. Dann stand ich vor der Vitrine und fragte: »Wieviel davon bekomme ich für einen Penny?« Es war überraschend, wieviel das manchmal war. Wahrscheinlich war es kein besonders gutes Naschwerk, aber es schmeckte süß und lecker ... Wirkliche Festtage waren es, wenn Vater von einer Geschäftsreise zurückkehrte und wir um einen Penny baten und er uns ein 5-Cent-Stück gab. So viele Süßigkeiten konnte man damit kaufen, daß es reichte, um sich für die nächsten paar Tage den Magen zu verderben. (S. 19–20)

Die Kinder machten sich aus dem Staub und versteckten sich hinter den Müttern, wenn sie den Löwen zu Gesicht bekamen. Aber niemand richtete ein Wort an sie. Es gab auch viele Geschäfte an der Straße, und alles, was in den Schaufenstern lag, war grün gefärbt. Da gab es grünen Zucker und grünes Popcorn zu kaufen und grüne Schuhe, grüne Hüte und grüne Kleidung jeder Art. An einer Stelle verkaufte ein Mann grüne Limonade.[3] Die Münzen,[4] mit denen die Kinder für die Limonade bezahlten, waren natürlich ebenfalls grün.

Es fiel ihnen auf, daß es weder Pferde[5] noch irgendwelche anderen Tiere[6] gab in dieser Stadt. Die Männer schoben die Sachen in kleinen grünen Wagen vor sich her. Jeder schien glücklich, zufrieden und wohlhabend zu sein.

Der Hüter der Tore führte sie durch die Straßen. Schließlich kamen sie zu einem großen Gebäude, das genau in der Mitte der Stadt lag.

Das war der Palast des großen Zauberers Oz. Vor dem Tor stand ein Soldat in grüner Uniform, der einen grünen Backenbart trug.[7]

»Hier sind Fremde«, sagte der Hüter der Tore zu ihm. »Sie bestehen darauf, vom großen Oz empfangen zu werden.«

»Kommt herein!« erwiderte der Soldat. »Ich werde ihm eure Botschaft übermitteln.«

Sie schritten durch das Tor des Palastes und gelangten in einen großen Raum mit einem grünen Teppich und hübschen grünen Möbeln. Sie waren alle mit Smaragden besetzt. Der Soldat forderte sie auf, die Füße auf einer grünen Matte abzuputzen. Dann betraten sie den Raum und nahmen in grünen Sesseln Platz.

5. *weder Pferde.* In ihrer Monographie über den *Zauberer von Oz* berichtet Suzanne Rahn, daß um der Sauberkeit willen Pferde vom Gelände der Weltausstellung in Chicago 1893 verbannt waren. Möglicherweise dachte Baum bei dieser Passage daran, daß man durch White City nur zu Fuß oder mit Booten kam, die durch Kanäle fuhren.

6. *noch irgendwelche anderen Tiere.* Wie allerdings die allerletzte Zeile dieses Kapitels verrät, ist die Smaragdenstadt doch nicht ganz tierfrei. Im Gegensatz zu den späteren *Oz*-Büchern, wo Billina, die gelbe Henne, angeblich das einzige Huhn in Oz ist, legt hier eine andere Henne ein grünes Ei.

7. *der einen grünen Backenbart trug.* Erst im dritten *Oz*-Buch, *Ozma von Oz,* wird sein Name angegeben: Omby Amby. In der musikalischen Revue von 1902 hieß er zunächst Timothy Alfalfa, aber die Figur wurde aus dem Stück gestrichen. In *Ozoplaning with the Wizard of Oz* (1939) nennt Ruth Plumly Thompson ihn Wantowin Battles (etwa »Will-Schlachten-Gewinnen«). Nach seinem eigenen zweijährigen Aufenthalt an der Peekskill Military School hatte Baum eine schlechte Meinung vom Militär – wenn auch nicht von den Soldaten, so doch zumindest von den Offizieren. Seltsam dann, daß er seine drei älteren Söhne auf die Michigan Military School in Orchard Lake schickte. Der Soldat mit dem grünen Backenbart ist ein sanfter Seitenhieb auf die Armee. Er ist mehr Schmuckstück als Kämpfer, und mit dem Blumenstrauß im Lauf seiner Flinte fügt Denslow noch eine besonders aparte Note hinzu. In der schicken Uniform und mit dem langen grünen Bart wirkt er eher wie ein Mitglied einer Militärkapelle als ein Krieger. Als Generalin Jinjur und ihre Armee der Aufständischen in *Im Reich des Zauberers Oz* die Smaragdenstadt einnehmen, erweist er sich als ein ganz miserabler Soldat. Den weiblichen Rebellen gesteht er ein: »Mein Gewehr ist überhaupt nicht geladen... es könnte ja etwas passieren, und wo ich das Pulver versteckt habe, habe ich leider vergessen. Wenn du aber einen Augenblick warten willst, werde ich es schon aufstöbern« (Kap. 8, »Generalin Jinjur erobert die Smaragdenstadt«). Der Illustrator John R. Neill zeichnet einen Stöpsel in den Lauf seiner Muskete, wie bei einer Knallbüchse. In *Ozma von Oz* ist Prinzessin Ozmas Armee auch nicht viel besser organisiert: Sie besteht aus sechsundzwanzig Offizieren und nur einem Soldaten, Omby Amby. Als Ozma ihn befördert, rasiert er sich den Bart ab, aber in *The Patchwork Girl of Oz* hat er ihn wieder.

8. *seinem Wandschirm.* Dieser Wandschirm wird in Kapitel 15 eine wichtige Rolle spielen. Daß er hier bereits erwähnt wird, ist eines der verschiedenen kleinen, aber wesentlichen Details, welche die Enthüllung von Oz dem Schrecklichen vorbereiten.

9. *Der Soldat blies in eine grüne Pfeife.* Dies scheint in Oz die übliche Methode zu sein, jemanden herbeizurufen. Die böse Westhexe besitzt eine silberne Pfeife, ebenso wie Dorothy, die damit in Kapitel 14 die Königin der Feldmäuse ruft.

10. *ein junges Mädchen.* In *Im Reich des Zauberers Oz* heißt sie Jellia Jamb (»Jessica« in der deutschen Fassung der Leipziger Buchhandels- und Verlagsanstalt). Als Ruth Plumly Thompson in *Ozoplaning with the Wizard of Oz* (1939) die Figuren aus dem *Zauberer von Oz* versammelt, wird Jellia Jamb zum einzigen Mal in der langen *Oz*-Reihe zur Heldin der Geschichte.

»Macht es euch bequem«, sagte der Soldat. »Ich gehe jetzt zur Tür, die in den großen Thronsaal führt, um Oz mitzuteilen, daß ihr da seid.«

Sie mußten lange warten, bis der Soldat zurückkam. Schließlich stellte er sich wieder bei ihnen ein.

»Hast du Oz gesehen?« fragte Dorothy.

»O nein«, entgegnete der Soldat. »Ich habe ihn noch niemals erblickt. Doch ich habe mit ihm gesprochen, als er hinter seinem Wandschirm[8] saß, und ihm euren Wunsch mitgeteilt. Er läßt ausrichten, daß er euch eine Audienz gewähren wird, weil ihr sie so sehnlich wünscht. Doch er stellt eine Bedingung: Es darf immer nur eine Person das Zimmer betreten. Er wird täglich einen zu sich bitten. Da ihr nun für eine längere Zeit im Palast weilen werdet, will ich euch die Zimmer zeigen, in denen ihr euch von der langen Reise ausruhen könnt.«

»Wir danken dir«, sagte das Mädchen. »Das ist sehr freundlich von Oz.«

Der Soldat blies in eine grüne Pfeife.[9] Sofort betrat ein junges Mädchen[10] in einem hübschen grünen Seidenkleid den Raum. Schöne grüne Haare hatte sie und grüne Augen. Sie knickste vor Dorothy.

»Komm mit!« sagte sie. »Ich zeige dir dein Zimmer.«

Dorothy verabschiedete sich von ihren Freunden außer Toto, den sie auf den Arm nahm. Sie folgte dem grünen Mädchen durch sieben Flure und über drei Treppen hinauf. Schließlich gelangten sie in einen Raum an der Vorderfront des Palastes. Es war das entzückendste Zimmer der Welt. Darin stand ein weiches, bequemes Bett mit Laken aus grüner Seide und einer Tagesdecke aus grünem Samt. In der Mitte des Zimmers befand sich ein winziger Springbrunnen, aus dem grünes Duftwasser in die Luft sprang, das dann in ein schönes, reich verziertes Marmorbecken fiel. Auf den Fensterbrettern standen hübsche grüne Blumen. An der Wand hing ein Regal mit einer Reihe kleiner Bücher. Als Dorothy Zeit fand, darin zu blättern, sah sie, daß sie lauter seltsame grüne Bilder[11] enthielten, die so lustig waren, daß sie lachen mußte. In einem Kleiderschrank hingen viele grüne Kleider aus Seide, Satin und Samt.[12] Und alle saßen Dorothy wie angegossen.

»Mach es dir gemütlich«, sagte das grüne Mädchen. »Wenn du etwas wünschst, dann läutest du einfach. Oz bittet dich für morgen um deinen Besuch.«

Dann ließ sie Dorothy allein und suchte die anderen auf. Sie wies jedem ein Zimmer an, und jeder fand sich auf das angenehmste untergebracht. Natürlich war diese Höflichkeit bei der Vogelscheuche verschwendet. Als sie allein war, blieb sie stumm auf einer Stelle stehen, und das auch noch im Eingang der Tür, und wartete dort bis zum Morgen. Sie würde sich nicht ausgeruht haben, wenn sie sich hingelegt hätte, denn sie konnte ja nicht die Augen schließen. Und so stand sie nur da und starrte die ganze Nacht auf eine kleine Spinne, die in einer Ecke des Zimmers ihr Netz spann[13] und sich keinen Deut darum scherte, daß es eines der schönsten Zimmer des Palastes war. Der Holzfäller hingegen legte sich ins Bett, weil er es so gewohnt war, denn er hatte nicht vergessen, daß er einmal aus Fleisch und Blut bestanden hatte. Da er nicht einschlafen konnte, verbrachte er die ganze Nacht damit, die Scharniere auf und ab zu klappen, um sicherzugehen, daß sie gut funktionierten. Dem Löwen wäre ein Bett aus Blättern lieber gewesen. Außerdem schätzte er es nicht, in einem Raum eingeschlossen zu sein, doch er hatte Verstand genug, sich deshalb keine Sorgen zu machen, und so sprang er ins Bett, daß es krachte, rollte sich wie eine Katze zusammen[14] und schlief nach kurzer Zeit ein.

Am nächsten Morgen, gleich nach dem Frühstück, erschien das grüne Mädchen, um Dorothy zu holen. Sie kleidete sie mit einem der schönsten Kleider an, das aus grünem, brokatenem Satin geschneidert war. Dorothy legte sich eine grüne Schürze um. Toto bekam eine grüne Schleife um den Hals. Dann gingen sie in den großen Marmorsaal zu Oz.

Zuerst gelangten sie in eine große Halle, in der sich viele Damen und Herren vom Hofe befanden, alle reich und vornehm gekleidet. Die Leute hatten nichts anderes zu tun, als sich zu unterhalten.[15] Sie stellten sich an jedem Morgen in diesem Raum ein, doch in den Thronsaal durften sie nie.

Mit Oz zu sprechen war ihnen verwehrt. Als Dorothy den Saal betrat, schauten sie die Leute merkwürdig an.

11. *seltsame grüne Bilder*. Sind diese kleinen grünen Bücher mit den seltsamen grünen Bildern vielleicht gar Exemplare von *Der Zauberer von Oz*? Die Erstausgabe hatte einen apfelgrünen Einband und war ebenfalls voll grüner Illustrationen, ganz besonders natürlich in den Smaragdenstadt-Kapiteln. Wenn das so ist, erinnert diese Selbstreferenz an gewisse Kniffe des Nouveau roman und seiner Nachfolger. Wie Marcel Prousts *Auf der Suche nach der verlorenen Zeit* (1913–1927) endet auch etwa Michel Butors *Paris–Rom oder Die Modifikation* (1957) damit, daß der Erzähler beschließt, die Geschichte zu schreiben, die der Leser gerade zu Ende gelesen hat; und die verstreuten Blätter, die am Ende von Alain Robbe-Grillets *Die Niederlage von Reichenfels* auf dem Tisch des Protagonisten liegen, sind vielleicht das Manuskript von *Die Niederlage von Reichenfels*.

12. *Seide, Satin und Samt*. Wie alle Kleider in Oz haben auch diese genau Dorothys Größe. Sie sind etwas ganz anderes als der gewöhnliche Baumwollstoff, aus dem Dorothys Kleider sind, und scheinen die gewöhnliche Tracht der Einwohner der Smaragdenstadt zu sein. »Durch die Straßen liefen Männer, Frauen und Kinder in feinen Kleidern aus Seide, Satin und Samt, die mit wunderschönen Juwelen besetzt waren«, berichtet Baum in *Dorothy auf Zauberwegen*. »Noch viel besser als das aber war, daß sie alle glücklich und zufrieden aussahen. Sie lächelten und blickten sorgenfrei drein, und von überall hörte man Musik und Lachen« (Kapitel 18).

13. *eine kleine Spinne, die in einer Ecke des Zimmers ihr Netz spann*. Auf wunderbare Weise schafft Baum immer wieder ein Gefühl für Realität, indem er Details einbaut, mit denen er die Phantasie auf den Boden der Tatsachen herunterholt. »Realität und Phantasie sind so miteinander verwoben, daß es oft schwer ist, zu erkennen, wo das eine aufhört und das andere beginnt«, schreibt Frank J. Baum in »Why the Wizard of Oz Keeps On Selling«.

14. *rollte sich wie eine Katze zusammen*. Natürlich tun Löwen das eigentlich nicht, aber Baum unterstreicht hier das Bild des feigen Löwen als einer großen, sanften Hauskatze.

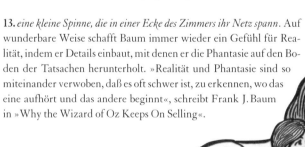

15. *Die Leute hatten nichts anderes zu tun, als sich zu unterhalten.* Wie die meisten Adligen, will der Autor damit andeuten. Vielleicht wußte Baum ja auch, daß in den Tempeln des alten Ägypten Adlige in einem separaten Raum vor der heiligen Kammer bleiben mußten. »Baums Faible für die Monarchie und das Beiwerk von Königreichen, das in all seinen Büchern durchscheint, spiegelt die Vorliebe vieler Amerikaner im 19. Jahrhundert«, schreibt Bewley in der überarbeiteten Version seines Aufsatzes »Oz Country« in *Masks and Mirrors* (S. 261). Baum hat aber durchaus Zweifel am Wert einer Monarchie und zollt ihr nur oberflächlichen Respekt.

16. *daß ihn jemand sehen will.* Viele Leser haben die biblischen Untertöne dieses Kapitels bemerkt. Oz-Club-Mitglied David L. Greene notiert, daß, als ihm Gott in einem brennenden Dornbusch erschien (2. Buch Mose, Kapitel 3), Moses Angst hatte, Gott ins Angesicht zu blicken, und das eigene Angesicht verhüllte. Offensichtlich möchte der Zauberer, daß seine Untertanen ihn für einen Gott halten. Man muß einer Audienz bei ihm würdig sein, und nur wenige werden auserwählt. Ohne die silbernen Schuhe und den Kuß der guten Hexe würde Dorothy vielleicht niemals vorgelassen werden.

Während sich die Höflinge fragen, ob Dorothy tatsächlich eine Audienz beim großen Oz bekommt, nimmt das Mädchen naiv an, daß sie ihn selbstversändlich zu Gesicht bekommt. Der Soldat versteht sie hingegen wörtlich und deutet an, daß Oz Dorothy ansehen kann, auch wenn Dorothy ihn nicht sieht. In Kapitel 15 wird erst deutlich, warum der Zauberer sich weigert, vor seine Untertanen zu treten.

»Willst du wirklich ins Angesicht von Oz dem Schrecklichen blicken?« flüsterte einer.

»Natürlich«, antwortete das Mädchen. »Vorausgesetzt, daß er mich sehen will.«

»Oh, das will er«, sagte der Soldat, der ihre Botschaft dem Zauberer übermittelt hatte, »obwohl er es nicht gern hat, daß *ihn* jemand sehen will.[16] In der Tat war er zuerst verärgert und sagte, daß ich euch nach Hause schicken solle. Dann erkundigte er sich aber, wie du aussehest. Als ich die silbernen Schuhe an deinen Füßen erwähnte, wurde er plötzlich neugierig. Schließlich erzählte ich ihm auch vom Zeichen auf deiner Stirn. Da entschloß er sich, dich zu empfangen.«

In diesem Augenblick erklang ein Glockenschlag.

»Das ist das Zeichen«, sagte das grüne Mädchen zu Dorothy. »Jetzt mußt du in den Thronsaal, aber allein.«

Sie öffnete eine kleine Tür, und Dorothy schritt keck in einen wunderschönen Saal. Es war ein großer, runder Raum mit einer gewölbten Decke. Wände, Decke und Fußboden waren mit großen Smaragden besetzt. In der Mitte des Saales befand sich, hell wie die Sonne, ein großes Licht,[17] das die Smaragde auf dem Boden herrlich blitzen ließ.

Doch was Dorothy am meisten fesselte, war der große Thron aus grünem Marmor, der sich in der Mitte des Raumes erhob. Er war wie ein Stuhl geformt und mit vielen funkelnden Edelsteinen ausgelegt wie alles andere auch. In der Mitte des Stuhles befand sich ein gewaltiger Kopf ohne Körper, der ihn trug, ohne Arme und Beine

17. *ein großes Licht.* Damit kann durchaus elektrisches Licht gemeint sein. Der Zauberer in *A New Wonderland* (S. 134) besitzt in seiner Behausung elektrisches Licht. Die spektakuläre elektrische Beleuchtung der Weltausstellung in Chicago von 1893 trug viel dazu bei, Thomas A. Edisons Erfindung populär zu machen. Elektrisches Licht findet sich überall in Baums Märchen. Elektrische Quallen beleuchten zum Beispiel den Meerjungfrauenpalast in *The Sea Fairies*. »Wir haben in unseren Palästen elektrisches Licht«, berichtet eine der Meerjungfrauen, »und das schon seit Tausenden von Jahren – lange bevor die Menschen auf der Erde es kannten« (S. 92). Von allen liebreizenden Damen im Palast der Lichtkönigin in *Tik-Tok of Oz* ist Elektra »die schönste«, so daß »sowohl Sonnen- als auch Tageslicht ein wenig neidisch auf sie blickten« (S. 130).

Baum ließ dem *Zauberer von Oz* sein einziges Experiment im Science-fiction-Genre folgen, *The Master Key*, sein »elektrisches Märchen«, in dem ein Junge aus Versehen den Dämon der Elektrizität ruft. Der junge Held wurde von Baums Sohn Robert inspiriert, der sich in seiner Autobiographie daran erinnert, wie sehr er von der Elektrizität fasziniert war:

> Ich interessierte mich für alles Mechanische und hatte in der Dachkammer eine Werkstatt, in der ich viel bastelte ... An meinem Lieblingsprojekt arbeitete ich jedoch in meinem Zimmer, das im ersten Stock im hinteren Teil des Hauses lag. Meine Eltern mußten wirklich recht nachsichtig mit mir gewesen sein, denn ich bohrte Löcher im ganzen Haus und zog Kabel hindurch, um verschiedene Geräte zu bedienen.
>
> Ich hatte zum Beispiel einen Apparat konstruiert, den ich an unsere Gaslampen anschließen konnte, so daß auf Knopfdruck das Gas aufgedreht wurde und durch einen elektrischen Funken die Lichter angingen. Ich ging damals noch auf das Lewis Institute, aber wir wohnten jetzt viel weiter weg. Ich mußte früh aus dem Haus, und daher hatte ich eine Ansagetafel in der Küche installiert. Sobald ich aufgestanden war, mußte ich nur auf einen Knopf drücken, und schon klappte die Tafel herunter, und auf dem Schild stand »FRÜHSTÜCK MACHEN«. Dies war das Signal an unsere Köchin, und wenn ich unten war, war auch mein Frühstück schon fertig.

Nachsichtig waren die Eltern in der Tat! »Rob stopft das Haus voll mit elektrischen Batterien und ähnlichem«, berichtet Baum seinem Bruder Harry am 8. April 1900, »und jedes Mal, wenn wir eine Tür öffnen oder auf eine Stufe treten, erwarten wir, daß eine Klingel losgeht.« Einiges von diesem Chaos findet sich in den ersten Kapiteln von *The Master Key* wieder.

Baums Interesse an mechanischen Erfindungen war beinahe so groß wie das seines Sohnes, und er setzte große Hoffnung in die Möglichkeiten der Elektrizität. »Die Elektrizität wird die Antriebskraft der Welt«, meint Mr. Joslyn in *The Master Key*. »Der Fortschritt der Zivilisation wird sich an elektrischen Leitungen entlangbewegen.« (S. 2–3)

18. *Ich bin Oz der Große und Schreckliche.* Man vergleiche diesen Titel von »Oz« mit der Bedeutung des Namens, die in Kapitel 2, Anmerkung 17 angegeben wird: »groß und gut«. Der Titel des Zauberers erinnert an »die böseste Figur in allen *Oz*-Büchern« (wie sowohl Nye als auch Bewley meinen), den Allerersten, Herrscher der gefürchteten Fanfasmas in *Dorothy in der Smaragdenstadt*. »Dieser wunderbar unheilvolle Name«, bemerkt Bewley in »Oz Country«, »faßt die Grundbedeutung der *Oz*-Geschichte in einem Wort zusammen. Die Verherrlichung des individuellen, privaten Selbst auf Kosten von anderen ist die Wurzel allen Übels.« Das trifft auch auf Oz zu, den Großen und Schrecklichen, der jetzt Dorothy anredet, die Kleine und Sanfte.

19. *Dorothy, die Kleine und Sanfte.* Sie hätte keine bessere Antwort geben können. Sterbliche, welche die Götter um Hilfe bitten, täuschen oft Demut vor, um sich einzuschmeicheln.

überhaupt. Der Kopf war ohne Haare, hatte aber Augen, Nase und Mund. Und der Kopf war größer als der Kopf des größten Riesen. Dorothy starrte ihn furchtsam und verwundert an. Er rollte mit den Augen und blickte ihr scharf und starr ins Gesicht. Dann machte er den Mund auf, und eine Stimme sprach: »Ich bin Oz der Große und Schreckliche.[18] Und wer bist du? Warum hast du mich aufgesucht? Was führt dich zu mir?«

Die Stimme klang nicht so fürchterlich, wie man bei einem Kopf dieser Größe hätte annehmen können. Das Mädchen faßte neuen Mut und sprach: »Ich bin Dorothy, die Kleine und Sanfte.[19] Ich bin gekommen, weil ich Hilfe brauche.«

Der Kopf blickte sie eine ganze Minute lang nachdenklich an.

»Von wem hast du die silbernen Schuhe?« fragte die Stimme.

»Die stammen von der bösen Osthexe«, erwiderte sie. »Mein Haus ist auf sie gefallen und hat sie umgebracht.«

»Und woher ist das Zeichen auf deiner Stirn?«

»Das ist von einem Kuß der guten Nordhexe, den sie mir zum Abschied gegeben hat. Sie ist es auch, die mich zu dir geschickt hat«, sagte das Mädchen.

Der Kopf starrte ihr von neuem scharf ins Gesicht, doch ihre Augen sagten nur, daß sie die reine Wahrheit sprach.

»Was wünschst du von mir?« fragte Oz.

»Bring mich nach Kansas zurück, wo meine Tante Em und mein Onkel Henry sind«, erwiderte sie ernst. »Obwohl dein Land so schön ist, liebe ich es nicht. Ich bin sicher, daß Tante Em schon schrecklich beunruhigt ist, daß ich so lange weg bin.«

Die Augen zwinkerten dreimal, und dann blickten sie zur Decke hinauf und wieder auf den Fußboden zurück. Sie rollten so sonderbar, daß es schien, als spähten sie in jeden Winkel des Raums. Schließlich blickten sie Dorothy an.

»Warum sollte ich das für dich tun?« fragte Oz.

»Weil du stark bist, und ich bin schwach, und weil du ein großer Zauberer bist und ich nur ein hilfloses kleines Kind.«

»Doch du warst stark genug, die böse Hexe zu töten«, sagte Oz.

»Das war Zufall«, erwiderte Dorothy einfach. »Dafür kann ich nichts.«

»Ich will dir antworten«, sagte der Kopf. »Du kannst nicht von mir erwarten, daß ich dich nach Kansas schicke, wenn du nicht auch etwas für mich tust. In diesem Land muß jeder für alles zahlen, was er bekommt. Wenn du von meinen Zauberkräften Gebrauch machen willst, um wieder nach Hause gelangen zu können, mußt du erst einmal etwas für mich tun. Hilfst du mir, helf ich dir.«

»Was muß ich tun?« fragte das Mädchen.

»Töte die böse Westhexe!« antwortete Oz.

»Das ist mir unmöglich!« schrie Dorothy, aufs höchste überrascht.

»Du hast die Osthexe getötet, und du trägst die silbernen Schuhe, von denen ein mächtiger Zauber ausgeht. Jetzt gibt es nur noch eine böse Hexe im Land. Wenn du mir die Botschaft bringst, daß sie tot ist, schicke ich dich nach Kansas zurück – eher nicht.«

Das kleine Mädchen begann zu weinen, so sehr war es von diesen Worten enttäuscht. Die Augen des Kopfes zwinkerten wieder und blickten sie ängstlich an,[20] als ob der große Oz fühlte, daß sie ihm helfen könnte, wenn sie nur wollte.

»Ich habe noch nie jemanden getötet«, schluchzte sie. »Und selbst wenn ich die Absicht hätte: Wie soll ich wissen, wie man eine böse Hexe tötet? Du kannst nicht erwarten, daß ich so etwas fertigbringe, wenn du es selber nicht schaffst, der du doch ein großer und schrecklicher Zauberer bist.«

»Ich weiß es auch nicht«, sagte der Kopf. »Doch das ist meine Antwort: Solange die böse Hexe nicht tot ist, wirst du deinen Onkel und deine Tante nicht wiedersehen. Vergiß nicht, daß die Hexe böse ist – schrecklich böse, und deshalb muß sie aus der Welt. Nun gehe, und verlange nicht, mich wieder sprechen zu wollen, bevor du deine Aufgabe erfüllt hast.«

Bekümmert verließ das Mädchen den Thronsaal und kehrte zum Löwen, zur Vogelscheuche und zum Holzfäller zurück. Sie warteten schon voller Ungeduld auf sie, um zu erfahren, wie es ihr ergangen sei.

»Es gibt keine Hoffnung für mich«, sagte sie betrübt. »Oz will mich nur dann nach Hause lassen, wenn ich die böse Westhexe getötet habe, und das kann ich auf keinen Fall.«

Ihre Freunde waren traurig, aber sie konnten ihr nicht helfen.

Und so ging sie auf ihr Zimmer, warf sich über die Kissen und weinte sich in den Schlaf.

Am nächsten Morgen kam der Soldat mit dem grünen Backenbart zur Vogelscheuche.

»Komm mit!« sagte er. »Oz gewährt dir eine Audienz.«

Die Vogelscheuche folgte ihm und wurde in den großen Thronsaal gelassen. Auf dem Smaragdenthron saß eine bildschöne Dame. Sie hatte ein Kleid aus grünen Seidenflor an. Auf ihrem wallenden grünen Lockenhaar blitzte eine edelsteinverzierte Krone. An ihren Schultern befanden sich herrlich bunte Flügel.[21] Sie erzitterten bei jedem Atemzug, der von den Lippen der Schönen kam.

Die Vogelscheuche verbeugte sich, so gut es ging, mit ihrem ausgestopften Körper vor dem engelsgleichen Geschöpf. Die Dame schaute sie mit süßen Augen an und lispelte vornehm: »Ich bin Oz der Große und Schreckliche! Wer bist du? Was führt dich zu mir?«

Nun hatte die Vogelscheuche einen großen Kopf erwartet, wie ihr von Dorothy berichtet worden war, und so war sie zuerst einmal ziemlich verblüfft.

»Ich bin eine Vogelscheuche, die mit Stroh ausgestopft ist«, sagte sie tapfer. »Deshalb habe ich auch keinen Verstand, eben nur Stroh im Kopf. Ich bin gekommen, um dich zu bitten, mir etwas Verstand in meinen Kopf zu zaubern. Dann würde ich ein Mensch sein wie jeder andere auch in diesem Land.«

»Warum sollte ich das für dich tun?« fragte die Dame.

»Weil du weise und mächtig bist. Niemand sonst kann mir helfen«, erwiderte die Vogelscheuche.

»Ich bin nur dem gefällig, der auch mir gefällig ist«, sagte Oz. »Aber so viel kann ich dir versprechen: Wenn du für mich die böse Westhexe tötest, schenke ich dir einen so guten Verstand, daß du der klügste Mensch sein wirst im Lande Oz.«

»Ich nahm an, du hättest schon Dorothy mit dieser Aufgabe betraut«, sagte die Vogelscheuche überrascht.

»Habe ich auch. Mir ist es egal, wer es tut. Doch solange die Hexe am Leben ist, werde ich dir deinen Wunsch nicht erfüllen. Und nun geh, und besuch mich erst wieder, wenn du dir die Klugheit verdient hast, die du so heiß ersehnst.«

Die Vogelscheuche ging enttäuscht zu den Freunden zurück und berichtete ihnen von diesem Gespräch. Dorothy wunderte sich sehr darüber, daß der große Zauberer der Vogelscheuche nicht als Kopf, sondern als reizende Dame erschienen war.

»Das ist mir gleich«, bemerkte die Vogelscheuche bissig. »Die gute Dame hat ein Herz genauso nötig wie der blecherne Holzfäller.«

Am nächsten Morgen suchte der Soldat mit dem grünen Backenbart den Holzfäller auf.

»Oz wünscht dich zu sprechen. Folge mir!«

Der Holzfäller ging mit ihm zum großen Thronsaal. Unterwegs überlegte er, wem er wohl begegnen würde, der entzückenden Dame oder dem riesigen Kopf. Insgeheim wünschte er sich die Dame auf dem Thron.

Wenn mir Oz als Kopf erscheint, dachte er, ist das nicht günstig für mich, denn ein Kopf besitzt kein Herz und kann deshalb nicht so fühlen wie ich. Wenn mir Oz aber als reizende Dame erscheint, werde ich schon die Worte finden, die sie günstig stimmen könnten für mich, denn alle Damen, sagt man, haben ein gütiges Herz.

Doch als der Holzfäller den großen Thronsaal betrat, sah er weder den Kopf noch die Dame. Statt dessen hockte ein gräßliches Tier[22] auf dem Thron. Es war fast so groß wie ein Elefant. Der grüne Thron krachte unter seinem Gewicht. Der Kopf des Untiers ähnelte dem Kopf eines Nashorns. Damit nicht genug, starrte es ihn aus fünf Augen an. Und fünf Arme hatte es, die ihm aus dem Körper wuchsen, und fünf lange, schlanke Beine. Dichtes, wollenes Haar bedeckte jede Stelle des Körpers. Fürchterlicher als dieses Ungetüm glotzte kein anderes Tier. Ein Glück nur, daß der Holzfäller kein Herz besaß zu dieser Zeit. Es wäre ihm zersprungen vor Furcht bei diesem Anblick. Da er aber nur aus Blech war, war er keineswegs geschockt, doch enttäuscht war er schon.

»Ich bin Oz der Große und Schreckliche«, grunzte das Tier. »Wer bist du? Was führt dich zu mir?«

»Ich bin ein Holzfäller und ganz aus Blech gemacht. Deshalb habe ich kein Herz. Und weil mir dieses Herz fehlt, kann ich nicht lieben. Ich bitte dich, mir ein Herz zu geben, damit ich so sein kann wie jeder andere Mensch.«

»Warum sollte ich das tun?« fragte das Monster.

Die wunderbare Smaragdenstadt

20. *blickten sie ängstlich an*. Der Kopf ist wohl gar nicht so schrecklich, wie es scheint, sondern trägt fast menschliche Züge. Die Augen flehen Dorothy an, die böse Westhexe zu töten.

21. *Flügel*. Dies ist die einzige Erscheinung einer traditionellen Fee in Baums königlicher Historie von Oz. Die Dame in Denslows Illustration hat allerdings keine Flügel, sondern weist eine erstaunliche Ähnlichkeit mit John R. Neills Zeichnung von Prinzessin Ozma in *Ozma von Oz* und nachfolgenden *Oz*-Büchern auf. In seiner russische Fassung von 1939 macht Alexander Wolkow aus der Fee eine Meerjungfrau.

22. *ein gräßliches Tier*. Literatur und Legende sind voll von solchen Kreaturen, die aus Teilen verschiedener Tiere zusammengesetzt sind. So gibt es das scharlachrote Tier aus der Offenbarung des Johannes mit sieben Häuptern und zehn Hörnern, auf dem die Hure Babylon reitet. Baums Tier ist so schrecklich wie Apollyon, das Monster aus Bunyans *Pilgerreise*: »Er war wie ein Fisch mit Schuppen bedeckt (die sein ganzer Stolz sind), hatte Flügel wie ein Drache und Tatzen wie ein Bär, und aus seinem Bauch drangen Feuer und Rauch. Sein Maul war wie das eines Löwen.« Baum schuf in seinen Geschichten verschiedene zusammengesetzte Tiere. Manchmal sind es die Erscheinungsformen eines Zauberers, wie die Lö-Aff-Adsel in *The Magic of Oz*, manchmal aber auch natürliche Kreaturen wie das Hyp-po-Gie-Raf in *The Tin Woodman of Oz*. In seinem ersten Entwurf für die musikalische Revue ersetzte Baum das gräßliche Tier durch ein »riesiges, krebsartiges Wesen«, wahrscheinlich, weil das einfacher auf die Bühne zu bringen gewesen wäre als das bizarre Monster im Buch. Keine dieser Kreaturen und auch nicht die anderen Verkleidungen des Zauberers erschienen in der endgültigen Fassung des Bühnenstücks.

Denslow hatte zwar eine Zeichnung des gräßlichen Tieres begonnen, aber Baum hielt es anscheinend für zu schrecklich für ein Kinderbuch und ließ Denslow die Arbeit abbrechen. Denslow zeichnete daraufhin mit Tinte direkt über diese erste Zeichnung das Bild des Soldaten mit dem grünen Bakkenbart, der die Reisenden durch die Straßen der Smaragdenstadt führt. Den ursprünglichen Bleistiftentwurf des Monsters kann man auf dem Original gerade noch erkennen, das in der Henry Goldsmith Collection der New York Public Library liegt. Wenige nachfolgende Illustratoren haben je versucht, diese dritte Verkleidung des Zauberers darzustellen.

23. *liebevollste Herz*. »Der Zauberer hält sein Versprechen nicht ein«, erklärt Gardner in Anmerkung 14 von *The Wizard of Oz and Who He Was*, denn »in *The Tin Woodman of Oz* erfahren wir, daß es ein ›gutes‹, kein ›liebevolles‹ Herz ist«. Das wird auch in Kapitel 16 angedeutet, wenn der Blechholzfäller sein Herz bekommt und fragt, ob es ein gutes Herz sei. Der Zauberer bekräftigt: »Ein sehr gutes Herz.« In *The Tin Woodman of Oz* gesteht der Blechholzfäller, daß er, nachdem er sein Herz bekommen hatte, deswegen nicht gleich zu seinem Mädchen zurückgekehrt war, weil er sie nicht »mehr lieben könnte, als ich es tat, als ich noch ohne Herz war« (S. 31).

»Weil ich dich herzlich darum bitte und nur du allein mir einen solchen Wunsch erfüllen kannst.«

Oz knurrte tief bei diesen Worten.

»Wenn du ein Herz wünschst, mußt du es dir verdienen«, sagte er mit rauher Stimme.

»Aber wie?« fragte der Holzfäller.

»Hilf Dorothy, die böse Westhexe zu töten«, entgegnete er. »Wenn die Hexe nicht mehr am Leben ist, kommst du wieder zu mir, und ich schenke dir dann das größte, gütigste und liebevollste Herz[23] im ganzen Lande Oz.«

Niedergeschlagen kehrte der Holzfäller zu seinen Freunden zurück. Er erzählte ihnen vom fürchterlichen Ungeheuer auf dem Thron. Sie wunderten sich sehr über die Zauberkünste des großen Oz, der in jeder Gestalt erscheinen konnte, die ihm gefiel.

»Falls er wieder ein Tier sein sollte, wenn ich bei ihm erscheine«, sagte der Löwe, »werde ich so höllisch laut brüllen, daß er mir auf der Stelle jeden Wunsch erfüllt. Wenn er als liebliche Dame erscheint, springe ich auf sie los und zwinge sie so, mir gefällig zu sein. Wenn Oz aber ein großer Kopf ist, dann wird er mir auf Gedeih und Verderb ausgeliefert sein. Dann schnappe ich den Kopf und rolle ihn im ganzen Saale hin und her, bis er mir die Erfüllung mei-

nes Wunsches verspricht.²⁴ Laßt den Mut nicht sinken, meine Freunde, es wird schon alles gut.«

Am nächsten Morgen geleitete der Soldat den Löwen zum großen Thronsaal und brachte ihn vor den großen Oz.

Der Löwe schritt schnurstracks durch die Tür, ließ die Blicke schweifen und erblickte überrascht eine Feuerkugel²⁵ vor dem Thron. Sie leuchtete so gleißend und grell, daß er die Augen abwenden mußte. Zuerst dachte er, daß Oz zufällig Feuer gefangen habe und verbrenne, doch als er näher trat, sengte er sich in der übergroßen Hitze den Bart an und kroch wimmernd rückwärts in die Nähe der Tür, wo es ein bißchen kühler war.

Doch dann ertönte eine ruhige Stimme²⁶ aus dem Feuerball. Und das waren die Worte, welche die Stimme sprach:

»Ich bin Oz der Große und Schreckliche. Wer bist du? Was führt dich zu mir?«

»Ich bin ein feiger Löwe, der vor allem und jedem Angst hat. Ich komme zu dir, um dich um Mut zu bitten, denn nur ein mutiger Löwe gilt etwas und kann ein König der Tiere sein, wie die Menschen mich nennen.«

»Warum sollte ich dich mutig machen?« fragte Oz.

24. *bis er mir die Erfüllung meines Wunsches verspricht.* In der Aussage des Löwen wird die Ironie der Situation deutlich. Wären die Gefährten in einer anderen Reihenfolge vor den Zauberer getreten, wären ihre Probleme vielleicht bereits gelöst. Die Vogelscheuche hätte an den Intellekt des Kopfes appellieren können, um Verstand zu bekommen, der Blechholzfäller an die Gefühle der lieblichen Dame für sein Herz, und der Löwe hätte mit dem gräßlichen Tier um Mut kämpfen können. Jeder hätte den unterschiedlichen Erscheinungsformen von Oz beweisen können, daß er bereits die Gabe besitzt, die er sich so sehr wünscht. So jedoch steht jeder der Freunde vor einer Erscheinung, die er nicht versteht und die er nicht überwinden kann.

25. *eine Feuerkugel.* Der Zauberer kennt wahrscheinlich die verbreitete Ansicht, daß Löwen Angst vor Feuer haben und seinen Anblick nicht ertragen.

26. *eine ruhige Stimme.* Diese Beschreibung verrät bereits den wahren Charakter von Oz, dem Zauberer.

27. *Dorothy wischte sich sofort die Augen ab.* Sehr geschickt nimmt Baum der Szene die Dramatik. Ähnlich tut er das in Kapitel 18, wo man dem Blechholzfäller, der weint, weil der Zauberer von Oz die Smaragdenstadt verläßt, die Tränen abwischen muß, damit er nicht einrostet.

»Weil du von allen Zauberern der größte bist. Nur du allein hast die Macht, meine Bitte zu erfüllen.«

Der Feuerball glühte eine Weile heftig.

»Bring mir den Beweis, daß die böse Westhexe tot ist. Dann schenke ich dir Mut. Solange die Hexe aber noch am Leben ist, mußt du der Feigling bleiben, der du bist.«

Über diese Worte ärgerte sich der Löwe sehr, doch es fiel ihm keine Antwort ein. Während er weiter auf die Feuerkugel starrte, glühte sie noch heißer auf. Der Löwe kniff den Schwanz ein, kehrte um und floh aus dem Saal. Er war heilfroh, wieder bei den Freunden weilen zu können, die schon auf ihn warteten. Er erzählte ihnen vom schrecklichen Gespräch mit dem Zauberer Oz.

»Was sollen wir tun?« fragte Dorothy bedrückt.

»Wir können nur eins tun«, meinte der Löwe. »Wir müssen ins Land der Winkies reisen, um die böse Hexe zu finden, und dann besiegen wir sie.«

»Und wenn wir das nicht schaffen?« fragte Dorothy.

»Dann komme ich niemals zu Verstand«, stellte die Vogelscheuche fest.

»Dann werde ich auf ein Herz verzichten müssen«, sagte der Holzfäller.

»Und ich werde Tante Em und Onkel Henry niemals mehr in meine Arme schließen können«, sagte Dorothy und begann zu weinen.

»Paß doch auf!« rief das grüne Mädchen. »Deine Tränen fallen auf das grüne Kleid und verderben es noch.«

Dorothy wischte sich sofort die Augen ab.[27]

»Es bleibt uns nichts anderes übrig. Wir müssen es versuchen. Doch das eine weiß ich mit Sicherheit: Nie und nimmer tue ich jemandem etwas an, auch nicht um den Preis, daß ich Tante Em und Onkel Henry wiedersehen kann.«

»Natürlich ziehe ich mit euch mit. Doch ich bin viel zu feige, um die Hexe um die Ecke bringen zu können«, schnaufte der Löwe.

»Ich verlasse euch auch nicht«, erklärte die Vogelscheuche. »Aber viel helfen kann ich euch ebenfalls nicht. Ich bin ja solch ein Dummkopf!«

»Ich habe nicht das Herz, mich mit einer Hexe zu messen«, bemerkte der Holzfäller. »Doch wohin ihr auch geht, ich ziehe mit euch mit.«

Dann beschlossen sie, am nächsten Morgen aufzubrechen. Der Holzfäller schärfte die Axt an einem grünen Schleifstein und ölte die Scharniere sorgfältig ein. Die Vogelscheuche stopfte sich eigenhändig mit frischem Stroh aus. Dorothy trug ihr frische Farbe auf die Augen, damit sie besser sehen konnte. Das grüne Mädchen, das sehr freundlich war, füllte Dorothys Korb mit vielen Leckereien und knüpfte mit einem grünen Band eine kleine Glocke um Totos Hals.

Sie gingen früh zu Bett und schliefen fest bis zum Morgen. Das Krähen eines grünen Hahns, der auf dem Hinterhof des Palastes hauste, und das Gackern einer grünen Henne, die ein grünes Ei gelegt hatte, rissen die Freunde aus dem tiefen Schlaf.

1. *nicht mehr grün.* Das überrascht nicht, wenn man in Kapitel 15 die wahre Natur der Magie der Smaragdenstadt erfährt.

2. *die Hexe.* Margaret Hamilton, die mit den *Oz*-Büchern aufgewachsen war, wurde mit dieser Rolle in der MGM-Verfilmung von 1939 zur Legende. Sie wird immer die ideale böse Westhexe sein. Ihre grünhäutige Hexe ist traditioneller als Baums Hexe und basiert teilweise auf der Darstellung der bösen Stiefmutter in Walt Disneys *Schneewittchen und die sieben Zwerge* von 1937. Sie gackert, trägt schwarze Kleider und einen großen, spitzen Hut, sie hat eine lange, krumme Nase, und sie fliegt auf einem Besen. Andy Warhol ließ Hamilton für »The Witch« in seiner Reihe von Siebdrucken mit dem Titel *Myths* von 1981 Modell stehen. Jeder Amerikaner kennt Hamiltons »Wicked Witch of the West« und ihr gackerndes Lachen. »Baums Figuren sind schon so bekannt«, beschwerte sich Barry Moser in *Forty-Seven Days to Oz*, »daß es umöglich ist, eine Illustration zu entwerfen, die nicht blaß und platt ist.« Seine böse Westhexe in der Pennyroyal-Ausgabe von 1985 ist allerdings doch recht platt, denn er porträtiert sie als Margaret Hamiltons alte Hollywood-Freundin Nancy Reagan.

DER SOLDAT MIT DEM GRÜnen Backenbart begleitete sie durch die Straßen von Smaragdenstadt zurück bis zum Stadttor, wo der Hüter der Tore lebte. Er schloß die Brillen auf und legte sie in den großen Kasten. Dann öffnete er unseren Freunden das Tor.

»Auf welcher Straße kommen wir zur bösen Westhexe?« fragte Dorothy.

»Es gibt keine Straße, die zu ihrer Burg führt«, antwortete der Hüter. »Niemand fragt nach diesem Weg, und niemand geht diesen Weg.«

»Aber wie sollen wir sie dann finden?«

»Das ist sehr einfach«, meinte der Mann. »Wenn die Hexe entdeckt, daß ihr ins Land der gelben Winkies eingedrungen seid, habt ihr sie gleich am Hals. Sie wird euch zu ihren Sklaven machen.«

»Oder auch nicht«, sagte die Vogelscheuche und warf sich in die Brust, daß es knisterte. »Wir haben nämlich die Absicht, sie unschädlich zu machen.«

»Oh, das ist eine andere Sache«, sagte der Hüter. »Bisher hat sie aber noch keiner erledigt, und so nahm ich natürlich an, daß sie euch versklaven wird, wie sie es bisher immer getan hat. Aber seht euch vor! Sie ist grundböse und schlecht und wird es zu verhindern wissen, daß ihr sie ins Jenseits befördert. Haltet euch in Richtung Westen, wo die Sonne untergeht! So verfehlt ihr nicht ihre Burg.«

Sie dankten ihm für den guten Rat, sagten ihm auf Wiedersehen und zogen los – immer in Richtung West. Sie wanderten über Felder mit weichem Gras, das hier und da mit Gänseblümchen und Butterblumen durchsetzt war. Dorothy hatte noch das hübsche Seidenkleid an, das sie im Palast angezogen hatte, aber zu ihrer Überraschung war das Kleid nicht mehr grün,[1] sondern reinweiß. Auch das Band um Totos Hals hatte die grüne Farbe verloren und war jetzt weiß wie Dorothys Kleid.

Bald lag die Smaragdenstadt hinter ihnen. Je weiter sie vorwärtskamen, desto rauher und hügeliger wurde die Landschaft. Sie trafen auf keine Farmen und Häuser mehr in diesem Westland. Der Boden war unbebaut.

Am Nachmittag brannte ihnen die Sonne ins Gesicht. Es gab keine Bäume, die Schatten spendeten. Dorothy, Toto und der Löwe waren am Abend zum Umsinken müde, fielen ins Gras und schliefen augenblicklich ein. Der Holzfäller und die Vogelscheuche hielten Wache.

Nun war es so, daß die Hexe[2] nur ein Auge besaß. Mit diesem Auge aber konnte sie noch besser sehen als mit einem Fernrohr. Sie spähte überall hin. Wie sie nun auf der Schwelle des Burgtores saß und in die Runde blickte, entdeckte sie Dorothy, die mit ihren Freunden an der Seite in tiefem Schlafe lag. Es war zwar eine riesige Entfernung von der Burg bis zu ihnen, doch sie entdeckte sie gleich und spuckte Gift und Galle, als sie die Fremden in ihrem Land fand. Sie pfiff auf einer silbernen Pfeife, die an einem Kettchen um ihren Hals hing, und sogleich rannten von allen Seiten große Wölfe zu ihr. Die Tiere hatten lange Beine, wilde Augen und scharfe Zähne.

»Lauft zu den Fremden dort«, schrie die Hexe wütend, »und reißt sie in Stücke!«

»Willst du sie nicht zu deinen Sklaven machen?« fragte der Leitwolf verwundert.

»Es lohnt nicht«, antwortete sie. »Der eine ist aus Blech, ein anderer aus Stroh. Dann sind da noch ein Mädchen und ein Löwe.

Keiner von ihnen eignet sich zur Arbeit. Ihr könnt sie niedermachen.«

»Mit dem größten Vergnügen«, knurrte der Wolf, und schon rannte er los, daß ihm der Speichel von den Lippen flog. Die anderen Wölfe sausten hinterher.

Glücklicherweise waren die Vogelscheuche und der Holzfäller auf der Hut und hellwach. So hörten sie schon früh das Schnauben der Wölfe.

»Das ist mein Kampf!« sagte der Holzfäller. »Stellt euch hinter mich!«

Er packte die Axt, die er messerscharf geschliffen hatte. Als der Leitwolf auf ihn zusprang, schwang er blitzschnell das Eisen und schlug den Kopf des Wolfes ab, der augenblicklich tot war. Und schon stürzte der zweite Wolf auf ihn, doch wieder sauste die Axt und blies dem Wolf das Lebenslicht aus.

Vierzig Wölfe wollten dem Holzfäller an den Kragen, und vierzig Male[3] blitzte die Axt und streckte sie hin. Am Ende lag die ganze Meute mausetot auf einem Haufen vor ihm.

Der Holzfäller legte die Axt beiseite und setzte sich erschöpft.

»Mein Freund, das war ein großer Kampf«, lobte die Vogelscheuche.

Sie warteten, bis Dorothy am Morgen die Augen aufschlug. Dem kleinen Mädchen fuhr ein Riesenschreck in die Glieder, als es den

Haufen zottiger Wölfe erblickte. Der Holzfäller erzählte ihr alles. Sie dankte ihm herzlich für die große Tat und drückte ihm immer wieder die Hand. Nach dem Frühstück brachen sie auf und setzten die Reise fort.

Zu dieser Zeit ging die Hexe erneut vor das Tor und spähte mit ihrem einen Auge, dem nichts entgehen konnte, weit ins Land. Da entdeckte sie die toten Wölfe, und sie mußte auch erkennen, daß die Fremden munter weiterzogen durch ihr Land. Sie barst vor Wut, griff nach der Silberpfeife und blies zweimal hinein.

Da flog ein Schwarm wilder Krähen geradewegs zu ihr. Es werden wohl Tausende gewesen sein, und der Himmel wurde schwarz von ihrer Zahl.

»Fliegt sofort zu den Fremden dort!« befahl sie dem König der Krähen. »Pickt ihnen die Augen aus, und reißt sie in Stücke!«

Die wilden Krähen flogen in einem großen Schwarm dem Mädchen und ihren Freunden entgegen. Dorothy sah sie kommen, und sie fürchtete sich sehr.

»Das ist mein Kampf!« sagte die Vogelscheuche. »Legt euch neben mir nieder! Sie werden euch kein Haar krümmen.«

Alle warfen sich zu Boden, außer der Vogelscheuche, die sich reckte und streckte und die Arme seitwärts hielt. Ihr Anblick jagte den Krähen einen Schrecken ein, wie es immer war, wenn sie eine Vogelscheuche erblickten. Sie wagten sich deshalb nicht näher heran.

»Es ist nur eine Vogelscheuche«, krächzte der König der Krähen. »Ich picke ihr die Augen aus.«

Der König der Krähen flog auf die Vogelscheuche, die aber packte ihn sogleich am Kopf und drehte ihm den Hals um, daß er augenblicklich tot war. Und schon kam die zweite Krähe geflogen, und die Vogelscheuche schnappte auch sie und drehte ihr den Hals um. Vierzig Krähen versuchten, ihr den Garaus zu machen, und vierzig Male griff die Vogelscheuche zu und drehte jeder den Hals um. Am Ende lagen alle Krähen tot an ihrer Seite.

»Jetzt könnt ihr aufstehen«, sagte die Vogelscheuche zu den Gefährten. Und dann setzten sie die Reise fort. Als die böse Hexe wieder Ausschau hielt und den Haufen toter Krähen erblickte, knirschte sie mit den Zähnen vor Wut, griff zur Silberpfeife und blies heftig dreimal hinein.

Sogleich war ein lautes Summen in der Luft zu vernehmen, und ein Schwarm von schwarzen Bienen[4] flog auf sie zu.

»Fliegt sofort zu den Fremden dort und stecht sie tot!« kreischte die Hexe. Die Bienen wendeten und flogen zu der Stelle, wo sich Dorothy mit den Freunden befand. Der Holzfäller sah sie als erster kommen. Die Vogelscheuche entschied, was zu tun sei.

»Nimm mir das Stroh aus dem Leib und streue es über das Mädchen, den Hund und den Löwen hin!« befahl sie dem Holzfäller. »Dann können die Bienen sie nicht stechen.«

Der Holzfäller zögerte keinen Augenblick und

3. *Vierzig Wölfe ... und vierzig Male*. Vierzig ist die biblische Zahl für »viele«. Die Sintflut dauerte vierzig Tage und vierzig Nächte und Christus fastete vierzig Tage und vierzig Nächte lang in der Wildnis. Der Tausendfüßler heißt im Nahen Osten »Vierzigfüßer«. Die Horden der bösen Hexe sind wie die drei Plagen, die über das Land kommen, und sie repräsentieren die drei Formen der Tierwelt: Landtier (Wolf), Vogel (Krähe) und Insekt (Biene). Seltsam, daß Barry Moser in der Pennyroyal-Press-Ausgabe von 1985 den Anführer der Wölfe als Kojoten und den König der Krähen als Raben zeichnet – Baum beschreibt im Text andere Tiere.

4. *ein Schwarm von schwarzen Bienen*. Die Siedler des amerikanischen Westens mußten sich oft gegen Wölfe, Krähen und Bienen zur Wehr setzen, genau wie Dorothy und ihre Gefährten. Die Bienen der bösen Hexe waren wahrscheinlich die Vorlage zu zwei Szenen, die aus der MGM-Verfilmung von 1939 herausgeschnitten wurden: der Blechholzfäller als Bienenstock und die »Jitterbug«-Nummer. In einer ersten Fassung des Films droht die Hexe, aus dem Blechholzfäller einen Bienenstock zu machen. Kurz bevor er sich zusammen mit Dorothy und der Vogelscheuche auf den Weg die gelbe Ziegelsteinstraße entlang machen will und nachdem die Hexe in einer roten Rauchwolke verschwunden ist, hört der Blechholzfäller tatsächlich ein Summen in seiner Brust, und zwei Bienen fliegen aus seinem Mund heraus. Den »Jitterbug« hatten Harold Arlen und E.Y. »Yip« Harburg ursprünglich für die Szene im verzauberten Wald geschrieben. Eine blau-rosa Mücke versetzt Dorothy und ihre drei Begleiter in Panik, worauf sie einen langen und anstrengenden Jitterbug tanzen. Alle Bäume wackeln ebenfalls zur Musik, bis die heranfliegenden Affen dem Treiben ein Ende setzen. Obwohl diese komplizierte Szene fünf Wochen Arbeit und 80 000 Dollar gekostet hatte, wurde sie nach der Probevorführung wieder gestrichen. Nur noch der Satz der bösen Hexe: »Ich habe ihnen ein kleines Insekt geschickt, das sie willig und schwach macht« erinnert an die Sequenz. Als Margaret Hamilton den Produzenten Mervyn LeRoy fragte, warum man die Nummer herausgeschnitten hatte, sagte er ihr, man wolle den Film nicht an eine bestimmte Modeerscheinung anlehnen. Der um 1935 entstandene Jitterbug würde nicht ewig so beliebt sein. Hamilton fragte LeRoy, wie lange der Film denn seiner Meinung nach im Umlauf sein würde. Er rechnete mit mindestens zehn Jahren. »Sie sind verrückt!« war ihre Reaktion. Beide Szenen sind in *The Wizard of Oz: The Screenplay* erhalten (New York: Delta, 1989).

breitete das Stroh aus. Der Löwe und das Mädchen, das Toto auf den Arm nahm, kuschelten sich zusammen, und so bedeckte das Stroh die Freunde völlig.

Schon waren die Bienen heran, fanden aber nur den Holzfäller vor und stachen auf ihn, ohne ihn verletzen zu können, denn er bestand ja aus Blech. Sie brachen sich dabei die Stacheln ab. Und da Bienen ohne Stacheln nicht leben können, gingen sie alle elend zugrunde und lagen in einer dicken Schicht zerstreut um den Holzfäller herum wie Hügelchen von feinem Kohlenstaub.

Dorothy und der Löwe krabbelten aus dem Stroh hervor. Das Mädchen half dem Holzfäller, das Stroh in die Vogelscheuche zu stopfen. Am Ende war sie wieder ganz die alte. Nach diesem Abenteuer setzten sie die Reise fort.

Als die böse Hexe entdeckte, daß die schwarzen Bienen verendet waren, stampfte sie mit den Füßen auf, raufte sich das Haar und raste vor Wut. Sie rief ein Dutzend ihrer Sklaven herbei, Winkies genannt, drückte ihnen spitze Speere in die Hand und befahl ihnen, die Fremden zu töten. Die Winkies waren nicht gerade mutige Leute, aber sie mußten gehorchen, ob sie nun wollten oder nicht. Und so marschierten sie los und schlichen sich an Dorothy und ihre Freunde heran. Der Löwe brüllte aus vollem Hals, als er sie kommen sah, und sprang ihnen entgegen. Den armen Winkies fiel das Herz in die Hose, als sie den mächtigen Löwen erblickten, und sie gaben Fersengeld. So schnell, wie sie nur konnten, flitzten sie zu ihrer Burg zurück.

Nachdem sie zurückgekehrt waren, peitschte sie die Hexe or-

dentlich mit einem Riemen aus und schickte sie an die Arbeit. Als die Wut verraucht war, setzte sie sich erst einmal hin, um eine neue Schandtat auszuhecken. Es wollte ihr nicht in den Kopf, daß alle ihre Pläne, die Fremden zu vernichten, fehlgeschlagen waren. Doch sie war eine ebenso mächtige wie böse Hexe, und es dauerte nicht lange, und sie hatte einen neuen Plan.

In ihrem Küchenschrank lag eine goldene Kappe,[5] die mit einem Ring von Diamanten und Rubinen ringsum verziert war. Diese goldene Kappe verfügte über große Zauberkraft. Wer immer sie besaß, konnte dreimal die geflügelten Affen[6] herbeirufen, die jedem Befehl gehorchten, den man ihnen gab.[7] Doch öfter als dreimal gehorchten sie nicht. Schon zweimal hatte die Hexe die Zauberkraft der Kappe genutzt.

Beim erstenmal hatte sie die Winkies unterjocht und sich dadurch zur Herrscherin des Landes gemacht. Dabei gingen ihr die geflügelten Affen zur Hand. Beim zweiten Mal hatte sie gegen den großen Oz gekämpft und ihn aus Westland verjagt. Die geflügelten Affen halfen ihr auch dieses Mal bei dem Geschäft. Nur noch einmal konnte sie sich der Zauberkraft der Kappe bedienen. Sie mußte es tun, denn die Helfershelfer gab es nicht mehr, waren ihr doch die grimmigen Wölfe, die wilden Krähen und die schwarzen Bienen abhanden gekommen. Ihren Sklaven hatte der

Löwe lange Beine gemacht. Es blieb nur noch diese eine Möglichkeit für sie, Dorothy und ihre Freunde aus dem Weg zu räumen.

Die böse Hexe nahm die Kappe aus dem Schrank und setzte sie auf. Dann stellte sie sich auf den linken Fuß und murmelte den Zauberspruch:

»Ep – pe, pep – pe, kek – ke!«[8]

Dann stellte sie sich auf den rechten Fuß und sprach:

»Hil – lo, hol – lo, hel – lo!«[9]

Danach sprang sie auf beide Füße und schrie aus vollem Hals:

»Zis – si, zas – si, zick!«[10]

Der Zauber wirkte augenblicklich. Der Himmel verfinsterte sich, und ein tiefes, rummelndes Geräusch war in der Luft, das immer näher kam. Dann hörte man das Rauschen vieler Flügel und ein lautes Schnattern und Gekicher. Als die Sonne durch den dunklen Himmel brach, bot sich ein seltsames Bild: Die böse Hexe war von einer Horde kreischender Affen umringt. Jeder Affe trug große, starke Flügel an den Schultern.

Einer der Affen, der größer als die anderen war, schien der Anführer zu sein. Er flog in die Nähe der Hexe.

5. *eine goldene Kappe.* Wenn die böse Osthexe ein paar Zauberschuhe aus Silber besitzt, scheint es angemessen, daß die böse Westhexe einen verzauberten Talisman aus Gold hat. Kappen mit magischen Eigenschaften gibt es überall in der Sagenwelt, von Perseus' Helm, der ihn unsichtbar macht, bis zur Tarnkappe des Alberich im Nibelungenlied. Als Tarnkappentechnik wird heute jede Art von technischer Maßnahme bezeichnet, mit der die Ortung militärischer Einrichtungen oder Waffensysteme erschwert oder verhindert werden soll. Europäische Kinder kennen den stummen Mann Pan Tau, der mit einer ganz bestimmten Handbewegung auf seine Melone tippt und so verschwinden und an einem anderen Ort wieder auftauchen kann. In seinen Anmerkungen zu der Penguin-Classics-Ausgabe von *Der Zauberer von Oz* (1998) erwähnt Jack Zipes eine ganz konkrete Vorlage für die goldene Kappe der Westhexe, nämlich »Die wahre Geschichte des kleinen Goldkäppchens«, eine eigenwillige Rotkäppchen-Variante, die Baum aus Andrew Langs *The Red Fairy Book* (1890) gekannt haben mag. In dieser Version beschützt das aus einem Sonnenstrahl gemachte Käppchen seine Trägerin Blanchette, indem es die Zunge des Wolfes verbrennt, nachdem das Mädchen ihren Kopf unvorsichtigerweise in sein Maul gelegt hatte. Langs Buch enthält außerdem eine Nacherzählung der Völsunga-Saga, in der Sigurd einen goldenen Helm aufsetzt, der seinen Träger unsichtbar macht. Harry Baum erinnert sich, daß Langs Bücher im Haus seiner Kindheit zu finden waren. Auch wenn sie sonst in der Verfilmung von 1939 keine Rolle spielt, ist die goldene Kappe einmal kurz zu sehen: Als Glindas Schneesturm das tödliche Mohnblumenfeld zerstört, feuert die Hexe in einem Wutanfall die Kappe quer durch den Thronsaal.

6. *die geflügelten Affen.* Obwohl sie unter der Macht der goldenen Kappe nicht als Beschützer auftreten, gehören die geflügelten Affen wohl doch zu Baums Tier-Feen, wie zum Beispiel auch die Feenbiber in *John Dough and the Cherub.* »Warum sollen Tiere nicht auch ihre Feen haben? Warum sollen ihre Geschichten uns nicht genauso interessieren wie die Geschichten über unsere Feen?« fragt Baum in seinem Vorwort zu »Animal Fairy Tales« (*The Delineator*, Januar 1905). Diese Geschichtensammlung, eine Reaktion auf die 1894 bis 1895 erschienenen *Dschungelbücher* von Rudyard Kipling, enthält einige von Baums besten Erzählungen.

Seine geflügelten Affen erfüllen eine ähnliche Aufgabe wie die Helfer der europäischen Hexen. Mit bestimmten Zauberformeln und magischen Worten konnten jene Tiere heraufbeschwören, die in die Zukunft sehen konnten. Die geflügelten Affen sind im Unterschied dazu aktive Teilnehmer dieser Zukunft.

7. *die jedem Befehl gehorchten, den man ihnen gab.* Die geflügelten Affen sind in diesem Betracht eine moderne Ausgabe der orientalischen Dschinns, die jedem gehorchen, der sie mit Hilfe einer magischen Lampe herbeizaubert, ob das nun ein armer Fischer ist oder ein Junge wie Aladin. Auch Dschinns können oft nur drei Wünsche erfüllen.

8. *Ep-pe, pep-pe, kek-ke!* In Anmerkung 15 von *The Wizard of Oz and Who He Was* schreibt Gardner: »Meine Frau macht mich darauf aufmerksam, daß dieser Spruch sehr ähnlich klingt wie ein früher populäres Brechmittel mit dem Namen ›Ipecac‹, das heute noch in Drogerien verkauft wird.«

9. *Hil-lo, hol-lo, hel-lo!* Anscheinend liegt die Zauberkraft in der Vokalverschiebung. In Baums unter dem Pseudonym Laura Bancroft erschienenen Buch *Prince Mud-Turtle* ruft jemand: »Uller, aller; oller; oller.« Es gibt natürlich auch Formeln, die auf einer Änderung der Konsonanten aufbauen, wie zum Beispiel die Formel des Lebenspulvers in *Im Reich des Zauberers Oz*: »Wio! Tio! Pio!« (Kap. 2, »Das phantastische Lebenspulver«)

10. *Zis-si, zas-si, zick!* Die letzte Zeile des Zauberspruchs ist eng verwandt mit klassischen Auszählreimen wie »Lirum, larum, Löffelstiel« oder »Eene, meene, meck«. Die Magie solcher Sprüche wird wohl am besten von der Hexenkönigin in *Queen Zixi of Ix* beschrieben. Als man sie nach der Bedeutung einer bestimmten Beschwörung fragt, antwortet Zixi: »Das weiß niemand, und deswegen ist sie ja so gut.« (S. 153) Auch Richard Cavendish in *The Black Arts* (New York: G. P. Putnam's Sons, 1967, S. 130) bestätigt, daß Beschwörungsformeln normalerweise keine inhaltliche Bedeutung haben (auch wenn sie sich von Ritualen ableiten können, die durchaus etwas bedeuten, wie zum Beispiel das Wort »Hokuspokus«, das sich aus dem »hoc est corpus meum« der lateinischen Messe ableitet). Wichtig ist, daß sie beeindruckend klingen.

»Du hast uns zum dritten und letzten Mal gerufen!« kreischte er. »Was befiehlst du?«

»Fliegt zu den Fremden, die in mein Land eingedrungen sind, und bringt sie um. Den Löwen aber laßt am Leben und schafft ihn zu mir, denn ich habe die Absicht, ihn wie ein Pferd zu zäumen, damit er für mich arbeiten kann.«

»Es soll alles so geschehen, wie du es befiehlst«, sagte der Anführer. Laut schnatternd und lärmend flogen die geflügelten Affen zu der Stelle, wo sich Dorothy mit den Freunden befand.

Einige Affen packten den Holzfäller und trugen ihn durch die Luft in eine Gegend, die aus lauter scharfkantigen Felsen bestand. Über den Felsen ließen sie den armen Burschen einfach fallen, und er schlug auf dem harten Gestein auf. Da lag er nun, völlig verbogen und zerbeult. Er vermochte sich nicht mehr zu bewegen, nicht einmal stöhnen konnte er.

Andere Affen krallten sich die Vogelscheuche und rissen ihr mit den langen Fingern das Stroh aus den Kleidern und dem Kopf. Sie packten den Hut, die Schuhe und die Kleider zu einem Bündel zusammen und warfen es in die Wipfelzweige eines hohen Baums.

Die übrigen Affen fesselten den Löwen mit dicken Stricken. Sie schlangen sie viele Male um Körper, Kopf und Beine, bis er sich nicht mehr zu rühren vermochte, nicht einmal beißen, kratzen oder zappeln konnte er. Dann zerrten sie ihn hoch und flogen mit ihm zu der Burg der Hexe, wo er in einen kleinen Hof mit einem hohen Eisenzaun gesperrt wurde, damit er nicht entfloh.

Doch dem Mädchen taten sie kein Leid an. Toto auf dem Arm,

stand sie ängstlich da und schaute traurig zu, wie es den Freunden erging. Gleich würde auch sie an der Reihe sein, dachte sie. Der Anführer der geflügelten Affen flog zu ihr. Schon streckte er die langen, behaarten Arme aus, um sie zu packen. Ein widerliches Grinsen lief ihm von einem Ohr bis zum anderen über die Fratze. Da entdeckte er das Zeichen des Kusses der guten Hexe auf ihrer Stirn. Augenblicklich zuckte er zurück.

»Laßt dieses Mädchen ungeschoren!« rief er den anderen zu. »Sie wird durch die Kraft des Guten geschützt, die immer stärker als die Kraft des Bösen[11] ist. Gutsein steht über jedem Gesetz und Gebot. Wir können sie nur zur Burg der bösen Hexe tragen und sie dort lassen.«

Sorgsam und sanft nahmen sie Dorothy in die Arme und trugen sie in Windeseile durch die Luft zur Burg, wo sie das Mädchen vor dem Außentor niedersetzten. Der Anführer wandte sich an die Hexe:

11. *stärker als die Kraft des Bösen*. Hier liegt das Geheimnis dieses und aller anderen Märchen. Wie Roger Samber in der Widmung seiner Übersetzung von Charles Perraults Märchen ins Englische (*Histories of Past Times*, 1729) erklärt, ist der Triumph des Guten über das Böse »der wahre Sinn und Zweck jeder Fabel«. Perrault selbst weiß das auch. In der Einleitung zu seinen Erzählungen schreibt er:

> Kinder versinken in Trauer und Niedergeschlagenheit, solange der Held oder die Heldin der Geschichte im Unglück steckt, und sie schreien auf vor Freude, wenn die Zeit ihres Glücks naht; desgleichen sind sie, nachdem sie ungeduldig das Wohlergehen des Bösen oder der Bösen ertragen haben, entzückt, sie endlich bestraft zu sehen, wie sie es verdienen. (Charles Perrault, *Sämtliche Märchen*; Reclam-Ausgabe)

Auch Andrew Lang stimmt zu. »Mut, Schönheit, Jugend, Mitgefühl werden oft herausgefordert, aber sie gewinnen immer den Kampf«, schreibt er in seiner Einleitung zu *The Pink Fairy Book* (1897). »Hexen, Riesen und grausame Menschen sitzen am kürzeren Hebel. So soll es sein, so ist es meistens und wird es sein, und das ist die Moral aller Märchen.« In »Modern Fairy Tales« (*The Advance*, 19. August 1909) schreibt Baum: »Nie wurde ein Märchen erzählt, in dem nicht das Gute das Böse besiegt und in dem nicht die Tugend am Schluß herrscht.« In *The Life and Adventures of Santa Claus* (1902) schreibt er: »Auch wenn das Böse, wenn ihm nicht entgegengetreten wird, Schreckliches anrichten kann, so ist es doch ein Gesetz, daß die Mächte des Guten nicht besiegt werden, wenn sie sich gegen das Böse wenden.« (S. 117)

»Wir haben deinem Befehl gehorcht, soweit es möglich war. Der Holzfäller und die Vogelscheuche sind hin. Der Löwe liegt gefesselt in deinem Hof. Dem kleinen Mädchen aber dürfen wir nichts tun, auch nicht dem kleinen Hund auf ihrem Arm. Deine Macht über uns ist jetzt beendet. Du wirst die Horde niemals wiedersehen.«

Darauf schwangen sich die Flügelaffen mit viel Gelächter, Plappern und Gejohle in die Luft und waren in kurzer Zeit außer Sicht.

Die böse Hexe guckte überrascht und besorgt, als sie das Zeichen auf Dorothys Stirn sah, denn sie wußte sehr wohl, daß weder die Flügelaffen noch sie selbst dem Mädchen ein Leid zufügen konnten. Dann fiel ihr Blick auf die silbernen Schuhe, und sie zitterte vor Angst, denn es war ihr bekannt, daß ein Zauber an den Schuhen hing. Im ersten Augenblick wollte sie die Flucht ergreifen, doch dann ließ sie davon ab, als sie in die Augen des Mädchens blickte und die reine Seele darin gespiegelt fand. Offenbar hatte das Mädchen nicht die leiseste Ahnung von der wundersamen Macht, die sich mit den Schuhen verband. Die böse Hexe lachte über sich selbst. Ich kann sie zu meiner Sklavin machen, dachte sie, denn sie weiß nicht, wie sie ihre Macht gebrauchen soll.

»Komm mit!« befahl sie ihr in einem barschen und gestrengen Ton. »Achte auf jedes Wort, das ich dir sage! Wenn du dich widerspenstig zeigen solltest, nimmt es ein schlimmes Ende mit dir. Dann wird es dir so wie dem Holzfäller und der Vogelscheuche ergehen.«

Dorothy folgte ihr durch viele schöne Räume der Burg. Schließlich kamen sie zur Küche, wo ihr die Hexe befahl, die Töpfe und

12. *das Feuer mit Holz zu versorgen.* Wie sehr unterscheidet sich Baums amerikanische Hexe doch von ihren europäischen Kolleginnen. Sie droht nicht etwa damit, Dorothy aufzufressen, wie die Hexe, die Hänsel und Gretel gefangenhält – das Schlimmste, was ihr einfällt, ist, Dorothy zur Hausarbeit zu zwingen. Außerdem wird Dorothy vom Kuß der guten Hexe beschützt. Kinder mögen zwar keinen Spaß daran haben, Töpfe und Pfannen zu scheuern, den Fußboden zu schrubben und für Holznachschub zu sorgen, aber diese Arbeit läßt sie sicher keine Albträume erleiden. Dorothys Schicksal ähnelt dem von Aschenputtel, das für seine böse Stiefmutter und die grausamen Stiefschwestern arbeiten muß.

13. *daß die Hexe sie am Leben ließ.* »Viele Farmer des amerikanischen Westens hatten wohl zu bestimmten Zeiten ähnlich grimmige Gedanken«, meint Henry M. Littlefield in »*The Wizard of Oz*: Parable on Populism«. »Die Westhexe macht Gebrauch von Kräften der Natur, um ihr Ziel zu erreichen. Sie ist Baums Version einer bewußt bösartigen Natur.« In Gestalt von Wölfen, Krähen, Bienen. »Wenn die Westhexe eine teuflische Natur darstellt, dann kann nur eine entgegengesetzte Macht gleicher Art sie besiegen. Dorothy zerstört die Hexe, indem sie wütend einen Eimer Wasser über sie schüttet. Wasser, dieses kostbare Gut, das unter der Dürre leidende Farmer so sehr vermißten, erschafft unter den richtigen Voraussetzungen ein landwirtschaftliches Paradies oder kann doch zumindest eine böse Hexe auflösen. Einfaches Wasser bekämpft im amerikanischen Westen das Bösartige der Natur.«

Kessel zu scheuern, den Fußboden zu schrubben und das Feuer mit Holz zu versorgen.[12]

Dorothy machte sich ergeben an die Arbeit. Sie nahm sich vor, so fleißig wie möglich zu sein. Sie war schon froh darüber, daß die Hexe sie am Leben ließ.[13]

Während sich das Mädchen in der Küche plagte, ging die Hexe zum Löwen auf den Hof. Sie hatte vor, ihn anzuschirren wie ein Pferd. Es wäre spaßig, wenn der Löwe den Wagen ziehen würde, wann immer ihr der Sinn danach stand. Als sie das Tor öffnete, brüllte der Löwe auf und stürzte ihr so wild entgegen, daß sie es mit der Angst zu tun bekam. Schreiend rannte sie vom Hof und schlug das Tor schnell hinter sich zu. Nach einer Weile traute sie sich wieder zurück.

»Wenn ich dich nicht anschirren darf«, zischte die Hexe durch das Gitter des Tors, »lasse ich dich verhungern. Du sollst nichts zu fressen kriegen, solange du mir nicht gefügig bist.«

Von Stund an brachte sie dem Löwen kein Futter mehr. Jeden Mittag aber ging sie zum Tor und fragte: »Bist du bereit, dich wie ein Pferd anspannen zu lassen?«

»Nein, bin ich nicht!« brüllte der Löwe. »Wenn du mir zu nahe kommst, dann beiße ich dich!«

Es hatte seinen Grund, daß sich der Löwe widersetzte. Immer nämlich, wenn die Hexe schlief, schlich sich Dorothy zu ihm und brachte ihm etwas zur Stärkung. Wenn er dann gefressen hatte, legte er sich auf das Bett von Stroh. Dorothy pflegte an seiner Seite Platz zu nehmen und den Kopf auf die weiche, zottige Mähne zu legen. Sie plauderten von ihren Sorgen und schmiedeten Pläne für eine Flucht. Doch einen rettenden Ausweg fanden sie nicht, denn die Burg wurde Tag und Nacht von den gelben Winkies bewacht, die der Hexe untertan waren. Sie hatten viel zu große Angst vor ihr und gehorchten ihr blind.

Das Mädchen rackerte sich den ganzen Tag in der Küche ab. Nicht selten geschah es, daß die Hexe sie mit einem alten Schirm[14] bedrohte, den sie immer in der Hand hielt. Wegen des Zeichens auf der Stirn wagte sie es aber nie, Dorothy zu schlagen.

Das Kind wußte das nicht und fürchtete um sein und Totos Leben. Einmal schlug die Hexe mit einem Regenschirm auf den Hund ein. Der kleine Hund knurrte mutig, ging auf sie los und biß sie kräftig ins Bein. Aus der Wunde trat lediglich ein kleiner Tropfen Blut, denn sie war so böse, daß das Blut in ihrem Körper schon seit vielen Jahren ausgetrocknet war.

Die Tage kamen und gingen, und alle waren traurig. Dorothy hatte das Gefühl, daß die Hoffnung, nach Kansas und zu Tante Em zurückzukehren, immer mehr schwand. Manchmal weinte sie stundenlang. Dann setzte sich Toto vor ihre Füße und schaute mit seinen treuen Augen in ihr Gesicht. Dabei winselte er kläglich, um ihr zu zeigen, daß er mit seiner Herrin litt. Eigentlich war es ihm egal, ob er in Kansas oder im Lande Oz lebte, wenn er nur bei Dorothy war. Doch er spürte, daß das kleine Mädchen unglücklich war, und so wollte auch er unglücklich sein.

Mit jedem Tag wuchs in der Hexe der Wunsch, sich die Silberschuhe anzueignen, die das Mädchen ständig trug. Sie wußte nur

Die Sache mit der bösen Hexe

14. *Schirm.* Wenn man ihre Angst vor Wasser und ihr Schicksal bedenkt, dann scheint es sehr einleuchtend, daß die böse Westhexe einen Schirm mit sich herumträgt, und nicht einen Besen, wie sie ihn zum Beispiel in der Verfilmung von 1939 besitzt.

15. *Nun fürchtete die Hexe sich vor der Dunkelheit.* Aber Baum nimmt dem Bösen seine Bedrohlichkeit, indem er zeigt, daß auch eine böse Hexe kindliche Ängste hat. Natürlich müßte sie eigentlich vor nichts Angst haben, aber man fürchtet immer das, was man nicht kennt. Die Winkies zum Beispiel haben weiterhin Angst vor der Hexe, auch wenn ein Großteil ihrer Macht bereits vergangen ist, und in Kapitel 15 stellen Dorothy und ihre Gefährten sich dem, was sie für die schrecklichste Erscheinung von Oz halten: dem leeren Thronsaal. Die böse Westhexe ist keinesfalls die Inkarnation des Bösen, wie es die Hexen des europäischen Volksglaubens sind, sondern sie trägt sehr menschliche Züge. Damit ist sie typisch für Baums Bösewichter – selbstsüchtig, kleinlich und gemein, wie ein verzogenes Kind.

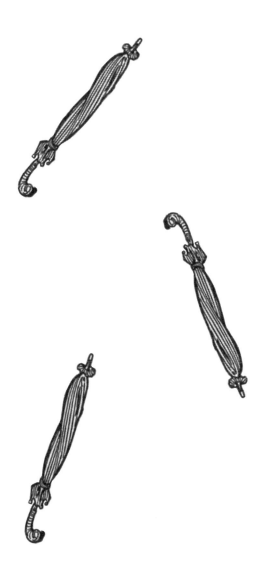

nicht, wie sie es anstellen sollte. Ihre Helfer, die Bienen, Krähen und Wölfe, gab es nicht mehr. Ihre Körper waren vertrocknet. Die Zauberkraft der Kappe war verbraucht. Wenn sie aber die silbernen Schuhe in ihren Besitz bringen könnte, hätte sie mehr Macht als jemals zuvor. Sie ließ kein Auge von dem Mädchen, belauerte es Tag und Nacht und wartete darauf, daß es die Schuhe ausziehe. Dann hätte sie die Zauberschuhe gleich an sich gerafft. Doch das Kind war so stolz auf die hübschen Schuhe, daß es sie niemals auszog, außer nachts und wenn es ein Bad nahm. Nun fürchtete die Hexe sich vor der Dunkelheit[15] und traute sich deshalb nachts nicht in Dorothys Zimmer, um die Schuhe zu stehlen. Vor dem Wasser hatte sie eine noch größere Angst und wagte sich nicht näher, wenn das Mädchen ein Bad nahm. In der Tat vermied die Hexe jede Berührung mit Wasser und ließ es nicht zu, daß auch nur ein Tropfen auf sie fiel. Deshalb trug sie stets den Regenschirm zum Schutz bei sich. Doch die Hexe hatte es faustdick hinter den Ohren, und so dachte sie sich einen Trick aus, um an die Schuhe zu kommen. Sie legte eine Eisenstange in die Mitte der Küche und verzauberte sie so, daß sie für Dorothy unsichtbar blieb. Als das Mädchen nun über den Fußboden ging, stolperte es über die Stange und fiel in der ganzen Länge hin. Weh tat sie sich nicht dabei, doch bei dem Sturz rutschte ihr ein Schuh vom Fuß. Bevor sie ihn erreichen konnte, hatte ihn die Hexe an sich gerissen und war mit ihrem dünnen Fuß hineingeschlüpft.

Die Hexe war überaus zufrieden, daß ihre gemeine List so gut geglückt war. Mit dem Schuh hatte sie auch die halbe Zauberkraft an sich gebracht. Dorothy konnte sich der schlangenklugen Hexe nicht erwehren, selbst wenn sie gewußt hätte, wie das anzustellen sei.

Als das kleine Mädchen den hübschen Schuh am Fuß der Hexe erblickte, wurde sie wütend und schrie: »Gib mir sofort den Schuh zurück!«

Die Hexe lachte nur dreckig. »Auf keinen Fall! Ich denke nicht daran«, erwiderte sie höhnisch. »Dein Schuh gehört jetzt mir!«

»Du bist eine ganz gemeine Person!« schrie Dorothy aufgebracht. »Mir meinen Schuh zu stehlen, hast du kein Recht!«

»Was heißt hier stehlen? Ich nehme ihn einfach. Das ist nicht dasselbe«, spottete die Hexe und brach in ein wieherndes Gelächter aus. »Und eines Tages schnappe ich mir auch den anderen Schuh.«

Das hätte sie nicht sagen sollen. Dorothy war so entrüstet, daß sie den Wasserkübel packte, der in ihrer Nähe stand, und das Wasser über die Hexe schwappen ließ. Die wurde pitschnaß – vom Kopf bis zu den Füßen.

Die Hexe stieß einen schrillen Schrei aus. Dorothy sah verblüfft, wie die Hexe immer kleiner wurde und zusammenfiel.

»Sieh, was du angestellt hast!« kreischte sie. »Gleich werde ich weggeschmolzen sein!«

»Oh, das tut mir leid«, stammelte Dorothy, die wirklich erschrocken war. Die Hexe schmolz genau vor ihren Augen wie brauner Zucker dahin.

16. *Wußtest du nicht, daß Wasser mein Tod ist?* In der Tat hätte Dorothy das wissen können. In einer Anmerkung zu seinem Gedicht »Tom O'Shanter, a Tale« von 1790 schreibt zum Beispiel Robert Burns, daß »Hexen und andere böse Geister keine Macht haben, einem armen Kerl weiter zu folgen als bis zur Mitte des nächsten fließenden Gewässers«. Als Tom O'Shanter unversehens im Wald auf einen Hexensabbath trifft, entkommt er den wütenden Hexen nur, weil sie sich nicht trauen, einen Fluß zu überqueren. Frauen, die der Hexerei angeklagt waren, wurden oft durch die Wasserprobe geprüft. Sie galt als der wirksamste Beweis der Hexerei. Die Verdächtige wurde gefesselt in einen Fluß geworfen. Wenn sie obenauf schwamm, galt sie als schuldig und konnte verbrannt werden. Diese Methode der Rechtsprechung wurde bereits 1950 v.Chr. im Codex Hammurapi niedergelegt, und französische Gerichte praktizierten sie noch bis 1696. Auch Baum kannte diese Gepflogenheit, denn in der Ausgabe des *Aberdeen Saturday Pioneer* vom 29. März 1890 erwähnt er »die ertrunkenen Hexen längst vergangener Zeiten«.

Viele *Oz*-Interpreten meinen, die Zauberei in Baums Büchern beruhe auf wissenschaftlichen Prinzipien. Sie sei nichts weiter als eine Erweiterung von Naturgesetzen. In »On the Liquidation of Witches« (*The Baum Bugle*, Frühjahr 1969) argumentiert Dr. Douglas A. Rossman, daß das Schmelzen der bösen Westhexe das Resultat der Hydrolyse sei. Die Adhäsionskraft von Molekülen kann durch Wasser und Katalysatoren oder andere heftige Naturereignisse (wie zum Beispiel das Herunterfallen eines Hauses vom Himmel) aufgelöst werden. Wie die böse Osthexe ist auch ihre Schwester aus dem Westen wahrscheinlich so alt und vertrocknet, daß sie nicht einmal mehr bluten kann. Nur mit Hilfe der schwarzen Künste kann sie noch verhindern, daß sie auseinanderfällt. Das Wasser hebt die schwachen Adhäsionskräfte ihres Körpers auf, und sie zerfällt in eine braune, formlose Masse. Das Wasser ist aber nicht nur Katalysator in einem chemischen Prozeß, sondern funktioniert auch auf metaphorischer Ebene. In »The Comedians of Oz« (*Studies in American Humor*, Winter 1986–1987) merkt Celia Catlett Andersen an, daß die böse Westhexe »auf gerechte Weise mit Hilfe eines Symbols für die Plackerei im Haushalt zerstört wird: einem Eimer Wasser«. Eine leicht veränderte Version dieses Kapitels erschien als »Melting a Wicked Witch« in *L. Frank Baum's Juvenile Speaker*.

17. *eine Rotznase wie du*. Hätte die Hexe »Hänsel und Gretel« gelesen, wäre sie nicht so erstaunt, denn dort entledigt sich ein anderes erfindungsreiches Mädchen auf ähnlich effiziente Weise einer bösen Hexe. »Solange Kinder an Hexen glauben«, meint Bruno Bettelheim in *Kinder brauchen Märchen*, »sollte man ihnen Geschichten erzählen, in denen gescheite Kinder es fertigbringen, sich von solchen Verfolger-Figuren ihrer Phantasie zu befreien.«

18. *Sieh nur, ich gehe dahin*. Ist Dorothy also des Mordes schuldig? Laut einem Artikel mit dem Titel »Junior Barrister Square Off Over Dorothys Deadly Deed« (*Orange County Register* [Kalifornien], 5. Juni 1992) wagten einige Grundschulen das Experiment, Dorothy wegen Mordes vor ein Gericht von Gleichaltrigen zu stellen, um Schülern die Grundzüge des amerikanischen Rechtssystems beizubringen. In dem Experiment wurde Dorothy meistens freigesprochen, aber dennoch sollte sie wohl lernen, sich zu mäßigen.

19. *und schwemmte alles mit einem Besen aus der Tür*. Was für eine schnelle, saubere und effiziente Methode, das Böse loszuwerden. Baum zeigt wieder einmal, was für ein wohlerzogenes kleines Mädchen Dorothy ist. »Auch wenn sie alles andere nicht begreifen, so lernen Kinder hier doch den Wert der Ordentlichkeit«, kommentiert Raylyn Moore in *Wonderful Wizard, Marvelous Land* (S. 155).

»Wußtest du nicht, daß Wasser mein Tod ist?«[16] fragte die Hexe mit brechender, verzweifelter Stimme.

»Natürlich nicht«, sagte Dorothy. »Wie sollte ich auch?«

»In wenigen Augenblicken werde ich zerschmolzen sein. Dann bist du die Besitzerin der Burg. Ich bin immer böse gewesen, aber niemals hätte ich gedacht, daß eine Rotznase wie du[17] mich zerschmelzen könnte, und jetzt ist es mit meinen bösen Taten vorbei. Sieh nur, ich gehe dahin.«[18]

Mit diesen Worten fiel die Hexe zu einer braunen, flüssigen Masse zusammen, die sich über den sauberen Küchenboden ergoß. Als Dorothy sah, daß die Hexe wirklich zu einem Nichts zerschmolzen war, füllte sie den Kübel, goß das Wasser über den Schmutz und schwemmte alles mit einem Besen aus der Tür.[19] Nur der silberne Schuh war von der bösen Frau übriggeblieben. Sie reinigte und trocknete den Schuh mit einem Lappen und schlüpfte hinein. Jetzt konnte sie tun, was sie wollte, rannte zum Hof und erzählte dem Löwen, daß die böse Westhexe ihr Leben ausgehaucht habe. Nun waren sie keine Gefangenen mehr in einem fremden Land.

1. *Die Rettung.* In den ersten amerikanischen Ausgaben von *The Wonderful Wizard of Oz* (1900) und *The New Wizard of Oz* (1903) hat dieses Kapitel zwei verschiedene Titel. Im Inhaltsverzeichnis heißt es »Wie die vier einander wiederfanden«, auf der Seite mit Zwischentitel selbst steht »Die Rettung«. Als Bobbs-Merrill das Buch in den zwanziger Jahren neu setzte, wurde das Inhaltsverzeichnis gestrichen und »Die Rettung« als Titel beibehalten. Die meisten nachfolgenden Ausgaben blieben bei diesem Titel.

Kapitel XIII.
Die Rettung[1] des Holzfällers und der Vogelscheuche

Diese Zeichnung der Vogelscheuche erschien auf einem
Faltblatt, das für *Denslow's Scarecrow and the Tin-Man*
(New York: G. W. Dillingham, 1904) warb.
Privatbesitz.

TANZEN VOR FREUDE WOLLTE DER feige Löwe, als ihm Dorothy erzählte, daß die böse Hexe durch einen Kübel Wasser umgekommen sei. Sie schloß das Tor des Gefängnisses auf und ließ ihn frei. Gemeinsam gingen sie in die Burg. Als erstes rief das Mädchen alle Winkies zusammen, um ihnen mitzuteilen, daß die Zeit der Knechtschaft vorbei sei. Die gelben Winkies brachen in laute Freudenrufe aus. Sie hatten sich viele Jahre für die böse Hexe schinden müssen, die sie immer mit großer Grausamkeit behandelt hatte. Der Tag war ein Freudentag für sie – heute und in aller Zeit. Sie verbrachten die Stunden mit einem Festmahl und tanzten die ganze Nacht hindurch.

»So richtig froh wäre ich erst, wenn unsere Freunde, die Vogelscheuche und der Holzfäller, bei uns wären«, meinte der Löwe wehmutsvoll.

»Meinst du nicht, daß wir sie retten können?« fragte das Mädchen.

»Wir müssen es versuchen«, sagte der Löwe. »Hoffentlich finden wir sie.«

Sie riefen die gelben Winkies zusammen und baten sie, ihnen bei der Rettung der Freunde zu helfen.

»Es ist uns eine Freude, wenn wir euch nützlich sein können«, erklärten die Winkies. »Für Dorothy, die uns aus einer schrecklichen Lage befreit hat, machen wir alles.«

Dorothy wählte ein paar Winkies aus, die ihr gewitzt erschienen, und gab ihnen den Auftrag, die Gegend zu erforschen. Sie waren einen ganzen Tag und einen Teil des nächsten Tages unterwegs und hielten nach den beiden Ausschau. Schließlich gelangten sie in die felsige Gegend, wo der blecherne Holzfäller lag – voller Beulen und verbogen. Die Axt fand sich in seiner Nähe, doch die Schneide war verrostet und der Stiel nur noch ein kleiner Stumpf.

Die Winkies nahmen ihn vorsichtig in die Arme und trugen ihn zur gelben Burg zurück. Dorothy wurden gleich die Augen feucht, als sie sah, in welch traurigem Zustand sich der Freund befand. Auch der Löwe blickte ernst und traurig.

Auf der Burg angekommen, fragte Dorothy die Winkies: »Gibt es einen Blechschmied unter euch?«

»O ja, da haben wir viele«, berichteten sie ihr.

Die Blechschmiede waren bald gefunden. Sie rückten mit Körben voller Werkzeuge an.

»Könnt ihr ihn ausbeulen und ihm zu seiner alten Figur verhelfen?« fragte Dorothy. »Er müßte auch gelötet werden, wo das Blech gerissen ist.«

Die Blechschmiede beguckten den Holzfäller gründlich von hinten und vorn und erklärten dann, daß sie ihn zusammenflicken könnten. Nach der Reparatur würde er wieder ganz der alte sein. Ohne lange zu reden, trugen sie ihn in einen gelben Raum der Burg und machten sich an die Arbeit. Drei Tage und vier Nächte hämmerten, drehten, bogen und löteten sie. Dann putzten und glätteten sie die Beine, den Körper und den Kopf des Holzfällers. Zum Abschluß streckten sie ihn in die alte Form. Die Scharniere drehten sich wieder so vortrefflich wie zuvor. Gewiß, ganz ohne Flicken ging es nicht. Doch die Blechschmiede waren Meister ihres Fachs, und da der Holzfäller kein Geck war, machten ihm die Flicken überhaupt nichts aus.

Als er dann in Dorothys Zimmer erschien, um ihr für die Rettung zu danken, war er so gerührt, daß ihm die Tränen über beide Wangen kullerten vor Freude. Da mußte Dorothy ihm jede Träne mit der Schürze aus dem Gesicht wischen, damit die Scharniere nicht zu rosten begannen. Wo einer weint, weinen bald zwei. Auch Dorothy zerfloß in Tränen. Sie war überglücklich, den alten Freund wiederzuhaben. Diese Tränen brauchte sie nicht wegzuwischen. Wo zwei weinen, weinen bald drei. Auch den Löwen packte es. Er heulte zum Steinerweichen und wischte sich die Tränen mit der Schwanzquaste ab. In kurzer Zeit war sie völlig durchnäßt. Er mußte auf den Hof und sie in die Sonne halten, bis sie wieder trocken war.

»Wenn wir jetzt noch die Vogelscheuche bei uns hätten, wäre ich vollkommen glücklich«, sagte der Holzfäller, nachdem ihm Dorothy berichtet hatte, was geschehen war.

»Wir müssen sie finden«, rief Dorothy.

Sie bat die Winkies ein neues Mal, ihr zu helfen. Einen ganzen Tag und einen Teil des nächsten Tages zogen sie kreuz und quer durch die Gegend, bis sie zu dem hohen Baum gelangten, in dessen Zweigen das Bündel mit den Kleidern der Vogelscheuche hing.

Der Baum ragte hoch empor. Der Stamm war so glatt, daß niemand hinaufklettern konnte.

»Ich werde ihn fällen«, entschied der Holzfäller kurzerhand. »Dann kommen wir ohne Mühe an die Kleider der Vogelscheuche heran.«

Während die Blechschmiede den Holzfäller ausgebessert hatten, war ein Goldschmied damit beschäftigt gewesen, einen Stiel aus solidem Gold[2] zu gießen und in die Axt des Holzfällers zu treiben. Wieder andere hatten die Schneide gewienert, bis der Rost verschwunden war. Wie poliertes Silber blitzte sie jetzt.

Gesagt, getan! Der Holzfäller begann zu schlagen, und in kurzer Zeit krachte der Baum zu Boden. Das Kleiderbündel fiel aus den Zweigen und kullerte vor Dorothy.

DIE RETTUNG DES HOLZFÄLLERS UND DER VOGELSCHEUCHE   223

2. *einen Stiel aus solidem Gold.* In *Forty-Seven Days to Oz* bemerkt Barry Moser, daß dieser neue Stiel »auch von Winkie-Magie berührt sein muß, denn ohne sie würde er sich bestimmt verbiegen«. Das mag sein, aber Moser täuscht sich, wenn er meint, auch die Schneide sei durch Edelmetall ersetzt worden. Baum schreibt nur, sie sei gewienert worden, bis sie glänze »wie poliertes Silber«.

3. *wie eh und je.* Kleider machen Leute. Mit ihrem neuen Verstand entwickelt die Vogelscheuche jedoch später eine neue Definition dessen, was ihre Identität ausmacht. Nachdem sie in *Im Reich des Zauberers Oz* wieder einmal ihr Stroh verloren hat und neu ausgestopft wird sagt sie, daß ihr »Kopf immer noch der alte ist. Das ist der Besitz, der aus mir jemanden macht, und darauf habe ich mich im Notfall immer verlassen können« (Kap. 19, »Dr. Nikidiks berühmte Wunschpillen«).

Zeichnung aus einem signierten Exemplar der Erstausgabe, die Denslow seinem Arzt, Dr. Omer C. Snyder, schenkte; sie zeigt den Arzt, wie er dem Blechholzfäller den Puls mißt.
Mit freundlicher Genehmigung von Justin G. Schiller.

Sie hob das Bündel auf und bat die Winkies, es zur Burg zu tragen, wo die Kleider mit feinem, sauberem Stroh ausgestopft wurden. Und siehe da! Die Vogelscheuche stand wie eh und je³ munter da und dankte ihnen für die Rettung. Nun waren alle wieder vereint. Dorothy und die Freunde verbrachten noch ein paar schöne Tage auf der gelben Burg, wo sie alles fanden, was für ein behagliches Leben erforderlich war. Eines Tages aber kam dem Mädchen Tante Em in den Sinn.

»Wir müssen jetzt zu Oz zurück«, sagte sie. »Es ist höchste Zeit, ihn an sein Versprechen zu erinnern.«

»Ja«, sagte der Holzfäller. »Dann bekomme ich endlich mein Herz.«

»Und ich meinen Verstand«, fügte die Vogelscheuche fröhlich hinzu.

»Und ich meinen Mut«, sagte der Löwe hoffnungsvoll.

»Und ich reise nach Kansas zurück!« rief Dorothy. »Oh, laßt uns gleich morgen aufbrechen.«

4. *Sie baten ihn, im Lande zu bleiben, und boten ihm die Herrschaft über Westland an.* Im zweiten Oz-Buch, *Im Reich des Zauberers Oz*, hat sich der Blechholzfäller bereits den eindrucksvollen Titel eines Kaisers der Winkies gegeben. Auf den Hinweis, daß ein Kaiser über ein Kaiserreich regiert, das Land der Winkies aber ein Königreich ist, meint die Vogelscheuche: »Erwähne das bitte nicht vor dem Blechholzfäller. Du würdest ihn damit in seinem tiefsten Inneren verletzen. Er ist ein stolzer Mann, und dazu hat er auch allen Grund, er läßt sich lieber als Kaiser betiteln.« (Kap. 11, »Ein vernickelter Kaiser«) In *The Tin Woodman of Oz* meint der Blechholzfäller später allerdings: »Wie viele Könige und Kaiser habe ich einen wichtigen Titel, aber sehr wenig echte Macht, und das erlaubt mir, meine Zeit mit meinen eigenen Vergnügungen zu verbringen.« (S. 28)

5. *mit einem Armband, das mit Diamanten besetzt war.* Wie »alle Amerikaner – nein, wie die meisten Amerikaner« sei Baum »besessen von Gold, Silber und Juwelen«, meint der Künstler Barry Moser in *Forty-Seven Days to Oz*. Das Armband muß später in Oz zurückgeblieben sein, denn »Dorothy kam niemals mit Edelsteinen nach Hause« (siehe *Dorothy in der Smaragdenstadt*, Kap. 2).

6. *eine silberne Ölkanne.* Dies muß dieselbe sein, die in *Im Reich des Zauberers Oz* beschrieben wird: »Auf einem hübschen Tisch in der Mitte stand eine große silberne Ölkanne, auf der Szenen aus den früheren Abenteuern des Blechholzfällers, Dorothys, des feigen Löwen und der Vogelscheuche eingraviert waren: Die Gravurlinien waren auf dem silbernen Untergrund in Gold eingezeichnet.« (Kap. 11, »Ein vernickelter Kaiser«)

7. *Sie setzte sie auf.* Dorothy besitzt jetzt die Zauberdinge beider bösen Hexen, die goldene Kappe und die silbernen Schuhe. In ihrer Unschuld weiß sie nicht, welche außergewöhnlichen Eigenschaften sie besitzen und wie man sie benutzt. Zauberei ist natürlich an sich nicht böse, obwohl man sie zu bösen Zwecken einsetzen kann, genauso wie die moderne Technik und jede andere Form von Wissen.

Sie stimmten ihr alle zu. Am nächsten Tag riefen sie die Winkies zusammen und sagten ihnen Lebewohl.

Die Winkies waren traurig, daß die Freunde gingen. Vom Holzfäller fiel ihnen der Abschied besonders schwer. Sie baten ihn, im Lande zu bleiben, und boten ihm die Herrschaft über Westland an.[4] Doch die Freunde hielt es nicht länger.

Die Winkies schenkten Toto und dem Löwen je eine goldene Halskette. Dorothy bedachten sie mit einem Armband, das mit Diamanten besetzt war.[5] Die Vogelscheuche erhielt einen Spazierstock mit einer goldenen Krücke, damit sie nicht stolperte. Dem Holzfäller wurde eine silberne Ölkanne[6] zuteil, die mit Gold ausgelegt und mit prächtigen Edelsteinen besetzt war. Die Reisenden ihrerseits sparten nicht mit fröhlichen Worten. Jeder schüttelte jedem die Hand, bis ihnen die Arme weh taten.

Dorothy ging zum Küchenschrank der Hexe, um den Korb mit Lebensmitteln zu füllen. Und da entdeckte sie die Kappe. Sie setzte sie auf[7] und fand sich wunderschön. Von der Zauberkraft der Kappe aber wußte sie nichts. Es reichte ihr, daß sie hübsch war. So entschloß sie sich, die Kappe ständig zu tragen. Die Sonnenhaube steckte sie in den Korb.

Auf diese Weise vorbereitet, begannen sie die Reise in die ferne Smaragdenstadt. Die Winkies riefen dreimal »Hurra!« und wünschten ihnen noch ein letztes Mal alles Gute und eine glückliche Zukunft.

Die Rettung des Holzfällers und der Vogelscheuche

Dieses Bild der Vogelscheuche und des feigen Löwen zeichnete W. W. Denslow für den Chicagoer *Sunday Record-Herald*, 3. August 1902. *Mit freundlicher Genehmigung der Billy Rose Theatre Collection, The New York Public Library, Astor, Lenox and Tilden Foundations.*

ERINNERN WIR UNS: ZWISCHEN DER Burg der bösen Hexe und der Smaragdenstadt gab es keine Straße, nicht einmal einen Pfad. Als die vier Reisenden auf der Suche nach dem Land der Winkies gewesen waren, hatte die Hexe sie schnell entdeckt und den geflügelten Affen befohlen, sie zu ihr zu bringen. Die Reise durch die Luft war wie ein Husch. Viel schwieriger war es, den Rückweg durch die weiten Felder mit den Butterblumen und gelben Gänseblümchen[1] zu Fuß zu finden. Natürlich wußten die Freunde, daß sie jetzt immer in Richtung Osten gehen mußten, der aufsteigenden Sonne entgegen, und so zogen sie auf dem richtigen Weg. Doch um die Mittagszeit, als die Sonne über ihren Köpfen

1. *mit den Butterblumen und gelben Gänseblümchen.* Diese Felder bilden einen angenehmen Kontrast zu dem tödlichen Mohnblumenfeld, in das Dorothy bei ihrem ersten Besuch in der Smaragdenstadt geraten war. In der Erstausgabe von 1900 steht »yellow daisies«, in der Bobbs-Merrill-Ausgabe *The New Wizard of Oz* von 1903 und den meisten folgenden Ausgaben ist lediglich von »bright«, also leuchtenden Gänseblümchen die Rede, und die Felder und Blumen werden rot. Die Änderung schwächt Baums Erzählung ab, denn schließlich befinden sich Dorothy und ihre Gefährten im Land der Winkies, wo Gelb die bevorzugte Farbe ist. Auch ein Rezensent des *The Bookseller* scheint mit Farbenblindheit geschlagen zu sein, wenn er im Dezember 1903 notiert, daß »niedliche kleine Mädchen in roten Kleidern eine rote Straße entlanghüpfen«.

2. *dann kommen wir an irgendeinen Ort.* Man vergleiche diese Logik mit der von Alice und der Cheshire-Katze in Kapitel 6 von *Alices Abenteuer im Wunderland* (in der Übersetzung von Günther Flemming):

> »Würdest du mir sagen, bitte, welchen Weg ich von hier aus einschlagen soll?«
> »Das hängt zu einem guten Teil davon ab, wo du hin möchtest«, sprach die Katze.
> »Das ist mir ziemlich egal –«, sprach Alice.
> »Dann ist es gleich, welchen Weg du einschlägst«, sprach die Katze.
> »– solange ich nur *irgendwo* hin komme«, fügte Alice erklärend hinzu.
> »Oh, das wirst du ganz sicher«, sprach die Katze, »wenn du nur lange genug gehst.«

Als er den *Zauberer von Oz* mit Lewis Carrolls Klassiker verglich, hatte der Rezensent des *The Dial* wohl diese Passage im Kopf. Wie Baum allerdings in seinem Artikel über Märchen (siehe Kap. 1, Anm. 1) selbst schreibt, schuldet er mit dem *Zauberer von Oz* dem englischen Mathematikprofessor recht wenig. Deutlichere Parallelen gibt es zwischen den *Alice*-Büchern und Baums *A New Wonderland*, wie Martin Gardner in seiner Einleitung zur Dover-Ausgabe von *The Magical Monarch of Mo* (einer umgeschriebenen Fassung von *A New Wonderland*) von 1968 erklärt. Inspiriert von *Alices Abenteuer im Wunderland* und *Durch den Spiegel und was Alice dort fand* war dies Baums erstes Kinderbuch, aber er konnte zunächst keinen Verleger finden, bis R. H. Russell in New York das Buch im Jahr 1900 herausbrachte. In »A Child's Garden of Bewilderment« stellt Gardner ebenfalls einen Vergleich mit Carroll an.

3. *die kleine Pfeife.* Die Pfeife wird hier zum ersten Mal erwähnt. Eigentlich hatte die Königin der Feldmäuse ja zu Dorothy gesagt: »Wenn ihr uns einmal brauchen solltet, ... geht auf ein Feld und ruft uns zu Hilfe« (siehe Kap. 9). Vielleicht denkt Baum hier an die silberne Pfeife, mit der die böse Westhexe die Wölfe, Krähen und Bienen zu sich gerufen hatte.

stand, hatten sie keine Ahnung, wo der Osten und wo der Westen war, und so verirrten sie sich in den weiten Feldern, doch sie wanderten weiter, und am Abend kam der Mond und glänzte hell. Sie legten sich in die süß duftenden gelben Blumen und schliefen bis zum Morgengrauen – alle außer der Vogelscheuche und dem Holzfäller.

Am nächsten Morgen versteckte sich die Sonne hinter einer Wolke, doch sie taten so, als wüßten sie die richtige Richtung.

»Wir müssen nur weit genug laufen«, erklärte Dorothy, »dann kommen wir an irgendeinen Ort.? Das ist sicher.«

Tag um Tag verging, doch außer gelben Feldern bekamen sie nichts Neues zu Gesicht. Die Vogelscheuche begann ein bißchen zu murren.

»Wir haben anscheinend den Weg verloren«, sagte sie. »Wenn wir ihn nicht wiederfinden, erreichen wir die Smaragdenstadt nicht. Und dann komme ich nicht zu Verstand.«

»Und ich nicht zu einem Herzen«, erklärte der Holzfäller. »Es fällt mir immer schwerer, darauf zu warten, daß mich Oz empfängt. Darin stimmt ihr mir wohl zu, daß diese Reise ganz schön lange dauert.«

»Das ist wahr«, sagte der Löwe mit einem Winseln. »Ich habe keine Lust, ewig durch diese Gegend zu laufen, ohne einmal anzukommen.«

Da verlor auch Dorothy den Mut. Sie setzte sich

ins Gras und blickte die Gefährten an, und die Gefährten setzten sich ebenfalls und blickten sie an. Toto fand, daß er zum ersten Mal in seinem Leben zu müde war, um nach einem Schmetterling zu jagen, der über seinem Kopfe flatterte. So ließ er die Zunge hängen, hechelte und schaute auf Dorothy, als wenn er fragen wollte, was jetzt zu tun sei.

»Ich hab's!« rief Dorothy plötzlich. »Wir rufen die Feldmäuse. Sie werden uns sicherlich sagen können, welche Richtung wir einschlagen müssen, um in die Smaragdenstadt zu kommen.«

»Natürlich können sie das«, sagte die Vogelscheuche. »Warum sind wir nicht gleich darauf gekommen?«

Dorothy blies in die kleine Pfeife,[3] das Geschenk der Königin. Das Mädchen hatte sie immer um den Hals getragen seitdem. In einigen Minuten hörten sie das Trippeln winziger Füße, und viele graue Mäuse tauchten aus dem Grase auf und liefen zu ihr. Unter ihnen war auch die Königin.

»Was kann ich für euch tun, liebe Freunde?« piepste sie.

»Wir haben uns verlaufen«, sagte Dorothy. »Kannst du uns sagen, wo die Smaragdenstadt liegt?«

»Natürlich«, erwiderte die Königin. »Aber es ist weit bis dahin. Ihr habt sie die ganze Zeit über in eurem Rücken gehabt.«

In diesem Augenblick bemerkte sie Dorothys Kappe und sprach: »Warum probierst du nicht die Zauberkraft der Kappe aus? Eins, zwei, drei ständen dir die geflügelten Affen zur Verfügung. Sie würden euch in weniger als einer Stunde in die Stadt tragen!«

»Ich wußte nicht, daß man mit der Kappe zaubern kann«, erwiderte Dorothy überrascht. »Was ist das für ein Zauber?«

»Das steht in der Kappe geschrieben«, erwiderte die Königin der Mäuse. »Doch wenn du die Affen herbeirufen willst, müssen wir verschwinden, denn sie haben nur Schabernack im Sinn und amüsieren sich damit, uns zu quälen.«

»Ob sie mir auch etwas tun?« fragte das Mädchen besorgt.

»O nein! Dem Träger der goldenen Kappe müssen sie gehorchen. Und nun lebe wohl!«

Unverzüglich jagte sie davon, und ihre Untertanen schossen hinterher.

Dorothy guckte ins Innere der goldenen Kappe und entdeckte, daß auf dem Futter einige Worte standen.

Das muß der Zauberspruch sein, dachte sie, las die Wörter aufmerksam und setzte die Kappe auf. Dann stellte sie sich auf den linken Fuß und murmelte:

»Ep – pe, pep – pe, kek – ke!«

»Was murmelst du da?« fragte die Vogelscheuche, die nicht verstand, was Dorothy trieb.

Dorothy stellte sich auf den rechten Fuß und fuhr unbeirrt fort: »Hil – lo, hol – lo, hel – lo!«

»Hallo!« rief der Holzfäller dazwischen, der das Wort für eine Begrüßung hielt.

Jetzt sprang das Mädchen auf beide Beine und schrie: »Zis – si, zas – si, zick!«

Damit war das Zauberwort gesprochen. Plötzlich hörten alle ein lautes Schnattern und Flattern in der Luft. Eine Schar fliegender Affen senkte sich herab. Der Affenkönig trat zu Dorothy und verbeugte sich tief.

»Was befiehlst du?« fragte er.

»Wir wollen in die Smaragdenstadt, haben uns aber verlaufen«, sagte das Kind.

»Wir tragen euch hin«, sagte der König. Er hatte kaum zu Ende gesprochen, als zwei Affen Dorothy in ihre Arme nahmen, und schon waren sie auf und davon mit ihr. Andere Affen packten die Vogelscheuche und den Löwen. Ein kleiner Affe kriegte Toto am Schlafittchen und flog den großen Affen hinterher, obwohl ihn der Hund zu beißen versuchte. Die Vogelscheuche und der Holzfäller waren zuerst ziemlich erschrocken, denn sie hatten nicht vergessen, wie schlimm die Affen ihnen mitgespielt hatten. Doch sie merkten bald, daß die Affen sie in Ruhe ließen, und so flogen sie quietschvergnügt wie die Spatzen und fanden Vergnügen daran, auf die schönen Gärten und Wälder unter ihnen zu blicken.

Dorothy wurde von zwei der größten Affen getragen. Einer von ihnen war der König persönlich. Sie hatten ihre Hände zu einem Sitz verschränkt und achteten darauf, daß sie weich und sicher saß.

»Warum müßt ihr dem Zauber der goldenen Kappe gehorchen?« fragte Dorothy.

»Das ist eine lange Geschichte«, antwortete der König und lachte. »Doch weil wir eine lange Reise vor uns haben, will ich dir die Zeit mit Erzählen vertreiben, wenn du es wünschst.«

»Erzähl, erzähl!« forderte das Mädchen ungeduldig.

»Einstmals waren wir ein freies Volk, das in den Wäldern hauste. Wir flogen von Baum zu Baum, ernährten uns von Nüssen und Früchten und taten nur das, was uns gefiel, ohne einen Herrscher zu fragen. Kann schon sein, daß einige es mit den Streichen übertrieben. Manche flogen auf die Erde und zogen Tiere am Schwanz, die keine Flügel hatten, andere jagten Vögel, wieder andere warfen Nüsse auf die Köpfe der Leute, die im Wald spazierengingen. Ohne Sorgen lebten wir und waren glücklich. Es gab eine Menge Spaß an jedem Tag, und wir genossen jeden Augenblick unseres Daseins. Das war vor vielen Jahren, lange bevor Oz aus den Wolken kam, um dieses Land zu regieren. Nun lebte hier auch – weit im Norden – eine schöne Prinzessin, die eine mächtige Zauberin war. Ihre geheimen Künste aber wandte sie nur an, um den Menschen zu helfen. Niemand hatte je erlebt, daß sie einem, der gut war, ein Leid zufügte. Ihr Name war Gayelette, und sie wohnte in einem herrlichen Palast, der aus großen Rubinen[4] bestand. Jeder liebte sie, doch insgeheim grämte sie sich, weil sie niemanden fand, dessen Liebe sie

4. *aus großen Rubinen*. Dies ist eines von mehreren Details, die verraten, daß Baum sich noch nicht sicher war, daß die Lieblingsfarbe des Nordlandes *Purpur*rot sein sollte. Vielleicht dachte er zu diesem Zeitpunkt noch, es sollte einfach nur rot sein, wie im Südland.

5. *wie es sich eine Frau nur wünschen kann*. In »Liberation for Little Girls« (*Saturday Review*, 15. Juni 1972) schreibt Katharine Rogers, Gayelette sei ein »weiblicher Pygmalion. Sie erschafft sich einen Gefährten, da es keinen Mann gibt, der intelligent genug ist, ihrer Liebe würdig zu sein.« Kommt der Name Gayelette vielleicht gar von Galatea, der Statue, in die sich Pygmalion verliebt?

erwidern konnte. Alle Männer waren zu dumm und zu häßlich für sie, die so schön und weise war.

Schließlich warf sie ihr Auge auf einen hübschen Jungen, der beherzt und für sein Alter ziemlich gescheit war. Ein Knabe von Mut wird ein Mann von Wert, dachte sie und faßte den Entschluß, ihn zu ihrem Mann zu machen, wenn er erwachsen sein würde. Und so nahm sie ihn auf ihr Schloß und wandte alle Zauberkraft an, um ihn so stark, so gut und so liebenswert zu machen, wie es sich eine Frau nur wünschen kann.[5]

Als Quelala, so hieß ihr Liebster, herangewachsen war, sprachen die Leute nur Gutes über ihn. Er sei der beste und klügste Mann weit und breit. Er war wirklich so stattlich und schön, daß ihn Gayelette von ganzem Herzen liebgewann, und so machte sie sich unverzüglich an die Vorbereitung der Hochzeit.

Mein Großvater war zu dieser Zeit der König der geflügelten Affen, die im Walde lebten, in der Nähe von Gayelettes Palast. Der alte Haudegen liebte einen deftigen Spaß mehr als ein gutes Essen. Am Vortage der Hochzeit flog er mit seiner Rasselbande in der Gegend umher, als er Quelala entdeckte, der am Ufer spazierenging. Er war kostbar gekleidet und trug ein Gewand aus rosa Seide und purpurnem Samt. Hoho, dachte mein Großvater, der kommt mir gerade recht für einen Scherz. Auf seinen Befehl hin flogen die Affen zum Ufer, packten den armen Kerl, trugen ihn empor bis zur Flußmitte hin und ließen ihn fallen.

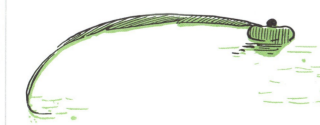

›Schwimm, mein Kerlchen, schwimm!‹ johlte mein Großvater hinter ihm her. ›Schau doch mal, ob das Wasser dich nicht naß gemacht hat!‹

Quelala war zu vielseitig, um nicht auch schwimmen zu können. Außerdem lachte ihm immer das Glück. Und so tauchte er wieder auf, verzog fröhlich den Mund und schwamm zum Ufer zurück. Doch da kam auch schon Gayelette gerannt, der nichts entging, und sie sah gleich, daß die Seide und der Samt durch das Wasser verdorben waren.

Die Prinzessin ärgerte sich sehr, und sie wußte auch sofort, wer ihrem Liebsten den Streich gespielt hatte. Sie befahl die Affen zu sich und teilte ihnen als erstes mit, daß man sie mit festgebundenen Flügeln in den Fluß werfen würde, wie es Quelala geschehen war. Doch mein Großvater bat sie inständig, dies nicht zu tun. Die Affen würden elend ertrinken. Auch Quelala legte ein gutes Wort für sie ein. Und da ihr erster Zorn schon verraucht war, erließ Gayelette ihnen die Strafe unter der Bedingung, daß sie dem Besitzer der goldenen Kappe dreimal zu Diensten sein müßten – von diesem Tage an. Diese Kappe war ein Hochzeitsgeschenk für Quelala. Man erzählte sich, sie habe die Hälfte des Königreiches gekostet. Natürlich stimmten mein Großvater und die anderen Affen sogleich zu. Und das ist der Grund dafür, weshalb wir dem Besitzer der goldenen Kappe dreimal gehorchen, wer auch immer es sei.«

»Was ist aus den beiden geworden?« fragte Dorothy, die dem Erzähler mit großem Interesse zugehört hatte.

»Quelala war der erste Besitzer der Kappe«, erwiderte der Affe.

»Und er war deshalb auch der erste, der die drei Wünsche aussprach. Doch da uns seine Braut nicht ausstehen konnte, verbannte er uns gleich nach seiner Hochzeit in den Wald. Wir durften nur noch dort verweilen, wo sie uns nicht mehr zu Gesicht bekam. Wir waren froh über diese Entscheidung, denn wir hatten Angst vor ihr. Das war alles, was wir zu tun hatten. Doch dann fiel die goldene Kappe in die Hände der bösen Westhexe, die uns befahl, die Winkies zu versklaven. Nach dieser Untat haben wir Oz aus Westland vertrieben. Nun gehört die Kappe dir, und du hast das Recht, uns dreimal zu rufen.«

Nachdem der Affenkönig seine Geschichte beendet hatte, blickte Dorothy nach unten. Die grünen, schimmernden Mauern der Smaragdenstadt lagen unter ihnen. Sie staunte, daß es so schnell gegangen war, doch sie freute sich auch, daß die Reise hinter ihnen lag.

Die seltsamen Geschöpfe setzten die Freunde vorsichtig vor der Stadt ab. Der König verbeugte sich vor Dorothy und schwang sich mit den Affen in die Luft.

»Das war eine gute Reise«, sagte das kleine Mädchen.

»Und ein schneller Weg aus unseren Sorgen«, ergänzte der Löwe. »Wie gut, daß du die wundersame Kappe mitgenommen hast.«

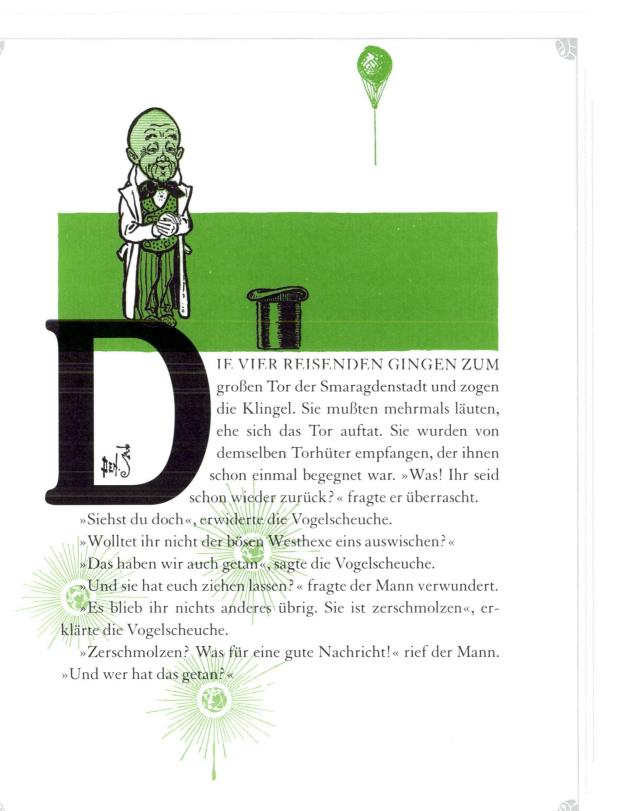

DIE VIER REISENDEN GINGEN ZUM großen Tor der Smaragdenstadt und zogen die Klingel. Sie mußten mehrmals läuten, ehe sich das Tor auftat. Sie wurden von demselben Torhüter empfangen, der ihnen schon einmal begegnet war. »Was! Ihr seid schon wieder zurück?« fragte er überrascht.

»Siehst du doch«, erwiderte die Vogelscheuche.

»Wolltet ihr nicht der bösen Westhexe eins auswischen?«

»Das haben wir auch getan«, sagte die Vogelscheuche.

»Und sie hat euch ziehen lassen?« fragte der Mann verwundert.

»Es blieb ihr nichts anderes übrig. Sie ist zerschmolzen«, erklärte die Vogelscheuche.

»Zerschmolzen? Was für eine gute Nachricht!« rief der Mann. »Und wer hat das getan?«

»Dorothy«, sagte der Löwe ernst.

»Du lieber Himmel«, sagte der Mann und verbeugte sich vor ihr. Dann ließ er sie in die Wachstube und teilte wieder seine Brillen aus, die er sorgfältig an ihrem Kopf verschloß, wie er es schon einmal getan hatte. Danach machten sie sich auf den Weg in die Smaragdenstadt. Die Nachricht vom Ende der Hexe verbreitete sich schnell. Viele Leute gesellten sich zu ihnen und gingen mit ihnen zum Palast des Zauberers Oz.

Der Soldat mit dem grünen Backenbart stand noch immer am Tor. Er ließ sie sogleich in den Palast. Auch das hübsche grüne Mädchen nahm sich wieder ihrer an und geleitete sie in die alten Zimmer, so daß sie sich erst einmal ausruhen konnten, bis der große Zauberer sie zum Empfang bat.

Der Soldat hatte Oz bereits berichtet, daß Dorothy und ihre Gefährten zurückgekehrt waren. Die böse Hexe sei mausetot. Oz aber hüllte sich in Schweigen. Die Freunde hatten erwartet, daß er sofort nach ihnen schicken würde, doch nichts geschah. Auch am nächsten und übernächsten und überübernächsten Tag kam kein Wort von ihm. Das lange Warten war langweilig und ermüdete sie. Ärger stieg in ihnen hoch, daß er sie so unhöflich behandelte, nachdem sie auf sein Ersuchen hin Not und Sklaverei erduldet hatten. Die Vogelscheuche bat das grüne Mädchen, Oz die Botschaft auszurichten, daß sie die Hilfe der geflügelten Affen in Anspruch nehmen müßten, wenn er nicht sogleich ein Gespräch mit ihnen verabreden würde. Die Affen bekämen schon heraus, ob er sein Versprechen halten wolle oder nicht. Diese Nachricht jagte dem

Zauberer einen solchen Schreck ein, daß er sie alle für vier nach neun[1] am nächsten Tag in den Thronsaal bestellte. Oz hatte nämlich schon einmal in Westland mit den geflügelten Affen Bekanntschaft gemacht. Deshalb verspürte er kein Verlangen, ihnen ein zweites Mal zu begegnen.

Die vier Freunde verbrachten eine schlaflose Nacht. Jeder dachte an das von Oz versprochene Geschenk. Nur Dorothy nickte einmal ein, und da träumte sie, daß sie sich in Kansas befände. Tante Em erzählte ihr, wie froh sie sei, ihren Liebling wieder zu Hause zu haben.

Pünktlich um neun Uhr stellte sich der Soldat mit dem grünen Backenbart bei ihnen ein. Und vier Minuten später betraten sie den Thronsaal des großen Oz.

Natürlich erwartete jeder von ihnen, daß Oz in der Gestalt auftreten würde, in der er dem einzelnen erschienen war. Doch das war keineswegs der Fall. Zu ihrer großen Überraschung mußten sie entdecken, daß sich niemand im großen Raum befand. Argwöhnisch wichen die Freunde bis zur Tür zurück und rückten zusammen. Die Totenstille im leeren Raum war noch schrecklicher als jede Zaubergestalt, in der Oz ihnen erschienen war.

Plötzlich ertönte eine feierliche Stimme, die von irgendwoher aus der Höhe der großen Kuppel zu kommen schien.

»Ich bin Oz der Große und Schreckliche! Was wollt ihr von mir?«

Die Freunde guckten hierhin und dorthin. Nichts!

»Wo steckst du?« fragte Dorothy, die niemanden sah.

»Ich bin überall«, hallte die Stimme. »Den Augen der gewöhnlichen Sterblichen bleibe ich verborgen. Ich setze mich jetzt auf den Thron, damit ihr mit mir reden könnt.«

In der Tat, die Stimme schien nun geradewegs vom Thron her zu kommen. Sie traten näher und stellten sich in einer Reihe davor auf.

»Wir sind gekommen, um dich an dein Versprechen zu erinnern, großer Oz.«

»Was für ein Versprechen?« fragte Oz.

»Mir hast du versprochen, mich nach Kansas zurückzubringen, falls es die böse Hexe nicht mehr gibt«, sagte das Mädchen.

»Mir hast du versprochen, mich zu Verstand kommen zu lassen«, sagte die Vogelscheuche.

»Mir wolltest du zu einem neuen Herzen verhelfen«, erklärte der Holzfäller.

»Mir hast du zugesagt, mich mutig zu machen«, fauchte der Löwe.

»Ist die Hexe wirklich hin?« fragte die Stimme, und Dorothy schien es, als zitterte sie.

»Ja«, bestätigte sie. »Ich habe sie mit einem Kübel Wasser zum Schmelzen gebracht.«

»Du liebes bißchen«, sagte die Stimme, »und das so plötzlich. Nun gut, kommt morgen zu mir, denn ich brauche Zeit, um darüber nachzudenken.«

»Du hast bereits Zeit genug gehabt«, sagte der Holzfäller ärgerlich.

»Wir warten keinen Tag länger«, sagte die Vogelscheuche.

»Du mußt dein Versprechen halten«, mahnte Dorothy.

Der Löwe dachte, es wäre an der Zeit, dem Zauberer einen Schrecken einzujagen, und so stieß er ein mächtiges Gebrüll aus. So grimmig und so schrecklich brüllte er, daß Toto vor Entsetzen zur Seite sprang. Dabei warf er den Wandschirm um, der in der Ecke stand. Es gab ein lautes Gepolter. Alle schauten zur Stelle hin, wo der Wandschirm gestanden hatte, doch was sie jetzt erblicken, machte sie baff. Ein kleiner alter Mann mit kahlem Kopf[2] stand vor ihnen und zitterte vor Angst. Das komische Männlein schien genauso überrascht zu sein wie sie. Der Holzfäller riß die Axt hoch und stürzte sich auf ihn.

»Wer bist du?« schrie er.

»Ich bin Oz der Große und Schreckliche«,[3] sagte der kleine Mann und zitterte wie Espenlaub. »Nur, erschlag mich bitte nicht. Ich tue alles, was ihr wünscht.«

Die Freunde waren wie vom Donner gerührt und starrten ihn überrascht und bestürzt an.

»Ich war der Ansicht, daß Oz ein großer Kopf sei«, sagte Dorothy.

»Und ich nahm an, er wäre eine schöne Frau«, meinte die Vogelscheuche.

»Und ich war überzeugt, ein schreckliches Monster vor mir zu sehen«, erklärte der Holzfäller.

1. *vier nach neun.* Die absurde Präzision dieses Terminus erinnert an die Sprechzeiten eines anderen Zauberers. In *A New Wonderland* steht über dem Eingang zu seiner Höhle geschrieben:

> E. I. N. Zauberer
> Sprechzeiten:
> Von 10:45 bis
> Viertel vor elf
> (S. 101)

2. *mit kahlem Kopf.* Laut alter Tradition hängt die Macht eines Zauberers von der Behaartheit seines Kopfes ab. Wenn das stimmt, ist Oz tatsächlich nur ein guter Mensch, aber »ein schlechter Zauberer«. In *A Dictionary of the Bible* (New York: Charles Scribner's Sons, 1909) zeigt James Hastings allerdings, daß ägyptische Priester ihre Köpfe kahlrasierten, um ihre übernatürlichen Kräfte zu bewahren. Auf dem Bild des Zauberers im Korb seines Ballons (S. 252) sieht man, daß der Zauberer bei seiner Ankunft in Oz noch nicht vollständig kahl ist. Offensichtlich ist er seit dieser Zeit um einiges gealtert. Siehe auch Anmerkung 14 unten.

3. *Ich bin Oz der Große und Schreckliche.* Wie ist der mächtige Oz doch so tief gefallen; etwa so tief wie *Ozymandias* in Shelleys gleichnamigem Gedicht.

4. *ein gewöhnlicher Mensch.* »Genau wie alle anderen Zauberer«, fügt die Vogelscheuche in Baums erstem Entwurf der Bühnenfassung verschmitzt hinzu.

5. *ein Schwindler.* Er ist ein Betrüger, ein Gaukler, ein Taschenspieler, einer, der alle Jahrmarkttricks beherrscht. In seinem Nachwort zur Pennyroyal-Ausgabe von 1985 bemerkt Justin G. Schiller: »Als der Wandschirm umfällt, fällt auch die Figur des großen Oz in sich zusammen. Der Mensch dahinter ist peinlich berührt von seiner eigenen Fehlbarkeit« (S. 265). Der Schwindler ist eine gängige Figur in der amerikanischen Literatur. In *Ein sehr vertrauenswürdiger Herr* (1857) stellt Herman Melville fest: »In neuen Ländern vermehren sich die Füchse, sobald die Wölfe ausgerottet wurden.« Zu den berühmtesten dieser Betrüger gehören zweifelsohne der König und der Herzog in Mark Twains *Die Abenteuer von Huckleberry Finn* (1884). Die Rolle des Zauberers in Oz erinnert auch an Hank Morgan in Twains Roman *Ein Yankee aus Connticut an König Artus' Hof* (1889). Morgans Einfallsreichtum, für den die Yankees berühmt sind, wirkt in einem unzivilisierten und vom Aberglauben geprägten Land Wunder. Er wird sofort zum Hofzauberer ernannt, auch wenn er selbst weiß, daß er ein Betrüger ist. In »The Forest Oracle«, einer seiner »Animal Fairy Tales«, beschäftigt sich Baum mit einem verwandten Thema. »Nicht alle Tiere waren einer Meinung, welchen Wert die Aussagen des Großen Orakels hatten. Manche meinten, die Worte des schrecklichen Unbekannten seien bedeutungslos, aber viele sagten auch, daß man mit ein wenig Mühe in diesen weisen Aussagen immer genau den gesuchten Ratschlag fände. Das Orakel nicht zu verstehen zeuge also von einem Mangel an Intelligenz.« Dann entdeckt ein kleiner Affe das Geheimnis des »schrecklichen Unbekannten, des mächtigen Orakels – den Betrug des Waldes«. Der enttarnte alte Affe gesteht ein: »Es gibt viele Arten, auf ehrliche Weise sein Geld zu verdienen. Auch wenn man dumm geboren ist, muß einen das nicht davon abhalten, ein erfolgreiches Orakel zu werden.«

Der Zauberer ist allerdings kein schlechter Mensch. Schließlich hat er mit seinem Betrug die bösen Hexen des Ostens und des Westens von dem Teil des Landes ferngehalten, in dem er die Smaragdenstadt erbaut hatte. Er ist ein harmloser Geselle, wie der Zirkusmann P. T. Barnum, der »Prinz der Schwindler«. Nach langen Jahren der Erfahrung mit seinem Publikum stellte Barnum fest: »Die Dummen sterben nicht aus.« »Barnum hatte recht, wenn er meinte, die Amerikaner ließen sich gern betrügen«, schrieb Baum am 8. Februar 1890 im *Aberdeen Saturday Pioneer*. »Zumindest machen die sich nicht die Mühe, sich gegen diese Anschuldigung zu verteidigen.« Der Zauberer könnte auch andere Vorlagen haben, möglicherweise vielleicht sogar Dr. William P. Phelon, den exzentrischen geistigen Führer der theosophischen Gemeinde von Chicago, der Frank und Maud Baum angehörten. Andere haben ihn mit Thomas A. Edison verglichen, der nach dem Ort, in dem sich sein Labor befand, der »Zauberer von Menlo Park« genannt wurde. In *The Master Magicians, Their Lives and Most Famous Tricks* (Garden City, N. Y.: Doubleday, 1966, S. 94) schreibt Walter Gibson, die Figur des Zauberers sei zum Teil inspiriert von Harry Kellar, einem berühmten amerikanischen Zauberer des späten 19. Jahrhunderts. Kellar war ein freundlicher kahlköpfiger Herr, der auf der Bühne Zaubertricks vorführte, die denen des großen und schrecklichen Zauberers von Oz wohl leicht das Wasser reichen konnten. Es ist gut möglich, daß Baum Kellar sogar begegnet ist, denn sie gehörten beide zum Uplifters Club innerhalb des Los Angeles Athletic Club. Ein weiterer Zeitgenosse Baums, dessen Leben in ähnlichen Bahnen verlief wie das des Zauberers von Oz, war John A. Hamlin, der Vater des Produzenten der musikalischen Revue *Wizard of Oz* von 1902. Hamlin Senior wurde mit einem »Wizard Oil« berühmt. Er reiste als Zirkusmagier kreuz und quer durch den mittleren Westen, demonstrierte, was alles mit Hilfe seiner fabelhaften Tinktur bewirkt werden konnte, und versprach, daß jeder ein Zauberer werden könnte, wenn er nur für einen halben Dollar die Flasche Öl kaufte und es zwischen den Händen verriebe. Seine Werbung für das Produkt reichte von Schriftzügen auf Felsen bis zu eigens für Werbezwecke inszenierten musikalischen Revuen. »Diese Wunderöle wurden mit Banjo-Begleitung von raffinierten Kerlen besungen«, erinnert sich der Chicagoer Dichter Carl Sandburg in *The American Songbag* (New York: Harcourt, Brace, 1927). »Flackernde Gaslampen warfen ihr Licht auf die Gesichter von Menschen, die sich herandrängten, um die Versprechen zu hören, die den Kranken und Lahmen Hoffnung machten« (S. 52). Sandburg druckt das Lied eines solchen Gauklers ab, das folgenden Vers enthielt:

»Und ich ging davon aus, eine Feuerkugel vor mir zu haben«, fauchte der Löwe.

»Ihr habt alle unrecht«, flüsterte der kleine Mann mit sanfter Stimme. »Das habe ich euch nur immer vorgetäuscht.«

»Vorgetäuscht?« schrie Dorothy aufgebracht. »Bist du denn nicht der große Zauberer Oz?«

»Leise, meine Liebe, leise!« sagte Oz. »Sprich nicht so laut! Sonst kriegt das noch ein anderer mit, und dann bin ich erledigt. Man hält mich für einen großen Zauberer hier.«

»Und das bist du nicht?« fragte sie.

»Nicht die Spur, meine Liebe! Ich bin ein gewöhnlicher Mensch!«[4]

»Du bist mehr als das«, sagte die Vogelscheuche erbost. »Du bist ein Schwindler!«[5]

»Genau!« erklärte das Männlein und rieb sich die Hände, als freute es das. »Ich bin ein Schwindler.«

»Das ist ja furchtbar«, schimpfte der Holzfäller. »Wie soll ich zu einem Herzen kommen, wenn du kein Zauberer bist?«

»Oder ich zu Mut?« fragte der Löwe.

»Oder ich zu Verstand?« klagte die Vogelscheuche und wischte sich mit dem Ärmel die Tränen aus den Augen.

»Meine lieben Freunde«, sagte Oz. »Ich bitte euch, nicht über solche Kleinigkeiten zu sprechen. Denkt mal an mich und die schreckliche Lage, in die ich durch eure Entlarvung gekommen bin.«

»Gibt es noch jemanden, der weiß, daß du ein Schwindler bist?« fragte Dorothy.

Hört gut zu, was ich euch sage, und glaubt es nur,
Für jede Krankheit ist das Wunderöl die beste Kur.
Es heilt, es beruhigt, es erfrischt, und es macht jung,
Zum Beweis sind alle Menschen, die es kaufen, gut in Schwung.
Refrain:
Ich nehm' noch eine Flasche des Wunderöls,
Ich nehm' noch eine Flasche oder zwei!
Ich nehm' noch eine Flasche des Wunderöls,
Ich nehm' noch eine Flasche oder zwei!

Eine dieser Wunderöl-Revuen kam auch durch Aberdeen in South Dakota, als Baum dort lebte, und vielleicht hat er sich die Show sogar angesehen. Frank J. Baum und Russel P. MacFall spekulieren in *To Please a Child*, daß Hamlin jr., der Sohn des »Wizard Oil«-Erfinders, wahrscheinlich allein wegen des Titels den Wunsch verspürte, *The Wizard of Oz* zu produzieren. Vielleicht dachte er ja, die Erfolgsstory würde sich wiederholen, und *Der Zauberer von Oz* würde ihm genausoviel Geld einbringen, wie das Wunderöl seinem Vater beschert hatte.

Bei der Premiere des Stückes 1902 in Chicago stellte John Slavin den Zauberer zunächst nicht als komische Figur dar. Als das keinen großen Erfolg hatte, besetzte Hamlin ihn mit einem holländischen Komiker: Bobby Gaylord spielte Oz als einen witzereißenden Iren. Der Stummfilmkomiker Charles Murray übernahm die Rolle in dem Chadwick-Stummfilm von 1925. W. C. Fields, der seine Karriere auf der Figur des ewigen Schwindlers aufgebaut hatte, lehnte das Angebot ab, in der MGM-Verfilmung von 1939 den Zauberer zu spielen. Statt dessen porträtierte ihn auf liebenswert-tapsige Weise Frank Morgan. In der Broadway-Produktion *The Wiz* war André DeShields der Zauberer, und in deren Verfilmung von 1978 spielte ihn Richard Pryor.

Es gibt kaum einen bedeutenden Zeichner politischer Karikaturen, der sich nicht auf die eine oder andere Weise auf den *Zauberer von Oz* bezieht. W. A. Rogers karikierte den Zeitungsverleger William Randolph Hearst, der damals für die Demokraten als Gouverneur von New York kandidierte, in einer Reihe von Cartoons für *Harper's Weekly* (6. Oktober bis 3. November 1906) als »The Wizard of Ooze/Den Zauberer im Schlamm« (siehe Illustration auf S. lxiv). Die Karikaturen trugen dazu bei, daß Hearst seine Hoffnungen auf eine politische Karriere begraben mußte. »Herblock« (Herbert Block), der mit dem Pulitzer-Preis ausgezeichnete Karikaturist der *Washington Post*, benutzt die Figuren aus Oz seit der Premiere des MGM-Films. Kaum überraschend, daß Barry Moser für die Pennyroyal-Ausgabe von 1985 den Zauberer als den damaligen Präsidenten Ronald Reagan zeichnete. Seine Frau Nancy Reagan war die böse Westhexe. Für die Jelly-Bean-Press-Kurzfassung von 1991 dachte Charles Santore an den Zirkusdirektor P. T. Barnum, den Erfinder Thomas Alva Edison und den Schauspieler W. C. Fields. Als Adlai Stevenson 1962 Vertreter der USA bei den Vereinten Nationen wurde, erhielt er einen seltsamen Brief von Nobelpreisträger John Steinbeck. »Ich möchte Botschafter in Oz werden«, schrieb Steinbeck an Stevenson. »Es droht nur eine Gefahr dabei. In Oz gibt es einen Zauberer, der offen zugibt, daß er ein Schwindler ist. Können Sie sich vorstellen, was diese Art von Offenheit in der Politik allein in New York anrichten würde, ganz zu schweigen davon, was passieren würde, wenn sie sich weiter ausbreitete?« (zitiert in Elaine Steinbeck und Robert Wallstein, *John Steinbeck, A Life in Letters*. New York: Viking Press, 1975, S. 692). Das Motiv des Schwindlers, der noch verzweifelt versucht, die Situation zu retten, indem er ausruft: »Den Mann hinter dem Vorhang einfach nicht beachten!«, ist in die amerikanische Populär- und Alltagskultur eingegangen. »Sind die angesehenen Zauberer unserer Smaragdstädte wirklich Zauberer?« fragt Gardner in seiner Einleitung zur Dover-Ausgabe von 1961. »Oder sind es nur liebenswerte Zirkusmagier, die uns mit farbigen Brillen versorgen und unser Leben grüner machen, als es ist?«

6. *bewegten sich die Augen und ging der Mund auf und zu.* Baum teilte die Faszination seines Zauberers mit mechanischen Apparaten und Bühneneffekten. Seine Schwägerin Helen Leslie Gage war sogar der Ansicht, Baum sei auf diesem Gebiet »unzweifelhaft ein Genie. Er hat viele verschiedene Begabungen, und er kann alles, was er versucht... Intuitiv weiß er, wie man alles Kinderspielzeug repariert« (»L. Frank Baum: An Inside Introduction to the Public«, *The Dakotan*, Januar-Februar-März 1903). Das technische Handbuch *The Art of Decorating Dry Goods Windows and Interiors* (1900) belegt sein Wissen über optische Effekte und mechanische Spielereien. Zur Entspannung tischlerte er und baute zum Beispiel alle Eichenmöbel in seinem Sommerhaus selbst. Die Dichterin Eunice Tietjens, Ehefrau des Komponisten Paul Tietjens, erinnert sich in *The World at My Shoulder* (New York: Macmillan, 1939): »Und weil er noch nicht genug Entspannung gefunden hatte, schrieb Baum schließlich eine Klavierbearbeitung von Pauls Musik für *The Wizard of Oz*. Obwohl er kein Musiker war, geriet die Fassung ganz anständig. Dann stellte er sogar noch einen Lochstreifen für ein mechanisches Klavier von dem Stück her. Das schien ihm dann gereicht zu haben, denn er ging wieder an seine eigentliche Arbeit« (S. 15).

7. *ein Bauchredner.* Das Bauchreden geht bis in die Antike zurück. Ägyptische, hebräische und auch griechische Priester beherrschten diese Technik, um heiligen Statuen oder Orakeln eine Stimme zu verleihen. Im 19. Jahrhundert war daraus ein Taschenspielertrick geworden. Fahrende Magier waren natürlich auch in Baums Kindheit in seinem Heimatstaat New York unterwegs gewesen. Unter ihnen war Donaldson, der »Zauberer des Ostens«, der im Oktober und Dezember 1865 in Syracuse schier unglaubliche Tricks der Schwarzen Künste und des Bauchredens vorführte.

»Niemand außer euch vier Leutchen weiß Bescheid – außer natürlich mir selbst«, erwiderte Oz. »Ich habe meine Untertanen schon so lange an der Nase herumgeführt, daß es mir völlig sicher erschien, niemals entlarvt zu werden. Es war ein großer Fehler, euch zu empfangen. Für gewöhnlich bin ich nicht darauf erpicht, die Leute zu sehen, und so nehmen sie an, daß ich etwas Schreckliches bin.«

»Aber eines verstehe ich nicht«, sagte Dorothy verwirrt. »Wie kommt es, daß du mir als großer Kopf erschienen bist?«

»Das war einer meiner Zaubertricks«, antwortete Oz. »Komm mal hier entlang, und ich erkläre es dir.«

Er ging in ein kleines Zimmer an der Hinterseite des Thronsaals, und alle folgten ihm. Er wies in eine Ecke, in der ein großer Kopf lag, der aus vielen Papierschichten bestand. Das Gesicht war naturgetreu aufgemalt.

»Der Kopf hing an einem Draht von der Decke herab«, erklärte Oz. »Ich stand hinter dem Wandschirm. Immer wenn ich an einer Schnur zog, bewegten sich die Augen und ging der Mund auf und zu.«[6]

»Doch was war mit der Stimme?« wollte Dorothy wissen.

»Oh, das ist leicht zu erklären. Ihr müßt nämlich wissen, daß ich ein Bauchredner[7] bin. Ich kann meine Stimme so verstellen, daß ich sie, wohin auch immer ich will, richten kann. Und hier sind noch die anderen Sachen, die ich benutzt habe, um euch an der Nase herumzuführen.«

Er zeigte der Vogelscheuche das Kleid und die Maske, die er als

8. *Ich wurde in Omaha geboren.* Viel zuviel hineingedeutet wurde in die Tatsache, daß der Präsidentschaftskandidat der Demokraten, William Jennings Bryan, ebenfalls aus Omaha stammte. Im Text gibt es keinerlei Hinweise darauf, daß Baum bei seiner Arbeit an *Der Zauberer von Oz* an ihn und seine berühmte »Cross of Gold«-Rede dachte, mit der er für die unbeschränkte Prägung von Silbergeld durch die Bundesregierung eintrat. In *Dorothy und der Zauberer in Oz* erzählt der kleine Zauberer etwas mehr von seiner Vergangenheit und zeigt, wie wenig er mit Bryan zu tun hat. Der Vater des Zauberers war ein redseliger Politiker gewesen, der seinem Jungen den Namen Oscar Zoroaster Phadrig Isaac Norman Henkle Emmanuel Ambrose Diggs gegeben hatte. Da dies ein so langer und schwer zu merkender Name war, kürzte der junge Mann ihn auf die ersten beiden Initialen ab: O. Z. Die anderen Namen wagte er nicht so abzukürzen, weil die Buchstaben das Wort »P-I-N-H-E-A-D«, »Stecknadelkopf«, ergaben, und er fürchtete, man könne das als einen Kommentar auf seine Intelligenz verstehen. Als er zum Zirkus kam, malte er seine beiden Anfangsbuchstaben auf alles, was ihm gehörte, auch auf seinen Ballon. Als der dann mit ihm davonflog und über einem Land mit dem Namen Oz aus den Wolken herabsank, schlossen die Einheimischen daraus, daß O. Z. wohl der rechtmäßige Herrscher über Oz sein müsse. Seltsam also, daß Alexander Wolkow ihn in seiner russischen Fassung von 1939 James Goodwin nennt.

schöne Dame getragen hatte. Und der Holzfäller mußte entdecken, daß das fürchterliche Tier aus Fellen zusammengenäht war. Und was die Feuerkugel betraf, die hatte der falsche Zauberer ebenfalls von der Decke hängen lassen. In Wirklichkeit handelte es sich um einen Ball, der mit Petroleum getränkt war. Darum hatte die Kugel so höllisch gebrannt.

»Nein, wirklich«, sagte die Vogelscheuche, »du solltest dich schämen, ein solcher Schwindler zu sein.«

»Das bin ich sicherlich«, antwortete der kleine Mann zerknirscht. »Aber etwas anderes habe ich nicht gelernt. Ich flunkere nun einmal gern. Und jetzt nehmt Platz. Es gibt viele Stühle hier. Ich will euch meine Geschichte erzählen, damit ihr etwas netter über mich sprecht.«

Sie nahmen Platz und spitzten die Ohren.

»Ich wurde in Omaha geboren...«[8]

»He, das ist nicht weit von Kansas entfernt!« schrie Dorothy.

»Aber weiter von hier«, sagte er und schüttelte betrübt den Kopf. »Als ich heranwuchs, wurde ich von einem großen Meister zum Bauchredner ausgebildet. Ich kann zum Beispiel jeden Vogel und jedes Tier nachahmen.«

An dieser Stelle miaute er wie ein Kätzchen. Toto spitzte augenblicklich die Ohren und hielt Ausschau nach ihm.

»Nach einer Zeit«, fuhr Oz fort, »hatte ich die Nase voll von dieser Kunst und wurde Ballonfahrer.«

»Was ist das?« fragte Dorothy.

»Das ist ein Mann, der in einem Ballon aufsteigt, wenn der Zirkus im Ort ist. Dann laufen die Leute zusammen und schauen sich für Geld den Zirkus an«,⁹ erklärte er geduldig.

»Oh, das kenne ich«, sagte Dorothy.

»Nun, eines Tages stieg ich in einem Ballon auf. Da verschlangen sich die Taue, und ich konnte nicht mehr zur Erde zurück. Der Ballon stieg höher und höher bis über die Wolken hinaus. Dann wurde er von einer Luftströmung erfaßt, die ihn viele, viele Meilen über das Land trug. Einen Tag und eine Nacht lang reiste ich durch die Luft. Als ich am Morgen des nächsten Tages erwachte, flog der Ballon über eine fremde und schöne Landschaft. Dann schwebte er nieder und setzte auf der Erde auf. Ich kam ohne jeden Schaden davon. Fremde Leute liefen herbei und umringten mich. Weil ich aus den Wolken zu ihnen herabgeschwebt war, vermuteten sie, daß ich ein großer Zauberer sei. Ich ließ sie in diesem Glauben, und sie hatten Angst vor mir. Sie versprachen, alles zu tun, was ich von ihnen verlangte.¹⁰ Um mir einen Spaß zu machen und die guten Leute zu beschäftigen, befahl ich ihnen, diese Stadt und den Palast zu bauen.¹¹ Bereitwillig gingen sie auf meine Wünsche ein und regten fleißig die Hände. Und da das Land so grün und schön war, hatte ich den Einfall, die Stadt Smaragdenstadt zu nennen. Um den Namen noch passender zu machen, schrieb ich den Leuten grüne Brillen¹² vor. Nun war jedes Ding ohne Ausnahme grün.«

»Aber ist denn hier nicht alles grün?« fragte Dorothy.

9. *schauen sich für Geld den Zirkus an.* Ballonfahrten waren in Baums Kindheit in Central New York eine beliebte Attraktion. Am 13. September 1872 beispielsweise ließ Professor C. C. Coe seinen Ballon mit dem Namen »The New World« direkt vor dem Geschäftsgebäude von Baums Vater, der Second National Bank of Syracuse, aufsteigen. Am 15. Juli 1875 stieg »Professor« Washington Harrison Donaldson, Zauberkünstler, Bauchredner und Ballonfahrer, in P. T. Barnums Zirkus in der Nähe von Chicago auf und wurde nie wieder gesehen. Ballons gehörten selbstverständlich auch zur Brown County Fair in Aberdeen in South Dakota, als die Baums dort lebten. Regelmäßige Fahrten eines großen gelben Ballons waren Teil des Programms der Weltausstellung von Chicago von 1893. In *The Art of Decorating Dry Goods Windows and Interiors* notiert Baum, daß Straßenfeste oft mittels Ballonfahrten angekündigt wurden.

10. *alles…, was ich von ihnen verlangte.* Edward Eager, ein Bewunderer von Baums Büchern, paraphrasierte in seinem eigenen »modernen« Märchen *Seven-Day Magic* (1962) die Geschichte des Zauberers. Dort besucht eine Gruppe von Kindern mit Hilfe eines magischen Buches ein zauberhaftes Land namens Oswaldoland. Sie werden begleitet von einem Magier namens Oswaldo. Obwohl er selbst mit den *Oz* Büchern aufgewachsen war, bezweifelte Eager allerdings ihren Wert als Kinderliteratur. »Ich finde, daß die frühen Bände – *Der Zauberer von Oz*, *Im Reich des Zauberers Oz* und *Ozma von Oz* – einen gewissen liebenswerten amerikanischen Charme besitzen, der den Mangel an literarischen Qualitäten ausgleicht« sagt er in »A Father's Minority Report« (*The Horn Book*, März 1948). »Als L. Frank Baum die Serie weiterschrieb, wurde sein Stil immer schwächer, und einige der späteren Bücher verkörpern wirklich alles, was am Amerika zur Zeit des Ersten Weltkrieges unsympathisch ist.« Trotzdem hatte Eager von Baum eine ganze Menge über das Verfassen von phantastischer Literatur gelernt.

11. *befahl ich ihnen, diese Stadt und den Palast zu bauen.* Das erinnert an die Art, in der die amerikanischen Industriemagnaten die White City, Herzstück der Weltausstellung von 1893, auf dem sumpfigen Boden am Ufer des Michigansees erbauen ließen. Frances Hodgson Burnetts Beschreibung der Errichtung der idealen Stadt in *Two Little Pilgrims' Progress* (1897) ähnelt den Erinnerungen des Zauberers an die Gründung seiner Smaragdenstadt:

> Es gab einmal einen großen Zauberer, der herrschte über alle dienstbaren Geister der Welt. Die waren zwar auch mächtig und reich und konnten ausgezeichnet zaubern, aber dennoch gehorchten sie ihm und gaben ihm ihre Schätze. Er sagte: »Ich werde eine großartige Stadt bauen, zu der alle Welt reisen wird, um sie zu bewundern. Niemand, der sie gesehen hat, wird sie je vergessen können. In ihr soll etwas von allen Dingen der Welt ausgestellt sein, so daß die Menschen, die das sehen, lernen können, wie die Welt beschaffen ist – wie groß sie ist, welche Weisheit in ihr wohnt und welche Wunder! Sie werden erfahren, wer sie selbst sind, denn diese Wunder werden von Köpfen erdacht und von Händen erbaut sein, die nicht anders sind als ihre. So werden sie erkennen, wie stark sie sind. Das wird ihnen Mut machen und sie mit Gedanken erfüllen« (S. 107).

Natürlich war der Zauber der White City von Chicago nur eine Illusion, genauso wie der Zauber der Smaragdenstadt von Oz.

12. *grüne Brillen.* Baum spielt hier wohl mit dem Ausdruck »die Welt durch eine rosa Brille sehen«. Es könnte aber auch eine ganz andere Quelle für die grünen Brillen geben, denn in seiner »Our Landlady«-Kolumne im *Aberdeen Saturday Pioneer* vom 3. Mai 1890 beschreibt Baum, wie ein Farmer, der seine Ernte verloren hat, auf außergewöhnliche Weise versucht, sein Vieh zu retten: »Ich setz meinen Gäulen grüne Brillen auf und geb ihnen Sägespäne zum Fressen. Die halten das zwar für Gras, aber fett werden sie davon nicht.« Der russische Kritiker Miron Petrowski schreibt in *Knigi neschnego detstva* (Moskau: Kniga, 1986, S. 245), daß Baum vielleicht den deutschen Romantiker Heinrich von Kleist im Kopf hatte. »Wenn alle Menschen statt der Augen grüne Gläser hätten«, hatte Kleist 1801 geschrieben, »so würden sie urteilen müssen, die Gegenstände, welche sie dadurch erblicken, sind grün – und nie würden sie entscheiden können, ob ihr Auge ihnen die Dinge zeigt, wie sie sind, oder ob es nicht etwas zu ihnen hinzutut, was nicht ihnen, sondern dem Auge gehört. So ist es mit dem Verstande.« Dies ist ein weiteres Beispiel des Konflikts zwischen Aufklärung und Romantik, der in Anmerkung 22 zu Kapitel 5 besprochen wird.

»Nicht grüner als in einer anderen Stadt«, erwiderte Oz. »Doch wenn du eine grüne Brille auf der Nase hast, sieht natürlich alles grün aus.[13] Smaragdenstadt wurde vor vielen Jahren gebaut. Als ich aus den Wolken auf die Erde kam, war ich jung. Jetzt bin ich ein sehr alter Mann.[14] Die Leute haben die grünen Brillen schon so lange vor den Augen, daß die meisten die Smaragdenstadt für die Wirklichkeit halten. Sicher, die Stadt ist schön. Edelsteine und kostbare Metalle gibt es hier im Überfluß, alles, was man braucht, um glücklich zu sein. Ich bin zu den Menschen gut gewesen, und deshalb lieben sie mich auch. Nachdem der Palast erbaut war, zog ich mich aber von ihnen zurück[15] und verzichtete auf ihre Gesellschaft. In der ganzen Zeit hatte ich vor den Hexen große Angst. Mir selbst standen keine Zauberkräfte zur Verfügung, die Hexen aber konnten Wunder tun. Es gab vier Hexen in diesem Land, und sie herrschten über die Menschen im Norden und Süden, im Osten und Westen. Glücklicherweise waren die Hexen im Norden und Süden guter Natur, so daß ich mich vor ihnen nicht zu fürchten brauchte. Dafür steckten die Hexen aus Osten und Westen voller Gift. Und wenn sie nicht angenommen hätten, daß ich mächtiger sei als sie selbst, wäre es mir schlecht ergangen. Und so lebte ich viele Jahre in beständiger Furcht. Du kannst dir vorstellen, wie es mich freute, zu hören, daß dein Haus auf die böse Osthexe gestürzt war. Als ihr dann zu mir gekommen seid, habe ich euch versprochen, eure Wünsche zu erfüllen, wenn ihr die zweite böse Hexe aus dem Weg schaffen würdet. Jetzt aber, da ihr sie weggeschmolzen habt, schäme ich mich, zu bekennen, daß ich meine Versprechungen nicht halten kann.«

13. *sieht natürlich alles grün aus.* Wie Janet Juhnke in »A Kansan's View« (in Gerald Peary und Roger Shatzkin, *The Classic American Novel and the Movies*, New York: Frederick Ungar, 1974, S. 168) bemerkt, ist das Grün der Smaragdenstadt nicht echt, so schön es auch ist. Die einzigen Pflanzen, die je erwähnt werden, sind die grünen Blumen auf dem Fensterbrett von Dorothys Zimmer im Palast. Zieht Baum hier eine Parallele zur Illusion der White City der Weltausstellung in Chicago von 1893? Auch die war nicht so prächtig, wie sie erschien. Die Paläste und die anderen schönen Gebäude sahen zwar aus, als wären sie aus Marmor, aber tatsächlich bestanden sie aus einer Mischung aus Gips, Zement und Faserstoff, einem haltbaren Material, das leichter war als Holz. Sie sollten nicht ewig bleiben. Obwohl das Baumaterial eigentlich als feuerfest galt, wurden einige Gebäude bereits während der Ausstellung durch Brände zerstört und stellten großartige Ruinen dar. Nur ein Gebäude existiert noch in Chicago: es ist das ehemalige Fine Arts Building, das heutige Museum of Science and Industry. In einer Hinsicht war die Smaragdenstadt allerdings echter, als der Zauberer glauben machen wollte. Gardner schreibt in Anmerkung 19 von *The Wizard of Oz and Who He Was*: »Als der Zauberer die Smaragdenstadt bauen ließ, verwendete er mehr Smaragde als jeden anderen Edelstein. Eine Brille zu tragen war eigentlich nicht unbedingt notwendig.« Nachdem in *Im Reich des Zauberers Oz* Generalin Jinjurs Armee die Smaragdenstadt erobert hat, wird das Tragen von grünen Brillen abgeschafft.

14. *Jetzt bin ich ein sehr alter Mann.* Es ist allerdings unwahrscheinlich, daß der Zauberer viel älter als fünfzig Jahre ist. Das ergibt sich teilweise aus der historischen Tatsache, daß Omaha zwar seit dem 18. Jahrhundert als Handelsposten existierte, den Namen aber erst mit dem Erwerb des Stadtrechts im Jahre 1854 erhielt. Vorher hätte der Zauberer nicht »aus Omaha« stammen können. Die Geschichte des Zauberers und seine Kleidung deuten ebenfalls darauf hin, daß er in der zweiten Hälfte des 19. Jahrhunderts nach Oz kam. Vielleicht hat sein Aufenthalt in der Smaragdenstadt ohne Kontakt mit der Außenwelt sein Zeitgefühl beeinträchtigt, so daß er denkt, er sei ein alter Mann. »Alt« ist natürlich ein relativer Begriff. Um 1900 lag die Lebenserwartung in Amerika angeblich bei sechsundvierzig Jahren für Männer und bei achtundvierzig für die Frauen, aber diese Werte ergaben sich infolge der hohen Säuglingssterblichkeit. Man wird also trotzdem den Zauberer nicht als »sehr alten Mann« bezeichnen. Er ist nicht älter als Baum selbst.

15. *zog ich mich aber von ihnen zurück.* Das stimmt nicht ganz. Der Zauberer ist mindestens einmal im Westland der Winkies unterwegs gewesen, denn schließlich hatte die böse Hexe die geflügelten Affen rufen müssen, um ihn aus Westland zu vertreiben. Oder geschah das vielleicht, bevor er sich in der Smaragdenstadt niedergelassen hatte? Möglicherweise war sein Ballon ja auch zuerst im Land der Winkies gelandet, und er und seine Gefolgschaft waren in die Gegend geflohen, wo sich jetzt die Hauptstadt befindet. In Kapitel 20 (»Die Vogelscheuche sucht Hilfe bei der guten Fee Glinda«) von *Im Reich des Zauberers Oz* berichtet Glinda außerdem, daß Oz Mombi drei heimliche Besuche abgestattet hat. Bei einem dieser Besuche übergab er der Hexe das Baby Ozma. (Diese Informationen stammen aus einem Dossier, das von Glindas Spionen zusammengestellt wurde. Es enthält noch zwei weitere Tatsachen über den Zauberer: Er zieht das linke Bein etwas nach, und er ißt Bohnen mit dem Messer.)

»Mir scheint, daß du ein schlechter Mensch bist«, sagte Dorothy.

»O nein, meine Liebe! In Wirklichkeit bin ich gut. Aber ich bin ein schlechter Zauberer.[16] Das ist wohl wahr!«

»Es sei, wie es sei«, sagte die Vogelscheuche. »Kannst du mir nicht zu Verstand verhelfen?«

»Du brauchst keinen, denn du lernst jeden Tag etwas Neues. Ein Neugeborenes hat Verstand, trotzdem weiß es nicht viel. Nur Erfahrung ist es, die Wissen bringt. Je mehr du aufnimmst, desto größer wird der Verstand.«

»Das kann ja alles stimmen«, meinte die Vogelscheuche. »Doch versprochen ist versprochen, und ein Versprechen ist eine Schuld. Ich werde sehr unglücklich sein, wenn du mir keinen Verstand gibst.«

»Nun«, sagte Oz seufzend, »ich sehe schon, daß ich es dir nicht ausreden kann. Ich bin aber nicht der Zauberer, für den man mich hält. Doch wenn du morgen früh zu mir kommst, will ich deinen Kopf mit Verstand ausstopfen. Wie du ihn dann verwendest, kann ich dir nicht sagen. Das mußt du selbst herausfinden.«[17]

»Oh, ich danke dir herzlich, tausend Dank!« schrie die Vogelscheuche begeistert. »Keine Angst, ich werde schon wissen, wie ich ihn gebrauchen kann.«

»Doch wie steht es mit meinem Mut?« meldete sich der Löwe schüchtern zu Wort.

»Ich bin sicher, daß du schon überaus mutig bist«, antwortete Oz.

16. *ich bin ein schlechter Zauberer*. Der Zauberer leidet unter dem Konflikt zwischen der Rolle, die ihm von der Gesellschaft diktiert wird, und dem Selbst, das vom Individuum bestimmt ist. Der Psychologe R. D. Laing meint, daß dieser Graben, dessen Ursache er der Gesellschaft anlastet, zur Schizophrenie führen kann. Der Zauberer ist allerdings nicht verrückt. Es ist ihm völlig klar, daß er ein schlechter Zauberer und gleichzeitig ein guter Mensch ist. Seine Untertanen sehen ihn nur in der Rolle, die sie sich von ihm erwarten, und betrachten ihn nicht als Menschen. Der Zauberer ist gefürchtet, weil er als Mensch unsichtbar bleibt, aber als der Wandschirm umfällt, stürzt auch die Rolle in sich zusammen, und der Mensch kommt hervor: ein kleiner alter Herr, ein Schwindler. Als Dorothy in Kapitel 2 fragt, ob er ein guter Mensch sei, sagt man ihr, er sei ein guter Zauberer. Das ist natürlich ganz und gar nicht das gleiche, und von seiner wahren Gestalt ist das Mädchen zunächst enttäuscht. Am Ende des 19. Jahrhunderts ist der Magier entzaubert, ähnlich wie alle alten Überzeugungen, hinweggewischt von Revolutionen, von Darwin, von Nietzsche. Am Beginn eines neuen Jahrhunderts muß der Mensch jetzt einen neuen Lebenssinn finden.

17. *Das mußt du selbst herausfinden*. Die Vogelscheuche hat schon auf dem ganzen Weg über die gelbe Ziegelsteinstraße bewiesen, daß sie fähig ist, ihren Verstand zu nutzen. Auch der Blechholzfäller und der feige Löwe haben bereits jeweils die Tugenden bewiesen, die sie sich ersehnen. Die drei zeigen, wie Gardner in *The Wizard of Oz and Who He Was* argumentiert, »die menschliche Tendenz, eine echte Tugend mit ihrem äußeren Symbol zu verwechseln« (S. 25). Obwohl der Zauberer bereits zugegeben hat, daß er keine magischen Kräfte besitzt, verlangen sie einen sichtbaren Beweis für die Eigenschaft, die sie haben wollen. In *The Patchwork Girl of Oz* beschreibt Baum eine umgekehrte Situation: Die Glaskatze besitzt sichtbar für alle anderen die Attribute von Herz und Verstand, ein rotes Herz und ein rosafarbenes Gehirn, aber dennoch ist sie eitel und dumm. In seiner Rezension des MGM-Film im Londoner *Spectator* vom 9. Februar 1940 spottet Graham Greene, daß in dieser »Wunscherfüllungsgeschichte eines amerikanischen Handlungsreisenden ... die Lehre recht simpel daherkommt und die Phantasie ziemlich bodenständig ... Einmal ein Handlungsreisender, immer ein Handlungsreisender. Der Autor dieser phantastischen Geschichte bietet seinen Kunden handfeste Traumware – nichts Irrationales.«

In der Tat: sich auf sich selbst zu verlassen ist eine alte amerikanische Tugend (siehe Ralph Waldo Emersons Essay »Self-Reliance«) und wurde selbstverständlich an der Ethical Culture Sunday School in Chicago vermittelt, die Baums Kinder besuchten. In »Oz and Kansas: A Theosophical Quest« (erschienen in Susan R. Gannon und Ruth Anne Thompsons *Proceedings of the Thirteenth Annual Conference of the Children's Literature Association*) identifiziert John Algeo diese Tugend als einen wichtigen Grundsatz der Theosophie, wie sie in Mabel Collins' Aphorismensammlung *Licht auf den Pfad* beschrieben wird, die Baum gekannt haben mag. »Bemühe dich, was in deinem Inneren ist, zu erreichen«, rät sie. »Denn in dir ist das Licht der Welt – das einzige, das dir den Weg beleuchten kann. Findest du es nicht in dir, dann wirst du es nirgendwo finden.« In »A Lesson from Oz« erinnert sich Ray Bolger, daß seine Mutter ihm erzählt habe, die Botschaft des *Zauberers von Oz* stamme aus der Bibel: »Denn siehe, das Reich Gottes ist mitten unter euch.« (Lukas 17,21) Der Zauberer scheint diese Worte frei wiederzugeben.

Der Wert der Reise nach Oz liegt nicht in dem, was die Gefährten erhalten: Hirn, Herz und Mut. Bereits auf dem Weg erfahren die Gefährten, daß diese Dinge bereits in ihnen stecken und sie nur noch lernen müssen, sie in der Praxis anzuwenden, auch wenn sie das nicht realisieren. Der Zauberer erkennt hingegen durchaus, daß die Vogelscheuche Wissen (die Ansammlung von Fakten) mit Intelligenz verwechselt, der Fähigkeit, Fakten zu deuten. Es ist zwar nicht des Zauberers Verdienst, aber die Vogelscheuche hat am Ende durch Erfahrung gelernt, wie ihr Gehirn arbeitet. Das konnte ihr der Zauberer nicht schenken.

»Dir fehlt nur Vertrauen in dich selbst. Jedes lebende Wesen findet Angst in sich, wenn es nur tief genug sucht oder in Gefahr gerät. Wahrer Mut sieht der Gefahr ins Auge, auch wenn das Herz in tausend Ängsten schwebt. Tu, was du fürchtest, und die Furcht wird dir fremd! Von diesem Mut hast du reichlich.«[18]

»Das stimmt!« warf Dorothy ein. »Er hat uns diesen Mut gezeigt. Und deshalb braucht er auch kein toller Held zu sein. Ich kann Helden nicht leiden, die machen immer zuviel Krach.«

»Alles schöne Worte«, sagte der Löwe. »Vielleicht stimmen sie sogar, doch ich habe noch immer Angst. Ich werde todtraurig sein, wenn du mir nicht die Art von Mut verleihst, die mich die Angst vergessen läßt.«

»Nun gut! Du sollst diese Art von Mut erhalten«, erwiderte der Zauberer.

»Und was ist mit meinem Herzen?« fragte der Holzfäller.

»Was dein Herz betrifft«, antwortete Oz, »so denke ich, daß es falsch ist, sich ein solches Herz zu wünschen. Es macht die meisten Menschen unglücklich, weil es wie ein Schmetterling auf einer Wiese ist, einmal hier, einmal dort. Wenn du es nur wüßtest: Du bist glücklich, weil du kein solches Herz hast.«

»Das ist Ansichtssache«, meinte der Holzfäller ungerührt. »Ich will alles Herzeleid ohne Murren ertragen, wenn du mir nur ein neues Herz verschaffst.«

»Du sollst es bekommen«, sagte Oz ruhig. »Such

18. *Von diesem Mut hast du reichlich.* Man vergleiche diese Aussage mit der Lehre am Ende von »Der König der Eisbären« in Baums *American Fairy Tales*: »Diese Geschichte lehrt uns, daß wahre Würde und echter Mut nicht auf äußerem Anschein beruhen, sondern daß sie von innen kommen.« Wie die Vogelscheuche und der Blechholzfäller muß der feige Löwe das, was er haben möchte, in sich selbst finden, sei das nun Tapferkeit oder Selbstvertrauen. Sheldon Kopp meint in »The Wizard Behind the Couch«, daß Baum weiß: »Es ist immer möglich, daß wir uns weiterentwickeln, wenn wir lernen, uns selbst zu akzeptieren, auch wenn das bedeutet, uns selbst nicht immer so ernst zu nehmen. Freundschaft und Vertrauen sind für diesen Prozeß von zentraler Bedeutung.« Laut Kopp schrieb Baum, »um seine Unzufriedenheit mit dem viktorianischen Ideal auszudrücken, das verlangte, daß man Charakter durch Bestrafung, strenge Regeln und einen inneren Kampf um Selbstdisziplin bildet, durch Opfer und durch Selbstverleugnung«. Baum scherte sich nicht um die Werte, die in der viktorianischen Jugendliteratur vertreten wurden, »Fleiß und Genügsamkeit, Respekt vor den Schwachen und einen nüchternen christlichen Altruismus«, in den Worten von Mark Edmund Jones in *The Pursuit of Happiness* (Cambridge, Mass.: Harvard University Press, 1954). Baum steuerte zur amerikanischen Jugendliteratur bei, was Jones als die »*Zauberer von Oz*-Formel« bezeichnet, nämlich »das Streben nach Glück«. Baum glaubte an das Streben des Individuums nach Freiheit, die nur in ihm selbst liegt.

Der Zauberer von Oz ist eine subtile Weiterentwicklung der Märchentradition, in der ein Held nach einem bestimmten Gegenstand sucht. Die Vogelscheuche, der Blechholzfäller und der feige Löwe leiden alle unter einem Gefühl der Sinnlosigkeit, der Leere und der Unzulänglichkeit, und jeder von ihnen muß den besonderen Gegenstand finden, der ihn vervollständigt. Dieser Gegenstand ist oft nichts weiter als ein Spiegel, der das reflektiert, was der Suchende bereits besitzt. Hirn, Herz, Mut-Elixier – das sind nur Symbole ohne eigenen Wert. Wichtig ist das, was diese drei Dinge darstellen: Verstand, Mitgefühl, Selbstbewußtsein. Als hätte man ihm einen Spiegel vorgehalten, erkennt nun jeder der drei, daß das, wonach er sich immer gesehnt hat, in ihm selbst bereits vorhanden war.

19. *Da versprachen alle, nichts von dem auszuplaudern, was sie von ihm erfahren hatten.* Anscheinend hat da jemand sein Versprechen nicht gehalten, denn im zweiten *Oz*-Buch, *Im Reich des Zauberers Oz,* weiß anscheinend jeder, daß Oz ein Schwindler ist. Tip sagt zum Beispiel ganz offen zu Jack Kürbiskopf, daß Oz »doch kein so großer Zauberer war, wie es schien« (Kap. 3, »Die Flucht der Ausreißer«).

mich morgen auf, und ich schenke dir ein neues Herz. Ich habe so viele Jahre den Zauberer gespielt, daß ich dieses Spiel ein bißchen fortsetzen kann.«

»Jetzt bin ich an der Reihe«, sagte Dorothy. »Wie komme ich nach Kansas?«

»Diese Frage werde ich mir durch den Kopf gehen lassen«, erwiderte Oz. »Gib mir nur zwei bis drei Tage Zeit, darüber nachzudenken. Dann werde ich wissen, wie du über die Wüste hinweg in deine Heimat kommen kannst. Bis dahin sollt ihr meine lieben Gäste sein. Solange ihr im Palast seid, werden euch meine Leute verwöhnen und euch jeden Wunsch von den Augen ablesen. Doch eines verlange ich von euch als Dank für meine Hilfe, wenn sie denn eine ist. Ihr müßt mein Geheimnis wahren und niemandem verraten, daß ich ein Schwindler bin.«

Da versprachen alle, nichts von dem auszuplaudern, was sie von ihm erfahren hatten.[19] Darauf begaben sie sich gutgelaunt in ihre Zimmer zurück.

Sogar Dorothy hatte die Hoffnung, daß der »große und schreckliche Schwindler«, wie sie ihn jetzt nannte, einen Weg finden würde, sie nach Kansas zu bringen. Wenn er das täte, wollte sie ihm alles verzeihen.

Eine bislang unveröffentlichte Zeichnung der
Vogelscheuche von W. W. Denslow für Townsend Walsh,
den Werbeleiter der Revue
The Wizard of Oz, 1902.
*Mit freundlicher Genehmigung der Billy Rose Theatre Collection,
The New York Public Library for the Performing Arts, Astor,
Lenox and Tilden Foundations.*

»NUN, IHR KÖNNT MIR GRATUlieren!« sagte die Vogelscheuche am nächsten Morgen zu den Freunden. »Ich gehe jetzt zu Oz, um endlich Verstand zu bekommen. Wenn ich zurückkehre, werde ich so klug wie andere sein.«

»Ich mag dich auch so, wie du bist«, meinte Dorothy.

»Es ist freundlich von dir, eine Vogelscheuche gern zu haben«, erwiderte er. »Doch sicherlich werdet ihr eine bessere Meinung von mir haben, wenn ich erst mit den glänzenden Gedanken auftrumpfen kann, auf die mein neuer Verstand dann kommen wird.«

Die Vogelscheuche sagte allen fröhlich Lebewohl, begab sich zum Thronsaal und pochte an die Tür.

»Herein!« sagte Oz.

Die Vogelscheuche betrat den Saal. Der kleine Mann saß am Fenster. Das Kinn in die Hand gestützt, war er tief in Gedanken versunken.

»Ich komme wegen meines Köpfchens«, sagte die Vogelscheuche etwas unsicher.

»Ach ja! Setz dich, bitte!« erwiderte Oz. »Entschuldige, daß ich dir erst einmal den Kopf abnehmen muß. Um den Verstand an den rechten Ort zu bringen, ist das unbedingt nötig.«

»Was sein muß, muß sein«, meinte die Vogelscheuche. »Es ist mir recht, daß du den Kopf entfernst. Wenn du ihn dann wieder aufsetzt, wird er um vieles besser sein.«

Der Zauberer nahm den Kopf ab, machte ein Loch hinein und zupfte das Stroh heraus. Dann ging er ins hintere Zimmer, wo er eine bestimmte Menge Kleie mit vielen langen Nägeln und Nadeln vermengte.[1] Das Ganze schüttelte er kräftig durch und stopfte es in die obere Hälfte des Kopfes. Den noch freien Raum füllte er mit sauberem Stroh aus, damit der Kopf die Form behielt. Dann setzte er ihn der Vogelscheuche wieder auf und verband ihn mit dem Rumpf.

»Von jetzt an wirst du ein großer Denker sein«, sagte Oz. »Ich habe ein nagelneues Hirn in deinem Kopf untergebracht.«

Die Vogelscheuche war außer sich vor Freude und stolz auf die Erfüllung ihres größten Wunsches. Sie dankte Oz überschwenglich und ging glücklich zu den Freunden zurück. Dorothy schaute sie neugierig an. Ihr Kopf sah oben so merkwürdig verschwollen aus von all dem neuen Verstand.

1. *wo er eine bestimmte Menge Kleie mit vielen langen Nägeln und Nadeln vermengte.* Für seine Illustration in der Pennyroyal-Ausgabe von 1985 fand Barry Moser eine erstaunliche Erklärung für diese Mixtur: *bra*n (Kleie) + p*ins* (Nadeln) = *brains* (Gehirn). In *Forty-Seven Days to Oz* schreibt Moser: »Es scheint durchaus vorstellbar, daß Baum, der diese Art von Wort- und Buchstabenspielen mochte (NY = OZ, zum Beispiel), das so gemeint hat.« In *The Tin Woodman of Oz* wird die Gehirnmasse etwas anders angegeben – dort besteht sie aus »Weizenstroh und Kleie« (S. 44).

»Fühlst du dich gut?« fragte sie besorgt.

»Ich fühle mich vor allem klug«, antwortete die Vogelscheuche ernsthaft.

»Wenn ich erst gelernt habe, meinen Kopf zu gebrauchen, werde ich alles wissen.«

»Warum schauen dir so viele spitze Nadeln und Nägel aus dem Kopf?« fragte der Holzfäller verwundert.

»Das ist der Beweis, daß sie einen scharfen Verstand hat«, meinte der Löwe. »Sie kann in Zukunft jedem spitzkommen mit ihrer Klugheit.«

»Jetzt muß ich zu Oz«, sagte der Holzfäller, der voller Hoffnung auf ein neues Herz war. Er stolzierte zum Thronsaal und klopfte an die Tür.

»Herein!« sagte Oz, und der Holzfäller ging in den Raum.

»Du weißt, daß ich eines neuen Herzens wegen hier bin«, sagte er.

»Schon gut«, antwortete der kleine Mann. »Wir machen es so: Zuerst schneide ich dir ein Loch in die Brust, um das Herz an die richtige Stelle bugsieren zu können. Es wird nicht weh tun.«

»Das weiß ich«, antwortete der Holzfäller, der ja aus Blech war. »Meine Brust ist aus Blech, und da spüre ich überhaupt nichts.«

Oz griff zu einer Blechschere und schnitt ein kleines, viereckiges Loch in die linke Seite der Brust.

Dann trat er an eine Kommode und nahm ein hübsches Herz heraus, das ganz aus roter Seide genäht und mit Sägemehl gefüllt war.

»Ist es nicht hübsch?« fragte er.

»Das ist es wirklich«, erwiderte der Holzfäller, der sich entzückt das glänzende Herzchen besah. »Doch ist es auch ein gutes Herz?«

»Ein sehr gutes Herz«, antwortete Oz. Er legte das Herz in die Brust des Holzfällers,[2] setzte das viereckige Blechstück auf die Öffnung und verlötete es mit der Brust.

»Nun hast du ein Herz, auf das jeder Mann stolz sein dürfte. Es tut mir leid, daß ich dir einen Flicken auf die Brust setzen mußte, aber anders war es nicht zu machen.«

»Der Flicken ist nicht der Rede wert!« rief der glückliche Holzfäller. »Ich danke dir herzlich! Ich werde dir die Freundlichkeit nicht vergessen.«

»Keine Ursache«, erwiderte Oz.

Der Holzfäller kehrte zu seinen Freunden zurück. Sie gratulierten ihm zu seinem Glück.

Nun ging der Löwe in den Thronsaal und klopfte an die Tür.

»Herein!« sagte Oz.

»Ich komme, um mutig zu werden«, kündigte der Löwe an, als er den Raum betrat.

»Ich weiß«, antwortete der kleine Mann. »Du sollst bekommen, was du wünschst.«

Er trat an einen Schrank, nahm eine

2. *Er legte das Herz in die Brust des Holzfällers.* Im Jahr 1900 muß es wirklich märchenhaft erschienen sein, daß der Zauberer dem Blechholzfäller ein neues Herz einsctzt. Erst 1967 transplantierte Dr. Christiaan Barnard zusammen mit seinem Team in Südafrika ein menschliches Herz. Der erste Amerikaner, der eine solche Operation erfolgreich durchführte, war 1968 Dr. Norman Shumway. Das erste Kunstherz konnte am 2. Dezember 1982 einem Menschen eingesetzt werden; es war von Dr. Robert K. Jarvik entwickelt worden und bestand aus Kunststoff und Aluminium, nicht aus Seide und Sägemehl wie das des Zauberers. Bis jetzt konnte aber noch niemand einer Vogelscheuche erfolgreich ein Gehirn einsetzen.

3. *Schon ganz schön heldenhaft.* In *Wonderful Wizard, Marvelous Land* weist Raylyn Moore auf die Ähnlichkeit der kleinen grünen Flasche des Zauberers mit derjenigen hin, in der zu jener Zeit holländischer Gin verkauft wurde. Oz-Club-Mitglied C. Warren Hollister berichtet in *The Baum Bugle* (Frühjahr 1966), daß er in England ein Bier entdeckt hatte, das den Namen »Courage« (Mut) trug. Ein anderes Bier aus Cardiff in Wales heißt »Brains« (Gehirn). Alkohol macht mutig, aber die Wirkung verfliegt mit der Zeit, genau wie die des Elixiers des Zauberers. Als Dorothy in *Ozma von Oz* den feigen Löwen fragt, wie er sich fühlt, antwortet er: »So feige wie immer. Jede Kleinigkeit erschreckt mich und läßt mein Herz schneller schlagen… Anderen mag ich wohl manchmal mutig erschienen sein, aber immer, wenn ich mich in Gefahr befand, hatte ich tatsächlich Angst« (Kap. 8). Wie Soldaten und Extremsportler attestieren können, ist Mut die Überwindung von Angst, nicht ihr Fehlen.

4. *Dinge zu tun, von denen jeder weiß, daß sie unmöglich sind.* Einmal ein Schwindler, immer ein Schwindler. Der Zauberer kann nur deswegen Wunder bewirken, weil sein leichtgläubiges Publikum denkt, daß es Wunder sind. Aber alles ist vergeben und vergessen, als der Zauberer in *Dorothy und der Zauberer in Oz* in die Smaragdenstadt zurückkehrt. Schließlich ist er ja ein guter Mensch, auch wenn er ein schlechter Zauberer ist, und es waren Angst und die Umstände, die ihn dazu gezwungen hatten zu lügen. Nach langen Studien und harter Arbeit unter der Anleitung von Glinda der Guten wird aus ihm sogar noch ein guter Zauberer, in *Der Zauberer von Oz* behandelt er allerdings erst Dorothy und ihre Gefährten, als wäre er der Therapeut und sie seine Patienten. In »The Wizard Behind the Couch« berichtet Dr. Sheldon Kopp, daß seine Patienten von ihm erwarten, daß er mit Hilfe der Psychoanalyse Wunder bewirkt, von denen eigentlich jeder weiß, daß sie unmöglich sind. Niemand kann die Probleme eines anderen lösen. Veränderung kann nur aus dem Patienten selbst heraus entstehen. Der einzelne muß glauben, daß eine Heilung möglich ist, bevor sie wirklich beginnen kann. Nur dann können Wunder geschehen.

Die Zauberkunst des grossen Schwindlers

viereckige grüne Flasche aus dem oberen Fach und goß den Inhalt in eine grüngoldene, herrlich verzierte Schale. Er stellte sie vor den Löwen hin. Der Löwe schnüffelte erst einmal, weil ihm die Sache nicht gefiel.

»Trink!« forderte Oz ihn auf.

»Erst muß ich wissen, was da drin ist«, sagte der Löwe.

»Wenn du die Flüssigkeit im Bauche hast, wird sie zu Mut. Du weißt ja, daß Mut tief in unserem Innersten steckt. Von Mut kannst du erst sprechen, wenn du das Wässerchen geschluckt hast. Deshalb rate ich dir, es so schnell wie möglich zu trinken.«

Der Löwe zögerte keinen Augenblick länger und trank in einem Zug die ganze Schale leer. Selbst den Boden leckte er aus.

»Wie fühlst du dich?« fragte Oz.

»Schon ganz schön heldenhaft«,[3] erwiderte der Löwe und warf sich in die Brust. Voller Freude lief er zu den Freunden zurück, um ihnen von seinem Glück zu erzählen.

Als Oz wieder allein war, lächelte er beim Gedanken, wie leicht es ihm gefallen war, der Vogelscheuche, dem Holzfäller und dem Löwen genau das zu geben, was sich jeder wünschte. »Wie soll ich verhindern können, ein Schwindler zu sein«, sagte er. »Diese Leute zwingen mich doch dazu, Dinge zu tun, von denen jeder weiß, daß sie unmöglich sind.[4] Es war einfach, die Vogelscheuche, den Löwen und den Holzfäller glücklich zu machen, weil sie sich einbildeten, ich sei in der Lage dazu. Doch mehr als nur Phantasie wird notwendig sein, um Dorothy nach Kansas zu bringen. Dabei habe ich nicht die leiseste Ahnung, wie ich das bewerkstelligen soll.«

Wie der Ballon gestartet wurde

FORTAN LIESS OZ NICHTS VON SICH hören; drei Tage lang. Das war eine traurige Zeit für Dorothy, obwohl die Freunde sich gut aufgelegt und zufrieden zeigten. Die Vogelscheuche verriet ihnen, daß es in ihrem Kopf nur so von Gedanken sprudle. Was es aber für Gedanken seien, könne sie nicht sagen. Keiner außer ihr sei nämlich in der Lage, sie zu verstehen.[1] Wenn der Holzfäller umherging, fühlte er, wie das Herz in seiner Brust rumpelte. Er habe entdeckt, erzählte er dem Mädchen, daß sein neues Herz gütiger und zärtlicher sei als das alte Herz aus Fleisch. Der Löwe hingegen erklärte, daß er sich vor nichts und niemandem mehr fürchte und gerne einer Armee von Männern oder einem Dutzend der schrecklichen Kalidahs entgegentreten würde. So waren alle zufrieden, bis auf Dorothy, die sich mit jedem Tag inniger wünschte, nach Kansas zurückzukehren.

1. *Keiner außer ihr sei nämlich in der Lage, sie zu verstehen.* Man vergleiche diese Haltung mit der Bemerkung der Vogelscheuche am Beginn des vorangegangenen Kapitels, daß sie »mit den glänzenden Gedanken auftrumpfen« würde. Wieder einmal verwechselt die Vogelscheuche das äußere Zeichen ihrer Intelligenz mit dem Verstand selbst. Nur weil man ein Gehirn hat, muß man noch nicht vernünftig denken können. Die Vogelscheuche ist genauso dumm wie damals, als sie an einem Straßenloch ins Stolpern geraten war, anstatt um das Loch herumzugehen, weil »Denken nicht [ihre] Sache ist«. Baum hatte keine Geduld mit der Art von intellektuellem Dünkel, den die Vogelscheuche hier an den Tag legt, und zieht wortreiche Umständlichkeit gern ins Lächerliche. Eine der amüsantesten Szenen in *Im Reich des Zauberers Oz* ist die erste Unterhaltung zwischen der Vogelscheuche und Jack Kürbiskopf. Als der Kürbiskopf zur Vogelscheuche sagt, er könne sie nicht verstehen, weil er aus dem Land der Gillikins komme, die Vogelscheuche aber ein Munchkin sei, ruft die Vogelscheuche eine Dolmetscherin herbei. Während die beiden auf das Mädchen warten, unterhalten sie sich fröhlich weiter, denn natürlich sprechen im Lande Oz alle dieselbe Sprache. Nichtsdestoweniger besteht die Vogelscheuche im weiteren Verlauf der Audienz darauf, daß die Dolmetscherin seine Worte wiederholt (siehe Kap. 7, »Seine Majestät, die Vogelscheuche«).

Im gleichen Buch führt Baum H. M. Woggle-Bug, T. E., ein, der noch pedantischer ist als die Vogelscheuche in ihren besten Zeiten. Der Woggle-Bug war ursprünglich ein ganz normaler Quasselkäfer, als er zufällig in den Unterrichtsraum eines Professors geriet und bald *durch und durch gebildet* war (T. E.: »thoroughly educated«); bis der Professor ihn irgendwann fing und per Projektor auf eine Leinwand warf, wo er jetzt *stark vergrößert* erschien (H. M.: »highly magnified«). Trotz seiner charakterlichen Schwächen war der Woggle-Bug eine von Baums Lieblingsfiguren und teilt die Schwäche seines Schöpfers für Wortspiele. Baum nannte das Musical, das auf dem zweiten Oz-Buch, *Im Reich des Zauberers Oz,* basierte, »The Woggle-Bug« und schrieb zusätzlich ein ganzes Bilderbuch über ihn. Durch den Wettbewerb »What Did the Woggle-Bug Say«, mit dem das Buch beworben wurde, wurde auch der gebildete Käfer berühmt. Er gründet später das Royal College of Oz, wo die Studenten Lernpillen nehmen, damit sie ihre Zeit mit Sport verbringen können statt mit Unterricht. Der Woggle-Bug erfindet auch Essens-Pillen, die in drei Gängen verabreicht werden. Nicht alle Lehrer und Erzieher unter Baums Lesern sind von Professor Woggle-Bug begeistert; manche sehen in ihm einen Ausdruck von Baums Anti-Intellektualismus.

2. *Fesselballon.* »Passend zu den Fähigkeiten des Zauberers, die auch nichts als heiße Luft sind«, notiert Justin G. Schiller in seinem Nachwort zur Pennyroyal-Press-Ausgabe, »schlägt der Zauberer vor, Dorothy mit einem Heißluftballon nach Kansas zurückzubringen« (S. 266). Es ist nicht das erste Mal, daß Baum diese Methode benutzt, um einen gestrandeten Reisenden zurück in seine weit entfernte Heimat zu bringen. Ein Astronom in »The Man in the Moon« in *Mother Goose in Prose* erwähnt, in der Stadt befinde sich »ein großer Ballon. Er gehört einem Zirkus, der letzten Sommer hier war, und wurde für eine Reklametafel verpfändet. Diesen Ballon können wir aufblasen und damit den Mann vom Mond nach Hause schicken.« Was Oz, dem Schwindler-Zauberer, nicht gelingt, schaffen die Einwohner von Norwich: »Der Ballon wurde herbeigeholt und aufgeblasen, der Mann stieg in den Korb, und der Ballon stieg in Richtung des Mondes in den Himmel auf… bis der Mann schließlich die Hand ausstreckte und die Kante des Mondes erfaßte, und siehe da – sofort war er wieder der Mann im Mond!« (S. 115–116).

3. *Seidenstoff.* Baum beschreibt einen normalen Fesselballon seiner Zeit. Für die Hülle benutzte man Seide, und der Leim bestand aus in Terpentinöl gelöstem Kautschuk.

4. *Heiße Luft ist leider nicht so gut wie Gas.* Für den ersten erfolgreichen Ballonflug im Juni 1783 verwenden die französischen Brüder Joseph und Jacques Montgolfier heiße Luft. Wasserstoff wurde 1766 vom britischen Chemiker Henry Cavendish entdeckt und bereits 1783 zum ersten Mal vom Franzosen J. A. C. Charles zum Ballonfahren eingesetzt. Es wurde von allen Ballonfahrern des 19. Jahrhunderts verwendet und ist wahrscheinlich das Gas, das der Zauberer hier meint. Helium wurde erst nach dem Zweiten Weltkrieg eingesetzt.

Zu ihrer großen Freude bat sie Oz am nächsten Tag um ihren Besuch.

»Setz dich, meine Liebe!« sagte er höflich, als sie den Thronsaal betrat. »Ich weiß jetzt, wie du aus diesem Land reisen kannst.«

»Zurück nach Kansas?« fragte sie.

»Da bin ich mir nicht sicher«, sagte Oz. »Ich habe keine Ahnung, wo dieses Kansas liegt. Doch zuerst muß man über diese Wüste hinweg. Danach dürfte es leicht sein, den Weg nach Hause zu finden.«

»Doch wie soll ich die Wüste durchqueren?« fragte sie.

»Ich verrate dir jetzt meinen Plan«, sagte der kleine Mann. »Du erinnerst dich vielleicht noch: Ich kam mit einem Fesselballon[2] in dieses Land. Auch dich hat der Sturm in dieses Land verschlagen, und zwar in einem Haus. Und darum denke ich, daß der beste Weg, dieses Land zu verlassen, eine Reise durch die Luft ist. Es liegt nicht in meiner Kraft, einen Wirbelsturm zu zaubern. Doch wie ich mir die Sache so durch den Kopf gehen lasse, glaube ich, daß ich einen Ballon machen kann.«

»Aber wie?« fragte Dorothy.

»Ein Ballon besteht aus Seidenstoff,[3] der mit Leim bestrichen wird, damit das Gas nicht entweichen kann. Von dieser Seide habe ich ganze Ballen im Palast. Die Ballonhülle zu nähen dürfte nicht schwer sein. Doch es gibt kein Gas in diesem Land, um den Ballon zu füllen, damit er in die Luft steigt.«

»Wenn ein Ballon nicht fliegen kann«, sagte Dorothy, »dann ist er nutzlos.«

»So ist es«, bestätigte Oz. »Aber es gibt einen Ausweg. Ein Ballon steigt auch mit heißer Luft empor. Heiße Luft ist leider nicht so gut wie Gas.[4] Kühlt die heiße Luft sich nämlich ab, dann sinkt der Ballon und geht womöglich in der Wüste nieder, und das wäre für uns der Tod.«

»Du sagst ›uns‹?« rief Dorothy. »Willst du denn mit?«

»Aber natürlich«, erwiderte Oz. »Ich habe keine Lust mehr, ein Schwindler zu sein. Wenn ich den Palast verlasse, merken die Leute bald, daß ich kein Zauberer bin. Sie würden erbost sein über die Täuschung. Dann müßte ich den ganzen Tag in diesen Räumen hocken, und das würde langweilig sein. Lieber gehe ich mit dir nach Kansas zurück und trete in einem Zirkus als Bauchredner auf.«

»Deine Gesellschaft wird mir angenehm sein«, sagte Dorothy artig.

»Danke«, erwiderte er. »Und nun an die Arbeit! Du kannst mir helfen, die Seidenbahnen zusammenzunähen.«

Dorothy griff zu Nadel und Faden und nähte die Bahnen aneinander – so schnell, wie Oz sie aus der Seide schnitt. Die erste Bahn war aus hellgrüner, die zweite aus dunkelgrüner und die dritte aus smaragdgrüner Seide. Das war so ein Einfall von Oz, der den Ballon in den Farben haben wollte, die er um sich sah. Drei Tage brauchten

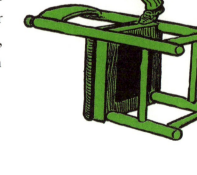

sie, um die Bahnen aneinanderzunähen. Als sie mit der Arbeit fertig waren, hatten sie einen riesigen Sack aus grüner Seide vor sich liegen, der mehr als zwanzig Fuß lang war. Auf der Innenseite des Ballons trug Oz eine Schicht von dünnem Leim auf, um ihn abzudichten.

»Der Ballon ist fertig«, verkündete Oz. »Jetzt brauchen wir noch einen Korb, der uns aufnehmen soll.«

Er schickte den Soldaten mit dem grünen Backenbart in die Stadt, um einen großen Wäschekorb zu besorgen, der als Gondel dienen sollte. Mit vielen Tauen befestigte er ihn an der Unterseite des Ballons.

Nachdem alles bereit war, ließ Oz die Untertanen wissen, daß er einem Freund, der in den Wolken lebe und ebenfalls ein Zauberer sei, einen Besuch abstatten wolle.

Die Nachricht machte schnell die Runde in der Stadt, und von überallher strömten die Leute herbei, um Zeuge des wunderbaren Aufstiegs zu werden. Oz befahl, den Ballon vor den Palast zu tragen, und jeder begaffte ihn voller Neugier. Der Holzfäller hatte inzwischen einen Haufen Holz geschlagen und zündete ihn an. Oz hielt die Öffnung des Ballons über das Feuer. Die heiße Luft strömte in die Hülle. Langsam dehnte sie sich aus und wurde ein riesiger Ball. Es dauerte nicht lange, und der Ballon schwebte in der Luft. Der Korb berührte gerade noch den Boden.

Oz stieg als erster hinein und richtete mit lauter Stimme ein paar Worte an sein Volk.

»Ich verlasse euch jetzt, um einen Besuch abzustatten. Während meiner Abwesenheit wird die Stadt von der Vogelscheuche regiert. Ich befehle euch, ihr genausogut zu gehorchen, wie ihr mir gehorcht habt.«

Der Ballon zerrte schon heftig an den Tauen, die ihn am Boden hielten. Die Luft in der Hülle war heiß und deshalb leichter als die Luft außerhalb des Ballons. Mit aller Macht zog es ihn zum Himmel hinauf.

»Schnell, Dorothy!« schrie der Zauberer. »Beeil dich, oder der Ballon steigt ohne dich auf!«

»Ich weiß nicht, wo Toto steckt!« rief Dorothy aufgeregt, die den kleinen Hund nicht zurücklassen wollte. Toto war nämlich unter die Leute gelaufen, um ein Kätzchen anzubellen. Schließlich entdeckte sie ihn,

5. *Ich kann nicht.* Und dafür gibt es einen Grund: Der Zauberer hat bei der Konstruktion des Ballons eine Vorrichtung vergessen, mit der er sein Gefährt steuern kann. Weder der Text noch die Illustrationen zeigen ein Ventil oder ein Seil, mit dem er Luft aus dem Ballon entweichen lassen könnte, damit er langsam sinkt. So kann er nur landen, wenn die Luft abkühlt. In seiner Zeichnung für den Zwischentitel hatte Denslow ein solches Seil angedeutet, aber möglicherweise hatte Baum ihn gebeten, es zu entfernen.

6. *dem wunderbaren Zauberer.* In *Dorothy und der Zauberer in Oz* kehrt der Zauberer allerdings doch zurück. Man lädt ihn ein, wieder offizieller Zauberer von Oz zu werden und in seinem alten Zimmer hinter dem Thronsaal zu wohnen. Er ist nicht länger Herrscher über Oz, aber wenigstens auch kein Schwindler mehr.

7. *daß er Omaha glücklich erreicht hat.* Oz-Club-Mitglied Ruth Berman meint in der Ausgabe von *The Baum Bugle* vom August 1961, das erste Anzeichen dafür, daß er in der Tat nach Amerika zurückgekehrt sei, erscheine in *The Woggle-Bug Book*. Dort springt der Woggle-Bug in den Korb eines Zirkusballons und fliegt davon, um einem blutrünstigen Wäschereibesitzer zu entkommen. Sein wütender Verfolger und der echte Ballonfahrer bleiben auf der Erde zurück. Baum bezeichnet den Zirkusmann nur als »Professor«, aber Ike Morgan zeichnet ihn als einen älteren glatzköpfigen Mann in schmalen Hosen mit einem Zylinder. Dieses Bild und die Tatsache, daß sich die Geschichte im mittleren Westen der USA abspielt, deutet darauf hin, daß dieser »Professor« in Wirklichkeit niemand anderes ist als der Zauberer von Oz. In *Dorothy und der Zauberer in Oz* erzählt der Zauberer, daß er nach seiner Rückkehr nach Amerika mit einem Zirkus, mit Bailum and Barneys Consolidated Shows, durch den mittleren Westen gereist sei.

8. *ein freundliches Gedächtnis.* In *Im Reich des Zauberers Oz* sprechen sie allerdings nicht gerade freundlich von ihm, nachdem sie erfahren haben, daß er ein Schwindler ist.

nahm ihn auf den Arm und rannte zum Ballon. Sie war nur noch einige Schritte von ihm entfernt. Oz streckte ihr schon die Hände entgegen, um sie in den Korb zu ziehen. Da rissen die Taue mit einem scharfen Knall, und der Ballon schoß in die Höhe – ohne sie.

»Komm zurück!« kreischte Dorothy. »Ich will mit!«

»Ich kann nicht!«[5] rief Oz aus dem Korb. »Lebe wohl!« Seine Stimme wurde leiser.

»Lebe wohl!« schrieen die Leute. Aller Augen waren nach oben gerichtet. Der Zauberer in seiner Gondel stieg immer schneller zum Himmel. Und das war die letzte Begegnung der Menschen mit Oz, dem wunderbaren Zauberer.[6] Wir wissen nur noch von ihm, daß er Omaha glücklich erreicht hat[7] und zur Zeit dort ansässig ist. Alle bewahrten ihm noch lange ein freundliches Gedächtnis.[8]

»Oz ist uns immer ein wahrhafter Freund gewesen«, erzählten sie von ihm. »Er hat die wunderbare Smaragdenstadt gebaut. Jetzt, da er uns verlassen hat, regiert die kluge Vogelscheuche über unser Land.«

Trotzdem trauerten sie dem großartigen Zauberer noch eine lange Zeit nach und ließen sich nicht trösten.

DOROTHY BRACH IN TRÄNEN aus, als sie den Ballon aufsteigen sah. Ihre Hoffnung, nach Kansas heimzukehren, entschwand mit dem Ballon. Je mehr sie sich die Sache aber durch den Kopf gehen ließ, um so froher war sie, nicht mitgeflogen zu sein. Schließlich gab es noch die Freunde. Doch den Zauberer verloren zu haben, das tat ihr schon weh. Auch die Gefährten schmerzte der Verlust. Der Holzfäller trat zu ihr.

»Wirklich, ich wäre ein Lump, wenn ich nicht jemandem dankte, der mir ein wunderbares Herz gegeben hat. Ich würde gern ein bißchen weinen, weil er uns verlassen hat, wenn du mir liebenswürdigerweise meine Tränen abwischen würdest, damit ich nicht roste.«

»Mit Vergnügen«, sagte Dorothy und

kam gleich mit einem Handtuch gerannt. Der Holzfäller heulte einige Minuten Rotz und Wasser, doch Dorothy, der keine Träne entging, wischte alle sorgfältig weg. Nachdem er sich ausgeweint hatte, dankte er ihr freundlich, griff nach der edelsteinverzierten Kanne und ölte die Scharniere gründlich ein, damit nicht neues Unheil geschehe.

Nun herrschte die Vogelscheuche über die Smaragdenstadt.[1] Obwohl sie kein Zauberer war, waren die Leute stolz auf sie, und das hatte einen merkwürdigen Grund.

»Keine andere Stadt der Erde«, sagten sie untereinander, »wird von einer Strohpuppe regiert. Wir sind die einzige Stadt dieser Art.«

Und damit hatten die guten Leute, soweit es ihnen bekannt war,[2] auch wirklich recht.

Am Morgen nach dem Aufstieg des Ballons kamen die vier Reisenden im Thronsaal zusammen und berieten über die Lage. Die Vogelscheuche saß majestätisch auf dem Thron. Die anderen standen respektvoll vor ihr.

»Unsere Lage ist nicht schlecht«, erklärte der neue Herrscher diplomatisch. »Palast und Stadt sind in unserer Hand. Wir können tun, was uns beliebt. Wenn ich bedenke, daß ich vor nicht allzu langer Zeit an einer Stange im Kornfeld des Farmers gesteckt habe und nun über diese schöne Stadt gebiete, kann ich nur sagen, daß ich mit meinem Schicksal sehr zufrieden bin.«

»Auch ich kann mich nicht beklagen«, sagte der Holzfäller. »Ich habe helle Freude an meinem Herzen. Nichts hatte ich mir jemals heißer ersehnt.«

1. *Nun herrschte die Vogelscheuche über die Smaragdenstadt.* In volkstümlichen Erzählungen gibt es viele dieser Burschen, die ausgehen, um ihr Glück zu machen, und am Ende ihrer Abenteuer zum König werden. Die Vogelscheuche lebt außerdem den sprichwörtlichen amerikanischen Traum des einfachen Jungen vom Lande, der in die große Stadt fährt, um Erfolg zu haben. (»If I can make it there, I'll make it anywhere«, singt Frank Sinatra in »New York, New York«.) Weniger positiv wird dieser Topos in Theodore Dreisers Buch *Schwester Carrie* verhandelt, das im gleichen Jahr veröffentlicht wurde wie *Der Zauberer von Oz*. Dort bahnt sich eine Frau mit allen Mitteln in Chicago und New York ehrgeizig einen Weg nach oben und wird eine berühmte Schauspielerin. Die Vogelscheuche regiert jetzt die Smaragdenstadt, aber wird sie ein besserer Monarch sein als der Zauberer von Oz? Obwohl Oz keine Demokratie ist, so wird es jetzt doch vom »einfachen Mann« regiert, denn nichts ist »einfacher« als eine Vogelscheuche, auch wenn sie ein Gehirn besitzt. Auch andere Länder in Baums Märchen haben unkonventionelle Regierungen. Im Rosaland von *Sky Island* regiert derjenige mit der hellsten Haut und lebt in vornehmer Armut. »Der Herrscher wird bestimmt, um die Menschen zu beschützen und ihnen zu dienen«, erklärt die Königin. »Ich führe nur die Gesetze aus, und die sind der Wille des Volkes. Ich bin seine Dienerin und verpflichtet, beständig für sein Wohl zu sorgen... Unser Weg ist der beste. Der Herrscher, sei es König oder Königin, hat die absolute Macht, jedoch keine Reichtümer, keinen hohen Stand, keine falsche Bewunderung. Das Volk besitzt den Reichtum und die Ehre, denn das gebührt ihm.« (S. 142–143) In *Tik-Tok of Oz* beschreibt Baum ein Märchenvolk aus Königen und Königinnen, dessen oberster Herrscher der Privatbürger ist.

2. *soweit es ihnen bekannt war.* »Offenbar will der königliche Geschichtsschreiber andeuten, daß es außerhalb von Oz durchaus Herrscher gibt, die nichts als Strohpuppen sind«, bemerkt Gardner in Anmerkung 22 von *The Wizard of Oz and Who He Was*.

3. *Das können wir nicht.* Offensichtlich gibt es Grenzen der Oz-Magie, und selbst eine erfundene Welt muß nach gewissen Regeln funktionieren. »Wenn eine Welt erst einmal erfunden ist«, argumentiert George MacDonald in »The Fantastic Imagination« (*A Dish of Orts*, 1893), »dann ist das höchste Gesetz dieses, daß Harmonie herrsche unter den Regeln dieser Welt und daß sich der Erfinder an sie hält. Sobald er eine von ihnen mißachtet, macht er seine eigene Geschichte unglaubwürdig. Um eine Zeitlang in einer Phantasiewelt zu leben, müssen wir uns darauf verlassen können, daß die Gesetze ihrer Existenz befolgt werden. Wenn sie gebrochen werden, fallen wir aus der Welt heraus.« In Oz ist nicht einfach alles möglich. Wenn Dorothy in *Glinda of Oz* vorschlägt, daß jeder Bewohner von Oz sich doch alles wünschen könne, verteidigt Ozma nicht nur die puritanische Arbeitsethik, sondern beweist auch, daß sie eine recht gute Menschenkennerin ist:

> Dein Plan würde der Welt statt Glück nur Müdigkeit bringen. Wenn jeder nur mit einem Zauberstab wedeln müßte, um seine Wünsche erfüllt zu bekommen, dann gäbe es nichts mehr, was man sich wünschte. Es gäbe kein Streben danach, das Schwierige zu erreichen, und man würde sich nicht mehr freuen, wenn man etwas erlangt, wonach man sich lange gesehnt hat und das man nur durch harte Arbeit und gründliches Nachdenken bekommt. Es gäbe nichts zu tun, verstehst du, kein Interesse am Leben und an unseren Mitmenschen. *(S. 57)*

Mit anderen Worten, das Leben wäre langweilig und die Menschen hätten Bedürfnis nach Märchen. »Auch in Oz kann nicht alles durch Magie erreicht werden«, führt Donald Wollheim in seiner Einleitung zur Airmont-Ausgabe von 1965 aus. »Nur manches ist möglich, und was, das muß man durch Ausprobieren und Nachdenken herausfinden. Das ist auch die Grundlage des wissenschaftlichen Denkens, und vielleicht ist das einer der Gründe, warum Oz in dieser Zeit wissenschaftlicher Wunder für seine jungen Leser so glaubwürdig ist. Es unterscheidet sich nicht allzusehr von der wissenschaftlich orientierten Welt des modernen Amerika.« Es gibt aber auch eine Verbindung zwischen der Magie und den Naturwissenschaften. In *Woman, Church, and State* (1893) postuliert Matilda Joslyn Gage, daß zur Zeit der Inquisition »die Hexe in Wahrheit die tiefschürfendste Denkerin war, die fortschrittlichste Wissenschaftlerin. Die Verfolgung der Hexen über lange Zeit war in Wahrheit ein Angriff der Kirche auf die Wissenschaft.« (S. 243) Gage argumentiert, daß »Magie« nichts anderes sei als »überlegene Wissenschaft« oder »das Wissen um die Auswirkungen gewisser, oft unbekannter Naturgesetze und um das geheime Wirken natürlicher Ursachen... Magie ist die Macht über unsichtbare Kräfte der Natur. Die elektrischen Geräte unserer Tage hätte man vor ein paar Jahrhunderten als Hexerei bezeichnet« (S. 234). Mit den heilenden Kräften von Kräutern und anderen Pflanzen vertraut, besaßen die Frauen auch medizinisches Wissen. Sie waren die Ärzte und Chirurgen ihrer Zeit.

Baum waren die Verbindungen zwischen Zauberei und Wissenschaft wohl bewußt. In *The Patchwork Girl of Oz* sagt der Zottelmann: »Ich sing' euch ein Lied aus Oz-Land... wo die Zauberei eine Wissenschaft ist.« Schließlich haben beide Disziplinen das gleiche Ziel: die Natur zu verstehen und zu beherrschen. Die moderne Wissenschaft entwickelte sich aus dem, was man heute »Magie« nennt: Die Chemie entstand aus der Alchemie, die Astronomie aus der Astrologie. Baum glaubte, daß Märchen wie seine *Oz-Bücher* dieselbe Phantasie anregten, die zu wissenschaftlichen Entdeckungen führt, wie er in der Einleitung zu *The Lost Princess of Oz* beschreibt:

> Phantasie hat Franklin zur Entdeckung der Elektrizität geführt. Phantasie hat uns die Dampfmaschine gebracht, das Telefon, das Grammophon und das Automobil. Auch diese Dinge mußten erst erträumt werden, bevor sie Wirklichkeit wurden. Ich glaube also, daß Träume – Tagträume, bei denen man die Augen weit offen hat und das Gehirn auf Hochtouren arbeitet – dazu angetan sind, zur Verbesserung der Welt beizutragen. Das phantasievolle Kind wird ein phantasievoller Mann oder eine phantasievolle Frau werden, der (oder die) etwas erschaffen wird, etwas erfinden, und daher die Zivilisation voranbringen. Ein bekannter Pädagoge sagt mir, daß Märchen von unschätzbarem Wert sind, die Phantasie der Kinder zu entwickeln. Ich glaube ihm.

Magie ist in Oz eine erlernbare Kunst. Als der Zauberer in *Dorothy und der Zauberer in Oz* in die Smaragdenstadt zurückkehrt, ernennt Ozma ihn zum offiziellen Zauberer von Oz. Obwohl die Prinzessin meint, daß ein Schwindler der ungefährlichste Zauberer ist (Kap. 15), lernt er von Glinda echte Zauberkunst. »Als Glinda die Gute erfuhr, daß ich für immer in der Smaragdenstadt leben sollte«, erklärt er in *Dorothy in der Smaragdenstadt*, »versprach sie, mir zu helfen. Sie sagte nämlich, der Zauberer von Oz müsse ein wirklicher Zauberer sein und kein Schwindler« (Kap. 13). So erlernt er die Magie wie ein Handwerk. Wie ein Arzt, der auf Hausbesuche geht, trägt er in *Rinkitink of Oz* eine schwarze Tasche mit seinem Zauberwerkzeug, und in *The Lost Princess of Oz* erklärt er, ein »Zauberer ohne Werkzeug ist wie ein Zimmermann ohne Hammer und Säge« (S. 278). In *The Magic of Oz* besucht Dorothy den Zauberer in seinem Labor, wo er seine Zauberexperimente durchführt. In Oz kann die Zauberkunst über die wissenschaftliche Methode des Experimentierens erlernt werden. Zauberer darf jedoch nicht jeder werden. Oz und Glinda sind die einzigen Personen, denen gestattet ist, die Zauberkunst auszuüben, denn sie sind die einzigen, denen Ozma vertraut, »ihre Kunst zum Wohle meines Volkes einzusetzen und sie glücklicher zu machen« (*The Patchwork Girl of Oz*, S. 230).

»Für mich ist diese Reise ebenfalls erfolgreich gewesen«, sagte der Löwe bescheiden. »Ich weiß jetzt, daß ich genauso mutig bin wie jedes andere Tier, das auf dieser Erde lebt.«

»Wenn Dorothy hier noch zufrieden leben könnte, würden wir alle gleich glücklich sein«, sagte die Vogelscheuche.

»Aber ich will hier nicht leben!« schrie Dorothy. »Ich will nach Kansas zu Onkel Henry und Tante Em.«

»Nun dann, was sollen wir tun?« fragte der Holzfäller.

Die Vogelscheuche entschloß sich, ihren Geist anzustrengen. Sie zermarterte so heftig ihr Gehirn, daß die Nägel und Nadeln aus dem Kopfe traten.

»Ich hab's«, erklärte die Vogelscheuche. »Wir befehlen die geflügelten Affen hierher. Es wird ihnen ein leichtes sein, uns über die Wüste zu tragen.«

»Daß ich nicht selbst daran gedacht habe!« rief Dorothy. »Das ist die Idee! Ich hole gleich die goldene Kappe.«

In einem Husch war sie wieder zurück und sprach die Zauberworte. Es dauerte nicht lange, und die Horde der geflügelten Affen flog mit lautem Gejohle durch das offene Fenster und stellte sich an ihrer Seite auf.

»Es ist das zweite Mal, daß du uns gerufen hast«, sagte der König der Affen und verbeugte sich vor ihr. »Was willst du von uns?«

»Ihr sollt mich nach Kansas fliegen«, verlangte Dorothy.

Da schüttelte der Affenkönig den Kopf.

»Das können wir nicht«,[3] stellte er fest. »Wir gehören zu diesem Land und dürfen es nicht verlassen. Noch niemals ist ein geflügelter Affe in Kansas gewesen, und das wird auch in Zukunft so sein, denn wir gehören nicht dorthin. Gern würden wir alles für dich tun, was in unserer Macht liegt, doch über die Wüste reisen, das können wir nicht. Lebe wohl!«

Er verbeugte sich noch einmal, breitete die Flügel aus und verschwand mit seiner Horde durch das Fenster.

Dorothy schossen fast die Tränen in die Augen vor Enttäuschung.

»Ich habe die Zauberkraft der goldenen Kappe für nichts und wieder nichts verschwendet«, grollte sie. »Die Affen können uns nicht helfen.«

»Es ist schon schlimm«, sagte der weichherzige Holzfäller.

Die Vogelscheuche zerbrach sich ein neues Mal den Kopf. Er schwoll jetzt so fürchterlich an, daß er zu platzen drohte, wie es Dorothy schien.

»Laßt uns den Soldaten mit dem grünen Backenbart rufen und ihn um seinen Rat bitten«, erklärte sie.

Der Soldat wurde gerufen und trat ängstlich in den Thronsaal. Zu Lebzeiten des großen Oz[4] nämlich war es ihm nur gestattet gewesen, bis zur Tür zu kommen, weiter aber nicht.

Die Vogelscheuche auf dem Thron ergriff wieder das Wort.

»Dieses kleine Mädchen hier will durch die Wüste reisen. Weißt du vielleicht, wie man das am besten anstellen könnte?«

»Ich habe keine Ahnung«, antwortete der Soldat. »Niemand hat je die Wüste durchquert, Oz allenfalls.«

4. *Zu Lebzeiten des großen Oz.* Entgegen dieser Andeutung stirbt der Zauberer auf seiner Ballonfahrt nach Amerika nicht, sondern kehrt in *Dorothy und der Zauberer in Oz* vielmehr gesund und munter nach Oz zurück.

5. *die Südhexe.* MGM richtete einige Verwirrung an, als sie in der Verfilmung die gute Nordhexe und Glinda, die gute Südhexe, zu einer Figur kombinierte: Glinda, die gute Nordhexe. Aber selbst Baum irrt sich da mindestens einmal: In *Tik-Tok of Oz* schreibt er, Glindas Schloß befände sich »weit im Norden der Smaragdenstadt, wo Ozma hofhält« (S. 28).

6. *eine wunderschöne Frau.* Menschen, die mit den Märchen der Grimms und denen Andersens aufwachsen, denken wohl ähnlich wie Judy Garland in der Verfilmung von 1939, daß Hexen alt und häßlich sind. Das war aber nicht immer der Fall. »Ungewöhnliche Schönheit war für eine Frau so gefährlich wie großer Reichtum. Beides zog oft Anschuldigungen der Hexerei nach sich, damit sich die Kirche zu eigenen Zwecken ihres Besitzes bemächtigen konnte«, schreibt Gage in *Woman, Church, and State* (S. 231–232). »Aus keinem anderen Grund, als daß sie alt waren, hielt man alte Frauen für besonders anfällig für die Angriffe des Teufels und für die Personen, die am ehesten übernatürliche böse Kräfte besaßen.« (S. 270)

7. *wie man im Alter jung bleiben kann.* Natürlich sind selbst im europäischen Volksglauben nicht alle Hexen häßlich. Man denke nur an Circe und Medea. In einer seiner besten märchenhaften Erzählungen, *Queen Zixi of Ix*, geht Baum intensiver auf dieses Thema ein. Dort nutzt die eitle Hexenkönigin all ihre okkulte Macht, um jung und schön zu erscheinen. Nur ihren Spiegel kann sie nicht betrügen, der ihre wahre Natur zeigt – ein verschrumpeltes altes Weib. Obwohl nicht von Natur aus böse, ist Zixi so besessen von ihrem Aussehen, daß sie lügt, betrügt und stiehlt, um ihr Ziel zu erreichen – aber vergeblich. Es ist alles eitel!

»Gibt es einen, der mir helfen kann?« fragte Dorothy bitterernst.

»Glinda vermutlich!« rief der Soldat plötzlich.

»Wer ist Glinda?« fragte die Vogelscheuche.

»Glinda ist die Südhexe.[5] Sie ist die mächtigste Hexe weit und breit und herrscht über die Quadlings. Nebenbei, ihre Burg liegt am Wüstenrand. Sie könnte womöglich wissen, wie man durch die Wüste kommt.«

»Ist Glinda eine gute Hexe?« fragte das Kind.

»Die Quadlings meinen, daß sie gut ist«, sagte der Soldat. »Wenigstens ist sie zu allen freundlich. Man hat mir auch berichtet, daß sie eine wunderschöne Frau[6] sei, die wisse, wie man im Alter jung bleiben kann.«[7]

»Wie komme ich zu ihrer Burg?«

»Der Weg führt geradewegs in den Süden«, erwiderte er. »Man erzählt aber, daß ein Reisender mit mancherlei Gefahren rechnen muß. In den Wäldern gebe es gefährliche Tiere. Die Menschen, die dort leben, sollen seltsam sein. Sie haben es nicht gern, wenn ein Fremder durch ihr Land zieht. Aus diesem Grund ist noch kein einziger Quadling jemals in die Smaragdenstadt gereist.«

Nach diesen Worten ließ der Soldat sie wieder allein.

»Es scheint mir«, sagte die Vogelscheuche, »daß es trotz der Gefahren für Dorothy am besten ist, in dieses Südland zu reisen und Glinda um Hilfe zu bitten. Denn wenn Dorothy hierbleibt, kommt sie niemals nach Kansas zurück.«

»Du hast wieder einmal nachgedacht«, bemerkte der Holzfäller

»Das habe ich wohl«, sagte die Vogelscheuche.

»Ich reise mit Dorothy mit«, erklärte der Löwe. »Ich habe genug von dieser Stadt und sehne mich nach den Wäldern und Feldern zurück. Ich bin ja nur ein wildes Tier. Dorothy braucht einen Burschen wie mich, der sie beschützen kann.«

»Das ist wahr«, stimmte der Holzfäller zu. »Auch meine Axt steht ihr zu Diensten. Ich komme mit.«

»Wann reisen wir los?« fragte die Vogelscheuche.

»Was, du willst auch mit uns mit?« fragten die anderen überrascht.

»Aber sicher! Ohne Dorothy wäre ich nie zu Verstand gekommen. Sie ist es, die mich von der Stange im Kornfeld geholt und in die Smaragdenstadt gebracht hat. Ich schulde ihr alles und werde sie nicht verlassen, solange sie ihre Reise in die Heimat nicht endgültig angetreten hat.«

»Wird es dir nicht schwerfallen, deine Stadt zu verlassen?« fragte Dorothy.

»Hier gibt es nichts zu überlegen«, erwiderte die Vogelscheuche. »Freundliche Worte sind leicht, Freundschaft ist schwer.«

»Ich danke euch«, sagte Dorothy gerührt. »Ihr seid sehr gütig zu mir – richtige Freunde. Ich möchte so schnell wie möglich nach Hause.«

»Dann gleich morgen früh«, bestimmte die Vogelscheuche hoheitsvoll von ihrem Thron herab. »Heute bereiten wir die Reise vor – gründlich, denn es wird eine lange Reise sein.«

1. *Der Angriff der Kampfbäume.* In seiner Monographie über den MGM-Film notiert Salman Rushdie, daß »alle untergeordneten Erzählstränge... die Besuche bei den Kampfbäumen, dem niedlichen Porzellanland und den Quadlings... im Buch auf den eigentlichen Höhepunkt, die Zerstörung der Hexe, folgen und den Erzählrhythmus vertrödeln« (S. 14). In Wahrheit geschieht zwischen dem Schmelzen der bösen Westhexe und der Episode mit den Kampfbäumen eine ganze Menge – die Demaskierung des Zauberers von Oz zum Beispiel. Wolkow strich die Kapitel 19 und 20 sogar ganz und gar für seine russische Fassung, weil er meinte, daß sie »die Handlung verlangsamen und nicht direkt mit dem Fortgang der Erzählung verbunden sind«, und fügte statt dessen ein neues Kapitel ein: »Das Hochwasser«. Auch andere Leser meinen, daß die Reise in den Süden gegenüber dem Rest der Erzählung stark abfalle. Sie hat jedoch im Zusammenhang mit der Geschichte als ganzes durchaus einen Sinn. Dorothys Freunde haben jetzt das, was sie sich ersehnt haben, aber noch müssen sie lernen, wie man die Gabe benutzt. Und es besteht ja weiterhin das Problem, Dorothy nach Kansas zurückzubringen. Sie muß also noch eine wichtige Etappe der klassischen »Gral«-Suche bewältigen, die Rückkehr. Die Verfilmung macht es sich (und Dorothy) zu einfach: Glinda taucht einfach auf und löst die Probleme des Kindes.

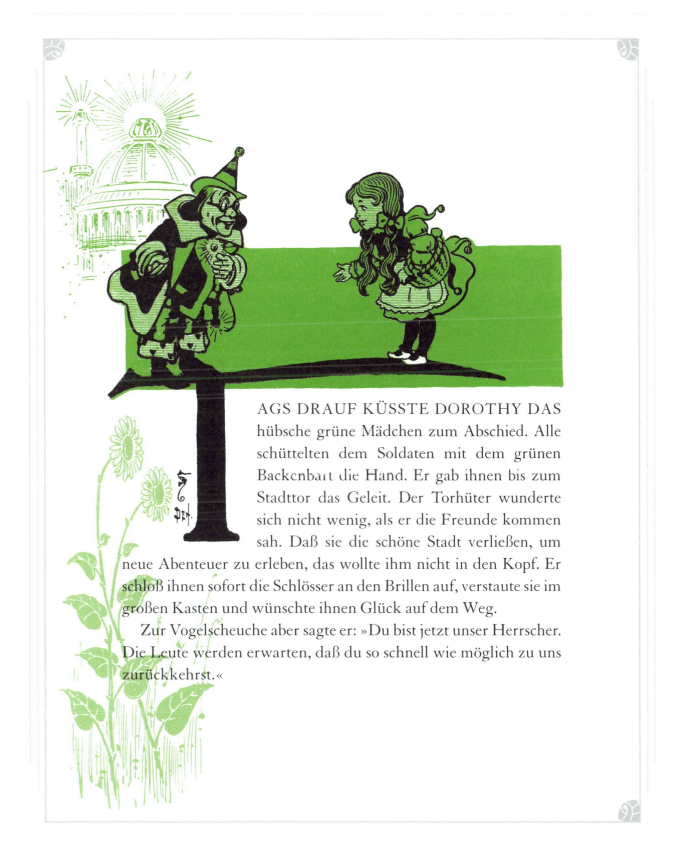

TAGS DRAUF KÜSSTE DOROTHY DAS hübsche grüne Mädchen zum Abschied. Alle schüttelten dem Soldaten mit dem grünen Backenbart die Hand. Er gab ihnen bis zum Stadttor das Geleit. Der Torhüter wunderte sich nicht wenig, als er die Freunde kommen sah. Daß sie die schöne Stadt verließen, um neue Abenteuer zu erleben, das wollte ihm nicht in den Kopf. Er schloß ihnen sofort die Schlösser an den Brillen auf, verstaute sie im großen Kasten und wünschte ihnen Glück auf dem Weg.

Zur Vogelscheuche aber sagte er: »Du bist jetzt unser Herrscher. Die Leute werden erwarten, daß du so schnell wie möglich zu uns zurückkehrst.«

»Das verspreche ich«, sagte die Vogelscheuche. »Doch jetzt ist es für mich am wichtigsten, daß Dorothy nach Hause kommt.«

Auch Dorothy entbot dem gutmütigen Hüter ein letztes Lebewohl.

»Man hat mich in dieser Stadt sehr freundlich aufgenommen«, bekannte sie. »Jeder war gut zu mir. Ich kann dir nicht sagen, wie dankbar ich bin.«

»Du brauchst nicht so viele Worte zu machen, meine Liebe«, sagte der Torhüter. »Wir hätten dich gern bei uns behalten. Doch da es dein Wunsch ist, nach Kansas zurückzukehren, hoffe ich, daß du dieses Ziel auch erreichst.«

Er stieß das Stadttor der Außenmauer auf. Die Freunde schritten durch das Tor, und eine neue Reise mit vielen Abenteuern nahm ihren Anfang.

Die Sonne strahlte freundlich vom Himmel. Unsere Freunde wandten sich dem Südland zu. Sie waren fröhlich wie die Lerchen, kicherten in einem fort und schnatterten wie eine Gänseschar. Dorothy war einmal mehr voller Hoffnung, daß es diesmal klappen würde heimzukommen. Die Vogelscheuche und der Holzfäller freuten sich, ihr einen Gefallen zu tun. Der Löwe sog entzückt die frische Luft in die Nase und schlug den Schwanz von einer Seite auf die andere aus reiner Freude, wieder auf dem Lande zu sein. Toto flitzte um sie herum und jagte Nachtfalter und Schmetterlinge, und dabei bellte er aus vollem Hals.

»Das Leben in der Stadt paßt nicht zu mir«, bemerkte der Löwe. Sie zogen gerade in flottem Tempo dahin. »Ich bin mächtig dünn geworden in der Stadt. Jetzt brenne ich darauf, den anderen Tieren zu zeigen, was für ein mutiger Bursche ich bin.«[2]

Einmal hielten sie an, um einen letzten Blick auf die Smaragdenstadt zu werfen. Wie herrlich sie doch aussah mit ihren vielen Türmen und Dächern hinter den grünen Mauern! Über allem aber ragten die Turmspitzen und die Kuppel des Palastes von Oz hervor.

Der Holzfäller spürte plötzlich ein Pochen in der Brust. »Alles was recht ist, Oz war kein schlechter Zauberer«, meinte er.

»Er hat gewußt, wie er mir zu Verstand verhelfen kann, zu einem ausgezeichneten Verstand sogar«, sagte die Vogelscheuche.

»Wenn er sich auch nur ein Quentchen von dem Mut gegönnt hätte, den er mir geschenkt hat, wäre er ein tapferer Mann«, fügte der Löwe hinzu.

Dorothy schwieg vor sich hin. Oz konnte das Versprechen nicht halten, das er ihr gegeben hatte, doch sein Bestes getan hatte er schon, und so verzieh sie ihm. Er war ein guter Mensch, wie er von sich sagte, wenn er auch ein schlechter Zauberer war.

Am nächsten Tag wanderten sie durch Felder und Wiesen voller Blumen. Rund um die Stadt grünte und blühte es herrlich. In der Nacht schliefen sie im Gras. Der Himmel und die Sterne deckten sie zu. Erquickt wachten sie schon früh am Morgen auf. Sie wanderten weiter und gelangten zu einem dichten Wald. Doch sie entdeckten keine Spur von einem Weg um diesen Wald herum. Er zog sich rechts und links von ihnen bis zum Horizont. Die Richtung zu wechseln, das wagten sie nicht, aus Furcht, sich zu verirren. Also

suchten sie nach einer Stelle, die ein bißchen lichter war und sie leichter in den Wald eindringen ließ.

Die Vogelscheuche, die an der Spitze ging, entdeckte schließlich einen großen Baum mit solch weiten Ästen, daß darunter reichlich Platz zum Durchschlüpfen blieb. So ging sie geradewegs auf den Baum zu. Sie war kaum unter den ersten Zweigen, als die niederpeitschten und sich um ihren Körper schlangen. Im nächsten Augenblick rissen sie die Vogelscheuche von der Erde und schleuderten sie kopfüber zu den Freunden zurück. Die Vogelscheuche wurde nicht verletzt, aber es schwindelte ihr, als Dorothy sie aufhob.

»Hier ist kein Durchkommen möglich«, sagte der Löwe. »Doch dort ist auch noch eine Lücke zwischen den Bäumen!«

»Laß es mich zuerst versuchen«, sagte die Vogelscheuche. »Wenn ich wieder durch die Gegend fliege, tut es mir nicht weh.«

Sie näherte sich schon beim Sprechen einem anderen Baum. Auch dieses Mal packten sie sofort die Äste und warfen sie zurück.

»Das ist seltsam«, meinte Dorothy. »Was machen wir jetzt?«

»Die Bäume scheinen sich entschlossen zu haben, gegen uns zu kämpfen, um unserer Reise ein Ende zu bereiten«, bemerkte der Löwe.

»Jetzt will ich es probieren«, forderte der Holzfäller, schulterte die Axt und ging entschlossen auf den Baum zu, der die Vogelscheuche zuerst weggeschleudert hatte. Und schon schnellte ein dicker Ast herunter, um den Holzfäller zu packen, doch der schmetterte die Axt auf ihn und schlug ihn ab. Der Baum begann alle seine Äste zu schütteln, als litte er heftigen Schmerz. Der Holzfäller schlüpfte unter den Zweigen hindurch.[3]

»Folgt mir!« rief er den anderen zu. »Und beeilt euch!«

Da begannen alle zu rennen, und sie kamen auch ohne Schaden am Baum vorbei, außer Toto, den ein kleiner Zweig ergriff und kräftig schüttelte. Toto jaulte zum Steinerweichen. Der Holzfäller hieb den Zweig ab, und da war Toto frei.

Die anderen Bäume des Waldes ließen die Fremden unbehelligt. Offenbar waren es nur die Bäume in der ersten Reihe, die ihre Äste schleudern konnten. Sie waren wahrscheinlich die Polizisten des Waldes, die den Auftrag hatten, Fremde nicht hereinzulassen.[4]

Die Reisenden zogen erleichtert weiter. Nach geraumer Zeit erreichten sie den Waldrand. Sie trauten ihren Augen kaum, als sie eine hohe Mauer vor sich erblickten, die ganz und gar aus Porzellan bestand.[5] Sie war glatt wie die Oberfläche eines Tortentellers und höher als die Reisenden.

»Und was jetzt?« fragte Dorothy verzagt.

»Ich baue einfach eine Leiter«, sagte der Holzfäller. »Wir müssen, koste es, was es wolle, über die Mauer hinweg.«

2. *was für ein mutiger Bursche ich bin.* Noch klappt es nicht so recht mit den neuen Fähigkeiten: Die Vogelscheuche ist lediglich arrogant, der Blechholzfäller selbstbezogen und der Löwe aggressiv geworden.

3. *schlüpfte unter den Zweigen hindurch.* Verzauberte Wälder, in denen Bäume menschliche Züge tragen, kommen in Kinderbüchern und in der Erwachsenenliteratur vor. Ruth Plumly Thompson beschreibt in *Kabumpo in Oz* (1922) und *The Cowardly Lion of Oz* (1923) zwei verschiedene Sorten von verzauberten Bäumen. Die aggressiven Bäume von Oz haben ihr Vorbild vielleicht in dem magischen Wald im verzauberten Grund des zweiten Teils von Bunyans *Pilgerreise*, wo eines der Kinder ruft: »Ich stecke in den Büschen fest, ich kann mich nicht befreien!« In den Wäldern von J. R. R. Tolkiens Mittelerde leben zum Beispiel der Alte Weidenmann und die Ents. Die berühmten Kinderbuchillustrationen des englischen Künstlers Arthur Rackham sind voll von phantastischen knorrigen elfischen Bäumen, denen Walt Disney mit der ersten seiner »Silly Symphonies«, *Flowers and Trees* (1932), huldigt. In Dantes *Inferno* werden die Selbstmörder in einen unfruchtbaren Wald geworfen, wo sie in Bäume verwandelt werden, an deren Ästen Harpyien knabbern. Diese ewige Qual ist so grauenvoll für sie wie der schreckliche Schmerz für den Kampfbaum, als der Blechholzfäller ihm einen Ast abschlägt.

4. *Fremde nicht hereinzulassen.* Das Kapitel könnte genausogut hier enden – die nächsten paar Zeilen und das folgende Kapitel lesen sich wie ein nachträglicher Einfall. Während die anderen Abenteuer im Land der Quadlings dazu dienen, den drei Gefährten die Gelegenheit zu geben, ihre neu erhaltenen Gaben auszuprobieren, ist das folgende Kapitel dagegen ein friedliches Intermezzo zwischen aufregenderen Episoden. Die Handlung verlangsamt sich bis hin zu einer philosophischen Diskussion. Das Land selbst taucht etwas unvermittelt auf – der Soldat mit dem grünen Backenbart erwähnt zwar in Kapitel 18 die Wälder und die Hammerköpfe, aber er sagt nichts über ein Porzellanland. Das zarte, zerbrechliche Königreich paßt auch nicht recht in das wilde Land der Quadlings, sondern erinnert eher an *Dot and Tot of Merryland*, an dem Baum wahrscheinlich zur gleichen Zeit gearbeitet hat. Möglicherweise wurde »Das niedliche Porzellanland« entsprechend Baums üblichem Vorgehen zu einem späteren Zeitpunkt in das Grundgerüst der Handlung eingefügt, um den *Zauberer von Oz* ein wenig auszupolstern. Vielleicht gingen in der ersten Fassung Dorothy und die anderen direkt zur Versammlung der Tiere, die ebenfalls im Wald stattfindet. Das würde auch erklären, was die Kampfbäume eigentlich beschützen, denn die Porzellanstadt besitzt einen hohen Schutzwall und braucht die Bäume eigentlich gar nicht. Ein anderer Hinweis darauf, daß dieses Kapitel nachträglich eingefügt wurde, ist, daß sich die Sprache hier deutlich von der Wortwahl im Rest des Buches unterscheidet. Das ist sogar so auffällig, daß Howard P. Iker und Norman I. Harway, als sie mit dem *Zauberer von Oz* ein neues Computerprogramm testeten, beschlossen, »das niedliche Porzellanland« auszulassen, weil es »für einen vergleichsweise kleinen Teil der gesamten Datenmenge sehr viele neue Worte einsetzt« (»A Computer Systems Approach Towards the Recognition and Analysis of Contents«, *Computer Studies in the Humanities and Verbal Behavior*, Oktober 1968).

Neil Earle gehört nicht zu den Lesern, die sich wünschen, Baum hätte das Kapitel gestrichen: »Diese Episode im niedlichen Porzellanland ist so auffällig anders in Tonfall und Stimmung, daß sie als eine der einprägsamsten Szenen im ganzen *Zauberer von Oz* in Erinnerung bleibt« (*The Wonderful Wizard of Oz in American Popular Culture*. Lewiston, N. Y.: Edwin Mellen Press, 1993). »Die Atmosphäre von gespannter Erwartung, der milde Tadel an den vier Abenteurern, das stärkere Moralisieren – all diese subtilen Veränderungen deuten darauf hin, daß wir die Grenze in ein anderes literarisches Genre überschritten haben. Sollte dies Baums Version der Parabel vom guten Samariter sein? Ein sanftmodulierter Lobgesang auf die Nächstenliebe von einem ehemaligen reisenden Geschirr- und Porzellanvertreter im mittleren Westen?« (S. 101) Vielleicht liest Earle allerdings auch ein wenig zuviel in diese Episode hinein, in der nicht viel passiert und die nur Themen anklingen läßt, die im Verlauf des Buches bereits eingeführt wurden.

5. *als sie eine hohe Mauer vor sich erblickten, die ganz und gar aus Porzellan bestand.* Möglicherweise wurde dieses Kapitel, das im Englischen den Titel »The Dainty China Country« trägt (*china* = »Porzellan«), von zeitgenössischen Ereignissen in China angeregt. In Anmerkung 23 von *The Wizard of Oz and Who He Was* denkt Gardner ähnlich, wenn er meint, Baum beziehe sich hier auf die Chinesische Mauer. Das folgende Kapitel scheint in der Tat die Probleme in Asien zu reflektieren, die im Sommer 1900 zum Boxeraufstand führten. Die Zeitungen waren voll von fremdenfeindlichen Berichten, und Karikaturisten stellten die westlichen Mächte dar, wie sie die Chinesische Mauer erklimmen, ähnlich wie Denslow Dorothy und ihre Gefährten abbildet. Im Sommer 1900 nahm sich Denslow des Themas direkt an. Seine Karikatur mit dem Titel »Die heidnischen Chinesen« zeigt drei Jungen in Militäruniformen, die die drei westlichen Mächte repräsentieren, wie sie einer kleinen grinsenden chinesischen Puppe drohen. Toleranz ist das dominante Thema des Besuchs im niedlichen Porzellanland, in dem Dorothy unter anderem erfährt, welches traurige Schicksal die Einwohner erleiden, die aus ihrem Heimatland vertrieben wurden – vielleicht ein Kommentar auf die Einwanderungspolitik der Vereinigten Staaten zu dieser Zeit. Dorothy selbst scheint sich in diesem Land seltsam desorientiert zu fühlen

– etwas, das sie in anderen Teilen von Oz nicht empfindet, so angenehm oder schrecklich sie auch sein mögen. *Wenn* hier ein politisches Thema anklingt, dann ist es womöglich vom wachsenden Anti-Imperialismus in den Vereinigten Staaten beeinflußt. Das zerbrochene Bein der Kuh und die zerstörte Kirche zeigen Dorothy, daß sie und die anderen großen Schaden anrichten würden, wenn sie blieben. Diese Lehre waren die Vereinigten Staaten und die anderen westlichen Mächte nicht zu ziehen bereit, und zwar nicht nur in China, sondern auch anderswo auf der Welt, auf den Philippinen, in Puerto Rico und in anderen Gebieten, die im gerade vergangenen Krieg gegen Spanien an die USA gefallen waren.

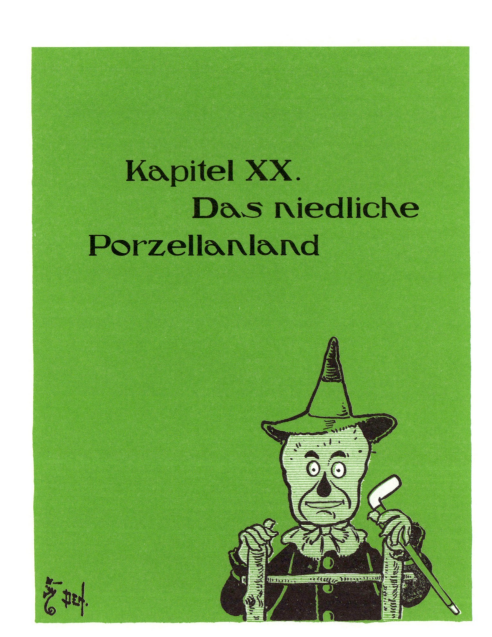

WÄHREND DER HOLZFÄLLER die Leiter zimmerte – das Holz dazu holte er aus dem Wald –, legte sich Dorothy nieder, um ein wenig zu schlafen. Die lange Reise hatte sie erschöpft. Auch der Löwe rollte sich zusammen, um ein Nickerchen zu tun. Toto streckte sich an seiner Seite aus. Die Vogelscheuche sah dem Holzfäller bei der Arbeit zu.

»Wenn ich nur wüßte, was diese Mauer hier soll und woraus sie gemacht ist«, rätselte die Vogelscheuche.

»Zerbrich dir nicht den Kopf darüber«, sagte der Holzfäller, »und laß die Mauer Mauer sein. Wenn wir hinübergeklettert sind, werden wir schon sehen, was sich auf der anderen Seite befindet.«

Nach einem Weilchen war die Leiter fertig. Sie war nicht gerade fein gebaut. Dem Holzfäller aber reichte es vollkommen, daß sie sicher war. Sie würde ihren Zweck schon erfüllen! Die Vogelscheuche weckte Dorothy, den Löwen und Toto und sagte ihnen, daß die Leiter fertig sei. Die Vogelscheuche kletterte als erste hinauf, doch sie stellte sich so ungeschickt an, daß Dorothy gleich hinter ihr klettern und sie stützen mußte, damit sie nicht herunterfiel. Als die Vogelscheuche den Kopf über die Mauer steckte, rief sie entzückt:

»O wie schön!«

»Nun geh schon!« verlangte Dorothy neugierig und stieg auf die nächste Sprosse.

»O wie schön!« rief auch Dorothy, als sie einen Blick hinter die Mauer geworfen hatte. Dann kam Toto, der sagte nichts, sondern bellte nur laut. »Still!« zischte Dorothy.

Jetzt war der Löwe an der Reihe. Der Holzfäller kam zuletzt. Beide riefen: »O wie schön!« beim ersten Blick über die Mauer. Als sie dann wie die Spatzen auf der Mauer saßen und mit großen Augen hinunterblickten, bot sich ihnen ein seltsames Bild.

Vor ihnen erstreckte sich ein Land, dessen Oberfläche so glatt, weiß und glänzend wie der Boden einer großen Servierplatte war. Viele Häuser, die aus Porzellan bestanden, lagen in der Gegend verstreut. Diese Häuser waren ziemlich klein. Die größten unter ihnen reichten dem Mädchen gerade bis zur Taille. Hübsche kleine Scheunen mit Zäunen aus Porzellan rundherum gab es auch noch. Viele Kühe, Schafe, Pferde, Schweine und Hühnchen, alle aus Porzellan, standen in Grüppchen umher.

Doch am seltsamsten waren die Leute, die in diesem sonderbaren Lande lebten. Da waren Kuhmägde und Schäferinnen[2] mit bunten Miedern. Die Kleider hatten goldene Tupfen. Es gab Prinzessinnen mit den allerprächtigsten Gewändern aus Silber, Purpur und Gold und Schafhirten in Kniehosen mit rosafarbenen, gelben und blauen Streifen darauf. Auf ihren Schuhen blitzten goldene Schnallen. Auch Prinzen mit edelsteingeschmückten Kronen auf dem Kopf und mit Roben aus Hermelin und Wämsen aus Satin waren zu sehen und nicht zuletzt auch Clowns[3] in gefältelten Kleidern, mit roten Kullern auf der Backe und hohen spitzen Hüten auf dem Kopf. Doch am seltsamsten war, daß alle diese Figuren aus Porzellan bestanden, auch ihre Kleider. Und alle waren so klein, daß die größte Figur unter ihnen nicht höher ging als bis zu Dorothys Knie. Keinem der hübschen Leutchen fiel es zunächst ein, auf die Fremden zu blicken – außer einem kleinen Porzellanhund mit einem ungewöhnlich großen Kopf.[4] Er kam zur Mauer gerannt, bellte mit einem dünnen Stimmchen die Reisenden an und nahm dann wieder Reißaus.

»Wie kommen wir jetzt von der Mauer herunter?« fragte Dorothy.

Die Leiter war dermaßen schwer, daß sie sie nicht heraufziehen konnten. Die Vogelscheuche ließ sich von der Mauer fallen. Die anderen sprangen dann auf ihren strohernen Leib, so daß sich keiner auf dem harten Boden die Füße verletzte. Natürlich gaben sie sich Mühe, nicht an ihren Kopf zu stoßen, der voller Nägel war. Als dann alle unten waren, hoben sie die Vogelscheuche auf, deren

2. *Kuhmägde und Schäferinnen*. Womöglich dachte Baum hier an die buntbemalten Porzellanfiguren von verliebten Landmännern und Mägden, in idyllischen Gruppen, die Vorlagen von Jean-Antoine Watteau und anderen Künstlern folgten. Baum kannte diese Art von Porzellan womöglich von seiner Zeit als Geschirrvertreter bei Pitkins & Brooks in Chicago in den frühen 1890er Jahren.

3. *Clowns*. Wenn die Figuren tatsächlich vom Meißner Porzellan inspiriert sind, dann stellte Baum sich die Clowns wahrscheinlich als Harlekins aus der Commedia dell'arte vor. Denslow zeichnete Herrn Joker allerdings als einen gewöhnlichen amerikanischen Zirkusclown.

4. *einem kleinen Porzellanhund mit einem ungewöhnlich großen Kopf*. Denslows Illustration zeigt einen Porzellanmops, »china pug«. Dieser Begriff hat eine zweite Bedeutung – chinesischer Boxer –, und die Anspielung auf die Boxerbewegung in China könnte sehr wohl absichtlich sein. Die meisten Amerikaner hielten die Boxer nicht für eine echte Bedrohung, bis die Rebellen Ende 1899 begannen, Missionare zu ermorden.

Körper jetzt platt wie eine Flunder war. Sie klopften sie in die alte Form zurück.

»Wir müssen quer über diesen sonderbaren Platz hinweg, um auf die andere Seite zu kommen«, sagte Dorothy. »Es wäre dumm von uns, einen Weg zu nehmen, der nicht genau nach Süden führt.«

Und so zogen sie durch das Land der Porzellanleute, immer stracks in Richtung Süd. Zuerst begegneten sie einer Kuhmagd aus Porzellan, die gerade beim Melken war. Als sie in ihre Nähe kamen, schlug die Kuh plötzlich aus und stieß den Schemel, den Eimer und sogar die Melkerin um. Sie knallten alle auf den harten Boden aus Porzellan, und es klirrte mächtig.

Dorothy sah erschrocken, daß sich die Kuh dabei ein Bein brach. Auch der Eimer lag in vielen Scherben. Die arme Melkerin kam mit einem Sprung am linken Ellenbogen davon.

»Nein, so was!« schrie die Melkerin wütend. »Schaut mal, was ihr angerichtet habt mit eurem plumpen Benehmen! Meine Kuh hat sich ein Bein gebrochen. Jetzt muß ich mit ihr zum Reparaturdienst, damit das Bein wieder angeleimt werden kann. Was habt ihr euch denn bloß dabei gedacht, meine Kuh zu erschrecken?«

»Es tut uns aufrichtig leid«, stammelte Dorothy. »Entschuldige!«

Die hübsche Kuhmagd war viel zu aufgebracht, um eine Antwort zu geben. Sie sammelte grollend die Scherben des Beins auf und führte die Kuh vom Feld. Das arme Tier humpelte auf drei Beinen. Als die Magd davonzog, warf sie noch viele vorwurfsvolle

Blicke über die Schulter auf die ungeschickten Fremden. Dabei drückte sie den gesprungenen Arm an sich.

Dorothy war über dieses Mißgeschick sehr betrübt.

»Wir müssen hier äußerst vorsichtig sein«, sagte der weichherzige Holzfäller, »sonst gehen diese niedlichen Leutchen alle zu Bruch und überleben uns nicht.«

Nicht weit von dieser Stelle begegnete Dorothy einer überaus hübsch gekleideten Prinzessin, die kurz anhielt, als sie die Fremden bemerkte, dann aber weglaufen wollte. Dorothy hätte sie brennend gern noch ein bißchen länger betrachtet und rannte ihr hinterher.

»Lauf mir nicht nach! Lauf mir nicht nach!« schrie die Prinzessin. Ihr dünnes Stimmchen klang so erschrocken, daß Dorothy sofort von der Verfolgung abließ.

»Warum?« fragte sie.

Die Prinzessin hielt in sicherer Entfernung von Dorothy an. »Ich könnte hinfallen beim Rennen, und dann zerbreche ich«, sagte die Prinzessin.

»Kannst du denn nicht repariert werden?« fragte Dorothy.

»Natürlich! Aber nach einer Reparatur ist man nicht mehr so hübsch[5]«, erwiderte die Prinzessin.

»Das habe ich schon vermutet«, sagte das Mädchen.

»Da ist zum Beispiel Herr Joker, einer unserer Clowns«, fuhr die Prinzessin fort. »Dauernd ver-

Das niedliche Porzellanland   305

5. *nicht mehr so hübsch.* Und auch nicht so wertvoll als Ware, wie der ehemalige Geschirrverkäufer Baum wußte. »Aus Angst, daß ein gekitteter Bruch ihre Schönheit beeinträchtigen könnte, lebt die Porzellanprinzessin ein einsames, isoliertes Leben und meidet jeden Kontakt mit allen, die ihre Perfektion zerstören könnten«, schreibt Nye in *The Wizard of Oz and Who He Was* (S. 6). Es ist eine ähnliche Einstellung wie die der chinesischen Kaiserin Tzu Hsi, deren isolationistische Politik kulturelle Konflikte auslöste, die schließlich im Boxeraufstand kulminierten. Baum deutet jedoch auf der Seite der Einheimischen keinerlei Gewalt an. Die einzige Zerstörung resultiert aus der Unachtsamkeit der Eindringlinge.

Das gesamte Kapitel kommt zumindest in einer Hinsicht nicht so unvermittelt daher, wie man zuerst denken mag, denn es befaßt sich mit einem der wichtigsten Themen des Buches, der Bedeutung von Heimat. Das Schicksal der kleinen Porzellanprinzessin spiegelt das von Dorothy, die aus ihrer natürlichen Umgebung gerissen und in ein fremdes Land gebracht wird. Die Porzellanfigur würde auf dem Kaminsims im kleinen Farmhaus von Tante Em und Onkel Henry ebenso deplaziert wirken wie das kleine Mädchen im Porzellanland.

6. *roten, gelben und grünen Farben.* Der Harlekin trägt traditionell ein kariertes Kostüm in diesen Farben. Siehe Anmerkung 3 oben.

7. *steif wie eine Latte im Zaun.* Im Original lautet die letzte Zeile »as if you'd eaten up a poker«, die englische Version von »als hätte sie einen Stock verschluckt«. Möglicherweise ist die Formulierung auch eine Anspielung auf den Begriff »Pokerface«. Baum hätte bestimmt verwundert den Kopf geschüttelt über Jack Ziper, der in seinen Anmerkungen zur Penguin-Twentieth-Century-Classics-Ausgabe von 1998 anmerkt: »Das Wort ›poker‹ bezieht sich möglicherweise auf die Flammenlilie, die spitze feuerrote und gelbe Blüten trägt« (S. 376). Baum hätte bestimmt auch über manche Anmerkungen in *Alles über den Zauberer von Oz* den Kopf geschüttelt.

8. *ich bin brav, brav wie ein Schaf.* Der Clown spricht in Reimpaaren – ein möglicher Hinweis darauf, daß Baum ihn als eine Variante des Narren in Shakespeares *König Lear* intendiert haben könnte, der ebenfalls in Verspaaren spricht. Das beste Beispiel für diese Art von »Dorftrottel« in den *Oz*-Büchern ist Scraps, das verrückte verseschmiedende Patchwork-Mädchen, das aus einem alten Quilt gemacht ist.

sucht er, auf dem Kopf zu stehen. Er ist so oft zerbrochen, daß er wohl an die hundert Klebestellen hat. Jetzt sieht er überhaupt nicht mehr schön aus. Da kommt er! Nun schau selbst!«

Ihnen entgegen kam ein kleiner niedlicher Clown. Dorothy konnte erkennen, daß er trotz der hübschen Kleidung aus roten, gelben und grünen Farben[6] vollständig mit Rissen übersät war. Die Risse waren überall und zeigten offen, daß er an vielen Stellen geleimt war.

Der Clown steckte die Hände in die Taschen, blies die Backen auf und neigte ihnen neckisch den Kopf zu.

»Meine schöne Frau,
was starrst du so genau
auf den armen alten Clown?
Auch du bist doch steif,
auch wenn ich dich kneif,
steif wie eine Latte im Zaun.«[7]

»Halt den Mund!« kreischte die Prinzessin erbost. »Siehst du denn nicht, daß hier Fremde sind, die man mit Respekt behandeln muß? Also benimm dich!«

»Gut, ich bin brav, brav wie ein Schaf«,[8] reimte der Clown und machte gleich einen Kopfstand.

»Beachte ihn nicht!« sagte die Prinzessin ärgerlich. »Er hat beträchtlich viele Sprünge im Kopf, und das macht ihn närrisch.«

»Oh, von mir aus kann er Faxen machen«, sagte Dorothy. »Du

aber bist so schön, daß ich dich liebhaben könnte. Würdest du erlauben, dich nach Kansas mitzunehmen? Tante Ems Kaminsims wäre ein geeigneter Platz für dich. Ich könnte dich in meinem Korb tragen.«

»Das wäre ein Unglück für mich«, erwiderte die Prinzessin. »Du siehst ja, wir leben zufrieden in diesem Land, können uns unterhalten und umherschlendern, wie es uns gefällt. Sobald aber einer von hier weggenommen wird, werden ihm die Gelenke steif.[9] Dann können wir nur aufrecht stehen und hübsch aussehen. Das ist leider auch alles, was man erwartet, wenn unsereins auf den Kaminsims, in die Vitrine oder auf den Tisch im Wohnzimmer gestellt wird. Nein, das ist kein Leben für uns.«

»Um alles in der Welt«, rief Dorothy, »ich will dich nicht unglücklich machen! Und nun auf Wiedersehen!«

»Auf Wiedersehen!« rief auch die Prinzessin.

Die Freunde wanderten mit höchster Vorsicht durch das Land aus Porzellan. Die kleinen Tiere gingen ihnen sofort aus dem Weg, denn sie fürchteten, von den Fremden zerbrochen zu werden. Nach ungefähr einer Stunde erreichten die Reisenden die andere Seite des Landes und kamen zur Mauer aus Porzellan.

Sie war nicht so hoch wie die erste Mauer, und so stellten sie sich auf den Rücken des Löwen und kletterten von dort auf den Mauerrand. Der Löwe riß seine Kraft zusammen und sprang hinauf. Beim Absprung warf er mit dem Schwanz eine Porzellankirche[10] um, die in Stücke ging.

»Wie ärgerlich!« rief Dorothy. »Doch wir können froh sein, daß wir diesen kleinen Leuten nicht noch mehr Schaden zugefügt haben. Ein gebrochenes Kuhbein und eine zertrümmerte Porzellankirche, das ist mehr als genug. Sie sind alle so zerbrechlich.«

»Viel zu empfindlich«, meinte die Vogelscheuche. »Ich kann mich glücklich schätzen, daß ich aus Stroh bin und deshalb nicht zerbrechen kann. Es gibt schlimmere Dinge auf der Welt, als eine Vogelscheuche zu sein.«

9. *werden ihm die Gelenke steif.* Wieder ein Beispiel dafür, daß die Naturgesetze hier anders funktionieren als außerhalb der Landesgrenzen, aber es könnte auch Baums sanfte Ermahnung an Forscher, Missionare und andere Ausländer sein, fremde Kulturen in Ruhe zu lassen.

10. *eine Porzellankirche.* Will Baum mit der Formulierung »a china church« vielleicht »a Chinese church« anklingen lassen? Ist das vielleicht ein weiterer Hinweis auf den Konflikt zwischen China und den ausländischen Missionaren in China? Wie Gardner in Anmerkung 25 in *The Wizard of Oz and Who He Was* bemerkt, findet sich hier die einzige Erwähnung einer Kirche in Baums gesamter königlicher Historie von Oz. »Bezüge zur Religion sind in Baums Werk extrem selten«, bemerkt March Laumer in seinem Vorwort zum Opium-Press-Nachdruck von *Queen Zixi of Ix* aus dem Jahr 1969. »Mir fällt eigentlich nur die Porzellankirche ein. Soweit ich weiß, ist das die einzige Kirche in Oz, und die Kirche erholt sich von diesem Fall nicht.« Wie die Elementarwesen der Theosophie ersetzen Baums Feen in ihrem Dienst an den Menschen die Engel. Sie sind zuverlässiger als die Götter und Göttinnen der antiken Mythologie, und vielleicht gibt es deshalb keine Kirche, weil es keinen Bedarf nach Religion gibt. Baum war selbst kein Kirchgänger, und statt auf eine religiös ausgerichtete Sonntagsschule, wie es damals üblich gewesen wäre, schickten er und seine Frau ihre Kinder auf die Ethical Culture Sunday School. Sie gestatteten jedem ihrer Söhne, den Glauben anzunehmen, den er für richtig hielt, nachdem er ein Alter erreicht hatte, in dem er wußte, was er tat. Am 4. September 1892 waren die Baums zwar Mitglieder der Theosophischen Gesellschaft von Chicago geworden, aber die Theosophie ist keine organisierte Religion. Im *Aberdeen Sunday Pioneer* (25. Januar 1890) stellte Baum klar, daß die Theosophen einfach »Wahrheitssuchende« seien, »unzufrieden mit der Welt, abtrünnig von allen Glaubensbekenntnissen ... Sie glauben an die Existenz eines Gottes – nicht notwendigerweise eines persönlichen Gottes. Für sie ist Gott die Natur und die Natur ist Gott.« Baum hieß wahrscheinlich nicht gut, was zu seiner Zeit im Ausland im Namen der Religion geschah. »Im Namen der Religion«, so schrieb zumindest seine Schwiegermutter Matilda Joslyn Gage in *Woman, Church, and State*, »sind die schlimmsten Verbrechen gegen die Menschlichkeit aller Zeiten begangen worden« (S. 263). Baum hatte nichts für Missionen und ein selbstsüchtiges Christentum übrig. Seine zynischste Attacke auf religiöse Scheinheiligkeit reitet Baum in dem Gedicht »The Heretic« in *By the Candelabra's Glare*, das die folgende Strophe enthält:

> An' over at th' meetin'-house,
>   They took up a c'lection
> T' »spread th' Word« in Asia,
>   Or some other furrin section.
> They didn't care that layin' round
>   The city were a show
> O' wheathens 'wuss ner Asia's –
>   'Twasn't Christanlike, ye know. *(S. 50)*

Aus Angst, daß diese Aussagen die konservativen Überzeugungen seiner Mutter verletzen könnten, entschuldigte sich Baum in dem Exemplar, das er ihr schenkte, mit den Worten: »Du mußt wissen, wenn Du ›The Heretic‹ liest, daß es der Ketzer selbst ist, der da spricht, und daß er nur *selbstsüchtiges* Christentum kritisiert. Ich bin sicher, meine Liebe, daß *Du* ein solches auch verabscheust.«

Obwohl es selten vorkommt, erwähnt Baum in seinen Geschichten ein Leben nach dem Tode. In *The Sea Fairies* sehnt sich zum Beispiel eine Schule von heiligen Makrelen (ein kleines Wortspiel: »Holy mackerel!« ist im Englischen ein milder Fluch) danach, gefangen zu werden und in die »Herrlichkeit« einzugehen. Die Blauen in *Sky Island* gehen durch das Tor des Finis, wenn ihre Zeit um ist. In *Das abenteuerliche Leben des Weihnachtsmanns* spricht einer der Unsterblichen zu den bösen Agwas: »Ihr seid eine flüchtige Rasse, denn ihr geht vom Leben ins Nichts über. Wir, die wir ewig leben, bedauern und verachten euch. Auf der Erde werdet ihr von allen verschmäht, und im Himmel habt ihr keinen Platz. Selbst die Sterblichen gehen auf ewig in eine andere Existenz ein, wenn ihr Erdenleben vorbei ist, und damit sind auch sie euch überlegen.« (S. 110–111) Vielleicht mied Baum religiöse Themen auch aus Furcht darüber, seine jungen Leser über konfessionellen Fragen zu verlieren. Seine eigenen Überzeugungen waren unkonventionell, aber er war so höflich, in seinen Büchern nicht den Versuch zu machen, andere zu ihnen zu bekehren. Als er das 20. Kapitel von *Der Zauberer von Oz* unter dem Titel »Chinaland« für *L. Frank Baum's Juvenile Speaker* überarbeitete, ließ Baum diplomatisch-klug die zerbrochene Kirche aus.

Kapitel XXI.
Der Löwe wird König der Tiere

1. *Kein Löwe kann sich einen schöneren Platz wünschen.* Es ist ein häufiger Fehler, daß Löwen für Waldtiere gehalten werden (wie in Bert Lahrs Lied »If I Were King of the Forest«, in dem er in der Verfilmung von 1939 davon träumt, König des Waldes zu werden). In Wirklichkeit leben Löwen in Savannen und Baumsteppen. Wie Dorothy glaubt allerdings auch der Löwe, daß man da zu Hause ist, wo man sich wohl fühlt, egal, wie traurig die Gegend in den Augen anderer aussehen mag.

2. *eine Versammlung.* Solche Tierkonferenzen (siehe zum Beispiel auch Erich Kästners *Konferenz der Tiere*) kommen in der Literatur ebenso häufig vor wie die von Menschen im wirklichen Leben. Der Löwe, ein Symbol der Macht, hat in den Äsopischen Fabeln wie auch andernorts oft den Vorsitz über solche Versammlungen. In *The Magic of Oz* ist es allerdings ein großer gelber Leopard mit Namen King Guru, der im Land der Gillikins eine Delegation von Tieren anführt.

3. *Der größte Tiger.* Denslow zeichnet hier einen Bären, auch wenn im Text keiner erwähnt wird. Außerdem krönt er den Löwen, bevor der die Spinne getötet hat. Auch das erwähnt Baum im Text nicht. Eine andere Version dieser Unterhaltung gibt es in »The Story of Jaglon«, der ersten von Baums Geschichten in »Animal Fairy Tales« (*The Delineator*, Januar 1905). Dort ist der König der Tiere ein Tiger, der von einem Löwen herausgefordert wird. Eine beliebte Oz-Figur ist der hungrige Tiger, der deswegen immer hungrig ist, weil er eigentlich gerne fette Babys fressen will, sich dies aber aus Gewissensgründen stets versagt. Er und der feige Löwe sind die besten Freunde, als der Löwe in *Ozma von Oz* zurückkehrt. Jack Snow meint in *Who's Who in Oz*, daß der »größte Tiger« in diesem Kapitel vielleicht der hungrige Tiger selbst ist.

4. *einer großen Spinne ähnlich.* Abgesehen von ihrer Größe, unterscheidet sich diese Kreatur in keiner Weise von einer ganz gewöhnlichen Spinne. Übertreibung und geschickt ausgesuchte Vergleiche lassen sie allerdings wirklich schrecklich erscheinen. Mit der gleichen Technik werden oft mythologische Monster beschrieben. Baum mochte wahrscheinlich keine Spinnen, denn in *Das abenteuerliche Leben des Weihnachtsmanns* und in *Glinda of Oz* macht er ebenfalls Monster aus ihnen. In der Literatur gibt es natürlich noch andere Monsterspinnen, zum Beispiel die Spinne in Edgar Allan Poes Geschichte »Die Sphinx« und Kankra in J. R. R. Tolkiens *Der Herr der Ringe*.

ALS SIE VON DER MAUER HINABGEklettert waren, fanden sie sich in einer unwirtlichen Gegend, die vornehmlich aus Sümpfen und Tümpeln bestand und mit hohem, üppig wachsendem Gras bedeckt war. Es war schwierig zu wandern, ohne in die Schlammlöcher zu fallen, denn das Gras wuchs so dicht, daß es diese ihren Blicken entzog. Ständig ganz Auge und Ohr, kamen sie aber sicher vorwärts und erreichten schließlich festen Grund. Hier schien das Land noch wilder zu sein. Nach einem langen und ermüdenden Marsch durch dichtes Unterholz gelangten sie in einen anderen Wald, in dem die Bäume größer und älter waren als zuvor.

»Was für ein herrlicher Wald!« schwärmte der Löwe, der beim Anblick der Bäume glänzende Augen bekam. »Niemals habe ich einen so schönen Wald erblickt!«

»Ein bißchen düster«, nörgelte die Vogelscheuche.

»Papperlapapp!« erwiderte der Löwe. »In diesem Wald könnte ich mein ganzes Leben verbringen. Wie weich doch die trockenen Blätter unter den Pfoten sind! Wie satt und grün das Moos auf den Bäumen wuchert! Kein Löwe kann sich einen schöneren Platz wünschen!«[1]

»Vielleicht sind wilde Tiere im Wald?« sagte Dorothy.

»Das vermute ich auch«, meinte der Löwe, »aber ich entdecke keine.«

Sie zogen weiter durch den Wald, bis die Dunkelheit kam. Dorothy, Toto und der Löwe legten sich nieder, um zu schlafen. Der Holzfäller und die Vogelscheuche hielten Wache wie sonst auch.

Am Morgen setzten sie die Reise fort. Sie waren noch nicht lange gewandert, als sie ein dumpfes Geraune vernahmen. Es hörte sich wie das Knurren wilder Tiere an. Toto begann ängstlich zu winseln. Die anderen aber fürchteten sich nicht und zogen auf einem Trampelpfad weiter. Schließlich gelangten sie zu einer Lichtung im Wald. Hunderte der verschiedensten Tiere hatten sich hier versammelt: Tiger und Elefanten, Bären und Wölfe, Füchse und all die anderen, die es in der Natur gibt. Für einen Augenblick wurde Dorothy ängstlich. Doch der Löwe erzählte ihr, daß die Tiere eine Versammlung[2] abhielten. Nach dem lauten Brummen zu urteilen, gab es offenbar ein Problem.

Der Löwe sprach noch, da blickten mehrere Tiere zu ihnen hin. Auf einmal verstummte die große Versammlung wie durch Zauberei. Der größte Tiger[3] näherte sich dem Löwen und verbeugte sich vor ihm.

»Willkommen, o König der Tiere!« sagte er. »Du bist zur rechten Zeit gekommen, um gegen unseren Feind zu kämpfen und allen Tieren des Waldes Frieden zu bringen.«

»Was liegt euch auf dem Herzen?« fragte der Löwe ruhig.

»Wir leben hier in Angst und Schrecken vor einem fürchterlichen Feind, der erst kürzlich in den Wald eingedrungen ist«, erwiderte der Tiger. »Ein Monster bedroht uns, das einer großen Spinne ähnlich[4] ist. Es hat einen Körper, der so groß wie ein Elefant ist, und Beine, die so lang wie Baumstämme sind. Und nicht vier, nein acht solcher Beine hat das Biest. Wenn es durch den Wald kriecht, packt es die Beute mit einem Bein

und steckt sie ruck, zuck ins Maul. Es frißt sie, wie die Spinne eine Fliege vertilgt. Niemand fühlt sich sicher, solange dieses Untier noch am Leben ist. Wir haben die Versammlung einberufen, um zu bereden, wie wir uns vor ihm schützen könnten. Nun bist du gekommen, und da setzen wir alle Hoffnung auf dich.«

Der Löwe dachte ein bißchen nach.

»Sind hier noch andere Löwen?« fragte er.

»Nicht ein einziger! Es gab zwar ein paar, doch das Monster hat sie alle umgebracht. Keiner von ihnen war auch nur annähernd so groß und mutig wie du!«

»Wenn ich dem Scheusal das Lebenslicht ausblase, werdet ihr dann meine Untertanen sein und mir als König des Waldes gehorchen?« fragte der Löwe.

»Das werden wir mit Vergnügen tun«, erklärte der Tiger, und alle anderen Tiere taten mit einem mächtigen Gebrüll ihr Einverständnis kund.

»Das wollen wir!«

»Wo steckt die Spinne jetzt?« fragte der Löwe.

»Dort drüben unter den Eichen hockt sie und verdaut ihre Beute«, sagte der Tiger und wies mit der Vorderpfote in die Richtung.

»Paßt inzwischen auf meine Freunde auf!« sagte der Löwe. »Ich gehe jetzt, um das Scheusal zu erledigen.«

Er sagte den Kameraden Lebewohl und zog mit stolz erhobenem Haupt in den Kampf.

Der große Spinnerich schlief noch, als der Löwe ihn entdeckte.

Er sah so garstig aus, daß sein Feind, der Löwe, vor Widerwillen die Nase rümpfte. Die Beine waren wirklich so lang, wie der Tiger sie beschrieben hatte. Zottiges schwarzes Haar bedeckte den Leib. Der Spinnerich hatte ein großes Maul mit einer Reihe von langen Zähnen, jeder ein Fuß lang. Der Kopf war mit dem unförmigen Rumpf durch einen Hals verbunden, der so schlank wie eine Wespentaille schien. Da wußte der Löwe sofort, wie er dem Untier beikommen konnte. Es war besser, das Scheusal im Schlaf zu überraschen. Ohne erst lange zu überlegen, sprang er ihm mit einem riesigen Satz auf den Rücken. Mit einem Schlag der schweren Tatze mit den spitzen Klauen trennte er den Kopf des Monsters vom Rumpf. Dann glitt er in Blitzesschnelle vom Rücken des Untiers, duckte sich nieder und beobachtete scharf. Als die langen Beine nicht mehr zappelten, wußte er, daß es aus mit ihm war.

Der Löwe trabte zur Lichtung zurück, wo die Tiere auf ihn warteten.

»Ihr braucht euren Feind nicht mehr länger zu fürchten«, sagte er.

Da verbeugten sich alle Tiere vor ihm und ehrten ihn als ihren König. Er mußte versprechen, zurückzukommen und über sie zu herrschen, sobald Dorothy sicher auf dem Weg nach Kansas war.

DIE VIER REISENDEN HATTEN BALD den Rest des Waldes hinter sich gebracht. Als sie aus seinem Schatten traten, erblickten sie einen steilen Hügel, der vom Fuß bis zum Gipfel mit mächtigen Felsbrocken bedeckt war.

»Oh, das wird eine anstrengende Kletterei«, meinte die Vogelscheuche. »Wir müssen trotzdem drüber, auch wenn es uns viel Schweiß kosten wird.«

Sie setzte sich an die Spitze des Zuges, und die anderen folgten ihr. Sie hatten fast den vordersten Felsen erreicht, als plötzlich eine rauhe Stimme schrie: »Zurück!«

»Wer ruft da?« fragte die Vogelscheuche.

Über dem Felsen tauchte ein Kopf auf.

»Dieser Hügel gehört uns. Wir gestatten niemandem, ihn zu betreten.«

»Aber wir müssen über den Hügel hinweg«, sagte die Vogelscheuche, »weil wir sonst nicht ins Land der Quadlings reisen können.«

»Hier kommt ihr nicht durch«, drohte die Stimme.

Hinter dem Felsen tauchte eine merkwürdige Gestalt auf, die langsam auf sie zukam. Sie war von kleiner Statur, stämmig und hatte einen dicken Kopf, der oben abgeplattet war. Der Hals war feist und voller Falten. Arme besaß sie nicht. Als die Vogelscheuche das bemerkte, befürchtete sie nicht mehr, daß ein so hilfloses Wesen sie vom Erklimmen des Hügels abhalten könnte.

»Ich bedaure sehr«, sagte die Vogelscheuche, »daß wir uns nicht so verhalten können, wie du es willst. Wir müssen nun einmal über den Hügel hinweg, der in unserer Marschrichtung liegt.«

Und sie ging ein paar Schritte vorwärts.

In diesem Augenblick schoß der Kopf des Mannes mit Blitzesschnelle nach vorn, und dabei streckte sich der Hals um ein Vielfaches aus. Mit der Spitze des Kopfes, der oben flach war, traf er mit voller Wucht die Vogelscheuche in den Bauch. Die Vogelscheuche überschlug sich viele Male und kullerte den Hügel hinab. So schnell, wie der Kopf vorgeschnellt war, sauste er auch gleich wieder zum Körper zurück, als wäre er an einem starken Gummiband befestigt. Der seltsame Mann brach in ein wieherndes Gelächter aus.

»Es ist nicht so leicht, wie du denkst«, höhnte er.

Das Land der Quadlings

Von den anderen Felsen erschallte ebenfalls höllisches Gelächter. Hunderte von diesen armlosen Hammerköpfen[1] sahen hinter den Felsen hervor, einer hinter jedem.

Der Löwe wurde fuchsteufelswild bei diesem Gelächter über das Mißgeschick der Vogelscheuche. Er brüllte, daß das Echo wie ein Donner schien, und preschte den Hügel hinauf. Und wieder schoß ein Kopf in seine Richtung, und der Löwe rollte wimmernd den Hügel hinab, als hätte ihn eine Kanonenkugel erwischt.

Dorothy sprang den Hügel abwärts und half der Vogelscheuche auf die Füße. Der Löwe wankte zu ihr hin, und sie streichelte ihn. Er fühlte sich zerschlagen und wund.

»Es ist zwecklos, gegen diese Hammerköpfe zu kämpfen«, stöhnte er. »Gegen diese Burschen kommt niemand an.«

»Was können wir tun?« fragte sie.

»Die geflügelten Affen rufen«, schlug der Holzfäller vor.

»Einen Wunsch haben wir ja noch frei«, sagte Dorothy, setzte die goldene Kappe auf und sprach den Zauberspruch. Es dauerte nicht lange, und die Affenherde flog herbei und stellte sich bei ihr auf.

»Was befiehlst du?« fragte der König der Affen.

»Tragt uns über die Hügel ins Land der Quadlings!«[2] bat das Mädchen.

»Es soll geschehen«, sagte der König. Sogleich nahmen die geflügelten Affen die vier Reisenden und Toto in die Arme und flogen mit ihnen los. Als sie sich über dem Hügel befanden, stießen die Hammerköpfe gellende Schreie aus vor Wut. Sie schossen ihre

1. *Hammerköpfen.* »Hammerhead« ist im Englischen ein Slang-Ausdruck für »Dummkopf«. Baum sieht jedoch immer auch die wörtliche Bedeutung einer solchen Redensart, betrachtet sie durch das Auge eines Kindes, wie zum ersten Mal, und macht daraus eine seltsame Kreatur. So erweitert er nicht nur das Vokabular seiner jungen Leser, sondern auch ihr Bewußtsein um die Möglichkeiten der Welt. Kinder gehen mit unbekannten Wörtern oft auf ganz konkrete Weise um, indem sie das Gewöhnliche in etwas Außergewöhnliches und Poetisches verwandeln. So arbeitet die erwachende Phantasie. Im Vergleich dazu können Erwachsene schrecklich prosaisch sein. »Hammerköpfe sind fremdenfeindlich, militaristisch und verstecken sich hinter Felsen«, führt Barry Moser am 11. Mai in *Forty-Seven Days to Oz* als Erklärung dafür an, warum er ihren Anführer als den damaligen FBI-Direktor William Casey zeichnete. »Ihre Fähigkeit, ihren Kopf auszustrecken, läßt mich an ein phallisches Motiv denken, das ich [in meiner Zeichnung] allerdings nur angedeutet habe.«

Das Volk der Hammerköpfe ist der erste von Baums wunderlichen Stämmen. In *Dorothy in der Smaragdenstadt* nennt er sie einfach nur »wilde Männer«. Andere Stämme sind die Roly-Rogues in *Queen Zixi of Ix*, die Wheelers in *Ozma von Oz*, die Scoodlers in *Dorothy auf Zauberwegen*, die Hoppers und Horners in *The Patchwork Girl of Oz*, die Loons in *The Tin Woodman of Oz* und die Flachköpfe in *Glinda of Oz*. Obwohl jede dieser wilden Spezies zunächst feindselig und einschüchternd erscheint, haben alle einen kleinen Fehler, der dafür sorgt, daß sie leicht zu besiegen sind. Die Hammerköpfe ähneln Schachtelmännchen, die mit Hilfe einer Feder aus einer Kiste springen, wenn man sie öffnet. Das mag ein Kind zunächst erschrecken, aber es wird bald lernen, daß das Spielzeug harmlos ist, und Gefallen an dem Trick finden. In seiner russischen Fassung verwandelte Wolkow die Hammerköpfe in eine Bande Bergsteiger mit Namen »Springer«. Sie haben einen großen Kopf, einen kurzen Hals und dicke Fäuste und können sehr hoch springen.

2. *Land der Quadlings.* Obwohl alle Karten des Landes Oz die Gegend, durch die Dorothy und ihre Freunde in den letzten vier Kapiteln gereist sind, als das Land der Quadlings bezeichnen, sagt Baum ganz eindeutig, daß sie Glindas Land erst erreichen, nachdem sie den Hügel der Hammerköpfe überquert haben. Sowohl Text als auch Illustrationen der Erstausgabe bestätigen, daß die Landschaft um den Wald der Kampfbäume herum bis zum Ackerland der Quadlings braun ist und sich zu jener Zeit wahrscheinlich nicht unter Glindas Herrschaft befindet.

3. *vom grünen Gras und vom goldenen Getreide.* Wie Gardner in Anmerkung 11 von *The Wizard of Oz and Who He Was* notiert, ist dies eine von mehreren Passagen im *Zauberer von Oz*, an denen sich zeigt, daß Baum sich noch nicht festgelegt hatte, inwieweit die örtliche Flora und Fauna ebenfalls die Lieblingsfarbe der entsprechenden Gegend annehmen. »Nun, das Gras ist purpurrot, und die Bäume sind purpurrot, und die Häuser und Zäune sind purpurrot«, beschreibt Tip dieses seltsame Phänomen in *Im Reich des Zauberers Oz*. »Sogar der Schmutz auf den Straßen ist purpurfarben. Aber in der Smaragdenstadt ist alles grün, was hier purpurrot ist. Im Land der Munchkins, das dort drüben im Osten liegt, ist alles blau, im Südland der Quadlings ist alles Rot und im Westland der Winkies … ist alles gelb.« (Kap. 3, »Die Flucht der Ausreißer«) In seinen eigenen Oz-Büchern treibt Neill das bis zum Extrem. Dort haben selbst die Luft und die Hautfarbe der Einwohner die Farbe der Landschaft, in der sie wohnen. Oz-Club-Mitglied Daniel P. Mannix spekuliert, daß Baums Verwirrung bei den Farben der verschiedenen Gegenden von Oz etwas mit den zweifarbigen Illustrationen von Denslow in der Erstausgabe zu tun haben könnte. Im Text erwähnt Baum nur, daß von Menschen gemachte Dinge wie Zäune oder Häuser in der Lieblingsfarbe des Landes gestrichen sind. Baum mag gehofft haben, daß sich das Farbschema des ersten *Oz*-Buches fortsetzen ließe, aber die Illustrationen im Text von *Im Reich des Zauberers Oz* sind nur schwarzweiß.

4. *drei verschiedene Kuchen … und vier Sorten Plätzchen.* Diese Leckereien deuten nicht nur auf den Wohlstand der Quadlings hin, sondern sie erklären auch, warum sie so rundlich und gut gelaunt sind. Die kalorienreiche Kost steht im krassen Kontrast zu der bescheidenen und ausgewogeneren Mahlzeit, die Dorothy in dem Farmhaus vor der Smaragdenstadt in Kapitel 10 bekommt.

Köpfe in die Luft, aber sie konnten die Affen nicht erreichen, die Dorothy und ihre Kameraden sicher über den Hügel trugen. Im schönen Land der Quadlings setzten sie die Freunde wieder ab.

»Das war das letzte Mal, daß du uns rufen konntest«, sagte der König der Affen zu Dorothy. »Auf Wiedersehen und alles Glück für euch!«

»Ade und herzlichen Dank auch!« rief das Mädchen. Die Affen erhoben sich in die Luft und waren im Nu den Blicken entschwunden.

Das Land der Quadlings schien reich und glücklich zu sein. Felder mit reifendem Korn reihten sich aneinander. Zwischen ihnen waren feste Straßen angelegt. Liebliche Bäche mit festen Brücken rieselten durch die Landschaft. Die Häuser und Brücken waren hellrot gestrichen, wie im Land der Winkies alles gelb und im Land der Munchkins alles blau gestrichen war. Auch die Quadlings selbst, die klein, pausbäckig und freundlich waren, hatten rote Kleider an, die sich vom grünen Gras und vom goldenen Getreide[3] abhoben.

Die Affen hatten sie in der Nähe eines Farmhauses niedergesetzt. Die vier Reisenden gingen zum Haus und klopften an die Tür. Die Frau des Farmers öffnete. Dorothy bat sie, ihnen etwas zu essen zu geben. Da tischte die Frau ein vortreffliches Mittagessen auf. Allein drei verschiedene Kuchen gab es und vier Sorten Plätzchen[4] und für Toto einen Napf mit Milch.

»Wie weit ist es bis zu Glindas Schloß?« fragte das Kind.

»Nicht sehr weit«, erwiderte die Frau des Farmers. »Geht immer nur nach Süden, dann seid ihr bald am Ziel.«

5. *drei schöne junge Mädchen.* Die Truppen weiblicher Soldaten, die durch Baums Geschichten marschieren, haben ihr Vorbild womöglich in den Aberdeen Guards, einer Frauengruppe in South Dakota, die um 1890 komplizierte Marschformationen vorführte. Ihre Uniform bestand aus blauen Jacken, roten Röcken und roten Kappen mit goldenen Tressen. »Nun«, meint Mrs. Bilkins, Baums fiktionale Hauswirtin, im *Saturday Pioneer* (31. Mai 1890), »da sind sie also heranmarschiert gekommen, die unerschrockenen Kämpfernaturen, mit glänzenden Lanzen, den Kaugummi vorläufig unter der Zunge versteckt. Keine von ihnen hat einen Gedanken an ihre Frisur verschwendet, keine hat darauf achtgegeben, wie die Jacke der vor ihr Marschierenden sitzt! Jede von ihnen hat nur an die Feinde ihres Landes gedacht und daran, wie sie ihnen die Augen auskratzen würde.« Baums Amüsement über die Möglichkeit, daß es weibliche Soldaten geben könnte, erreicht seinen Höhepunkt mit Generalin Jinjur und ihrer Armee der Aufständischen in *Im Reich des Zauberers Oz*, einer milden Satire auf militante Suffragetten.

6. *eines der Mädchen.* In der ursprünglichen Fassung des Bühnenstücks erweist sich die Kapitänin von Glindas Palastwache als die verloren geglaubte Geliebte des Blechholzfällers. »Nachdem die böse Osthexe gestorben war«, erzählt sie ihm, »wurde ich zur Königin der Munchkins gemacht, und wenn wir heiraten, werden wir zusammen über unser Volk herrschen.« In *The Tin Woodman of Oz* erzählt er allerdings eine ganz andere Geschichte des Munchkin-Mädchens. Siehe Kapitel 5, Anmerkung 10.

Das Land der Quadlings

Sie dankten der guten Frau und machten sich mit frischen Kräften von neuem auf den Weg. Sie zogen an Feldern vorbei und mußten über schöne Brücken hinweg. Nach kurzer Zeit erblickten sie in der Ferne ein Schloß. Vor dem Tor standen drei schöne junge Mädchen[5], die in hübschen roten Uniformen mit goldenen Tressen steckten.

Als Dorothy näher kam, sagte eines der Mädchen[6] zu ihr: »Warum seid ihr nach Südland gekommen?«

»Wir wollen mit der guten Hexe sprechen, die hier regiert«, antwortete sie. »Führst du mich zu ihr?«

»Sag erst deinen Namen! Ich werde Glinda fragen, ob sie euch empfangen will.«

Dorothy nannte den Namen, und das Soldatenmädchen begab sich ins Schloß. Nach wenigen Augenblicken kam sie wieder zurück und teilte ihnen mit, daß die Herrin des Schlosses Dorothy und ihre Freunde sofort empfangen werde.

Dieses Bild von Dorothy erschien auf einer
Geschäftskarte, ca. 1910.
Privatbesitz.

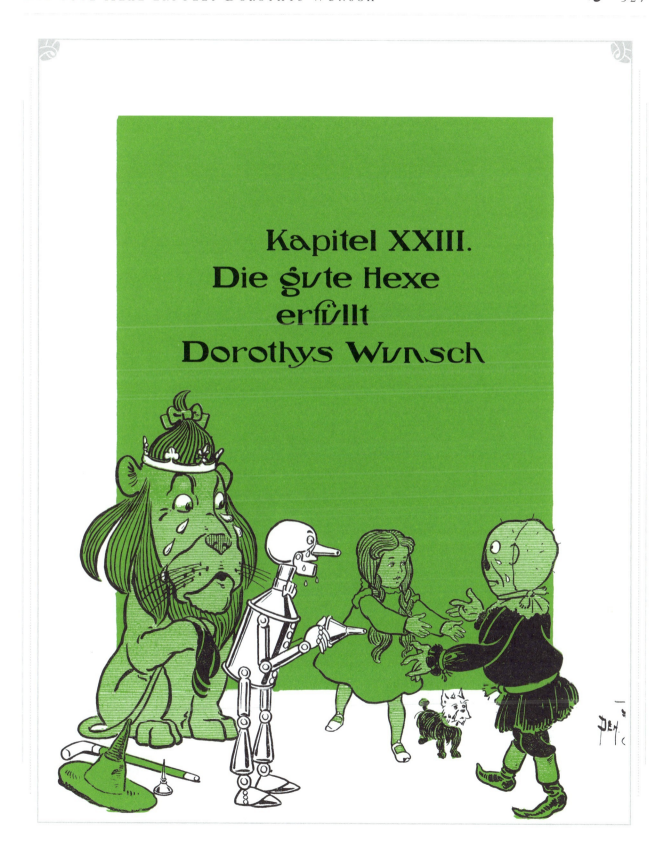

1. *Dorothy*. In diesem Kapitel zeichnet Denslow Dorothy in dem gleichen einfachen Kleid, das sie trug, als sie nach Oz gekommen war, nicht in dem, das sie seit ihrer Ankunft in der Smaragdenstadt trägt. Baum erwähnt im Text nicht, daß sie sich etwa umgezogen hätte. Vielleicht hat Glinda ihr mit Zauberkraft das Kleid, das sie in Kansas trug, wiedergegeben, um ihr bei der Rückkehr Peinlichkeiten zu ersparen, sollte dem Kleid aus Oz das gleiche Schicksal widerfahren wie den silbernen Schuhen, die sie auf dem Rückflug verliert.

2. *auf einem Thron von funkelnden Rubinen*. Eine Gemeinsamkeit zwischen Glinda, der guten Hexe, und Gayelette, der Zauberin aus Kapitel 14, die im Norden in einem Rubinpalast wohnt.

3. *hinreißend*. Das Vorbild für Glinda die Gute ist Maetta, die Zauberin in *A New Wonderland* (später neu aufgelegt als *The Magical Monarch of Mo*). Beide tragen Weiß und leben im Südland, und Baum beschreibt Maetta als die schönste Frau der Welt – ein Titel, den er in den späteren *Oz*-Büchern Glinda verleiht. In allen Geschichten außer dieser ersten ist Glinda, die gute Hexe, als Glinda, die Gute Zauberin, bekannt. Als Baum 1905 *Im Reich des Zauberers Oz* unter dem Titel *The Woggle-Bug* als Bühnenstück bearbeitete, wurde aus Glinda wiederum Maetta, die jedoch genauso aussah wie John R. Neills Glinda im zweiten *Oz*-Buch.

4. *ein lilienweißes Kleid*. Weiß ist Baums Hexenfarbe, und Weiß trägt auch die gute Nordhexe. Gretchen Ritter bemerkt in »Silver Slippers and a Golden Cap«, daß Glinda in den amerikanischen Nationalfarben dargestellt wird: rote Haare, weißes Kleid, und blaue Augen (S. 183). In seinen Illustrationen übernimmt Denslow dieses Farbschema allerdings nicht.

5. *das kann Onkel Henry nicht bezahlen*. »Selbst der Tod ist in Kansas ein Luxus«, bemerkt Gretchen Ritter in »Silver Slippers and a Golden Cap« (S. 177). Nur wenige heutige Leser werden die volle Tragweite von Dorothys Sorge verstehen. Die Trauerrituale des 19. Jahrhunderts waren nicht nur starr festgelegt, sondern auch teuer und trugen den Armen eine weitere Bürde auf. Die Baums hatten gerade zwei Trauerfälle innerhalb eines Jahres erleben müssen, als am 18. März 1898 Mauds Mutter in Chicago starb und am 11. November ihre kleine Nichte Dorothy Louise Gage in Bloomington, Illinois (siehe Kap. 1, Anm. 1). Die Rechnung des Bestattungsunternehmens für die Beerdigung von Mauds Mutter sah wie folgt aus:

Sarg, ausgeschlagen mit schwarzem Broadcloth	$65,00
Einbalsamierung	10,00
Blumenschmuck und Bänder für die Tür	3,50
4 Kutschen nach Graceland [Friedhof]	20,00
Schwarzer Leichenwagen	7,00
Lohn in bar für 3 Sargträger	3,00
25 Stühle und Transport	gratis
Dienstleistungen	gratis
4 Paar Handschuhe	1,00
	109,50
Rabatt Handschuhe	1,50
	108,00

Das war zu jener Zeit eine Summe, die sich keine Familie so einfach leisten konnte. Man konnte kaum etwas davon einsparen, da die Sitten nicht viel Spielraum ließen. Die Eltern der kleinen Dorothy *mußten* zum Beispiel einen großen Leichenwagen mieten, auch wenn der Vater meinte, er hätte den kleinen Sarg auch auf den Schoß nehmen können.

BEVOR SIE VOR GLINDA TRATEN, wurden sie erst einmal in den Empfangsraum gebeten, in dem sie sich erfrischen konnten.

Dorothy[1] wusch ihr Gesicht und kämmte sich. Der Löwe schüttelte den Staub aus der Mähne. Die Vogelscheuche klopfte den Körper in die beste Form. Der Holzfäller putzte das Blech und ölte die Scharniere ein. Nachdem sie sich alle feingemacht hatten, folgten sie dem Soldatenmädchen in einen großen Saal.

Glinda saß auf einem Thron von funkelnden Rubinen.[2] Sie sah nicht nur hinreißend[3] aus, sondern hatte auch junge Augen. Das dunkelrote Haar fiel in fließenden Locken über ihre Schultern. Sie trug ein lilienweißes Kleid,⁴ doch ihre Augen waren blau wie das Meer. Sie schaute das Mädchen fröhlich an.

»Was kann ich für dich tun, mein Kind?«

Dorothy erzählte der guten Hexe die ganze Geschichte: wie der Wirbelsturm sie ins Land Oz getragen hatte, wie sie zu ihren Freunden gekommen war und welche wunderbaren Abenteuer sie zusammen mit ihnen erlebt hatte.

»Mein größter Wunsch ist es nun«, fuhr sie fort, »wieder nach Kansas zu kommen. Tante Em wird sicherlich schon denken, daß mir ein Unglück zugestoßen sei, und da wird sie sich ein schwarzes Kleid kaufen müssen. Doch das kann Onkel Henry nicht bezahlen,⁵ es sei denn, daß die Ernte in diesem Jahr besser ausfällt als im vergangenen Jahr.«

Glinda beugte sich vor und küßte das süße, ihr offen zugewandte Gesicht des liebenswerten kleinen Mädchens.

»Bewahr dir dein gutes Herz«, sagte sie. »Ich bin sicher, ich weiß, wie du nach Kansas reisen kannst.« Dann fügte sie hinzu: »Wenn ich dir helfen soll, brauche ich aber die goldene Kappe.«

»Die kannst du haben«, rief Dorothy. »Ich weiß sowieso nicht, was ich mit dem Ding anfangen soll. Wenn du sie nimmst, hast du bei den geflügelten Affen drei Wünsche frei.«

»Ich werde ihre Dienste wohl auch dreimal in Anspruch nehmen müssen«, erwiderte Glinda.

Dorothy gab ihr die goldene Kappe.

»Was wirst du machen, wenn Dorothy euch verlassen hat?« fragte Glinda die Vogelscheuche.

»Ich kehre in die Smaragdenstadt zurück«, erwiderte sie. »Oz hat mich zu ihrem Herrscher erwählt, und die Menschen dort haben mich gern. Meine Sorge aber ist, daß ich nicht weiß, wie ich über den Hügel mit den Hammerköpfen hinwegkommen soll.«

»Mit Hilfe der goldenen Kappe werde ich den geflügelten Affen befehlen, dich zum Tor der Smaragdenstadt zu tragen«, sagte Glinda. »Es wäre eine Schande, den Leuten einen so wunderbaren Herrscher vorzuenthalten.«

»Bin ich wirklich wunderbar?« fragte die Vogelscheuche.

»Du bist ungewöhnlich«, erwiderte Glinda.

Dann wandte sich Glinda dem Holzfäller zu.

»Und was wird aus dir, wenn Dorothy das Land verläßt?«

Der Holzfäller stützte sich auf seine Axt und überlegte kurz.

»Die Winkies waren sehr freundlich zu mir«, sagte er. »Und da die böse Hexe tot ist, haben sie mich zu ihrem Herrscher gemacht. Ich bin begeistert von den Winkies. Wenn ich nach Westland zurückkehre, möchte ich gern ihr König sein.«

»Mein zweiter Befehl wird lauten, dich behutsam ins Land der Winkies zu tragen«, sagte Glinda. »Dein Verstand mag nicht so groß sein wie der Verstand der Vogelscheuche, der allen sofort in die Augen fällt, dafür siehst du heller aus – wenn du poliert bist; ich bin jedenfalls sicher, daß du die Winkies weise und gerecht regieren wirst.«

Dann blickte sie auf den großen, zottigen Löwen.

»Und was wird aus dir, wenn Dorothy heimgekehrt ist?«

»Hinter dem Hügel der Hammerköpfe liegt ein riesiger alter

Wald. Alle Tiere, die dort leben, haben mich zu ihrem König gemacht. Wenn ich in diesen Wald zurückkehren könnte, wäre das mein höchstes Glück.«

»Mein dritter Befehl an die Affen wird sein, dich in deinen Wald zu tragen«, sagte Glinda. »Mit dem dritten Wunsch wird die Zauberkraft der Kappe verbraucht sein. Ich gebe sie dann dem König der Affen zurück, damit er und seine Horde für immer von jeglicher Verpflichtung befreit sein werden.«

Die Vogelscheuche, der Holzfäller und der Löwe dankten der guten Hexe aufrichtig für die Güte, die sie ihnen erwiesen hatte.

»Du bist sicherlich so gut, wie du schön bist!« rief Dorothy. »Aber du hast mir noch nicht gesagt, wie ich nach Kansas zurückkehren kann.«

»Deine silbernen Schuhe werden dich über die Wüste tragen«, erwiderte Glinda. »Wenn du gewußt hättest, welche Zauberkraft sich mit ihnen verbindet, wärst du schon am ersten Tage[6] in diesem Land zu Tante Em zurückgekehrt.«

»Doch dann wäre ich nicht zu meinem wunderbaren Verstand gekommen!« schrie die Vogelscheuche. »Mein ganzes Leben lang hätte ich im Kornfeld des Farmers gestanden.«

»Und mein Schicksal wäre gewesen, ohne mein schönes Herz leben zu müssen«, sagte der Holzfäller. »Bis zum Ende der Welt hätte ich im Wald gestanden und wäre gänzlich verrostet.«

»Und ich hätte ein elendes Leben als Feigling gelebt«, erklärte der Löwe. »Kein Tier im ganzen Wald hätte jemals ein gutes Wort an mich gerichtet.«

»Das ist alles wahr«, sagte Dorothy, »und ich bin froh, euch allen nützlich gewesen zu sein. Nun aber, da jeder seinen Wunsch erfüllt sieht und glücklich ist, ein Königreich errungen[7] zu haben, ist es nur recht und billig, daß auch mein Herzenswunsch in Erfüllung geht.«

»Von den Silberschuhen gehen wundersame Kräfte aus«, sagte die gute Hexe. »Eine ihrer seltsamsten Kräfte aber ist, daß sie dich an jeden Ort der Erde in drei Schritten tragen können.[8] Dabei ist jeder dieser Schritte schneller als ein Wimpernschlag. Du mußt nur die Absätze dreimal zusammenschlagen und den Namen des Ortes murmeln, an den du gebracht werden willst.«

»Wenn das so ist«, sagte Dorothy fröhlich, »dann will ich ihnen befehlen, mich sofort nach Kansas zu bringen.«

6. *schon am ersten Tage.* Ähnlich wie ihre drei Gefährten hatte Dorothy immer schon die Fähigkeit, ihr Problem selbst zu lösen, und muß sie nur in sich entdecken. Die Rolle von Glinda bei Dorothys Selbstfindung läßt sich psychologisch erklären. In C.G. Jungs *Der Mensch und seine Symbole* erklärt M.-L. Franz, daß diese Selbstfindung oft von einem überlegenen Menschen repräsentiert wird. Einer Frau erscheint dieser Mensch als eine weise und schöne Göttin (zum Beispiel Ceres oder Demeter) oder als eine hilfreiche Alte (wie die »Frau, welche zaubern konnte«, in Hans Christian Andersens »Die Schneekönigin« oder die gute Fee in George MacDonalds *Die Prinzessin und die Kobolde* und *Die Prinzessin und Curdie*). Deutsche Märchen unterscheiden sich von französischen oft dadurch, daß sie die gute Fee durch eine »weise Frau« ersetzen. Baum benutzt in seinen Erzählungen beide: In der Rolle der weisen alten Frau schenkt die Nordhexe Dorothy die silbernen Schuhe, und Glinda zeigt ihr als gute Fee, wie man sie benutzt.

7. *ein Königreich errungen.* In vielen Märchen gibt es diese Figur – einen Menschen von niedriger Herkunft, der als Prinz oder Zar endet. Sie ist auch die Grundlage des amerikanischen Traums. Genau wie die Helden von Horatio Alger lassen Dorothys Gefährten ihren bescheidenen Ursprung hinter sich und finden Ruhm und Wohlstand. Die Vogelscheuche wird Herrscher der Smaragdenstadt, der Blechholzfäller Anführer der Winkies und der feige Löwe König des Waldes.

8. *daß sie dich an jeden Ort der Erde in drei Schritten tragen können.* Legenden und Literatur sind voll von Zauberschuhen und Zauberstiefeln, die ihren Träger durch die Luft transportieren können, von den geflügelten Sandalen des Hermes oder Merkur bis zu Ruth Plumly Thompsons Schnellsandalen in *The Hungry Tiger of Oz* (1926). Auch Perseus hatte seine geflügelten Schuhe, und der Kleine Däumling und Jack the Giant Killer tragen Siebenmeilenstiefel. Jack hat dazu noch eine Wissenskappe.

9. *Bringt mich nach Haus zu Tante Em.* Diejenigen, die am *Zauberer von Oz* kritisieren, er würde die Flucht in eine Phantasiewelt unterstützen, sollten beachten, daß Dorothy nicht etwa in Oz bleiben will, sondern in die Realität zurückkehrt. Nicht jeder billigt ihre Entscheidung. In Hugh Prestwoods Lied »Dorothy«, gesungen von Judy Collins auf ihrem Album *Hard Times for Lovers* (1976), ist »Dorothy ein Narr, daß sie geht, sie hatte doch alles erreicht …«. Als sich in *Dorothy in der Smaragdenstadt* das Leben in Kansas als zu schwer erweist, kehrt Dorothy dann allerdings nach Oz zurück und bringt Tante Em und Onkel Henry mit. »Oz ist also schließlich doch ihre Heimat geworden«, bemerkt Salman Rushdie in seiner Monographie über die Verfilmung von 1939. »Aus der Phantasiewelt wurde die wirkliche Welt, da geht es ihr wie uns allen. Es ist nun einmal so: Wenn wir einmal den Ort unserer Kindheit verlassen und unser Leben leben, ausgerüstet nur mit dem, was wir haben und was wir sind, verstehen wir, daß das wahre Geheimnis der roten Schuhe nicht ist, daß es ›nirgends besser als daheim‹ ist, sondern daß es so etwas wie ein ›Daheim‹ gar nicht gibt. Abgesehen natürlich von dem ›Daheim‹, das wir selbst in Oz schaffen, oder der Heimat, die uns in Oz bereitet wird: Oz, der Ort, der nirgendwo und überall ist und gleichzeitig dort, wo unser Anfang ist.« (S. 57)

10. *ein neues Farmerhaus.* In *Dorothy in der Smaragdenstadt* erzählt Baum, daß Onkel Henry eine Hypothek auf seine Farm aufnehmen mußte, um das Geld für ein neues Haus zu bekommen (Kap. 2). Schließlich kann er seine Schulden nicht mehr bezahlen, und sein Land fällt an die Bank. Im 19. Jahrhundert fürchteten Farmer nichts mehr als die Zwangsvollstreckung. Die Bedrohung durch eine Naturkatastrophe oder Seuchen – Dürre, Heuschrecken, Fäule und selbst Tornados – war nichts im Vergleich mit dem bösen Banker aus der Stadt. Baum stand selbstverständlich auf der Seite der Farmer. Schließlich war er selbst auf einer Farm aufgewachsen, auf die seine Eltern ständig Hypotheken aufnahmen. Am Ende hatten auch sie damit kein Glück, und im Jahr 1880 ließen ihre Gläubiger den Besitz versteigern, damit die Schulden bezahlt wurden. Am 11. März ging Frank Baum jedoch zum Gericht von Onondaga County und kaufte seinen Eltern Rose Lawn zurück.

11. *Die Schuhe waren ihr wohl beim Flug durch die Luft von den Füßen gerutscht.* Wie wir bereits wissen, kann die Zauberkraft von Oz nicht außerhalb des Landes funktionieren, und Baum folgt hier dem klassischen Erzählmuster. Wie Joseph Campbell in *Der Heros in tausend Gestalten* erklärt: »Bei der Rückkehr über die Schwelle müssen die übernatürlichen Kräfte zurückbleiben.«

Sie fiel dem Löwen um den Hals, küßte ihn und tätschelte ihm zärtlich den Kopf. Auch der Holzfäller kriegte einen dicken Schmatz. Da wurden ihm gleich die Augen feucht, was für die Scharniere nicht ungefährlich war. Den weichen, ausgestopften Körper der Vogelscheuche nahm sie einfach in die Arme, denn sie auf die aufgemalten Lippen zu küssen, das mochte sie nicht. Am Ende kullerten auch ihr die Tränen bei diesem traurigen Abschied von den liebenswerten Freunden in ganzen Bächen über das Gesicht.

Glinda stieg von ihrem rubinverzierten Thron herab und gab dem Mädchen einen Abschiedskuß. Dorothy dankte ihr mit tränenerstickter Stimme für all die Freundlichkeit, die sie ihr und den Freunden erwiesen hatte. Dann nahm das Mädchen Toto feierlich auf den Arm, sagte noch ein letztes Mal Lebewohl, klappte die Absätze zusammen und murmelte geheimnisvoll: »Bringt mich nach Haus zu Tante Em!«[9]

* * * * *

Augenblicklich wirbelte sie in rasender Geschwindigkeit durch die Luft, daß sie nur noch spürte, wie ihr der Wind um die Ohren pfiff.

Die silbernen Schuhe machten nur drei Schritte, und dann hielten sie plötzlich an. Das Mädchen überschlug sich viele Male,

bevor es zum Halten kam. Ganz taumelig noch setzte sie sich auf und schaute umher. Da wußte sie, wo sie war.

»Du meine Güte!« schrie sie auf.

Sie saß in der weiten Prärie von Kansas, und genau vor ihr erhob sich ein neues Farmerhaus.[10] Onkel Henry hatte es bauen müssen, nachdem der Wirbelsturm das alte weggetragen hatte. Onkel Henry melkte gerade die Kühe auf dem Hof. Toto sprang von ihrem Arm und rannte fröhlich zu ihm.

Dorothy richtete sich auf. Da sah sie, daß sie in Strümpfen stand. Die Schuhe waren ihr wohl beim Flug durch die Luft von den Füßen gerutscht[11] und lagen nun für immer verloren irgendwo in der Wüste.

Kapitel XXIV.
Wieder daheim!

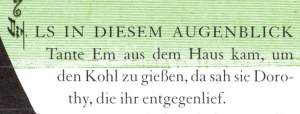

ALS IN DIESEM AUGENBLICK Tante Em aus dem Haus kam, um den Kohl zu gießen, da sah sie Dorothy, die ihr entgegenlief.

»Mein liebes, liebes Kind!« rief Tante Em, fing das kleine Mädchen in den Armen auf und bedeckte sein Gesicht mit Küssen.[1] »Um alles in der Welt, wo kommst du her?«

»Aus dem Lande Oz«, sagte Dorothy mit ernster Stimme.[2] »Und hier ist Toto! Oh, Tante Em, was bin ich glücklich, wieder zu Hause zu sein.«

1. *bedeckte sein Gesicht mit Küssen.* Dies ist das erste Zeichen der Zuneigung, das Tante Em dem Kind zukommen läßt. Psychologin Madonna Kohlbenschlag schreibt in *Lost in the Land of Oz* (New York: Crossroad, 1994), daß Dorothy bei ihrer Rückkehr nach Kansas »ein neues Verhältnis zu Tante Em findet, dem Symbol ihrer verlorenen Mutter (Tante Em blickt nicht länger voll Entsetzen auf Dorothy und drückt ihre Hand auf ihr Herz. Sie umarmt Dorothy und bedeckt ihr Gesicht mit Küssen).« (S. 20) Tante Em hat sich in Dorothys Abwesenheit erstaunlich verändert. Jetzt erst weiß sie wohl, wieviel das Kind ihr bedeutet, und kann endlich ihre tiefe Liebe zu ihrer Nichte ausdrücken.

2. *mit ernster Stimme.* »Warum wählte Baum das Wort *ernst* statt beispielsweise *fröhlich*?« fragt Janet Juhnke in »A Kansan's View« (in Gerald Peary und Roger Shatzkin, *The Classic American Novel and the Movies*. New York: Frederick Ungar, 1977). »Hier ist der Beweis, daß für Baum Dorothys Abenteuer eine Art traumatische Initiation war. Sie hat Angst und Tod erlebt, sie hat Desillusion und Trauer empfunden, und sie war gezwungen, Verantwortung zu übernehmen. Sie hat begonnen, erwachsen zu werden – eine ernüchternde Erfahrung.« (S. 170) Oz mag schöner und aufregender sein als Kansas, aber es fehlt ihm die Sicherheit, die Dorothy zu Hause bei den Menschen findet, die sie liebt.

Illustration aus *Denslow's Night Before Christmas*
(New York: G. W. Dillingham, 1902).
Privatbesitz.

Illustration aus
Denslow's The House That Jack Built
(New York:
G. W. Dillingham, 1903).
Privatbesitz.

Die Vogelscheuche und der Blechholzfäller in *Denslow's A B C Book* (New York: G. W. Dillingham, 1903).
Privatbesitz.

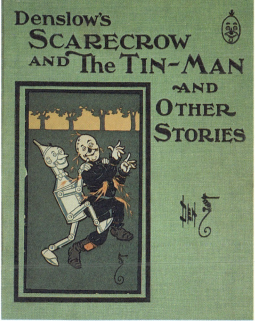

Buchdeckel von Illustration aus
Denslow's Scarecrow and the Tin-Man and Other Stories
(New York: G. W. Dillingham, 1904).
Privatbesitz.

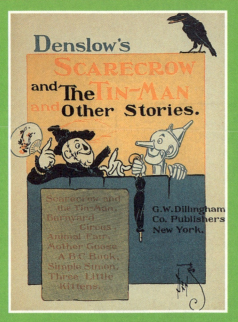

Titelseite von *Denslow's Scarecrow and the Tin-Man and Other Stories* (New York: G. W. Dillingham, 1904). *Privatbesitz.*

Vollständiger Text und Illustrationen von *Denslow's Scarecrow and the Tin-Man* (New York: G. W. Dillingham, 1904). *Privatbesitz.*

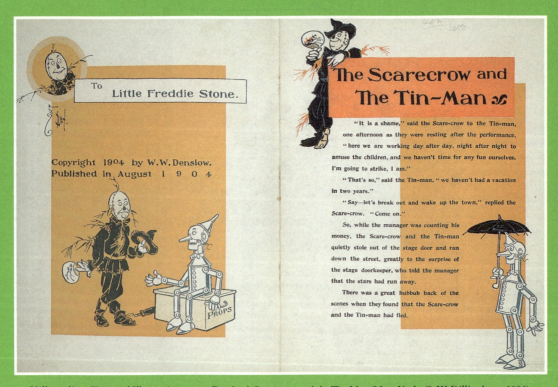

Vollständiger Text und Illustrationen von *Denslow's Scarecrow and the Tin-Man* (New York: G. W. Dillingham, 1904). *Privatbesitz.*

The police were notified and searchers were sent everywhere to catch the truants, for the evening performance could not go on without them.

Meanwhile the runaway pair were having a wild, jolly time in the old town.

They ran until they thought they were safe from pursuit, and then jumped on a street car to get as far from the theater as they could in a short time.

"Fare," said the conductor.

"What's that?" asked the Scare-crow.

"Pay your money or get off!" said the conductor.

The Scare-crow and the Tin-man laughed at the idea of anyone wanting money from them.

"We haven't any," said the Tin-man.

"Then off you go!" and the conductor tossed the two from the car.

"That Tin-man had a hard face," said an old lady near the door.

Bang! went the Tin-man and the Scare-crow into a banana and apple stand kept by an Italian on the corner, as they came off the car in a hurry.

Down went the stand, fruit and the two friends into the gutter.

Of course the banana man was angry, and talked loudly in broken English.

Away the two friends flew down the street with the angry banana man after them, calling loudly for his pay for the spoiled fruit.

"Everybody seems to want money," said the Scare-crow, as he jumped into an automobile that was standing by the curb. In tumbled the Tin-man, and away they dashed, leaving the Italian waving his arms wildly on the corner.

"This is great," said the Scare-crow.

"It beats the theater all to pieces," replied the Tin-man, as they fairly flew over the avenue at a reckless pace.

"Hi! Stop there," shouted a bicycle policeman. "You are going too fast."

But they only waved him a tra-la as they sped along.

The policeman blew a loud blast on his whistle, and the auto was hemmed in and surrounded by policemen just as the Scare-crow steered the machine into a mortar bed in front of a new building.

The automobile turned a complete somersault, scattering mortar, brick and sand in all directions over the policemen and the crowd that was collecting.

At this stage the auto commenced to sizzle and suddenly blew up sending our friends high in the air.

One of the policemen turned in an alarm, and the fire-engines were soon on the spot to put out the fire on the auto, and taking

Vollständiger Text und Illustrationen von *Denslow's Scarecrow and the Tin-Man*
(New York: G. W. Dillingham, 1904).
Privatbesitz.

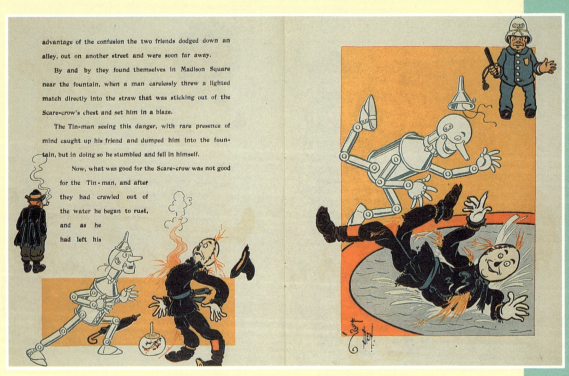

Vollständiger Text und Illustrationen von *Denslow's Scarecrow and the Tin-Man*
(New York: G. W. Dillingham, 1904).
Privatbesitz.

Vollständiger Text und Illustrationen von *Denslow's Scarecrow and the Tin-Man* (New York: G. W. Dillingham, 1904). *Privatbesitz*.

FROM KANSAS LITTLE DOROTHY TO OZ WAS BLOWN AWAY;
WHERE FIRST SHE MET THE GAY SCARECROW, THE MAN ALL STUFFED WITH HAY.
IMOGENE, THE SPOTTED CALF, WAS GLAD TO SEE HIM, TOO,
AND TRIED AT ONCE TO EAT HIM UP WHICH SCARED HIM THROUGH AND THROUGH.

THE TIN MAN IN A SHOWER OF RAIN GOT RUST IN EVERY JOINT,
SO HE MUST CARRY AN OIL CAN HIS ELBOWS TO ANOINT.
NEXT CAME A LION COWARDLY, AS TIMID AS A BIRD;
YET IF SOME DANGER THREATENED DOT HIS MIGHTY ROAR WAS HEARD.

THE LION WISHED THAT HE WERE BRAVE, THE SCARECROW WANTED BRAINS,
THE TIN MAN CRAVED A LOVING HEART WITH ALL ITS JOYS AND PAINS.
FAIR DOROTHY WOULD FAIN GO BACK TO KANSAS AND HER FOLKS,
ALTHOUGH SHE LIKED THE TIN MAN AND THE SCARECROW'S JOLLY JOKES.

Lithographierter Tapetenzierstreifen mit Figuren aus der Revue *The Wizard of Oz*, gezeichnet von W. W. Denslow, ca. 1910.
Mit freundlicher Genehmigung der Willard Carroll Collection.

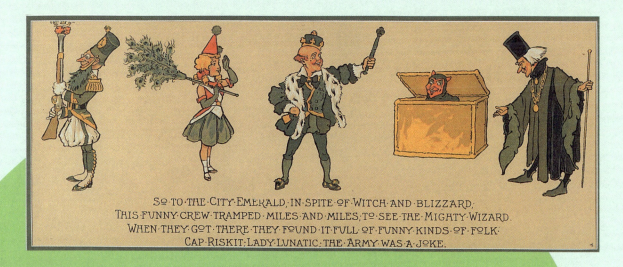

Lithographierter Tapetenzierstreifen mit Figuren aus der Revue *The Wizard of Oz*, gezeichnet von W. W. Denslow, ca. 1910.
Mit freundlicher Genehmigung der Willard Carroll Collection.

»Dorothy's Christmas Tree« aus der Bildergeschichte »Denslow's Scarecrow and the Tin-Man«, Minneapolis *Journal*, 10. Dezember 1904.

Mit freundlicher Genehmigung der Jay Scarfone/William Stillman Collection

Bibliographie

Bücher

Baum's Complete Stamp Dealers Directory, containing a complete list of all dealers in the United States, together with the principal ones of Europe, and a list of philatelic publications. Zusammengestellt und veröffentlicht von Baum, Norris & Co. Syracuse: Hitchcock & Tucker, 1873.
Vorwort von L. Frank Baum, William Norris und Henry Clay Baum.

The Book of the Hamburgs, a brief treatise upon the mating, rearing, and management of the different varieties of Hamburgs. Hartford, Connecticut: H. H. Stoddard, 1886.

Mother Goose in Prose. Illustriert von Maxfield Parrish. Chicago: Way & Williams, 1897.

By the Candelabra's Glare: Some Verse. Illustriert von W. W. Denslow und anderen. Chicago: Privatdruck, 1898.
Diese Ausgabe von 99 Exemplaren wurde von Baum gedruckt und gebunden. Viele der enthaltenen Gedichte erschienen zuerst im Aberdeener *Saturday Pioneer* und im Chicagoer *Sunday Times-Herald.* Mehrere Gedichte wurden noch einmal abgedruckt in *Father Goose, His Book.*

Father Goose, His Book. Illustriert von W. W. Denslow. Chicago: George M. Hill, 1899.
Text handgelettert von Ralph Fletcher Seymour unter Mithilfe von Charles J. Costello.

The Army Alphabet. Illustriert von Harry Kennedy. Chicago und New York: George M. Hill, 1900.
Text handgelettert von Charles J. Costello.

The Art of Decorating Dry Goods Windows and Interiors. Chicago: Show Window Publishing, 1900.

The Navy Alphabet. Illustriert von Harry Kennedy. Chicago und New York: George M. Hill, 1900.
Text handgelettert von Ralph Fletcher Seymour unter Mithilfe von Charles J. Costello.

A New Wonderland, being the first account ever printed of the Beautiful Valley, and the wonderful adventures of its inhabitants. Illustriert von Frank Ver Beck. New York: R. H. Russell, 1900.

The Wonderful Wizard of Oz. Illustriert von W. W. Denslow. Chicago und New York: George M. Hill, 1900.
Baum hatte erwartet, daß die erste Auflage von 10000 Exemplaren zum 1. Mai vorgestellt werden könnte. Das offizielle Veröffentlichungsdatum sollte der 15. Mai sein, Baums vierundvierzigster Geburtstag. Die Veröffentlichung wurde jedoch auf den 15. August verschoben, und die ersten Exemplare waren sogar erst Mitte September im Buchhandel erhältlich. Nach dem Konkurs von Hill 1902 war das Buch zunächst nicht mehr lieferbar. Es kam erst 1903 in der Bobbs-Merrill-Ausgabe unter dem Titel *The New Wizard of Oz* wieder auf den Markt.

American Fairy Tales. Illustriert von Harry Kennedy, Ike Morgan und N. P. Hall. Chicago und New York: George M. Hill, 1901.
Einband, Titelseite und Buchschmuck entworfen von Ralph Fletcher Seymour. Die Geschichten wurden zwischen dem 3. März und dem 19. Mai 1901 auch im Chicagoer *Chronicle* und anderen Zeitungen veröffentlicht. »The Magic Bon-Bons« wurde neu abgedruckt in *Today's Magazine,* 15. Juli 1912.

Dot and Tot of Merryland. Illustriert von W. W. Denslow. Chicago und New York: George M. Hill, 1901.

The Master Key; An Electrical Fairy Tale, founded upon the Masteries of Electricity and the Optimism of its Devotees... Illustriert von Fanny Y. Cory. Indianapolis: Bowen-Merrill, 1901.

The Life and Adventures of Santa Claus. Illustriert von Mary Cowles Clark. Indianapolis: Bowen-Merrill, 1902.

The Enchanted Isle of Yew Whereon Prince Marvel Encountered the Hi Ki of Twi and Other Surprising People. Illustriert von Fanny Y. Cory. Indianapolis: Bowen-Merrill, 1903.

The Maid of Athens ... [Chicago]: Privatdruck, 1903.
Szenario einer nie produzierten musikalischen Komödie von L. Frank Baum und Emerson Hough.

Prince Silverwings. [Chicago]: A. C. McClurg, 1903.
Szenario eines nie produzierten »musikalischen Märchenspektakels in 3 Akten und 8 Szenen« von L. Frank Baum und Edith Ogden Harrison, nach ihrem gleichnamigen Kinderbuch von 1902.

The Surprising Adventures of the Magical Monarch of Mo and His People. Illustriert von Frank Ver Beck. Indianapolis: Bobbs-Merrill, 1903.
Eine leicht überarbeitete Version von *A New Wonderland* mit einigen neuen Vignetten. Eine völlig neue Ausgabe, illustriert von Evelyn Copelman, erschien 1947.

The Marvelous Land of Oz being an Account of the Further Adventures of the Scarecrow and Tin Woodman ... Illustriert von John R. Neill. Chicago: Reilly & Britton, 1904.

Queen Zixi of Ix; or the Story of the Magic Cloak. Illustriert von Frederick Richardson. New York: Century, 1905.
Ursprünglich in Fortsetzungen erschienen im *St. Nicholas*, November 1904 bis Oktober 1905.

The Woggle-Bug Book. Illustriert von Ike Morgan. Chicago: Reilly & Britton, 1905.

John Dough and the Cherub. Illustriert von John R. Neill. Chicago: Reilly & Britton, 1906.
In Fortsetzungen veröffentlicht im Washingtoner *Star* und in anderen Zeitungen, 14. Oktober bis 30. Dezember 1906.

Father Goose's Year Book: Quaint Quacks and Feathered Shafts for Mature Children. Illustriert von Walter J. Enright. Chicago: Reilly & Britton, 1907.
Baum hatte noch ein anderes *Father Goose*-Buch geplant, »Father Goose's Party«, das nie erschien.

Ozma of Oz ... Illustriert von John R. Neill. Chicago: Reilly & Britton, 1907.

Baum's American Fairy Tales; Stories of Astonishing Adventures of American Boys and Girls with the Fairies of their Native Land. Illustriert von George Kerr. Indianapolis: Bobbs-Merrill, 1908.
Eine neu angeordnete und erweiterte Version der Ausgabe von 1901 mit drei neuen Geschichten: »The Witchcraft of Mary-Marie«, »The Adventures of an Egg« (erschienen im Chicago *Daily Tribune*, 30. März 1902) und »The Ryl«.

Dorothy and the Wizard in Oz. Illustriert von John R. Neill. Chicago: Reilly & Britton, 1908.
Der Kolumnentitel lautet *Little Dorothy and the Wizard in Oz*.

The Road to Oz. Illustriert von John R. Neill. Chicago: Reilly & Britton, 1909.

The Emerald City of Oz. Illustriert von John R. Neill. Chicago: Reilly & Britton, 1910.

L. Frank Baum's Juvenile Speaker; Readings and Recitations in Prose and Verse, Humorous and Otherwise. Illustriert von John R. Neill und Maginel Wright Enright. Chicago: Reilly & Britton, 1910.
Diese Sammlung von Erzählungen, Gedichten und Illustrationen aus früheren Büchern zusammen mit einigen bis dato unveröffentlichten Texten enthält auch das Theaterstück für Kinder »Prince Marvel«, zuerst veröffentlicht in *Entertaining* (Dezember 1909), eine Bearbeitung von *The Enchanted Isle of Yew*, geschrieben im Stil eines Stückes für Puppentheater. Ein Gedicht, »Mr. Doodle«, wurde am 5. Juli 1918 in der *Daily Times* in Los Angeles abgedruckt.

Baum's Own Book for Children; Stories and Verse from the Famous Oz Books, Father Goose, His Book, Etc., Etc. With Many Hitherto Unpublished Selections. Illustriert von John R. Neill und Maginel Wright Enright. Chicago: Reilly & Britton, 1911.
Neuauflage von *L. Frank Baum's Juvenile Speaker* mit einem neuen Vorwort.

The Daring Twins: A Story for Young Folk. Illustriert von Pauline M. Batchelder. Chicago: Reilly & Britton, 1911.

The Sea Fairies. Illustriert von John R. Neill. Chicago: Reilly & Britton, 1911.

Phoebe Daring: A Story for Young Folk. Illustriert von Joseph Pierre Nuyttens. Chicago: Reilly & Britton, 1912.
Baum hatte vor, die Reihe fortzuführen, und sogar bereits einen Folgeband begonnen, der entweder »Phil Daring's Experiment« oder »The Daring Experiment« heißen sollte, aber Autor und Verlag verloren irgendwann das Interesse daran.

Sky Island; being the Further Adventures of Trot and Cap'n Bill after Their Visit to the Sea Fairies. Illustriert von John R. Neill. Chicago: Reilly & Britton, 1912.

The Little Wizard Series, sechs schmale Bände (*Jack Pumpkinhead and the Sawhorse, Little Dorothy and Toto, Ozma and the Little Wizard, The Cowardly Lion and the Hungry Tiger, The Scarecrow and the Tin Woodman* und *Tiktok and the Nome King*). Illustriert von John R. Neill. Chicago: Reilly & Britton, 1913.

The Patchwork Girl of Oz. Illustriert von John R. Neill. Chicago: Reilly & Britton, 1913.

The Little Wizard Stories. Illustriert von John R. Neill. Chicago: Reilly & Britton, 1914.
Neuauflage der *Little Wizard*-Reihe in einem Band.

BIBLIOGRAPHIE

Tik-Tok of Oz. Illustriert von John R. Neill. Chicago: Reilly & Britton, 1914.
 Nach der Vorlage von Baums Revue aus dem vorangegangenen Jahr, *The Tik-Tok Man of Oz.*
The Scarecrow of Oz. Illustriert von John R. Neill. Chicago: Reilly & Britton, 1915.
 Teilweise nach der Vorlage des Films der Oz Film Manufacturing Company von 1914, *His Majesty, the Scarecrow of Oz* (Verleihtitel von 1915: *The New Wizard of Oz*). Reilly & Britton veröffentlichten im Jahr 1915 außerdem noch *The Oz-Toy Book* mit Oz-Ausschneidefiguren von John R. Neill, ohne Text.
Rinkitink in Oz. Illustriert von John R. Neill. Chicago: Reilly & Britton, 1916.
 Um sein Soll von einem neuen *Oz*-Buch pro Jahr zu erreichen, fügte Baum diesem Märchen, das zunächst nichts mit Oz zu tun hatte, Oz-Figuren hinzu und änderte den Titel von *King Rinkitink* zu *Rinkitink in Oz*. Das ursprüngliche Manuskript war bereits 1905 entstanden, aber nie veröffentlicht worden.
The Snuggle Tales, sechs schmale Bände (*Little Bun Rabbit, Once upon a Time, The Yellow Hen, The Magic Cloak, The Ginger-Bread Man* und *Jack Pumpkinhead*). Illustriert von John R. Neill und Maginel Wright Enright. Chicago: Reilly & Britton, 1916 und 1917.
 Die ersten vier Bände (eine Zusammenstellung von Texten aus *L. Frank Baum's Juvenile Speaker*) wurden 1916 veröffentlicht, die letzten beiden 1917. Reilly & Lee legten die Reihe im Jahr 1920 unter dem Titel *Oz-Man Tales* neu auf.
Babes in Birdland. Illustriert von Maginel Wright Enright. Chicago: Reilly & Britton, 1917.
 Diese Neuauflage der Ausgabe von 1911 wurde zwar unter dem Pseudonym »Laura Bancroft« veröffentlicht, trug jedoch Baums Namen auf Titelseite und Einband. Sie enthält ein neues Vorwort, ebenfalls unter Baums Namen.
The Lost Princess of Oz. Illustriert von John R. Neill. Chicago: Reilly & Britton, 1917.
The Tin Woodman of Oz... Illustriert von John R. Neill. Chicago: Reilly & Lee, 1918.
The Magic of Oz... Illustriert von John R. Neill. Chicago: Reilly & Lee, 1919.
Glinda of Oz... Illustriert von John R. Neill. Chicago: Reilly & Lee, 1920.
 Das folgende *Oz*-Buch, *The Royal Book of Oz* (1921), wurde zwar unter Baums Namen veröffentlicht, war aber tatsächlich von Ruth Plumly Thompson geschrieben.
Our Landlady. Mitchell, South Dakota: Friends of the Middle Border, 1941.
 Eine Auswahl von Baums Kolumnen aus dem *Aberdeen Saturday Pioneer* (1890–1891).
Jaglon and the Tiger Fairies. Illustriert von Dale Ulrey. Chicago: Reilly & Lee, 1953.
 Eine Überarbeitung der Erzählung »The Story of Jaglon«, der ersten von Baums »Animal Fairy Tales« (*The Delineator*, Januar 1905), von Jack Snow. Es war das erste und einzige veröffentlichte Buch in einer geplanten Reihe von Neuauflagen dieser Geschichten.
The Musical Fantasies of L. Frank Baum. Illustriert von Dick Martin. Chicago: Wizard Press, 1958.
 Sammlung von drei geplanten, aber nie produzierten Theaterstücken von Baum zusammen mit Emerson Hough (»The Maid of Athens« und »The King of Gee-Whiz«) und mit George Scarborough (»The Pipes o' Pan«). Enthält außerdem eine Monographie über Baums Theaterprojekte und eine Liste seiner Werke, zusammengestellt von Alla T. Ford und Dick Martin.
The Visitors from Oz... Illustriert von Dick Martin. Chicago: Reilly & Lee, 1960.
 Auswahl von Erzählungen aus Baums Bildergeschichten »Queer Visitors from the Marvelous Land of Oz« von 1904/1905. Stark überarbeitet von Jean Kellogg.
The Uplift of Lucifer... Los Angeles: Privatdruck, 1963.
 Zusammengestellt und mit einem Vorwort von Manuel Weltman. Enthält »The Uplift of Lucifer, or Raising Hell«, ein 1915 für die Uplifters geschriebenes Theaterstück, und den Monolog »The Corrugated Giant«, eine Bearbeitung von *Prince Mud-Turtle* von »Laura Bancroft«. Illustriert mit Fotos und zeitgenössischen Cartoons.
Animal Fairy Tales. Illustriert von Dick Martin. Chicago: International Wizard of Oz Club, 1969.
 Einführung von Russell P. MacFall. Sammlung aller neun »Animal Fairy Tales«, die ursprünglich in *The Delineator* (Januar bis September 1905) erschienen waren, mit Illustrationen von Charles Livingston Bull.
A Kidnapped Santa Claus. Illustriert von Richard Rosenblum. Indianapolis und New York: Bobbs-Merrill, 1969.
 Einführung von Martin Williams. Erste Einzelveröffentlichung einer Geschichte, die ursprünglich in *The Delineator* (Dezember 1904) erschienen war, mit Bildern von Frederick Richardson.
The Third Book of Oz. Herausgegeben von Martin Williams. Illustriert von Eric Shanower. Savannah, Georgia: Armstrong State College Press, 1986.
 Erste ungekürzte Sammlung der 27 Geschichten der Comicseite »Queer Visitors from the Land of Oz« (1904–1905), außerdem der Text von *The Woggle-Bug Book* (1905).

Our Landlady. Lincoln und London: University of Nebraska Press, 1996.
  Herausgegeben und mit Anmerkungen versehen von Nancy Tystad Koupal. Erste vollständige Sammlung der »Our-Landlady«-Kolumnen aus dem *Aberdeen Saturday Pioneer* (1890–1891). Mit Fotografien.
»Johnson«, »Molly Oodle« und »The Mystery of Bonita«.
  Drei unveröffentlichte Romane, deren Manuskripte mittlerweile verloren sind.

Anonym und pseudonym verfaßte Bücher

Anonym
The Last Egyptian; a Romance of the Nile. Illustriert von Francis P. Wightman. Philadelphia: Edward Stern, 1908.

Floyd Akers
The Boy Fortune Hunters in Alaska. Illustriert von Howard Heath. Chicago: Reilly & Britton, 1908.
  Neuauflage von *Sam Steele's Adventures on Land and Sea* von »Capt. Hugh Fitzgerald« (1906).
The Boy Fortune Hunters in Egypt. Illustriert von Emile A. Nelson. Chicago: Reilly & Britton, 1908.
The Boy Fortune Hunters in Panama. Illustriert von Howard Heath. Chicago: Reilly & Britton, 1908.
  Neuauflage von *Sam Steele's Adventures in Panama* von »Capt. Hugh Fitzgerald« (1907).
The Boy Fortune Hunters in China. Frontispiz von Emile A. Nelson. Chicago: Reilly & Britton, 1909.
The Boy Fortune Hunters in Yucatan. Frontispiz von George A. Rieman. Chicago: Reilly & Britton, 1910.
The Boy Fortune Hunters in the South Seas. Frontispiz von Emile A. Nelson. Chicago: Reilly & Britton, 1911.

Laura Bancroft
The Twinkle Tales, sechs schmale Bände (*Bandit Jim Crow, Mr. Woodchuck, Prairie-Dog Town, Prince Mud-Turtle, Sugar-Loaf Mountain* und *Twinkle's Enchantment*). Illustriert von Maginel Wright Enright. Chicago: Reilly & Britton, 1906.
Policeman Bluejay. Illustriert von Maginel Wright Enright. Chicago: Reilly & Britton, 1907.
  Neu aufgelegt als *Babes in Birdland* in den Jahren 1911 und 1917, zuletzt mit neuem Vorwort und Baums Namen auf Einband und Titelseite.
Twinkle and Chubbins; Their Astonishing Adventures in Nature-Fairyland. Illustriert von Maginel Wright Enright. Chicago: Reilly & Britton, 1911.
  Neuauflage der *Twinkle Tales* in einem Band.

John Estes Cooke
Tamawaca Folks, Summer Comedy. [Chicago]: Tamawaca Press, 1907.
  »Tamawaca« ist ein Anagramm aus »Macatawa«, wo die Baums die Sommermonate verbrachten. Das Pseudonym stammt von John Esten Cooke, einem bekannten Romanautor und Historiker aus Virginia.

Capt. Hugh Fitzgerald
Sam Steele's Adventures on Land and Sea. Illustriert von Howard Heath. Chicago: Reilly & Britton, 1906.
Sam Steele's Adventures in Panama. Illustriert von Howard Heath. Chicago: Reilly & Britton, 1907.

Suzanne Metcalf
Annabel, A Novel for Young Folks. Illustriert von H. Putnam Hall. Chicago: Reilly & Britton, 1906.
  Eine zweite Auflage mit einem neuen Frontispiz von Joseph Pierre Nuyttens erschien 1912.

Schuyler Staunton
The Fate of a Crown. Illustriert von Glen C. Sheffer. Chicago: Reilly & Britton, 1905.
  Der *North American* in Philadelphia veröffentlichte diesen Erwachsenenroman mit Illustrationen von John R. Neill vom 4. Juni bis zum 6. August 1905 in seinem Zeitungsverbund als Fortsetzungsroman. Das Pseudonym stammt von Baums verstorbenem Onkel Schuyler Stanton. Neuauflage 1912 mit einem neuen Frontispiz von Hazel Roberts.
Daughters of Destiny. Illustriert von Thomas Mitchell Peirce und Harold DeLay. Chicago: Reilly & Britton, 1906.
  Neu aufgelegt 1912 mit einem neuen Frontispiz von Joseph Pierre Nuyttens.

Edith Van Dyne
Aunt Jane's Nieces. Illustriert von Emile A. Nelson. Chicago: Reilly & Britton, 1906.
Aunt Jane's Nieces Abroad. Illustriert von Emile A. Nelson. Chicago: Reilly & Britton, 1907.
Aunt Jane's Nieces at Milville. Frontispiz von Emile A. Nelson. Chicago: Reilly & Britton, 1908.
Aunt Jane's Nieces at Work. Frontispiz von Emile A. Nelson. Chicago: Reilly & Britton, 1909.
Aunt Jane's Nieces in Society. Frontispiz von Emile A. Nelson. Chicago: Reilly & Britton, 1910.
Aunt Jane's Nieces and Uncle John. Frontispiz von Emile A. Nelson. Chicago: Reilly & Britton, 1911.
The Flying Girl. Illustriert von Joseph Pierre Nuyttens. Chicago: Reilly & Britton, 1911.

Aunt Jane's Nieces on Vacation. Frontispiz von Emile A. Nelson. Chicago: Reilly & Britton, 1912.

The Flying Girl and Her Chum. Illustriert von Joseph Pierre Nuyttens. Chicago: Reilly & Britton, 1912.

Baum begann einen weiteren Band für die Reihe mit dem Titel »The Flying Girl's Brave Venture« für 1913, der aber nie fertiggestellt wurde.

Aunt Jane's Nieces on the Ranch. Unsigniertes Frontispiz. Chicago: Reilly & Britton, 1913.

Aunt Jane's Nieces Out West. Frontispiz von James McCracken. Chicago: Reilly & Britton, 1914.

Aunt Jane's Nieces in the Red Cross. Frontispiz von Norman P. Hall. Chicago: Reilly & Britton, 1915.

Neu aufgelegt 1918 mit vier zusätzlichen Kapiteln, die den Ersten Weltkrieg behandeln.

Mary Louise. Frontispiz von J. Allen St. John. Chicago: Reilly & Britton, 1916.

Benannt nach Baums Schwester Mary Louise Brewster. Auf Rat seines Verlegers brach Baum seine erste Fassung ab und schrieb einen ganz neuen Text, der dann veröffentlicht wurde.

Mary Louise in the Country. Frontispiz von J. Allen St. John. Chicago: Reilly & Britton, 1916.

Mary Louise Solves a Mystery. Frontispiz von Anna B. Mueller. Chicago: Reilly & Britton, 1917.

Mary Louise and the Liberty Girls. Frontispiz von Alice Carsey. Chicago: Reilly & Britton, 1918.

Reilly & Lee veröffentlichen einen weiteren Titel in dieser Reihe, *Mary Louise Adopts a Soldier* (1919), den Baum nicht verfaßt hatte. Möglicherweise ist es eine Arbeit seines Sohnes Harry Neal Baum. Die Verleger beauftragten nach Baums Tod 1919 Emma Speed Sampson mit drei weiteren *Mary Louise*-Büchern, die unter dem Pseudonym »Edith Van Dyne« erschienen. Sie schrieb außerdem unter dem gleichen Pseudonym noch zwei *Josie O'Gorman*-Bücher für den Verlag.

Veröffentlichte Lieder

Louis F. Baum's Popular Songs as Sung with Immense Success in His Great 5 Act Irish Drama, Maid of Arran. New York: J. G. Hyde, 1882.

Heft mit 6 Liedern (Text und Musik von Baum): »Waiting for the Tide to Turn«, »Oona's Gift«, »When O'Mara Is King Once Again«, »A Rollicking Irish Boy«, »A Pair of Blue Eyes« und »The Legend of Castle Arran«.

The Wizard of Oz. Ausgewählte Texte und 10 Lieder (»Poppy Song«, »When We Get What's A'Comin' to Us«, »The Traveler and the Pie«, »The Scarecrow«, »The Guardian of the Gate«, »Love Is Love«, »Just a Simple Girl From the Prairie«, »When You Love, Love, Love«, »It Happens Everyday« und »The Different Ways of Making Love«). Text von Baum, Musik von Paul Tietjens. New York und Chicago: M. Witmark & Sons, 1902.

Nathaniel D. Mann komponierte die Musik für die letzten beiden Lieder. Eine weitere Nummer, »Niccolo's Piccolo«, wird heute Baum und Tietjens zugeschrieben, verlegt bei Green Tiger Press, San Diego, 1999.

Down Among the Marshes: The Alligator Song. Text und Musik von Baum. New York und Chicago: M. Witmark & Sons, 1903.

Dieses Lied war ursprünglich von Baum für einen seiner alljährlichen Varieté-Abende in Macatawa Park in Michigan geschrieben worden und sollte eigentlich in das nie produzierte *Prince Silverwings* (1903) eingebaut werden.

What Did the Woggle-Bug Say? Text von Baum, Musik von Paul Tietjens. Chicago: Reilly & Britton, 1904.

The Woggle-Bug. Ausgewählte Texte und 12 Lieder (»The Sandman Is Near«, »Hobgoblins«, »The Doll and the Jumping Jack«, »There's a Lady Bug A'Waitin' for Me«, »Patty Cake, Patty Cake, Baker's Man«, »Equine Paradox«, »Sweet Matilda«, »Soldiers«, »To the Victor Belongs the Spoils«, »The Household Brigade«, »My Little Maid of Oz« und »H. M. Woggle-Bug, T. E.«). Text von Baum, Musik von Frederic Chapin. New York und Chicago: M. Witmark & Sons, 1905.

»Patty Cake, Patty Cake, Baker's Man« war ursprünglich für das nie produzierte *Prince Silverwings* (1903) geschrieben worden. Der Text für »Soldiers« stammt eigentlich von Frederic Chapin, der Text für »Sweet Matilda« von Arthur Gillespie. Beide wurden zuerst 1901 veröffentlicht.

The Tik-Tok Man of Oz. Ausgewählte Texte und 14 Lieder (»The Magnet of Love«, »When in Trouble Come to Papa«, »The Waltz Scream«, »Dear Old Hank«, »So Do I«, »The Clockwork Man«, »Oh My Bow«, »Ask the Flowers to Tell You«, »Rainbow Bride«, »Just for Fun«, »The Army of Oogaboo«, »Work, Lads, Work«, »An Apple's the Cause of It All« und »Folly«). Text von Baum, Musik von Louis F. Gottschalk. New York und Detroit: Jerome H. Remick, 1913.

»When in Trouble Come to Papa« war ursprünglich für *The Girl from Oz* (1909) geschrieben worden. 1914 veröffentlichten M. Witmark & Sons Gottschalks »Gloria's Dream Waltz«, eine Nummer aus der Musik zu dem Film *The Patchwork Girl of Oz* (Oz Film Manufacturing Company).

Susan Doozan. Text von Baum, Musik von Byron Gay. Los Angeles: Cooper's Melody Shop, 1920.

Ursprünglich geschrieben für *The Uplifters' Minstrels* (1916).

Produzierte und geplante Theaterstücke

The Mackrummins (dramatisches Lustspiel in 3 Akten) von »Louis F. Baum«. Nie produziert und wahrscheinlich nie vollendet. Copyright: Richburg, New York, 11. Februar 1882.

The Maid of Arran (»irische Idylle« in 5 Akten). Musik und Text von »Louis F. Baum«. Uraufführung am 15. Mai 1882 im Weiting Opera House in Syracuse, New York.

Matches (Komödie in 3 Akten) von »Louis F. Baum«. Uraufführung am 1. Juni 1882 in Brown's Opera House in Richburg, New York.

Kilmourne, or O'Connor's Dream (»irisches Drama«), geschrieben von »Louis F. Baum«. Aufgeführt am 4. April 1883 vom Young Men's Dramatic Club im Weiting Opera House in Syracuse, New York.

The Queen of Killarney (»irisches Drama«). Nie produziert und wahrscheinlich nie vollendet, ca. 1885.

King Midas (musikalische Komödie). Buch und Liedtexte von Baum, Musik von Paul Tietjens. Nie produziert und wahrscheinlich nie vollendet, 1901.

The Octopus; or the Title Trust (musikalische Komödie). Buch und Liedtexte von Baum, Musik von Paul Tietjens. Nie produziert und wahrscheinlich nie vollendet, 1901.

Zwei Nummern aus diesem Stück (»Love Is Love« und »The Traveler and the Pie«) wurden später in die Revue *The Wizard of Oz* (1902) eingefügt.

The Wonderful Wizard of Oz. Buch und Liedtexe von Baum, Musik von Paul Tietjens, 18. September 1901.

The Wizard of Oz (Revue). Buch und Liedtexte von Baum, Musik von Paul Tietjens, Inszenierung von Julian Mitchell. Uraufführung am 16. Juni 1902 im Grand Opera House, Chicago.

Basierend auf einem Szenario von Mitchell, schrieb Baum zwei Versionen dieses Buches. Die zweite Fassung wurde von Glen Macdonough bearbeitet.

Montezuma (musikalische Komödie in 3 Akten). Buch und Liedtexte von Baum und Emerson Hough, Musik von Nathan D. Mann. Nie produziert und wahrscheinlich nie vollendet, November 1902.

The Maid of Athens (musikalische Komödie in 3 Akten). Handlung von Baum und Emerson Hough. Nie produziert, November 1903.

Nachgedruckt in Alla T. Ford und Dick Martin, *The Musical Fantasies of L. Frank Baum* (1958). Alternativer Titel: *Spartacus*.

Prince Silverwings (musikalisches Märchen in 3 Akten). Szenario von Baum und Edith Ogden Harrison, Musik von Paul Tietjens. Nie produziert, Oktober 1903.

Nach der Vorlage von Mrs. Harrisons Buch *Prince Silverwings* (1902). »Down Among the Marshes«, ein Lied mit Text und Musik von Baum, war als Teil dieses Stückes geplant. 1909 kam die Ankündigung, daß *Prince Silverwings* die erste Produktion eines geplanten Kindertheaters in New York sein sollte. Noch 1916 versuchte Mrs. Harrison erfolglos, eine Produktion zu finanzieren, entweder als Musical mit Dr. Hugo Felix als Autor oder als Film, produziert von der Essanay Film Manufacturing Company.

King Jonah XIII (musikalische Komödie in 2 Akten). Buch und Liedtexte von Baum, Musik von Nathan D. Mann. Nie produziert, September 1903.

The Whatnexters. Buch und Liedtexte von Baum und Isadore Witmark. Nie vollendet, ca. 1903.

Father Goose. Buch und Liedtexte von Baum, Musik von Paul Tietjens. Nie vollendet, August 1904.

Auf Baums Vorschlag sollten einige der Melodien aus *Father Goose* in *The Wonderful Wizard of Oz* (1901) eingearbeitet werden.

The Pagan Potentate. Buch und Liedtexte von Baum, Musik von Paul Tietjens. Nie vollendet, ca. 1904.

The King of Gee-Whiz (Revue in 3 Akten). Handlung von Baum und Emerson Hough. Nie vollendet, 1905.

Nachgedruckt in Alla T. Ford und Dick Martin, *The Musical Fantasies of L. Frank Baum* (1958). Hough stellte Teile dieses Entwurfs zu einem gleichnamigen Kinderbuch zusammen, das 1906 von Bobbs-Merrill veröffentlicht wurde.

The Son of the Sun (Revue in 3 Akten). Buch und Liedtexte von Baum und Emerson Hough, Musik von Nathan D. Mann. Nie produziert, 1905.

Eine Bearbeitung von *Montezuma*.

The Woggle-Bug (Revue in 3 Akten). Buch und Liedtexte von Baum, Musik von Frederic Chapin. Inszenierung von Frank Smithson. Uraufführung am 19. Juni 1905 im Garrick Theatre, Chicago.

Bühnenfassung von *The Marvelous Land of Oz*, 1904.

(Musical ohne Titel; Ort der Handlung ist Ägypten). Nie produziert und wahrscheinlich nie vollendet, Januar 1906.

Montgomery und Stone hatten Baum die Idee zu diesem Stück gegeben, bevor er auf seine Reise nach Ägypten und Europa ging.

Down Missouri Way. Nie produziert und wahrscheinlich nie vollendet, ca. 1907.

Our Mary. Nie produziert und wahrscheinlich nie vollendet, ca. 1907.

The Fairylogue and Radio-Plays (Vortrag mit Dias und Filmen). Geschrieben, produziert und vorgetragen von Baum, Musik von Nathan D. Mann, gefilmt in den Selig Studios, Chicago. Uraufführung am 24. September 1908 in der St. Cecilia Hall, Grand Rapids, Michigan.

Selig produzierte vier Kurzfilme nach Vorlagen von Baums Büchern: *The Wonderful Wizard of Oz* (Premiere 24. März 1910), *Dorothy and the Scarecrow in Oz* (Premiere 14. April 1910), *The Land of Oz* (Premiere 19. Mai 1910) und *John Dough and the Cherub* (Premiere 19. Dezember 1910). Die Drehbücher für diese Filme stammen allerdings nicht von Baum.

The Koran of the Prophet (Revue in 2 Akten). Nie produziert und wahrscheinlich nie vollendet, 23. Februar 1909.

The Rainbow's Daughter; Or The Magnet of Love (Revue in 2 Akten). Handlung von Baum, Buch von Manuel Klein, technische Effekte von Arthur Voegtlin. 23. Februar 1909.

Ozma of Oz (Revue in 2 Akten). Handlung von L. Frank Baum und Manuel Klein, Musik von Manuel Klein, technische Effekte von Arthur Voegtlin. Nie produziert, ca. März 1909. Bearbeitung von *The Rainbow's Daughter* (1909).

Ozma of Oz (Revue in 2 Akten). Buch und Liedtexte von Baum, Musik von Manuel Klein, technische Effekte von Arthur Voegtlin. Nie produziert, 15. April 1909.

Peter and Paul (Oper). Libretto von Baum, Musik von Arthur Pryor. Nie produziert und wahrscheinlich nie vollendet, 1909.

The Pipes o'Pan (Revue in 3 Akten). Buch und Liedtexte von Baum und George Scarborough, Musik von Paul Tietjens. Nie produziert und wahrscheinlich nie vollendet, 31. März 1909.

Wahrscheinlich basierend auf *King Midas* (1901) und *The Pagan Potentate* (ca. 1904). Nur auf den ersten Akt wurde das Copyright beantragt; dieser wurde nachgedruckt in Alla T. Ford und Dick Martin, *The Musical Fantasies of L. Frank Baum* (1958).

Mortal for an Hour (Stück für Kinder). Benefizaufführung für den Fresh Air Fund of Chicago Commons in Macatawa, Michigan, 1908.

Neu aufgelegt als »The Fairy Prince« in *Entertaining* (Dezember 1908) und als »Prince Marvel« in *L. Frank Baum's Juvenile Speaker* (1910).

The Girl from Oz (musikalische Komödie in 2 Akten). Nie produziert, 1909.

Jahre später schrieb Frank Joslyn Baum dieses Stück in eine Operette für das Radio um.

The Pea-Green Poodle. Nie produziert, ca. 1910.

Nach der Vorlage der »Animal Fairy Tale« (*The Delineator*, 1905) gleichen Namens.

The Clock Shop. Nie produziert, ca. 1910.

The Girl of Tomorrow (musikalische Komödie). Nie produziert und wahrscheinlich nie vollendet, 1912.

Möglicherweise eine Überarbeitung von *The Girl from Oz* (1909).

The Tik-Tok Man of Oz (Märchen-Revue in 3 Akten). Buch und Liedtexte von Baum, Musik von Louis F. Gottschalk, Inszenierung von Frank Stammers. Uraufführung am 31. März 1913 im Majestic Theatre in Los Angeles. Dieses Stück war ursprünglich *Ozma of Oz* (1909).

The Patchwork Girl of Oz (Singspiel für Kinder). Handlung von Baum, Musik von Louis F. Gottschalk, 1913.

King Bud of Noland, or The Magic Cloak (Singspiel für Kinder). Handlung von Baum, Musik von Louis F. Gottschalk, 1913.

Stagecraft, or the Adventures of a Strictly Moral Man. Buch und Liedtexte von Baum, Musik von Louis F. Gottschalk. Produziert von den Uplifters im Los Angeles Athletic Club, 14. Januar 1914.

The Patchwork Girl of Oz. Filmdrehbuch von Baum, Musik von Louis F. Gottschalk. Produziert von der Oz Film Manufacturing Company, Verleih: Paramount Pictures, 28. September 1914.

The Magic Cloak of Oz. Filmdrehbuch von Baum. Produziert von der Oz Film Manufacturing Company, 1914. Bearbeitung von *Queen Zixi of Ix* (1905). Verleih: National Film Corporation, August 1917, in einer gekürzten Fassung: American Pictures Corporation, ca. 1920.

High Jinks. Buch und Liedtexte von Baum, Musik von Louis F. Gottschalk. Produziert von den Uplifters für ihren ersten jährlichen Ausflug, Del Mar, Kalifornien, 24. Oktober 1914.

The Last Egyptian. Filmdrehbuch von Baum, Musik von Louis F. Gottschalk. Produziert von der Oz Film Manufacturing Company, Verleih: Paramount Pictures, 7. Dezember 1914. Bearbeitung von Baums 1908 anonym veröffentlichtem gleichnamigen Roman.

His Majesty, the Scarecrow of Oz (Verleihtitel: *The New Wizard of Oz*). Filmdrehbuch von Baum. Produziert von der Oz Film Manufacturing Company, Verleih: Alliance Film Company, März 1915.

Violet's Dreams. Vier Kurzfilmkomödien: *The Box of Robbers* (Verleihtitel: *The Box of Bandits*), *A Country Circus*, *The Magic Bon-Bons* und *The Jungle* (Verleihtitel: *In Dreamy Jungleland*). Produziert von der Oz Film Manufacturing Company, 1914.

Den Verleih für die ersten drei Filme übernahm Universal Victor, 27. August, 10. September und 22. Oktober 1915, für den letzten Universal Rex, 1. Februar 1916.

The Uplift of Lucifer, or Raising Hell (»allegorischer Quatsch«). Buch und Liedtexte von Baum, Musik von Louis F. Gottschalk, Inszenierung von Dave Hartford. Produziert von den Uplifters für ihren zweiten jährlichen Ausflug, Santa Barbara, Kalifornien, 23. Oktober 1915.

Neue Inszenierung am 27. Januar 1920 von Max Polluck

aus Anlass eines L.-Frank-Baum-Abends, mit Hald Roach als Dämon Rum.

The Birth of the New Year (Neujahrs-Sketch). Inszeniert von George Towle, Los Angeles Athletic Club, 31. Dezember 1915 bis 1. Januar 1916.

Blackbird Cottages (Komödie für schwarzgeschminkte Schauspieler). Buch und Liedtexte von Baum, Musik von Louis F. Gottschalk, Inszenierung von Willis Marks. Produziert von den Uplifters für ihren dritten Jahresausflug, Del Mar, Kalifornien, 28. Oktober 1916.

Snow White (musikalische Komödie). Buch und Liedtexte von Baum. Nie vollendet, Dezember 1916.

Bearbeitung einer Londoner Weihnachtspantomime; Bühnenbild und Kostüme sollten von Maxwell Parrish entworfen werden.

The Orpheus Road Show (»ein paraphrasiertes Kompendium der Heiterkeit«). Buch und Liedtexte von Baum, Musik von Louis F. Gottschalk, Inszenierung von Willis Marks. Produziert von den Uplifters für ihren vierten Jahresausflug, Coronado Beach, Kalifornien, 27. Oktober 1917.

Vorworte und andere Beiträge

»*Every Man his own Printer*«. New York: Adams Press, 1873.

Werbebroschüre für die Young Americans Printing Press mit einem Brief von Baum an Joseph Watson, einen Handelsvertreter in Boston. Datiert 4. Februar 1873.

Holton, M. Adelaide, Hg. *The Holton Primer*. In der Reihe »Lights of Literature«. Chicago: Rand McNally, 1901.

Entwurf von Einband und Vorsatzpapier von Ralph Fletcher Seymour. Enthält das Gedicht »Where Do the Chickens Go at Night?« aus *Father Goose, His Book* (1899). Der Herausgeber war der Leiter der Grundschule in Minneapolis.

The Christmas Stocking Series. Sechs Bändchen mit Kinderversen und Geschichten (*The Night Before Christmas, Cinderella and Sleeping Beauty, Animal A.B.C. – A Child's Visit to the Zoo, The Story of Little Black Sambo, Fairy Tales from Grimm* und *Fairy Tales from Andersen*). Anonymer Illustrator. Chicago: Reilly & Britton, 1905–1906.

Jedes Buch enthält das gleiche Vorwort von Baum. 1911 wurde *Animal A.B.C. – A Child's Visit to the Zoo* ausgetauscht durch *The Story of Peter Rabbit*, illustriert von John R. Neill.

Baum, Maud Gage. *In Other Lands Than Ours*. Chicago: Privatdruck, 1907.

Mit einem Vorwort und Fotografien von Baum; er hatte auch den Text bearbeitet.

Madison, Janet, Hg. *Sweethearts Always*. Illustrationen von Fred Manning. Chicago: Reilly & Britton, 1907.

Schuber und Schutzumschlag entworfen von John R. Neill. Enthält Baums Gedicht »Her Answer« aus *By the Candelabra's Glare* (1898).

Nesbitt, Wilbur D., Hg. *The Loving Cup*. Chicago: P. F. Volland, 1909.

Enthält Baums Gedicht »Smile«.

Lefferts, Sara T., Hg. *Land of Play*. Illustriert von M. L. Kirk und Florence England Nosworthy. New York: Cupples & Leon, 1911.

Enthält Baums Vorwort (leicht gekürzt) zu *The Christmas Stocking Series* (1905/1906). Eine gekürzte Version des Buches wurde neu aufgelegt als *The House of Play*.

Rice, Wallace und Frances, Hg. *The Humbler Poets (Second Series); A Collection of Newspaper and Periodical Verse – 1885–1910*. Chicago: A. C. McClurg, 1911.

Enthält Baums Gedichte »Father Goose« und »Captain Bing« aus *Father Goose, His Book* (1899).

The University Society and the After School Club of America, Hg. *Famous Tales and Laughter Stories*, Bd. 1. New York: University Society, 1912.

Enthält Baums Kurzgeschichte »Juggerjook« (*St. Nicholas*, Dezember 1910). Im Jahr 1911 legte die University Society diese Anthologie als Teil von *Boy's and Girl's Bookshelf* in neun Bänden neu auf und nennt Baum auf der Titelseite als Mit-Herausgeber an.

Skinner, Ada M., Hg. *Little Folks' Christmas Stories and Plays*. Chicago: Rand McNally, 1915.

Enthält Baums Kurzgeschichte »Kidnapping Santa Claus« (ursprünglicher Titel: »A Kidnapped Santa Claus«, *The Delineator*, Dezember 1904).

The Uplifters. *Uplifters Hymnal*. Los Angeles: Privatdruck, 1915.

Enthält »So Do I« aus *The Tik-Tok Man of Oz* (1913).

The Uplifters. *Songs of Spring*. Los Angeles: Privatdruck, 1917.

Herausgegeben von Baum. Ein Bändchen mit Gedichten, die ursprünglich bei »The Uplifters' Spring Poets' Dinner« der Jahre 1914, 1915 und 1916 vorgetragen worden waren. Enthält ein Vorwort und 5 Gedichte von Baum: »The Massacre«, »The Orchestra«, »Safety First«, »Claudius Raymond« und »An Uplifter's Song of the Shirt«. In anderen Beiträgen wird auf Baum Bezug genommen, und der Band enthält außerdem einen »Toast to L. Frank Baum« von Harry Crouch.

The Uplifters. *The Uplifter's Hymnal*. »Silver Anniversary Edition«. Los Angeles: Privatdruck, 1938.

Enthält mehrere Lieder von Baum aus verschiedenen Produktionen der Uplifters und anderen Theaterproduktionen. Eine Auswahl dieser Lieder (»Never Strike Your Father, Boy«, »We're Having a Hell of a Time«, »Susan

BIBLIOGRAPHIE

Doozan« und »Apple Pie«) und Baums »Uplifters' Platform« wurden von Alla T. Ford in der Broschüre *The High-Jinks of L. Frank Baum...* (Chicago: Wizard Press, 1959) neu abgedruckt.

Aufsätze in Zeitschriften und Zeitungen

Herausgeber, *The Rose Lawn Home Journal*, 20. (?) Oktober und 20. November 1870, 1. Juli, 1. August und 1. September 1871.

Herausgeber, *The Stamp Collector*, März (?), Juni (?) und September 1872 und Januar 1873.

Herausgeber, zusammen mit Thomas G. Alford jr., *The Empire*, 1873 (?).

»Another Reply to C. B.« (Brief). *The Cultivator & Country Gentleman*, 26. Juni 1879.

Herausgeber, *The Poultry Record*, März – Dezember 1880.

»The Poultry Yard« (Kolumne). *New York Farmer and Dairyman*, Januar – April 1881.

»Hamburgs« (Artikel). *The Poultry World*, Juli – November 1882.
Neu aufgelegt als *The Book of Hamburgs* (Hartford, Connecticut: H. H. Stoddard, 1886).

»Mr. Baum Replies to Mr. Rutledge« (Brief). *The New York Dramatic Mirror*, 22. Juli 1882.

»The Descent of Mann« (Gedicht). Unbekannte Zeitung aus Syracuse, 1880 oder später.

»A Russian Wedding« (Artikel). Aberdeen (South Dakota), *Daily News*, 24. Juli 1889.
Nachgedruckt im *Dakota Ruralist*, 27. Juli 1889.

»Why?« (Gedicht). Aberdeen (South Dakota), *Daily News*, 25. Juli 1889.

»The Kids and the Goose Egg« (Gedicht). Aberdeen (South Dakota), *Daily News*, 26. Juli 1889.

»How Shall We Vote?« (Brief). Aberdeen (South Dakota), *Daily News*, 1. Oktober 1889.

»A Last Appeal« (Brief). Aberdeen (South Dakota), *Daily News*, 1. Oktober 1889.

»Big Bargains in Every Style of Hanging Lamps!« (Gedicht). Aberdeen (South Dakota), *Daily News*, 28. Oktober 1889.
Werbung für Baum's Bazaar. Es ist anzunehmen, daß Baum alle Werbetexte für seinen Laden, die zwischen dem 22. September 1888 und dem 31. Dezember 1889 in den Aberdeener *Daily News*, im *Republican* und in anderen lokalen Zeitungen erschienen, selbst verfaßte.

Herausgeber, Aberdeen (South Dakota), *Saturday Pioneer*, 25. Januar 1890 – 4. April 1891.

Herausgeber, *The Western Investor*, August – November 1890.

»They Played a New Hamlet«. *Sunday Times-Herald*, Chicago, 28. April 1895.

»A Cold Day on the Railroad«. *Sunday Times-Herald*, Chicago, 26. Mai 1895.

»La Reine est Mort [sic] – Vive La Reine« (Gedicht). *Sunday Times-Herald*, Chicago, 23. Juni 1895.
Nachgedruckt in *By the Candelabra's Glare* (Chicago: Privatdruck, 1898).

»Farmer Benson on the Motorcycle« (Gedicht). *Sunday Times-Herald*, Chicago, 4. August 1895.
Nachgedruckt in *By the Candelabra's Glare*.

»Who Called ›Perry‹?«. *Sunday Times-Herald*, Chicago, 19. Januar 1896.

»Yesterday at the Exposition«. *Sunday Times-Herald*, Chicago, 2. Februar 1896.

»How History Is Made« (Gedicht). *Sunday Times-Herald*, Chicago, 17. Mai 1896.

»Two Pictures« (Gedicht). *Sunday Times-Herald*, Chicago, 17. Mai 1896.

»The Latest in Magic« (Gedicht). *Sunday Times-Herald*, Chicago, 31. Mai 1896.

»Right at Last« (Gedicht). *Sunday Times-Herald*, Chicago, 14. Juni 1896.
Nachgedruckt in *By the Candelabra's Glare*.

»When McKinley Gets the Chair« (Gedicht). *Sunday Times-Herald*, Chicago, 12. Juli 1896.

»My Ruby Wedding Ring«. Copyright: Bacheller Syndicate, 12. Oktober 1896.
Neues Copyright American Press Association, 16. Januar 1903.

»A Sonnet to my Lady's Eye« (Gedicht). *Sunday Times-Herald*, Chicago, 25. Oktober 1896.
Nachgedruckt in *By the Candelabra's Glare*.

»The Extravagance of Dan«. *The National Magazine*, Mai 1897.

»How Scroggins Won the Reward«. Copyright: Bacheller Syndicate, 5. Mai 1897.
Ob diese Geschichte je veröffentlicht wurde, ist nicht bekannt.

»The Return of Dick Weemins«. *The National Magazine*, Juli 1897.

»The Suicide of Kiaros«. *The White Elephant*, September 1897.

Herausgeber, »The Show Window«, November 1897 – Oktober 1900.

»A Shadow Cast Before«. *The Philosopher*, Dezember 1897.

»The Mating Day«. *Short Stories*, September 1898.

»Aunt Hulda's Good Time«. *The Youth's Companion*, 26. Oktober 1899.

»Some Commercial Drawings and a Sketch of Charles Costello Designer« (Artikel). *Arts for America*, November 1899.

»Dear Den...« (Gedicht). *Sunday Herald*, Syracuse, 19. November 1899.

»The Loveridge Burglary«. *Short Stories*, Januar 1900.

»The Real ›Mr. Dooley‹« (Artikel). *The Home Magazine* (New York), Januar 1900.

»To the Grand Army of the Republic, August 1900« (Gedicht). *Sunday Times-Herald*, Chicago, 26. August 1900.

»The Bad Man«. *The Home Magazine* (New York), Februar 1901.

»American Fairy Tales«. Erschienen in Fortsetzungen im *Chicago Chronicle* und in anderen Zeitungen, 3. März – 19. Mai 1901.

»Little Cripples Royally Feasted« (Artikel). *American*, Chicago, 29. November 1901.

»An Easter Egg«. *The Sunny South*, Beilage zur *Constitution*, Atlanta, 29. März 1902.
Eine gekürzte Version dieser Geschichte erschien unter dem Titel »The Strange Adventures of an Easter Egg« (*Chicago Tribune*, 30. März 1902). Nachgedruckt in *Baum's American Fairy Tales* (1908).

»Mr. Baum on Song Records« (Brief). *Sunday Record-Herald*, Chicago, 31. Mai 1902.

»What Children Want« (Artikel). *Evening Post*, Chicago, 29. November 1902.

»Frank Baum on Father Goose« (Gedicht). Quincy (Illinois) *Herald*, 3. Dezember 1902.

Brief an James O'Donnell Bennett, »Music and Drama« (Kolumne). Chicago *Record-Herald*, 3. Februar 1903.

»Mr. Baum to the Public« (Brief). *Chicago Tribune*, 26. Juni 1904.

»Queer Visitors from the Marvelous Land of Oz«. Erschienen im Zeitungsverbund des *North American*, Philadelphia, 28. August 1904 – 26. Februar 1905.
Eine von Jean Kellogg stark bearbeitete Auswahl dieser Geschichten wurde unter dem Titel *The Visitors from Oz* (Chicago: Reilly & Lee, 1961) veröffentlicht. In der ursprünglichen Fassung von Baum wurden die Geschichten zusammen mit *The Woggle-Bug Book* (1905) unter dem Titel *The Third Book of Oz* veröffentlicht (Savannah, Ga.: Armstrong College Press, 1986).

»Queen Zixi of Ix, or The Story of the Magic Cloak«. *St. Nicholas*, November 1904 – Oktober 1905.
Als Buch veröffentlicht bei Century (New York, 1905).

»A Kidnapped Santa Claus«. *The Delineator*, Dezember 1904.
Als Buch veröffentlicht bei Bobbs-Merrill (Indianapolis, 1969).

»Animal Fairy Tales«. *The Delineator*, Januar – September 1905.
Als Buch veröffentlicht beim International Wizard of Oz Club (Escanaba, Michigan, 1969).

»In Memoriam« (Gedicht). San Diego *Union and Daily Bee*, 15. Februar 1905.

»Coronado: The Queen of Fairyland« (Gedicht). San Diego *Union and Daily Bee*, 5. März 1905.
Auch abgedruckt in *The* (San Diego High School) *Russ*, Juni 1905.

»Nelebel's Fairyland«. *The* (San Diego High School) *Russ*, Juni 1905.

»Fairy Tales on the Stage« (Artikel). *Sunday Record-Herald*, Chicago, 18. Juni 1905.

»Jack Burgitt's Honor«. Copyright: American Press Association, 1. August 1905.
Es ist nicht bekannt, ob diese Geschichte je veröffentlicht wurde.

»L. Frank Baum's Witty Presentation Speech«, San Diego *Union and Daily Bee*, 10. Februar 1907.

»To Macatawa, a Rhapsody« (Gedicht). *Sunday Herald,* Grand Rapids (Michigan), 1. September 1907.

»Well, Come!« (Gedicht). *San Diego Union and Daily Bee*, 16. April 1908.

»Famous Author Once Lived Here« (Brief). Aberdeen (South Dakota), *Daily American*, 22. Juni 1909.

»Modern Fairy Tales« (Artikel). *The Advance*, 19. August 1909.

»The Fairy Prince« (Theaterstück). *Entertaining*, Dezember 1909.
Nachgedruckt als »Prince Marvel« in *L. Frank Baum's Juvenile Speaker* (1910).

»Juggerjook«. *St. Nicholas*, Dezember 1910.

»The Man Fairy«. *The Ladies' World*, Dezember 1910.

»The Tramp and the Baby«. *The Ladies' World*, Oktober 1911.

»Bessie's Fairy Tale«. *The Ladies' World*, Dezember 1911.

»Boys' and Girls' Paper«. Sonntagsbeilage im Verbund des *North American*, Philadelphia, 11. August 1912 – 3. Januar 1915.
Enthält unter den Pseudonymen »Floyd Akers«, »Suzanne Metcalf« und »Edith Van Dyne« erschienene Romane und *The Daring Twins* (1911).

»Aunt 'Phroney's Boy«. *St. Nicholas*, Dezember 1912.
Bearbeitete Fassung von »Aunt Hulda's Good Time« (*The Youth's Companion*, 26. Oktober 1899).

»Lived Here Now Famous« (Brief). Aberdeen (South Dakota) *Daily American*, 15. Juni 1913.

»Still in Moving Picture Business« (Brief). *Citizen*, Hollywood, 22. Januar 1915.

[»My Hobby«] (Gedicht). *The* (Los Angeles Athletic Club) *Mercury*, 1. Juli 1915.

»›Our Hollywood‹ – « (Artikel). *Citizen*, Hollywood, 31. Dezember 1915.

»›Julius Caesar‹, An Appreciation of the Hollywood Production« (Artikel). *The* (Los Angeles Athletic Club) *Mercury*, 14. Juni 1916.

»This Is Paradise of Flower Lovers«. *Daily Times*, Los Angeles, 7. November 1916.
  Nachgedruckt in einer leicht gekürzten Fassung als »Secret of Prize Blossoms« in der *Los Angeles Times*, »Annual Midwinter Number«, 1. Januar 1917.

»Suggested by Frank Baum« (Brief). *The* (Los Angeles Athletic Club) *Mercury*, 15. April 1917.

»What Are We Goin' To Do With 'Em« (Gedicht). *The* (Los Angeles Athletic Club) *Mercury*, 6. September 1917.

»Genealogical Gleanings« (Artikel). *The* (Los Angeles Athletic Club) *Mercury*, 3. Januar 1918.

»The Yellow Ryl«. *A Child's Garden*, August und September 1926.

»My dear Mrs. Boothe…« (Gedicht). *The Baum Bugle*, Oktober 1957.

»The Tiger's Eye«. *The American Book Collector*, Dezember 1962.

»The Runaway Shadows«. *The Baum Bugle*, April 1962.

»The King Who Changed His Mind«. *The Baum Bugle*, Frühjahr 1963.

»Our Den once made a picture…« (Gedicht). *The Baum Bugle*, Frühjahr 1964.

»Christmas Comin'!«. *The Baum Bugle*, Weihnachten 1972.

»The Man with the Red Shirt«. *The Baum Bugle*, Frühjahr 1973.

»The Littlest Giant, an ›Oz‹ Story«. *The Baum Bugle*, Frühjahr 1975.

»Gee, there's been a lot of fuss…« (Gedicht). *The Baum Bugle*, Sommer 1981.

»The Diamondback«. *The Baum Bugle*, Frühjahr 1982.

»To the Littlefield Baby« (Gedicht). *The Baum Bugle*, Frühjahr 1989.

Über L. Frank Baum

Algeo, John. »A Notable Theosophist: L. Frank Baum«. *The American Theosophist*, August – September 1986.

The American Book Collector, Dezember 1962.
  L.-Frank-Baum-Sondernummer.

Baughman, Roland. »L. Frank Baum and the ›Oz Books‹«. *Columbia Library Columns*, Mai 1955.

Baum, Frank L. »The Oz Film Co.«. *Films in Review*, August bis September 1956.

Baum, Frank Joslyn und Russell P. MacFall. *To Please a Child*. Chicago: Reilly & Lee, 1961.

The Baum Bugle, Juni 1957 – heute. Herausgegeben vom International Wizard of Oz Club.

Carpenter, Angelica Shirley und Jean Shirley. *L. Frank Baum: The Royal Historian of Oz*. Minneapolis: Lerner, 1992.

Cech, John, Hg. *Dictionary of Literary Biography: American Writers for Children, 1900–1960*, Bd. 22. Detroit: Gale Research, 1983.

Gage, Helen Leslie. »L. Frank Baum: An Inside Introduction to the Public«. *The Dakotan*, Januar, Februar, März 1903.

Gardner, Martin. »The Royal Historian of Oz«. *Fantasy and Science Fiction*, Januar und Februar 1955.

Hampsten, Elizabeth, Hg. *To All Enquiring Friends: Letters, Diaries and Essays in North Dakota 1880–1910*. Grand Forks, North Dakota: University of North Dakota, 1979.

»How the Wizard of Oz Spends His Vacation«. *Sunday Herald*, Grand Rapids (Michigan) 18. August 1907.

Jones, Vernon H. »The Oz Parade«. *New Orleans Review*, Herbst 1973.

Kelly, Fred C. »Royal Historian of Oz«. *Michigan Alumnus Quarterly Review*, 23. Mai 1953.

Kessler, D. E. »L. Frank Baum and His New Plays«. *Theatre Magazine*, August 1909.

»L. Frank Baum Is ›Broke‹, He Says«. *Morning Telegraph*, New York, 5. Juni 1911.

MacDougall, Walt. »L. Frank Baum Studied by MacDougall«. *St. Louis Dispatch*, 30. Juli 1904.

Mannix, Daniel P. »The Father of the Wizard of Oz«. *American Heritage*, Dezember 1964.

Potter, Jeanne O. »The Man Who Invented Oz«. *Los Angeles Times Sunday Magazine*, 13. August 1939.

Seymour, Ralph Fletcher. *Some Went This Way*. Chicago: Privatdruck, 1945.

Snow, Jack. *Who's Who in Oz*. Chicago: Reilly & Lee, 1954.

Tietjens, Eunice. *The World at My Shoulder*. New York: Macmillan, 1938.

Torrey, Edwin C. *Early Days in Dakota*. Minneapolis: Parnham Printing & Stationery, 1925.

Vidal, Gore. »The Wizard of the ›Wizard‹«. *The New York Review of Books*, 29. September 1977.

Wing, W. E. »From ›Oz‹, the Magic City«. *New York Dramatic Mirror*, 7. Oktober 1914.

Worthington, J. E. »Mac-a-ta-wa, the Idyllic«. *Sunday Herald*, Grand Rapids (Michigan), 1. September 1907.

Über Baums Werk

Abraham, Paul M. und Stuart Kenter. »Tik-Tok and the Three Laws of Robotics«. *Science Ficton Studies*, März 1978.

Algeo, John. »*The Wizard of Oz*: The Perilous Journey«. *The American Theosophist*, Oktober 1986.

Eine leicht abgeänderte Version dieses Artikels erschien im Sommer 1993 in *The Quest*.

Attebery, Brian. *The Fantasy Tradition in American Literature*. Bloomington: Indiana University Press, 1980.

Averell, Thomas Fox. »Oz and Kansas Culture«. *Kansas History*, Frühjahr 1989.

Barasch, Marc. »The Healing Road to Oz«. *Yoga Journal*, November/Dezember 1991.

Baum, Frank J. »Why the Wizard of Oz Keeps on Selling«. *Writer's Digest*, Dezember 1952.

The Baum Bugle, Juni 1957 – heute. Herausgegeben vom International Wizard of Oz Club.

Beckwith, Osmond. »The Oddness of Oz«. *Kulchur*, Herbst 1961.

Bewley, Marius. »Oz Country«. *The New York Review of Books*, 3. Dezember 1964.

Eine überarbeitete Fassung dieser Studie erschien unter dem Titel »The Land of Oz: America's Great Good Place« in Bewleys Buch *Masks and Mirrors* (New York: Atheneum, 1970).

Bingham, Jane, Hg. *Writers for Children*. New York: Scribner's, 1988.

Bolger, Ray. »A Lesson from Oz«. *Guideposts*, März 1982.

Bradbury, Ray. »Two Baumy Promenades Along the Yellow Brick Road«. *Los Angeles Times Book Review*, 9. Oktober 1977.

Brink, Carol Ryrie. »Some Forgotten Children's Books«. *South Dakota Library Bulletin*, April – Juni 1948.

Brotman, Jordan. »A Late Wanderer in Oz«. *Chicago Review*, Dezember 1965.

Nachgedruckt in *Only Connect*, herausgegeben von Sheila Egoff u.a. (New York: Oxford University Press, 1965).

Callary, Edward, Hg. *From Oz to the Onion Patch*. DeKalb, Illinois: North Central Name Society, 1986.

Cath, Stanley H. und Claire Cath. »On the Other Side of Oz: Psychoanalytic Aspects of Fairy Tales«. *Psychoanalytic Study of the Child*, Bd. 33 (1978).

Culver, Stuart. »Growing Up in Oz«. *American Literary History*, Winter 1992.

——. »What Mannikins Want: *The Wonderful Wizard of Oz* and *The Art of Decorating Dry Goods Windows and Interiors*«. *Representations*, Winter 1988.

Dervin, Daniel. »Over the Rainbow and Under the Twister: A Drama of the Girl's Passage Through the Phallic Phase«. *Bulletin of the Menninger Clinic*, Januar 1978.

Devlin, Mary. »The Great Cosmic Fairy Tale«. *Gnosis Magazine*, Herbst 1996.

Downing, David C. »Waiting for Godoz: A Post-Nasal Deconstruction of *The Wizard of Oz*«. *Christianity & Literature*, Winter 1984.

Eager, Edward. »A Father's Minority Report«. *The Horn Book*, März 1948.

Erisman, Fred. »L. Frank Baum and the Progressive Dilemma«. *American Quarterly*, Herbst 1968.

Eyles, Allen. *The World of Oz*. Tucson: HPBooks, 1985.

Field, Hana S., »Triumph and Tragedy on the Yellow Brick Road: Censorship of *The Wizard of Oz* in America«. *The Concord Review*, Herbst 1999.

Franson, J. Karl. »From Vanity Fair to Emerald City: Baum's Debt to Bunyan«. *Children's Literature*, Bd. 23 (1995).

Gannon, Susan R. und Ruth Anne Thompson, Hg. *Proceedings of the Thirteenth Conference of the Children's Literature Association*. Kansas City: University of Missouri, 1988.

Gardner, Martin. »A Child's Garden of Bewilderment«. *Saturday Review*, 17. Juli 1965.

Nachgedruckt in *Only Connect*, herausgegeben von Sheila Egoff u.a. (New York: Oxford University Press, 1965).

——. »The Librarians in Oz«. *Saturday Review*, 11. April 1959.

Gardner, Martin und Russel B. Nye. *The Wizard of Oz and Who He Was*. East Lansing: Michigan State University Press, 1957.

Gold, Lee B. »A Psychoanalytic Walk Down the Yellow Brick Road«. *Journal of the Philadelphia Association for Psychoanalysis*, 1980.

Greene, David L. und Peter E. Hanff. *Bibliographica Oziana*. Kinderhook, Illinois: International Wizard of Oz Club, 1976.

Greene, David L. und Dick Martin. *The Oz Scrapbook*. New York: Random House, 1977.

Greene, Graham. Rezension von *The Wizard of Oz*. *Spectator*, London, 9. Februar 1940.

Hamilton, Margaret. »There's No Place Like Oz«. *Children's Literature*, Bd. 10 (1982).

Hearn, Michael Patrick. *The Annotated Wizard of Oz*. New York: Clarkson N. Potter, 1973.

Hearn, Michael Patrick, Hg. *The Critical Heritage Series: The Wizard of Oz*. New York: Schocken Books, 1983.

Herbert, Stephen G. »The Metaphysical Wizard of Oz«. *The Journal of Religion and Psychical Research*, Januar 1991.

Hudlin, Edward W. »The Mythology of Oz: An Interpretation«. *Papers on Language and Literature*, Herbst 1989.

Jackson, Shirley. »The Lost Kingdom of Oz«. *The Reporter*, 10. Dezember 1959.

Juhnke, Janet. »A Kansan's View«. In Gerald Peary und Roger Shatzkin, Hg. *The Classic American Novel and the Movies*. New York: Frederick Ungar, 1974.

Kopp, Sheldon. »The Wizard Behind the Couch«. *Psychology Today*, März 1970.

La Cassagnère, Christian. *Visages de l'angoisse*. Paris: Université Blaise-Pascal, 1989.
Enthält Alain Montadons Essay »Visages de l'angoisse dans l'univers de Frank Baum«.

Lanes, Selma G. *Down the Rabbit Hole*. New York: Atheneum, 1971.

Leach, William. *Land of Dreams: Merchants, Power, and the Rise of a New American Culture*. New York: Pantheon Books, 1993.

L. Frank Baum – The Wonderful Wizard of Oz. New York: Columbia University Libraries, 1956.
Ausstellungskatalog mit einer Einführung von Roland Baughman und Anmerkungen von Baughman und Joan Baum.

Littlefield, Henry M. »The Wizard of Oz: Parable on Populism«. *American Quarterly*, Frühjahr 1964.
Eine etwas erweiterte Version dieses Artikels erschien in *The American Culture*, herausgegeben von Hennig Cohen (Boston: Houghton Mifflin, 1968).

Luers, Robert B. »L. Frank Baum and the Land of Oz: A Children's Author as Social Critic«. *Nineteenth Century*, Herbst 1980.

Magder, David. »*The Wizard of Oz*: A Parable of Brief Psychotherapy«. *Canadian Journal of Psychiatry*, November 1980.

Marling, Karal Ann. *Civil Rights in Oz; Images of Kansas in American Popular Culture*. Lawrence, Kansas: University of Kansas, 1997.

Matthews, Gareth B. *Philosophy and the Child*. Cambridge, Massachusetts: Harvard University Press, 1980.

McMaster, Juliet. »The Trinity Archetype in *The Jungle Book* and *The Wizard of Oz*«. *Children's Literature*, Bd. 20 (1992).

McReynolds, Douglas J. und Barbara J. Lips. »A Girl in the Game: *The Wizard of Oz* as Analog for the Female Experience in America«. *North Dakota Quarterly*, Winter 1986.

Mitrokhina, Xenia. »The Land of Oz in the Land of the Soviets«. *Children's Literature Association Quarterly*, Winter 1996–1997, S. 183–188.

Moore, Raylyn. *Wonderful Wizard, Marvelous Land*. Bowling Green, Ohio: Bowling Green University Popular Press, 1974.

Morena, Gita Dorothy. *The Wisdom of Oz*. San Diego: Inner Connections Press, 1998.

Moser, Barry. *Forty-Seven Days to Oz*. West Hatfield, Massachusetts: Pennyroyal Press, 1985.

Nathanson, Paul. *Over the Rainbow: The Wizard of Oz as a Secular Myth of America*. Albany: State University of New York Press, 1991.

Papanikolas, Zeese. *Trickster in the Land of Dreams*. Lincoln und London: University of Nebraska Press, 1995.

Pattrick, Robert R. *Unexplored Territory in Oz*. Kinderhook, Illinois: International Wizard of Oz Club, 1963.

Payne, David. »*The Wizard of Oz*: Therapeutic Rhetoric in Contemporary Media Rituals«. *Quarterly Journal of Speech*, Februar 1989.

Petrowski, Miron. *Knigi neschnego detstwa*. Moskau: Kniga, 1986.

Prentiss, Ann E. »Have You Been to See the Wizard?«. *The Top of the News*, 1. November 1970.

Rahn, Suzanne. *The Wizard of Oz: Shaping an Imaginary World*. New York: Twayne Publishers, 1998.

Reckford, Kenneth J. *Aristophanes' Old-and-New Comedy*, Bd. 1. Chapel Hill und London: University of North Carolina Press, 1987.

Riley, Michael O. *Oz and Beyond*. Lawrence: University Press of Kansas, 1997.

Ritter, Gretchen. »Silver Slippers and a Golden Cap: L. Frank Baum's *The Wonderful Wizard of Oz* and Historical Memory in American Politics«. *Journal of American Studies*, Bd. 31 (1997).

Robb, Stewart. »The Red Wizard of Oz«. *New Masses*, 4. Oktober 1938.

Rockoff, Hugo. »The ›Wizard of Oz‹ as a Monetary Allegory«. *Journal of Political Economy*, August 1990.

Rogers, Katharine. »Liberation for Little Girls«. *Saturday Review*, 17. Juni 1972.

Rushdie, Salman. *The Wizard of Oz*. London: BFI, 1992.

Rushmore, Howard. »›Wizard of Oz‹ Excellent Film for Young and Old«. *The Daily Worker*, 18. August 1939.

Sackett, S. J. »The Utopia of Oz«. *The Georgia Review*, Herbst 1961.

Sale, Roger. »L. Frank Baum and Oz«. *Hudson Review*, Winter 1972/1973.
Überarbeitet und neu abgedruckt in *Fairy Tales and After* (Cambridge, Massachusetts: Harvard University Press, 1978).

Schreiber, Sandford. »A Filmed Fairy Tale as a Screen Memory«. *The Psychoanalytic Study of the Child*, Bd. 29 (1974).

Schuman, Samuel. »Out of the Frying Pan and into the Pyre: Comedy, Mirth and the *The Wizard of Oz*«. *Journal of Popular Culture*, Herbst 1972.

Starrett, Vincent. »The Wizard of Oz«. *Chicago Sunday Tribune Magazine*, 2. Mai 1954.
Neu abgedruckt in *Best Loved Books of the Twentieth Century* (New York: Bantam, 1955).

St. John, Thom. »L. Frank Baum: Looking Back at the Promised Land«. *Western Humanities Review*, Winter 1982.

Street, Douglas. »The Wonderful Wiz That Was: The Curious Transformation of *The Wizard of Oz*«. *Kansas Quarterly*, Sommer 1984.

Thurber, James. »The Wizard of Chit[t]enango«. *The New Republic*, 12. Dezember 1934.

Tuerk, Richard. »Dorothy's Timeless Quest«. *Mythlore*, Herbst 1990.

Vidal, Gore. »On Rereading the Oz Books«. *The New York Review of Books*, 13. Oktober 1977.

Wagenknecht, Edward. *As Far as Yesterday*. Norman: University of Oklahoma Press, 1968.

——. *Utopia Americana*. Seattle: University of Washington Book Store, 1929.

Watt, Lois Belfield. »L. Frank Baum: The Widening World of Oz«. *The Imprint of the Stanford Libraries Associates*, Oktober 1979.

West, Mark I. »The Dorothys of Oz: A Heroine's Unmasking«. In Dennis Butts, Hg. *Stories and Society*. New York: St. Martin's Press, 1992.

Über W. W. Denslow

The American Book Collector, Dezember 1964.

Das meiste Material in dieser Denslow-Sondernummer erschien ursprünglich in *The Baum Bugle* (Herbst und Weihnachten 1963 und Frühjahr 1964).

Armstrong, Leroy. »W. W. Denslow, Illustrator«. *The Home Magazine* (New York), Oktober 1898.

The Baum Bugle, Herbst 1963, Herbst 1972 und Herbst 1992.

Bowles, J. M. »Children's Books for Children«. *Brush and Pencil*, September 1903.

»Chronicle and Comment« (Kolumne). *The Bookman*, Oktober 1909.

Crissey, Forrest. »William Wallace Denslow«. *Carter's Monthly*, März 1898.

Decker, Harrison. »An Artist Outdoors«. *Outdoors*, September 1904.

»Denslow: Denver Artist, Originator of the Scarecrow and Tin Man«. *Republican*, Denver, 4. September 1904.

»Denver Artist Rules an Island«. *Republican*, Denver, 17. Januar 1904.

Gangloff, Deborah. *The Artist, the Book, and the Child*. Lockport: Illinois State Museum, Lockport Gallery, 1989.

Goudy, Frederic W. *A Half-Century of a Type Design, 1895–1946*. New York: Typophiles, 1946.

Greene, Douglas G. »W. W. Denslow: The Rock-Strewn Yellow Brick Road«. *The Imprint of the Stanford Library Associates*, Oktober 1979.

——. »W. W. Denslow Illustrator«. *Journal of Popular Culture*, Sommer 1973.

Greene, Douglas G. und Michael Patrick Hearn. *W. W. Denslow*. Mount Pleasant: Central Michigan University, Clarke Historical Library, 1976.

Hearn, Michael Patrick. »An American Illustrator and His Posters«. *American Book Collector*, Mai – Juni 1982.

——. »W. W. Denslow, the Forgotten Illustrator«. *American Artist*, Mai 1973.

——. *W. W. Denslow, The Other Wizard of Oz*. Chadds Ford, Pennsylvania: Brandywine River Museum, 1996.

Lane, Albert. *Elbert Hubbard and His Work*. Worcester, Massachusetts: Blanchard Press, 1901.

»A Lover of Children Who Knows How to Make Them Laugh«. Detroit *News*, 13. September 1903.

»Our Own Time« (Kolumne). *The Reader*, April 1907.

Penn, F. »Newspaper Illustrators: W. W. Denslow«. *The Inland Printer*, Januar 1894.

Shay, Felix. *Elbert Hubbard of East Aurora*. New York: William H. Wise, 1926.

Snow, Jack. *Who's Who in Oz*. Chicago: Reilly & Lee, 1954.

Waldren, Charles W. »At Dinner with Denslow«. Lewiston (Maryland) *Saturday Journal Illustrated Magazine*, 18. Februar 1905.

——. »Mother Goose in a New Gown«. Lewiston (Maryland) *Saturday Journal Illustrated Magazine*, 26. Oktober 1901.

——. »A Peep into Bohemia«. Lewiston (Maryland) *Saturday Journal Illustrated Magazine*, 21.–26. Februar 1903.

Who Was Who in America, 1897–1942.

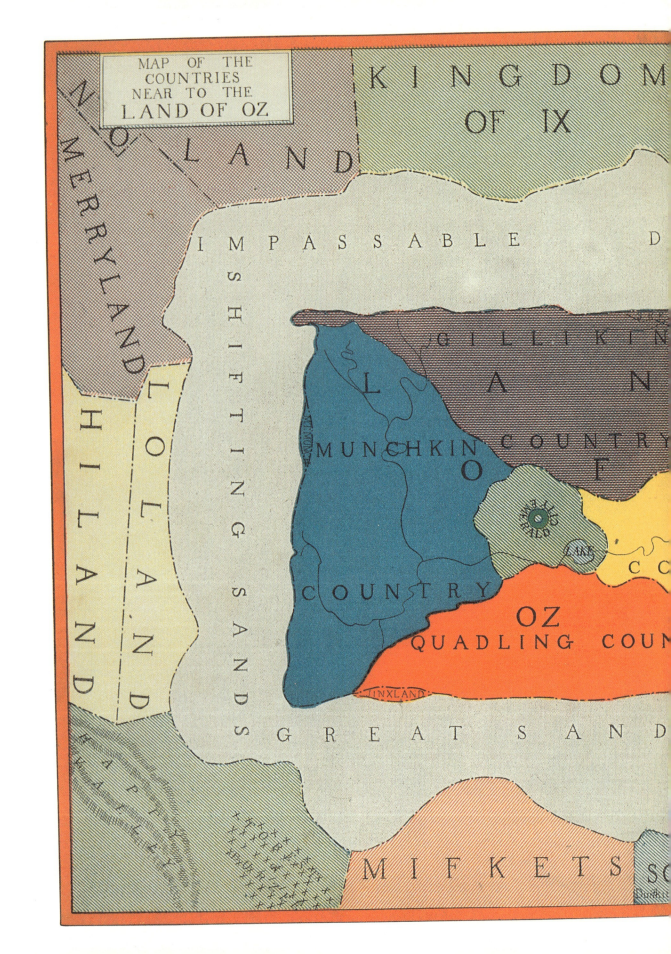